DOCTOR STRANGE

ANFANG UND ENDE

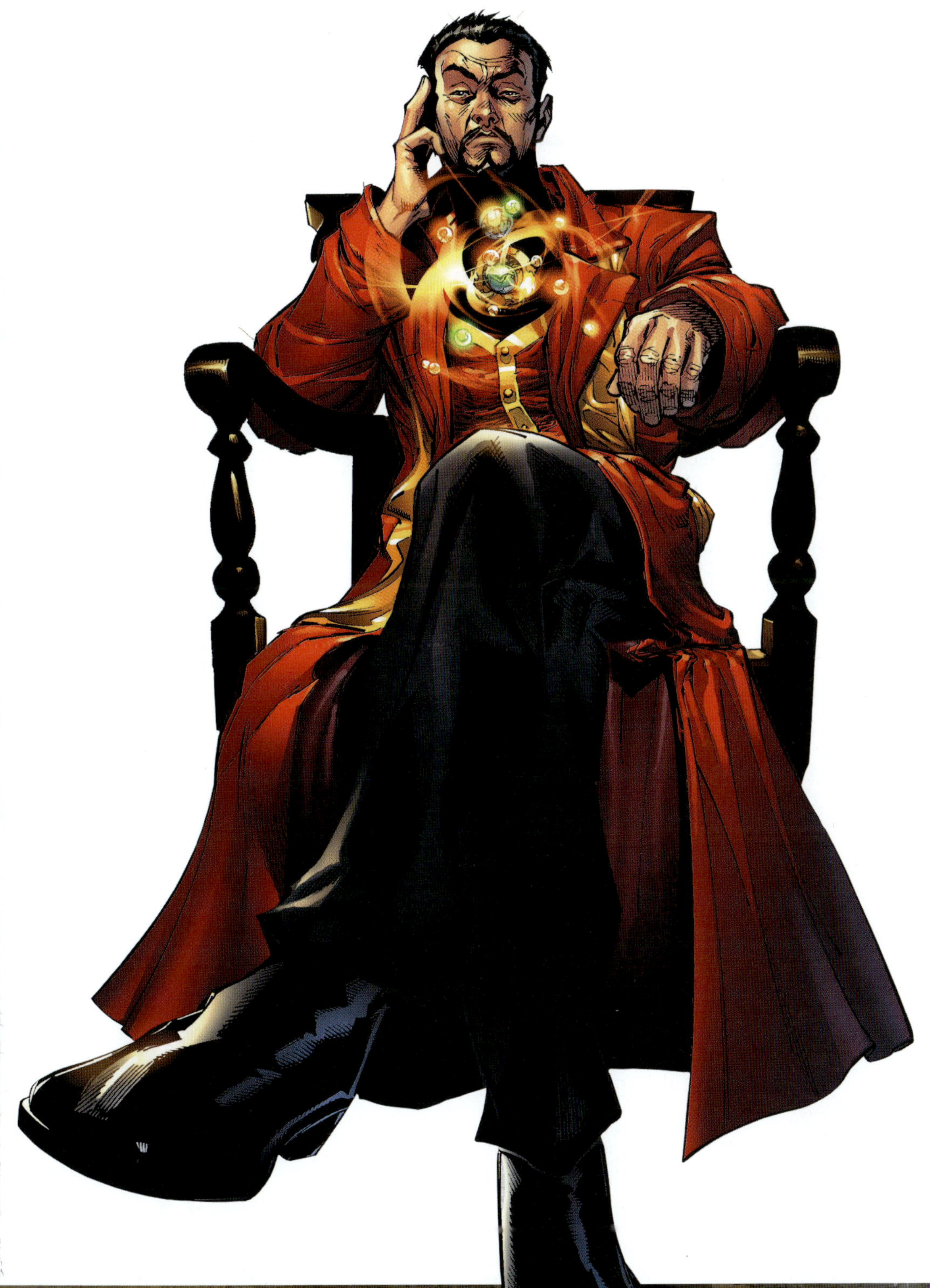

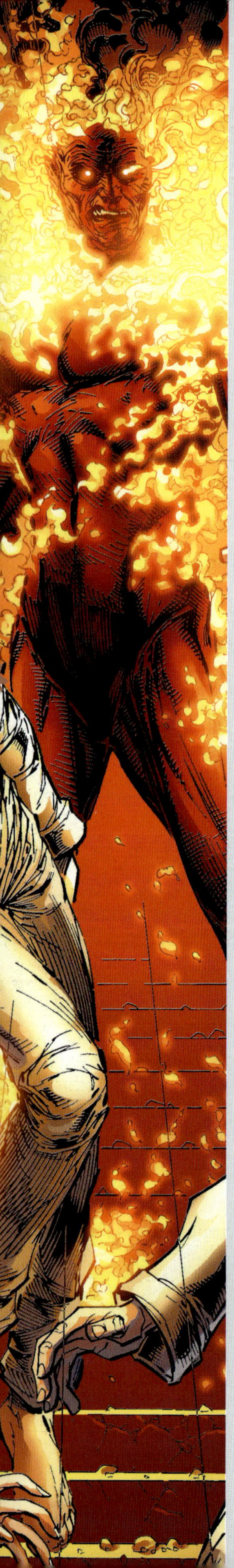

INHALT

MARVEL

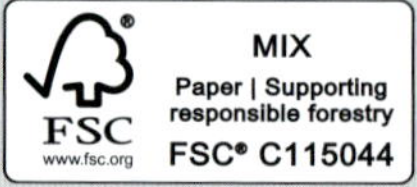
FSC
www.fsc.org
MIX
Paper | Supporting responsible forestry
FSC® C115044

DOCTOR STRANGE
ANFANG UND ENDE

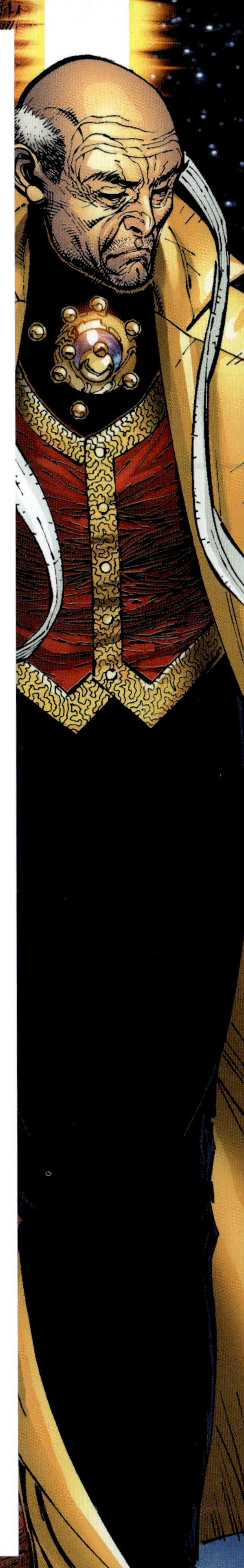

SARA „SAMM" BARNES
J. MICHAEL STRACZYNSKI
STORY

BRANDON PETERSON
ZEICHNUNGEN & TUSCHE

JUSTIN PONSOR
FARBEN

ANDREA ACCARDI
STUDIO RAM
LETTERING

ROBERT SYSKA
ÜBERSETZUNG

CORY SEDLMEIER
REDAKTION USA

C. B. CEBULSKI
CHEFREDAKTEUR USA

MARVEL MUST-HAVE: DOCTOR STRANGE – ANFANG UND ENDE erscheint bei **PANINI COMICS**, Schloßstraße 76, D-70176 Stuttgart. Druck: Lito Terrazzi S.r.l. – Prato. Pressevertrieb: Stella Distribution GmbH, D-22297 Hamburg. Direkt-Abos auf **www.paninicomics.de.** Anzeigenverkauf: BLAUFEUER VERLAGSVERTRETUNGEN GmbH, info@blaufeuer.com. Es gelten die Anzeigenpreise gemäß der Mediadaten 2023. Geschäftsführer **Hermann Paul**, Publishing Director Europe **Marco M. Lupoi**, Finanzen/Logistik **Felix Bauer**, Marketing Director **Holger Wiest**, Marketing **Fabio Cunetto**, Vertrieb **Alexander Bubenheimer**, PR/Presse **Steffen Volkmer**, Publishing Manager **Lisa Pancaldi**, Redaktion **Christian Endres**, **Harald Gantzberg**, **Matthias Korn**, **Anja Seiffert**, **Kristina Starschinski**, **Ilaria Tavoni**, **Daniela Uhlmann**, Übersetzung **Bernd Kronsbein**, **Robert Syska**, Proofreading **Pia Oddo**, Lettering **Andrea Accardi**, **Studio RAM**, grafische Gestaltung **Marco Paroli** (coordinator), **Cinzia Morando**, **Barbara Sarti**, Art Director **Alessandro Gucciardo**, Redaktion Panini Comics **Annalisa Califano**, **Beatrice Doti**, Prepress **Cristina Bedini**, **Daniela Guidetti**, **Andrea Lusoli**, Repro/Packager **Alessandro Nalli** (coordinator), **Anna Boselli**, **Mario Da Rin Zanco**, **Valentina Esposito**, **Luca Ficarelli**, **Linda Leporati**. Deutsche Edition bei Panini Verlags-GmbH unter Lizenz von Marvel Characters B.V. Cover von **Brandon Peterson**, *Strange* (2004) 5.

Bibliografische Information der Deutschen Nationalbibliothek
Die Deutsche Nationalbibliothek verzeichnet diese Publikation in der Deutschen Nationalbibliografie; detaillierte bibliografische Daten sind im Internet über dnb.d-nb.de abrufbar.

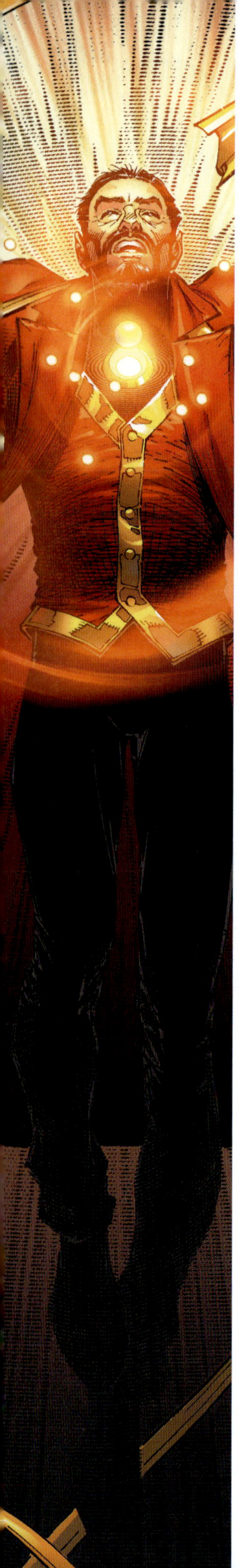

DER ZAUBER DES ZEITGEISTS

Viele Entstehungsgeschichten der Marvel-Ikonen – im Comic-Jargon spricht man von *Origins* – haben sich seit über einem halben Jahrhundert gehalten. Bis heute sind sie der Stützpfeiler vieler multimedialer Mythologien, völlig egal, ob wir jetzt über **Spider-Man**, den **Hulk**, **Captain America**, **Iron Man** oder eben **Dr. Strange** reden. Was vor Jahrzehnten in den Comics gezeigt wurde, hat sich mittlerweile tief ins kollektive Gedächtnis der Popkultur gegraben und sich in der Gegenwart nicht zuletzt durch die bombastischen Film-Blockbuster des Marvel Cinematic Universe weiterverbreitet. Trotzdem sind die Origins der Marvel-Stars keineswegs in Stein gemeißelt. Denn so, wie die Entstehungsgeschichte zum Superhelden-Comic dazugehört, gehört es wiederum zur Origin, dass sie immer mal aktualisiert, ergänzt, revitalisiert, erweitert, ge-remixt oder schlicht in einen aktuelleren zeitlichen Kontext versetzt wird. Ihr Kern, also ihre Essenz, bleibt dabei jedoch unangetastet.

Die Origin von Meistermagier Dr. Strange ist eine dieser Geschichten von beinahe mythologischer Qualität, die bis in die Anfänge des Marvel-Comic-Booms zurückreichen. 1951, da hieß Marvel noch Atlas Comics, startete die Anthologie-Heftreihe *Strange Tales* für fantastische Kurzgeschichten. Nach dem Marvel-Urknall von 1961 sah *Strange Tales* 1963 in US-Ausgabe 110 das Debüt von Dr. Strange, wobei ihn **Stan Lee** und **Steve Ditko**, die geistigen Väter von Spider-Man, ursprünglich noch als „Meister der schwarzen Magie" bezeichneten. Die Marvel-Fans jener Ära mussten sich noch bis *Strange Tales* 115 gedulden, ehe Ditko und Lee mit der Herkunftsgeschichte von Dr. Strange rausrückten, also der Story darüber, wie der ebenso erfolgreiche wie arrogante Chirurg **Stephen Strange** (und somit einer dieser revolutionär menschlichen, makelbehafteten Marvel-Helden!) einen Autounfall hatte, bei dem die Nerven in seinen Händen irreparabel zerstört wurden. Seine Karriere im Operationssaal war damit beendet. Also brach Stephen zu einer Reise um die Welt auf in der Hoffnung, auf verschlungenen Pfaden Heilung zu finden. Was er stattdessen fand, war der **Uralte**, der ihn zu einem Meister des Magischen und Mystischen ausbildete, sodass Strange zum Obersten Zauberer des Marvel-Universums werden konnte.

2004 und 2005 tat sich Autoren-Superstar **J. Michael Straczynski** mit seiner schreibenden Kollegin **Sara „Samm" Barnes** sowie Zeichner **Brandon Peterson** zusammen, um dieser klassischen Marvel-Origin eine Frischzellenkur zu verpassen. Der Ableger Marvel Knights bot ihnen dafür die perfekte Spielwiese, da Geschichten unter dem MK-Banner nicht zwingend dem Hauptkanon von Marvel zugerechnet wurden. So oder so sollte man sich vor Augen führen, in welchem „Umfeld" die Miniserie damals entstand. Die ersten MCU-Kassenknüller lagen noch ein paar Jahre in der Zukunft. Man schnitt die Neubetrachtung von Stephens Verwandlung vom Chirurgen zum Zauberer also auf den Zeitgeist nach dem Jahrtausendwechsel zu, als Marvel-Blockbuster-Unterhaltung noch primär ein Comic-Gut war, und hatte zudem den Erfolg des **Ultimativen Universums** mit seinen Neuinterpretationen der Marvel-Ikonen im zeitgenössischen Gewand vor Augen. Dies ist das Ergebnis …

Christian Endres

ANFANG UND ENDE, TEIL 1

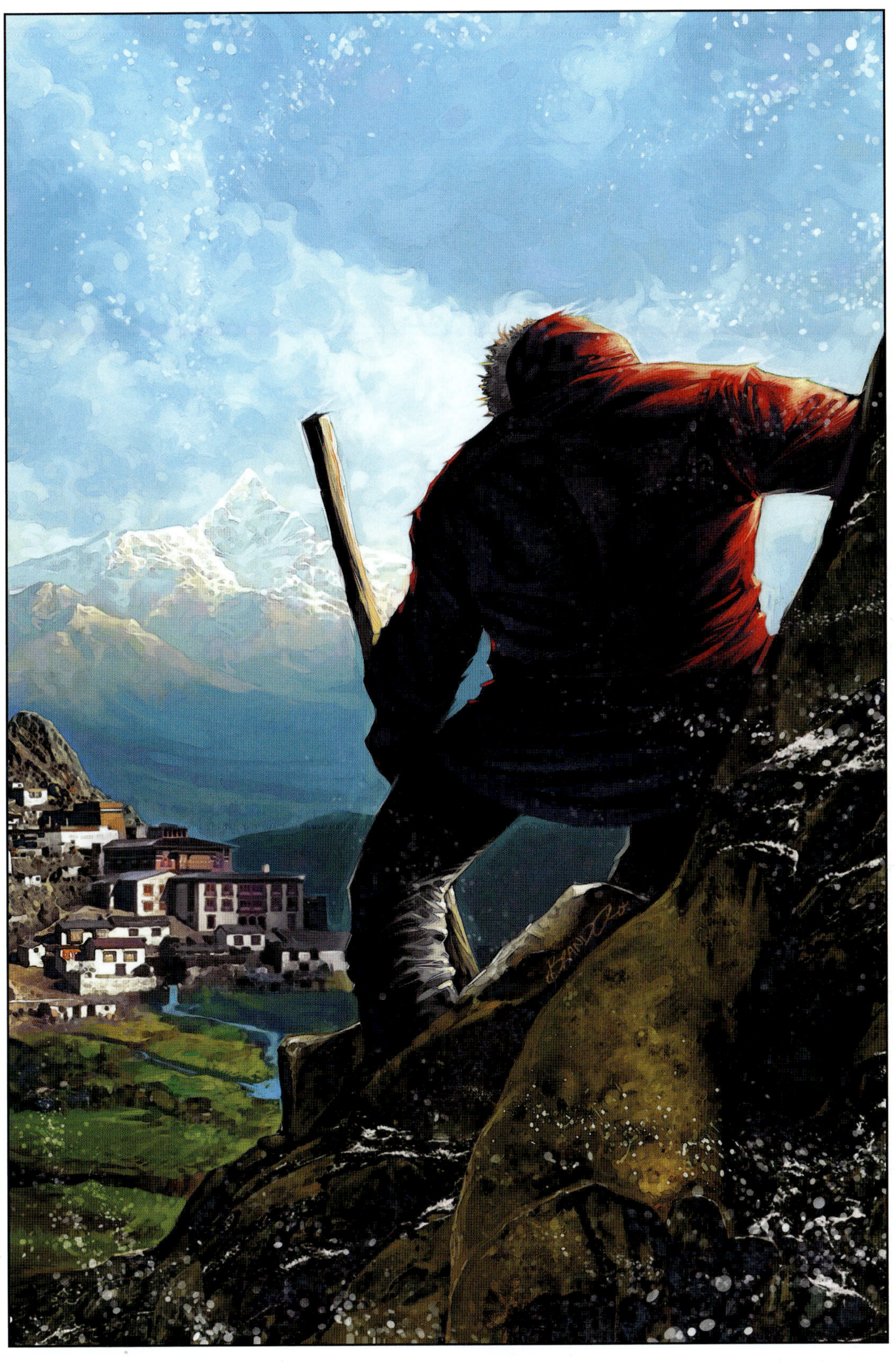

Strange (2004) 1
Cover von **BRANDON PETERSON**

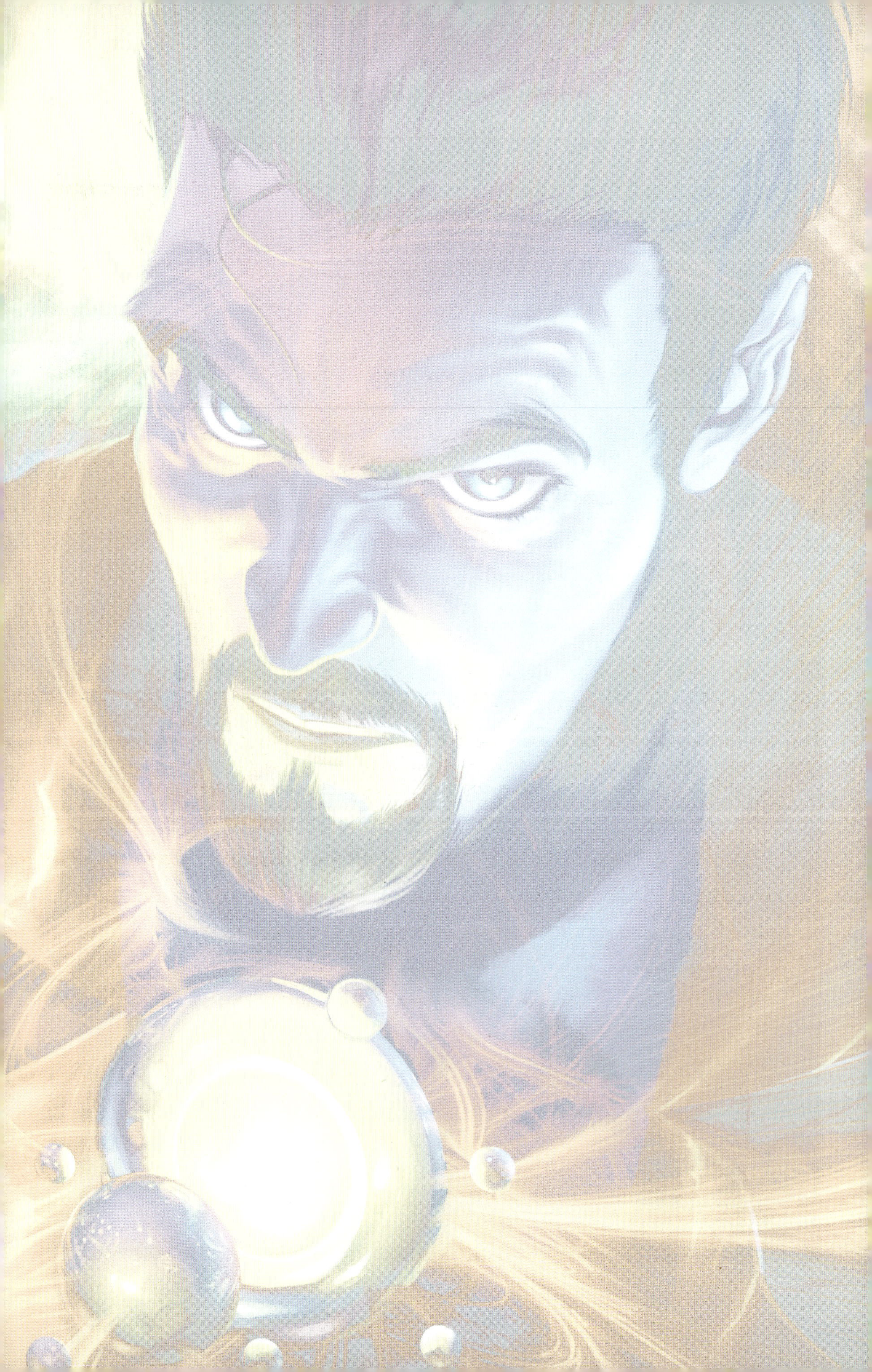

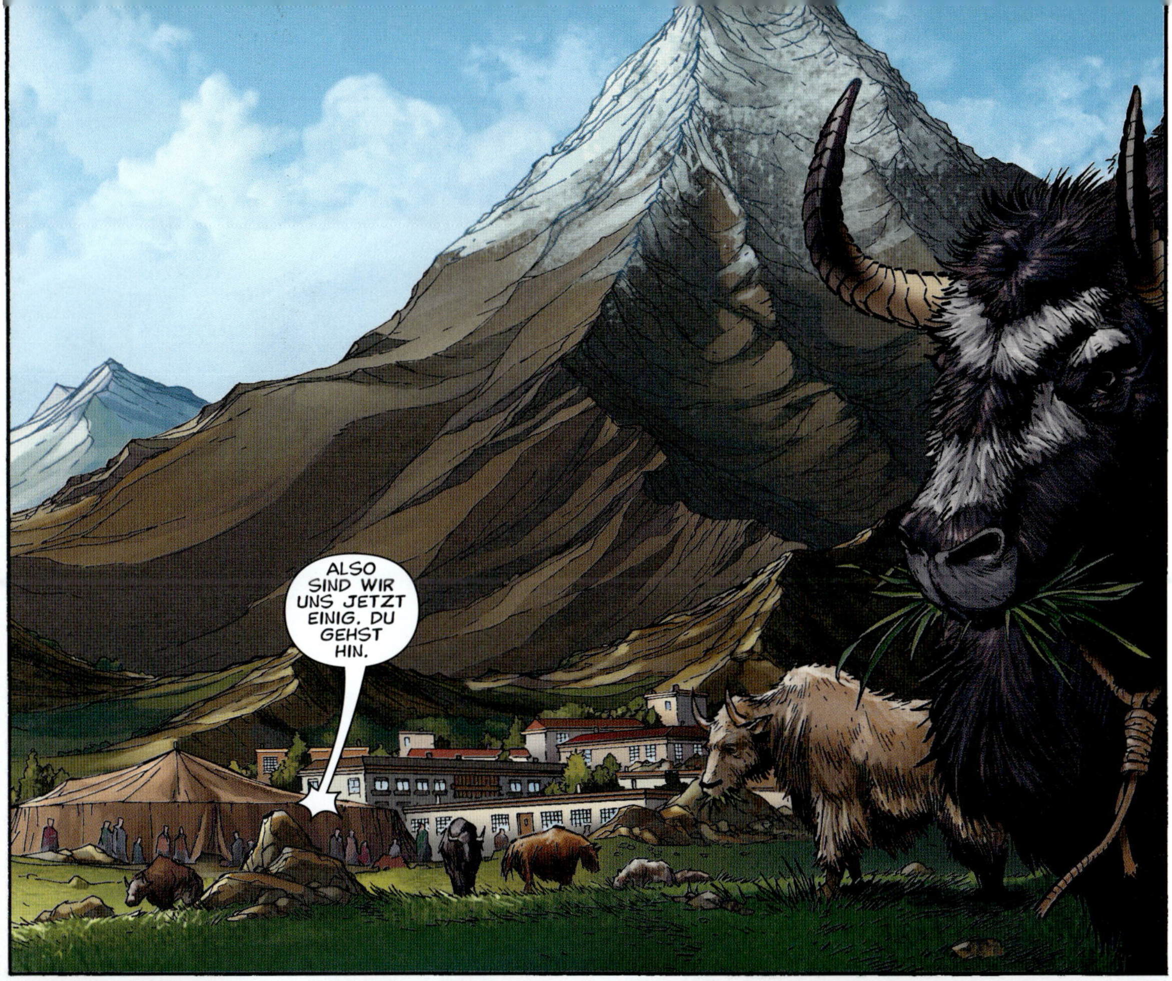

ALSO SIND WIR UNS JETZT EINIG. DU GEHST HIN.
ACH JA? UND WIESO GERADE ICH? 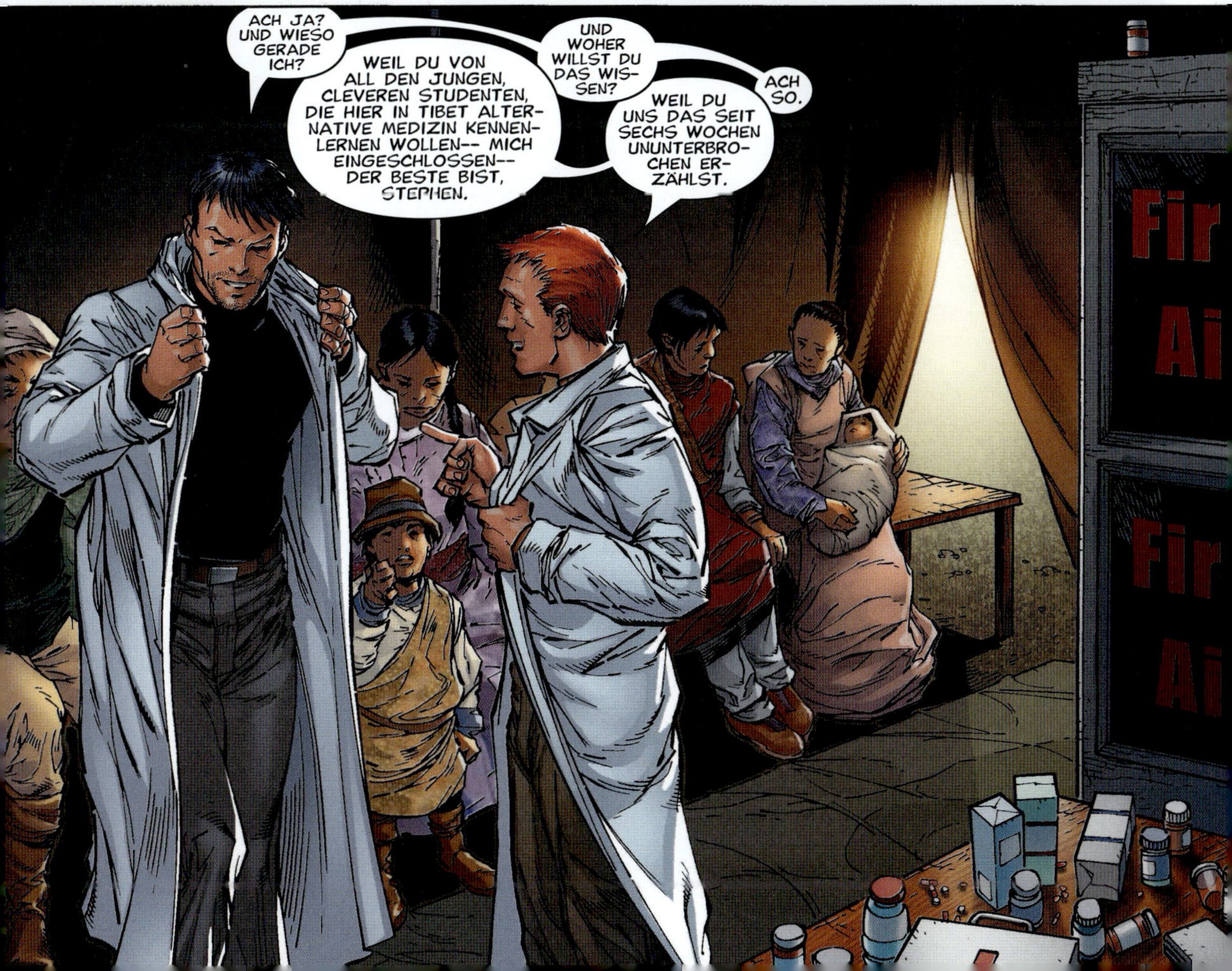
WEIL DU VON ALL DEN JUNGEN, CLEVEREN STUDENTEN, DIE HIER IN TIBET ALTERNATIVE MEDIZIN KENNENLERNEN WOLLEN-- MICH EINGESCHLOSSEN-- DER BESTE BIST, STEPHEN.
UND WOHER WILLST DU DAS WISSEN?
WEIL DU UNS DAS SEIT SECHS WOCHEN UNUNTERBROCHEN ERZÄHLST.
ACH SO.

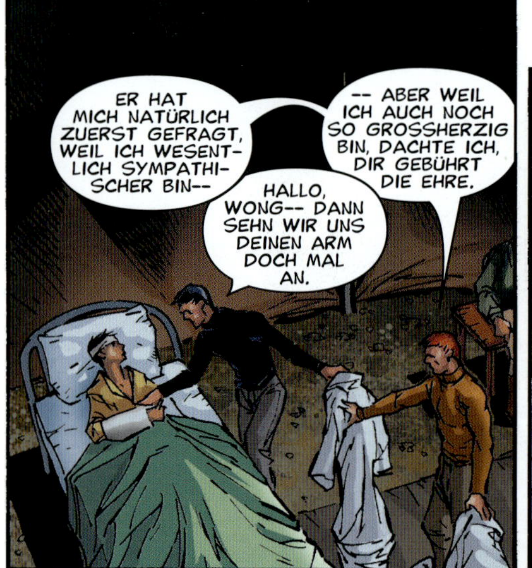
ER HAT MICH NATÜRLICH ZUERST GEFRAGT, WEIL ICH WESENTLICH SYMPATHISCHER BIN--
-- ABER WEIL ICH AUCH NOCH SO GROSSHERZIG BIN, DACHTE ICH, DIR GEBÜHRT DIE EHRE.
HALLO, WONG-- DANN SEHN WIR UNS DEINEN ARM DOCH MAL AN.
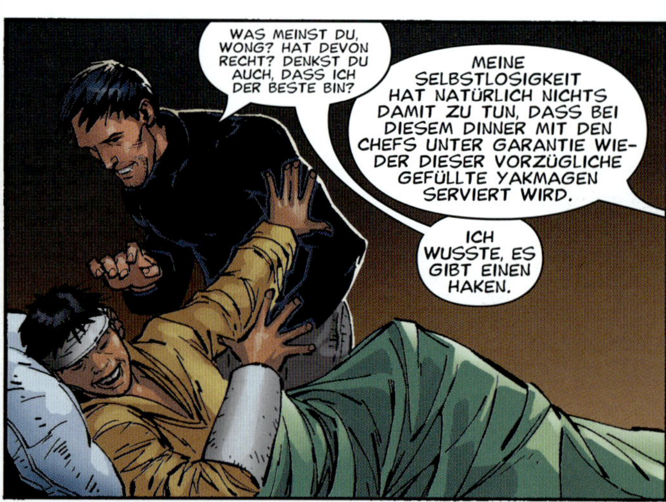
WAS MEINST DU, WONG? HAT DEVON RECHT? DENKST DU AUCH, DASS ICH DER BESTE BIN?
MEINE SELBSTLOSIGKEIT HAT NATÜRLICH NICHTS DAMIT ZU TUN, DASS BEI DIESEM DINNER MIT DEN CHEFS UNTER GARANTIE WIEDER DIESER VORZÜGLICHE GEFÜLLTE YAKMAGEN SERVIERT WIRD.
ICH WUSSTE, ES GIBT EINEN HAKEN.
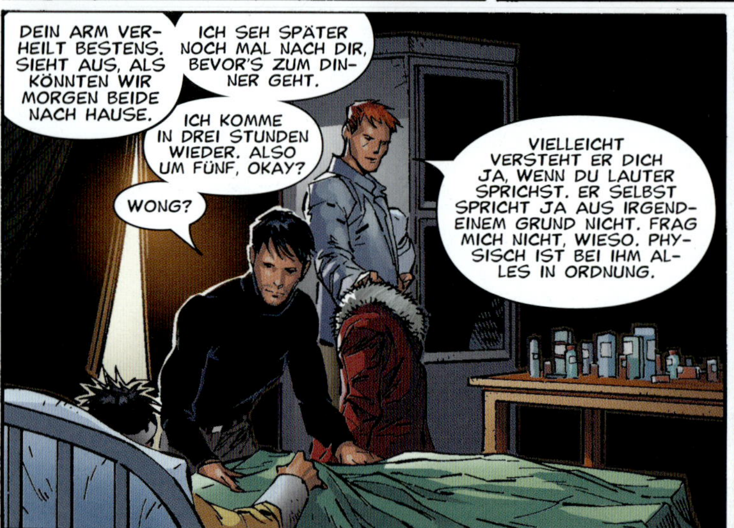
DEIN ARM VERHEILT BESTENS. SIEHT AUS, ALS KÖNNTEN WIR MORGEN BEIDE NACH HAUSE.
ICH SEH SPÄTER NOCH MAL NACH DIR, BEVOR'S ZUM DINNER GEHT.
ICH KOMME IN DREI STUNDEN WIEDER. ALSO UM FÜNF, OKAY?
WONG?
VIELLEICHT VERSTEHT ER DICH JA, WENN DU LAUTER SPRICHST. ER SELBST SPRICHT JA AUS IRGENDEINEM GRUND NICHT. FRAG MICH NICHT, WIESO. PHYSISCH IST BEI IHM ALLES IN ORDNUNG.
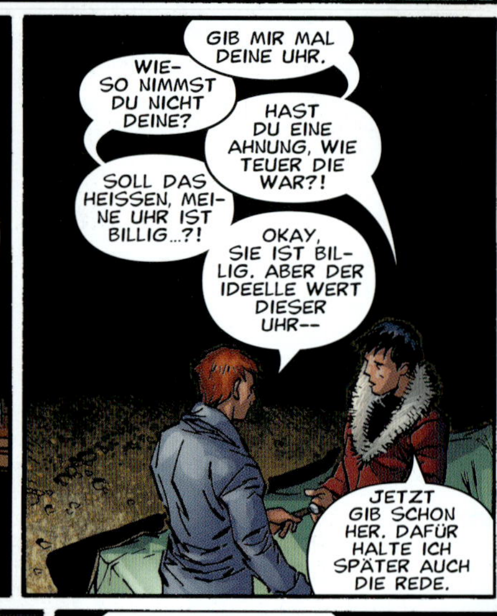
GIB MIR MAL DEINE UHR.
WIESO NIMMST DU NICHT DEINE?
HAST DU EINE AHNUNG, WIE TEUER DIE WAR?!
SOLL DAS HEISSEN, MEINE UHR IST BILLIG...?!
OKAY, SIE IST BILLIG. ABER DER IDEELLE WERT DIESER UHR--
JETZT GIB SCHON HER. DAFÜR HALTE ICH SPÄTER AUCH DIE REDE.
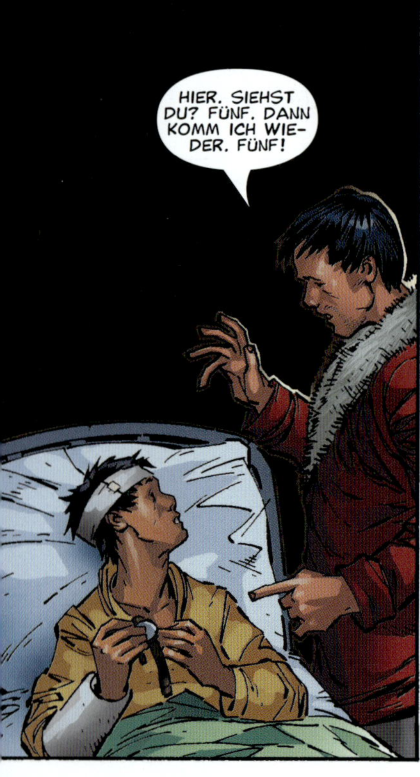
HIER. SIEHST DU? FÜNF. DANN KOMM ICH WIEDER. FÜNF!
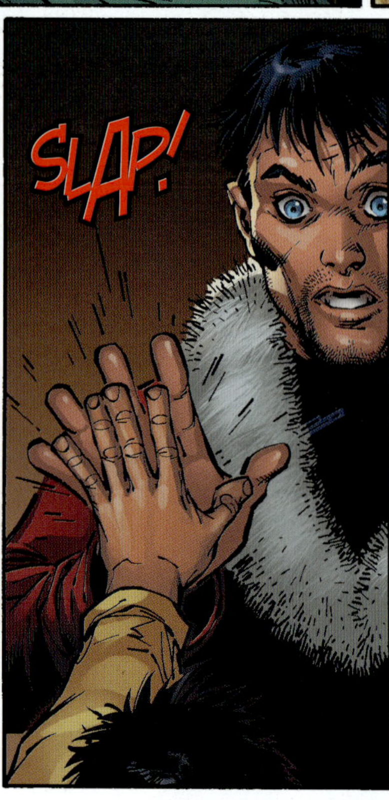
SLAP!
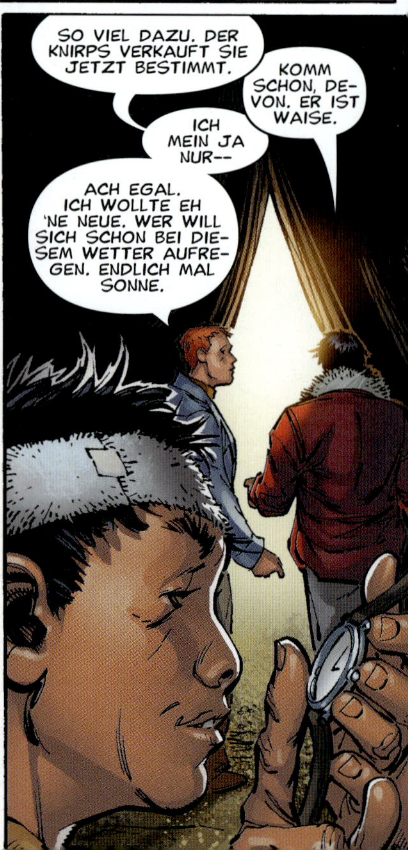
SO VIEL DAZU. DER KNIRPS VERKAUFT SIE JETZT BESTIMMT.
KOMM SCHON, DEVON. ER IST WAISE.
ICH MEIN JA NUR--
ACH EGAL. ICH WOLLTE EH 'NE NEUE. WER WILL SICH SCHON BEI DIESEM WETTER AUFREGEN. ENDLICH MAL SONNE.

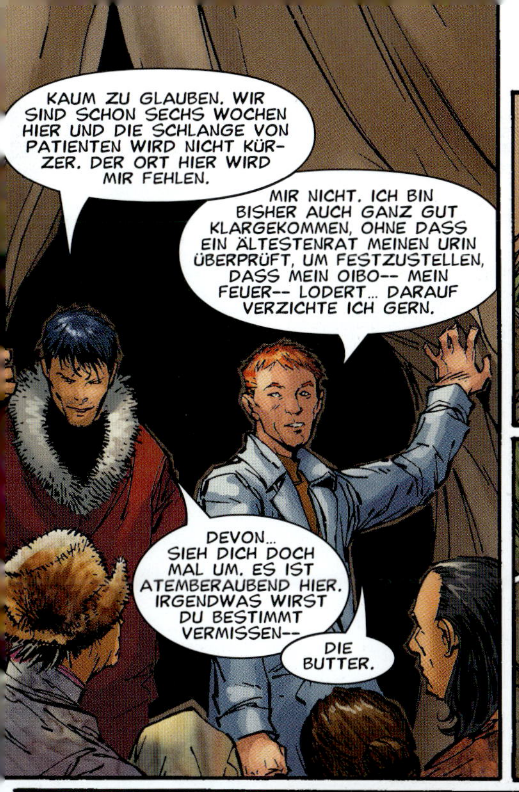
KAUM ZU GLAUBEN. WIR SIND SCHON SECHS WOCHEN HIER UND DIE SCHLANGE VON PATIENTEN WIRD NICHT KÜRZER. DER ORT HIER WIRD MIR FEHLEN.
MIR NICHT. ICH BIN BISHER AUCH GANZ GUT KLARGEKOMMEN, OHNE DASS EIN ÄLTESTENRAT MEINEN URIN ÜBERPRÜFT, UM FESTZUSTELLEN, DASS MEIN OIBO-- MEIN FEUER-- LODERT... DARAUF VERZICHTE ICH GERN.
DEVON... SIEH DICH DOCH MAL UM. ES IST ATEMBERAUBEND HIER. IRGENDWAS WIRST DU BESTIMMT VERMISSEN--
DIE BUTTER.

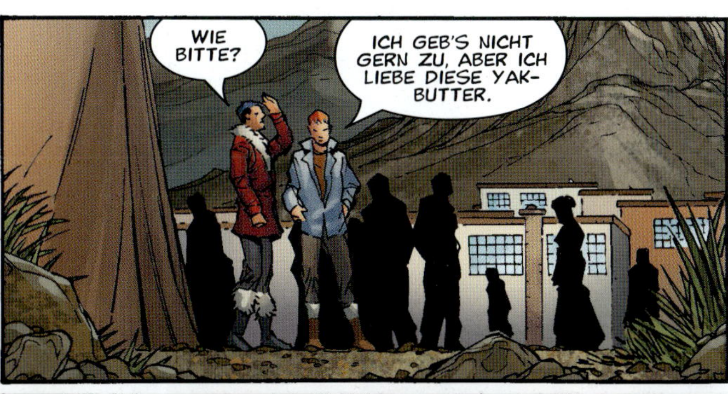
WIE BITTE?
ICH GEB'S NICHT GERN ZU, ABER ICH LIEBE DIESE YAK-BUTTER.

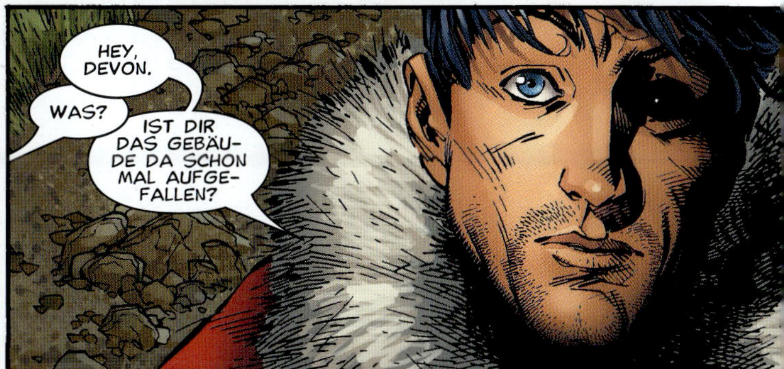
HEY, DEVON.
WAS?
IST DIR DAS GEBÄUDE DA SCHON MAL AUFGEFALLEN?

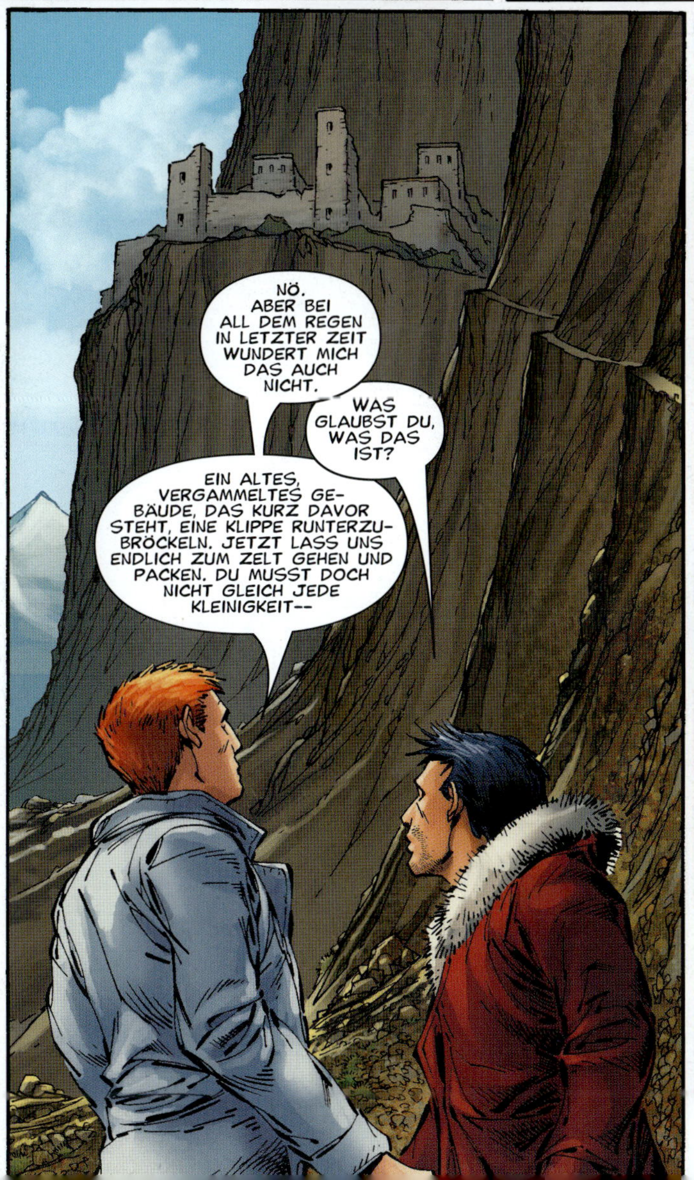
NÖ. ABER BEI ALL DEM REGEN IN LETZTER ZEIT WUNDERT MICH DAS AUCH NICHT.
WAS GLAUBST DU, WAS DAS IST?
EIN ALTES, VERGAMMELTES GEBÄUDE, DAS KURZ DAVOR STEHT, EINE KLIPPE RUNTERZUBRÖCKELN. JETZT LASS UNS ENDLICH ZUM ZELT GEHEN UND PACKEN. DU MUSST DOCH NICHT GLEICH JEDE KLEINIGKEIT--

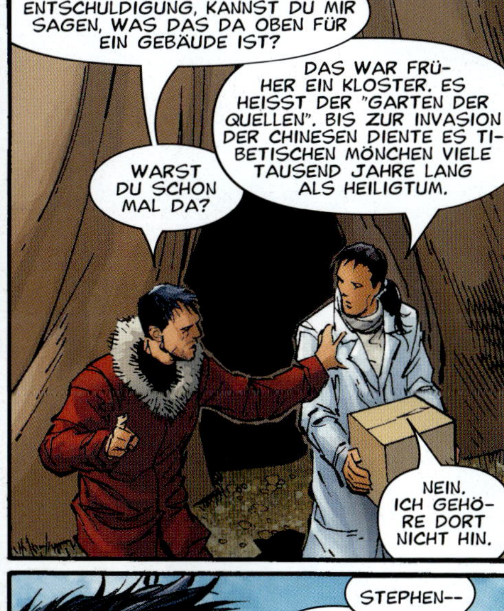
ENTSCHULDIGUNG, KANNST DU MIR SAGEN, WAS DAS DA OBEN FÜR EIN GEBÄUDE IST?
DAS WAR FRÜHER EIN KLOSTER. ES HEISST DER "GARTEN DER QUELLEN". BIS ZUR INVASION DER CHINESEN DIENTE ES TIBETISCHEN MÖNCHEN VIELE TAUSEND JAHRE LANG ALS HEILIGTUM.
WARST DU SCHON MAL DA?
NEIN. ICH GEHÖRE DORT NICHT HIN.

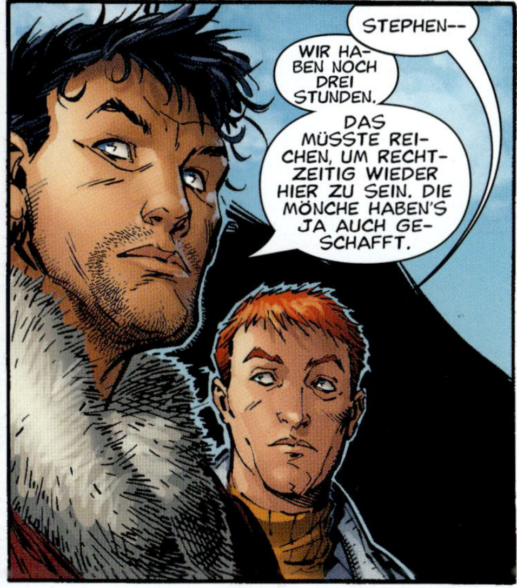
STEPHEN--
WIR HABEN NOCH DREI STUNDEN.
DAS MÜSSTE REICHEN, UM RECHTZEITIG WIEDER HIER ZU SEIN. DIE MÖNCHE HABEN'S JA AUCH GESCHAFFT.

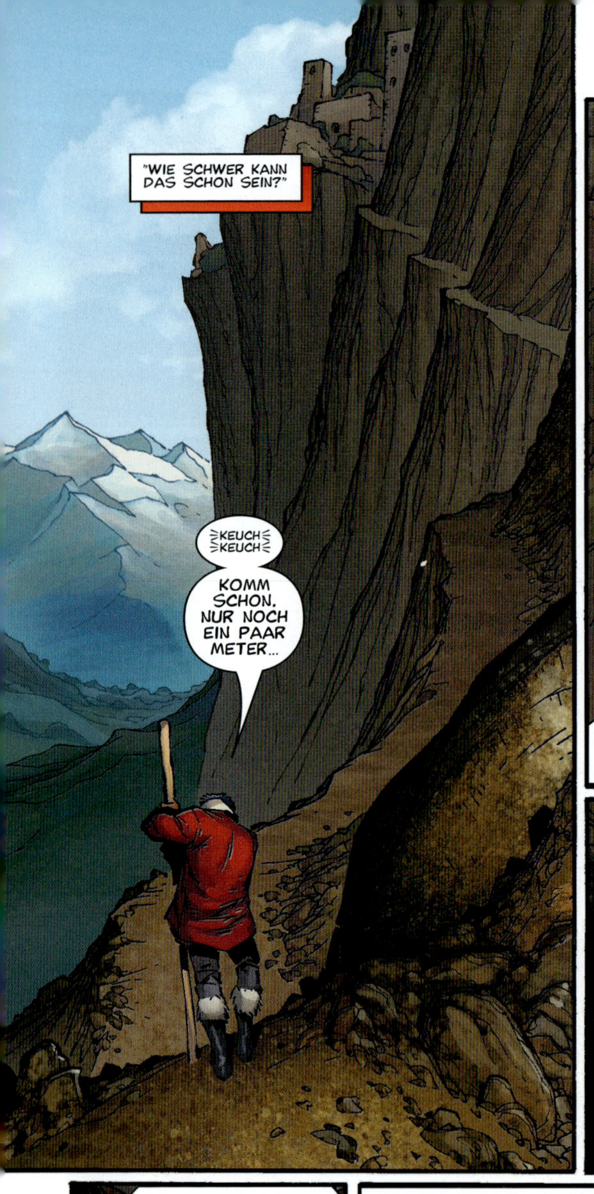
"WIE SCHWER KANN DAS SCHON SEIN?"
KEUCH KEUCH
KOMM SCHON. NUR NOCH EIN PAAR METER...

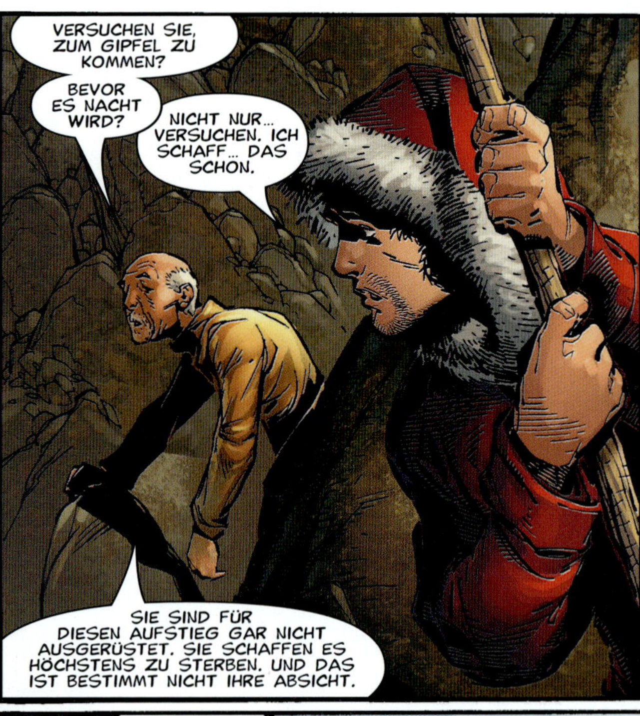
VERSUCHEN SIE, ZUM GIPFEL ZU KOMMEN?
BEVOR ES NACHT WIRD?
NICHT NUR... VERSUCHEN. ICH SCHAFF... DAS SCHON.
SIE SIND FÜR DIESEN AUFSTIEG GAR NICHT AUSGERÜSTET. SIE SCHAFFEN ES HÖCHSTENS ZU STERBEN. UND DAS IST BESTIMMT NICHT IHRE ABSICHT.

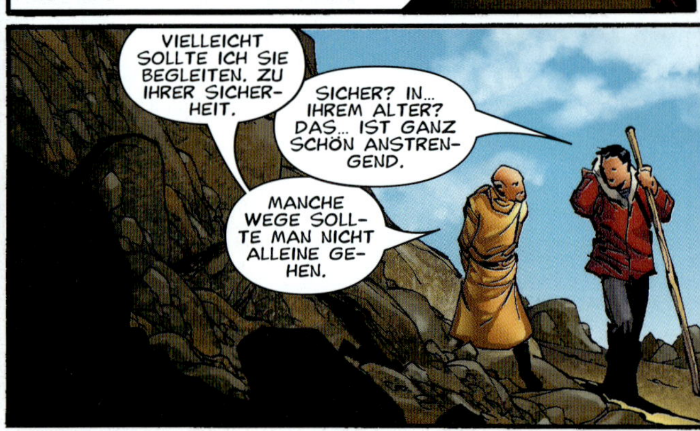
VIELLEICHT SOLLTE ICH SIE BEGLEITEN. ZU IHRER SICHERHEIT.
SICHER? IN... IHREM ALTER? DAS... IST GANZ SCHÖN ANSTRENGEND.
MANCHE WEGE SOLLTE MAN NICHT ALLEINE GEHEN.

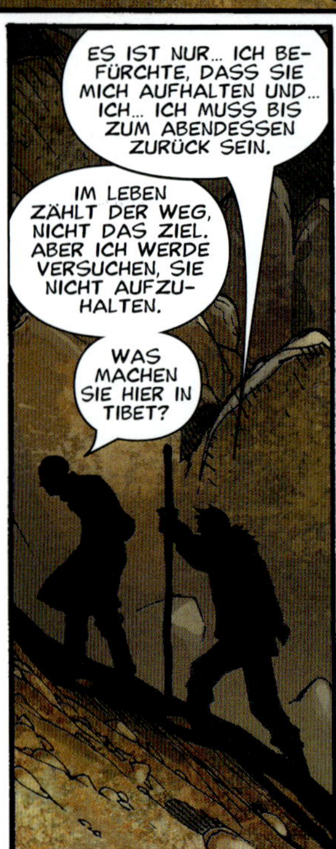
ES IST NUR... ICH BEFÜRCHTE, DASS SIE MICH AUFHALTEN UND... ICH... ICH MUSS BIS ZUM ABENDESSEN ZURÜCK SEIN.
IM LEBEN ZÄHLT DER WEG, NICHT DAS ZIEL. ABER ICH WERDE VERSUCHEN, SIE NICHT AUFZUHALTEN.
WAS MACHEN SIE HIER IN TIBET?

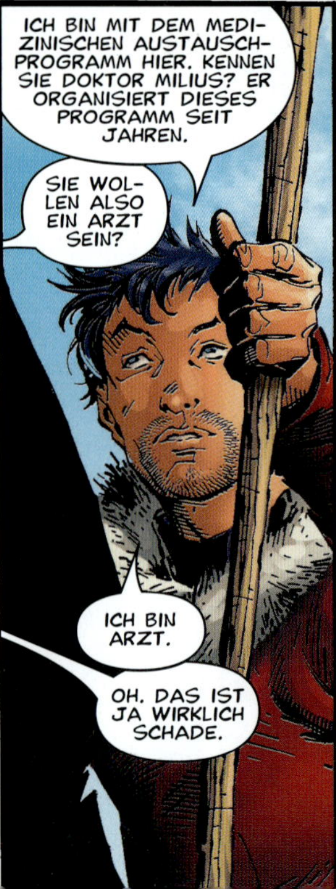
ICH BIN MIT DEM MEDIZINISCHEN AUSTAUSCHPROGRAMM HIER. KENNEN SIE DOKTOR MILIUS? ER ORGANISIERT DIESES PROGRAMM SEIT JAHREN.
SIE WOLLEN ALSO EIN ARZT SEIN?
ICH BIN ARZT.
OH. DAS IST JA WIRKLICH SCHADE.

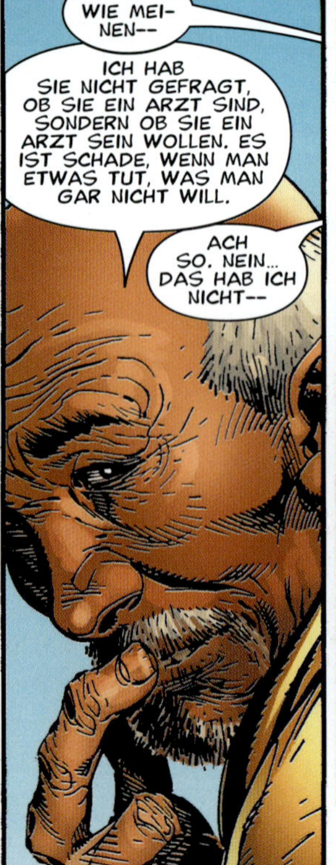
WIE MEINEN--
ICH HAB SIE NICHT GEFRAGT, OB SIE EIN ARZT SIND, SONDERN OB SIE EIN ARZT SEIN WOLLEN. ES IST SCHADE, WENN MAN ETWAS TUT, WAS MAN GAR NICHT WILL.
ACH SO. NEIN... DAS HAB ICH NICHT--

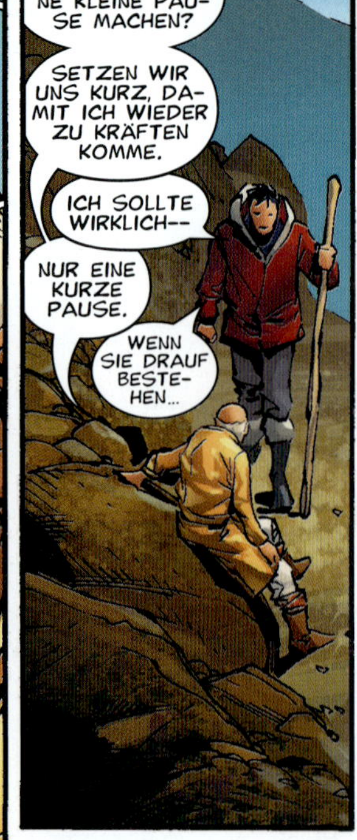
KÖNNEN WIR EINE KLEINE PAUSE MACHEN?
SETZEN WIR UNS KURZ, DAMIT ICH WIEDER ZU KRÄFTEN KOMME.
ICH SOLLTE WIRKLICH--
NUR EINE KURZE PAUSE.
WENN SIE DRAUF BESTEHEN...

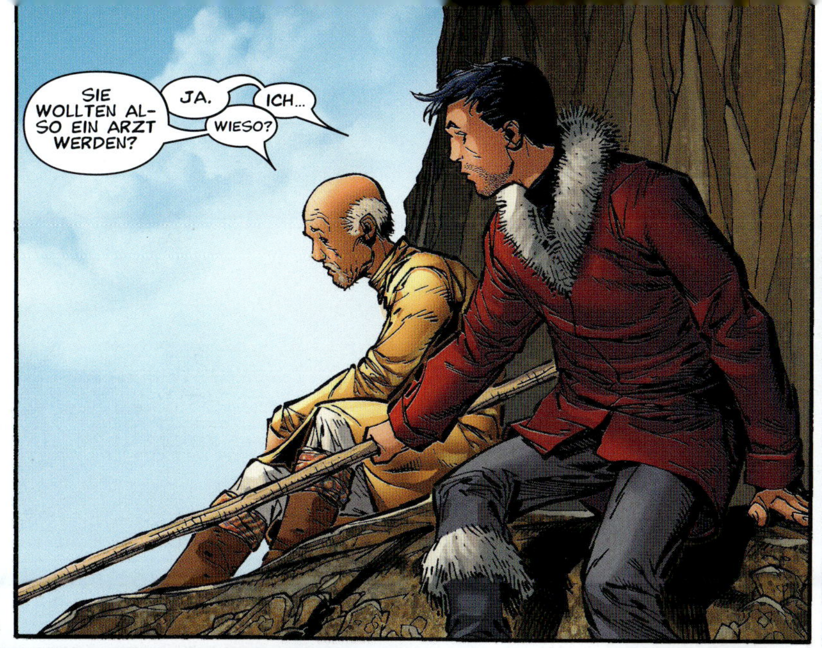
SIE WOLLTEN ALSO EIN ARZT WERDEN?
JA.
WIESO?
ICH...
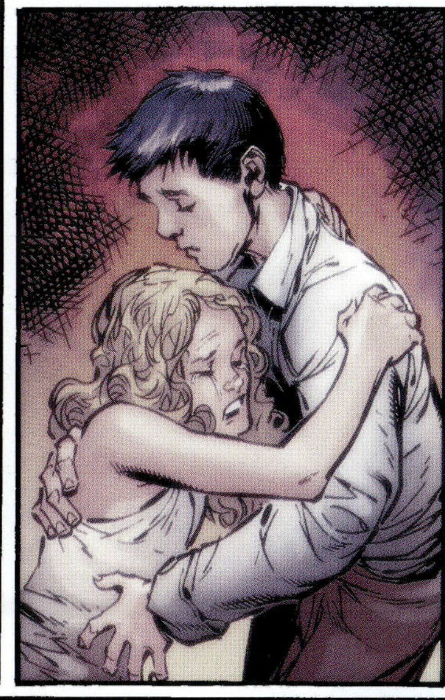
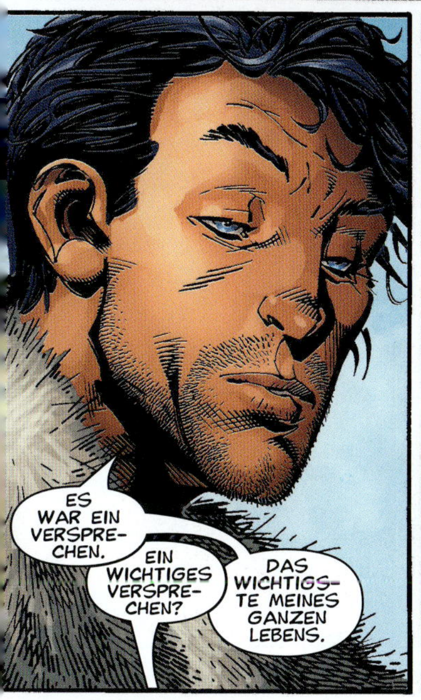
ES WAR EIN VERSPRECHEN.
EIN WICHTIGES VERSPRECHEN?
DAS WICHTIGSTE MEINES GANZEN LEBENS.
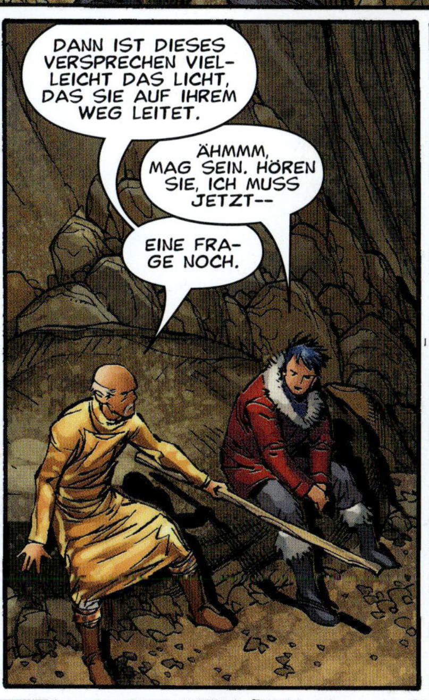
DANN IST DIESES VERSPRECHEN VIELLEICHT DAS LICHT, DAS SIE AUF IHREM WEG LEITET.
ÄHMMM, MAG SEIN. HÖREN SIE, ICH MUSS JETZT--
EINE FRAGE NOCH.
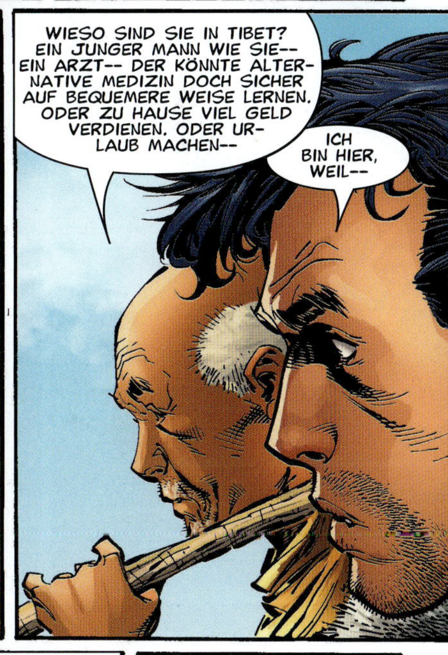
WIESO SIND SIE IN TIBET? EIN JUNGER MANN WIE SIE-- EIN ARZT-- DER KÖNNTE ALTERNATIVE MEDIZIN DOCH SICHER AUF BEQUEMERE WEISE LERNEN. ODER ZU HAUSE VIEL GELD VERDIENEN. ODER URLAUB MACHEN--
ICH BIN HIER, WEIL--
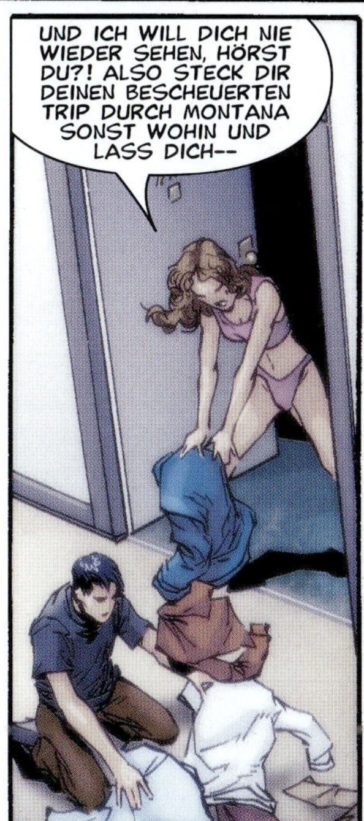
UND ICH WILL DICH NIE WIEDER SEHEN, HÖRST DU?! ALSO STECK DIR DEINEN BESCHEUERTEN TRIP DURCH MONTANA SONST WOHIN UND LASS DICH--
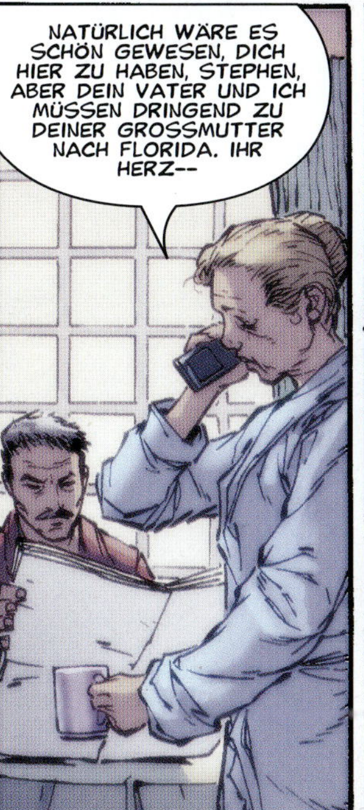
NATÜRLICH WÄRE ES SCHÖN GEWESEN, DICH HIER ZU HABEN, STEPHEN, ABER DEIN VATER UND ICH MÜSSEN DRINGEND ZU DEINER GROSSMUTTER NACH FLORIDA. IHR HERZ--
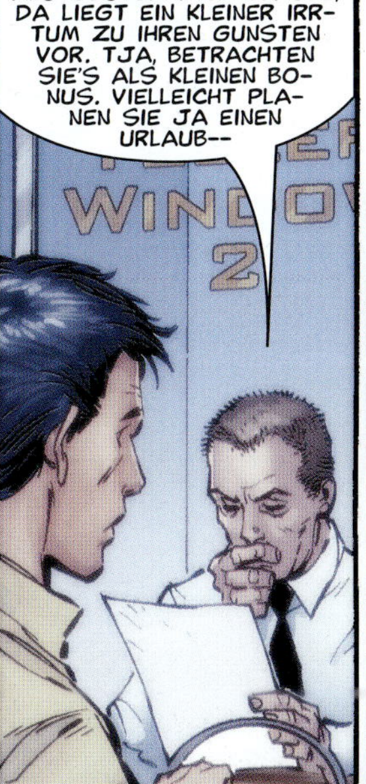
SECHSHUNDERT DOLLAR MEHR AUF IHREM KONTO ALS GESTERN. ICH GLAUBE, DA LIEGT EIN KLEINER IRRTUM ZU IHREN GUNSTEN VOR. TJA, BETRACHTEN SIE'S ALS KLEINEN BONUS. VIELLEICHT PLANEN SIE JA EINEN URLAUB--
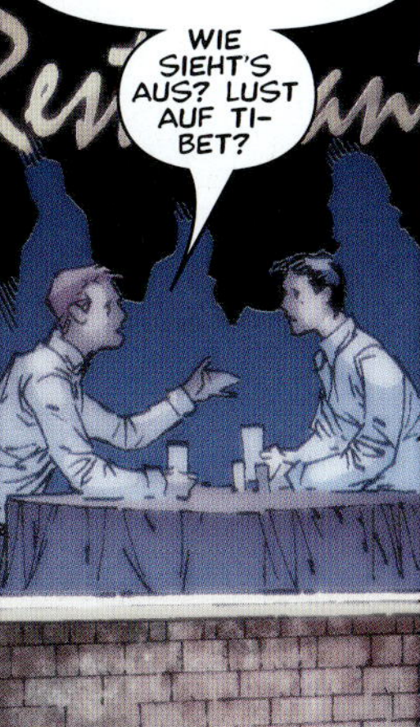
-- IN TIBET. MICHAEL MUSSTE KURZFRISTIG ABSAGEN. WIR HABEN ALSO NOCH EINEN PLATZ FREI, WENN DU WILLST. DAS IST DIE GELEGENHEIT, EIN PAAR PUNKTE ZU SAMMELN. VIELLEICHT LERNEN WIR SOGAR WAS. DR. MILIUS MACHT DAS JEDES JAHR. DA KÖNNTEN WIR UNS EIN BISSCHEN EINSCHLEIMEN.
WIE SIEHT'S AUS? LUST AUF TIBET?

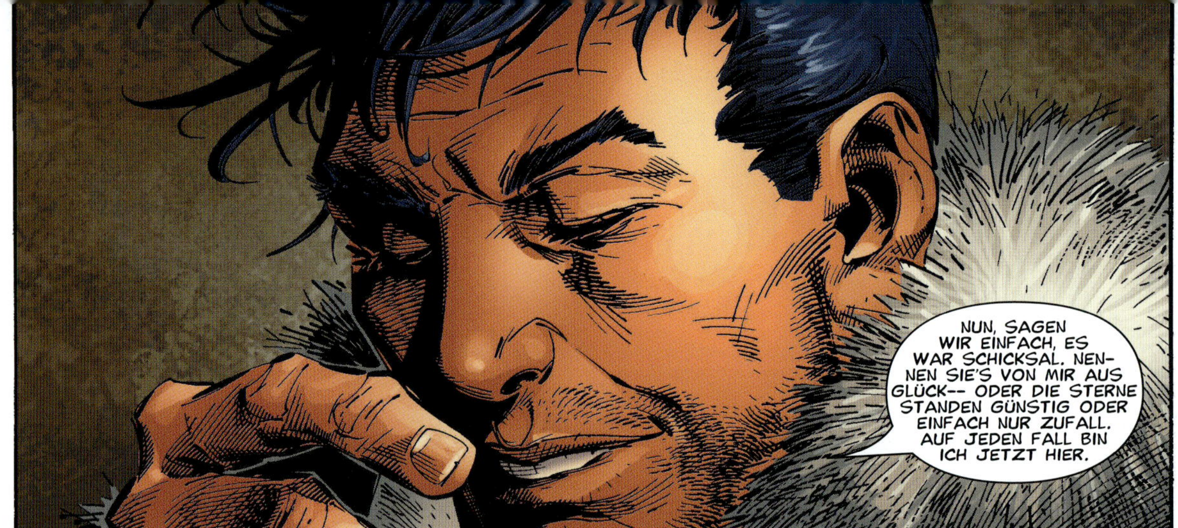
NUN, SAGEN WIR EINFACH, ES WAR SCHICKSAL. NENNEN SIE'S VON MIR AUS GLÜCK-- ODER DIE STERNE STANDEN GÜNSTIG ODER EINFACH NUR ZUFALL. AUF JEDEN FALL BIN ICH JETZT HIER.

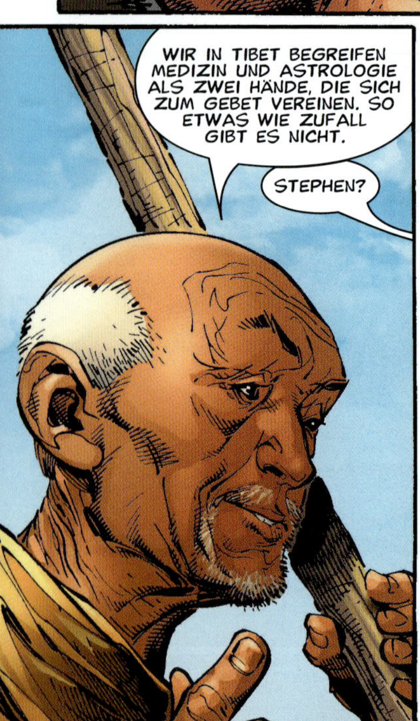
WIR IN TIBET BEGREIFEN MEDIZIN UND ASTROLOGIE ALS ZWEI HÄNDE, DIE SICH ZUM GEBET VEREINEN. SO ETWAS WIE ZUFALL GIBT ES NICHT.
STEPHEN?

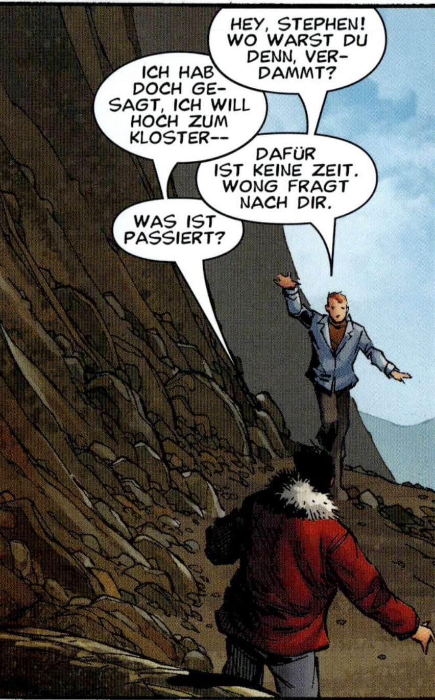
HEY, STEPHEN! WO WARST DU DENN, VERDAMMT?
ICH HAB DOCH GESAGT, ICH WILL HOCH ZUM KLOSTER--
DAFÜR IST KEINE ZEIT. WONG FRAGT NACH DIR.
WAS IST PASSIERT?

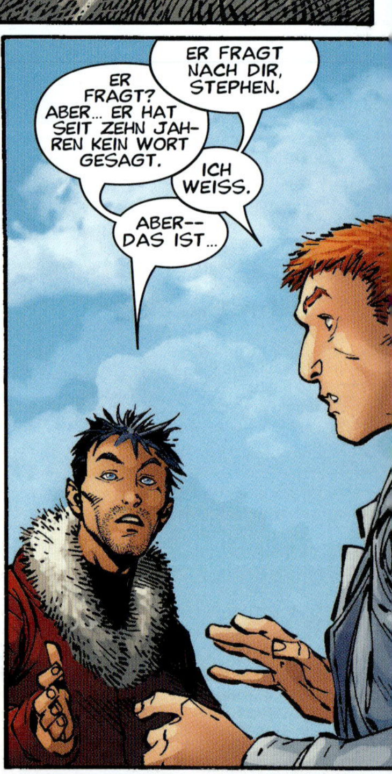
ER FRAGT NACH DIR, STEPHEN.
ER FRAGT? ABER... ER HAT SEIT ZEHN JAHREN KEIN WORT GESAGT.
ICH WEISS.
ABER-- DAS IST...

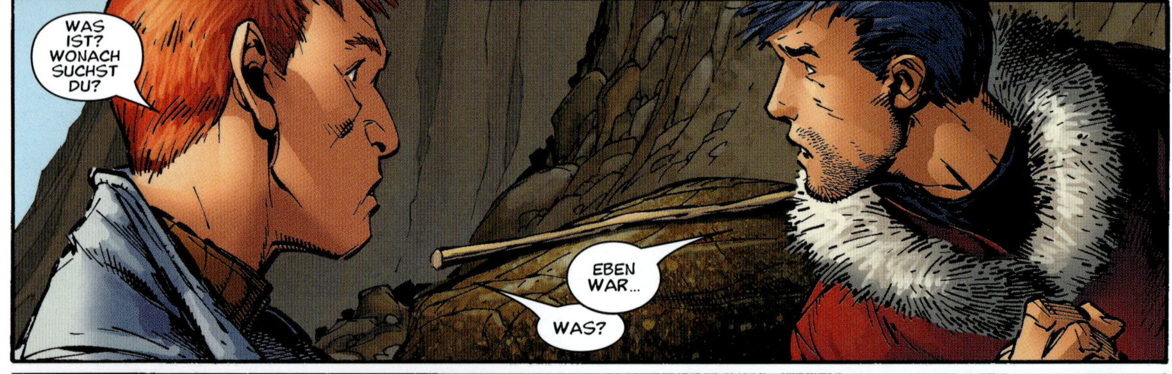
WAS IST? WONACH SUCHST DU?
EBEN WAR...
WAS?

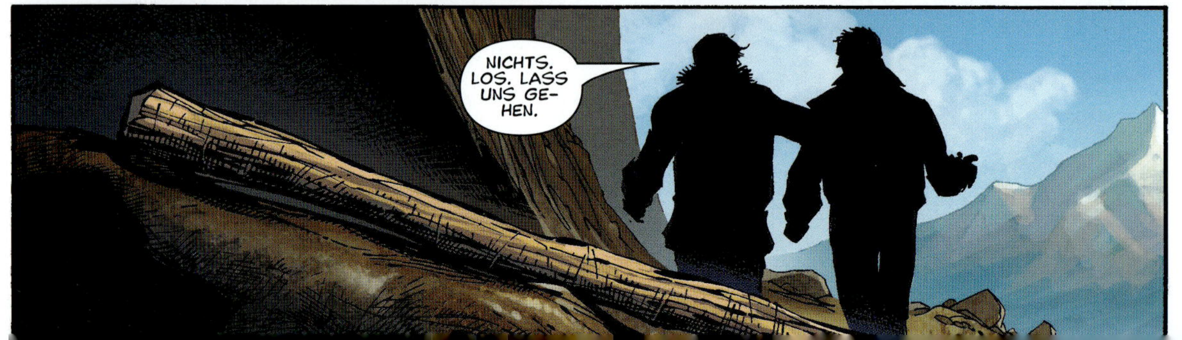
NICHTS. LOS. LASS UNS GEHEN.

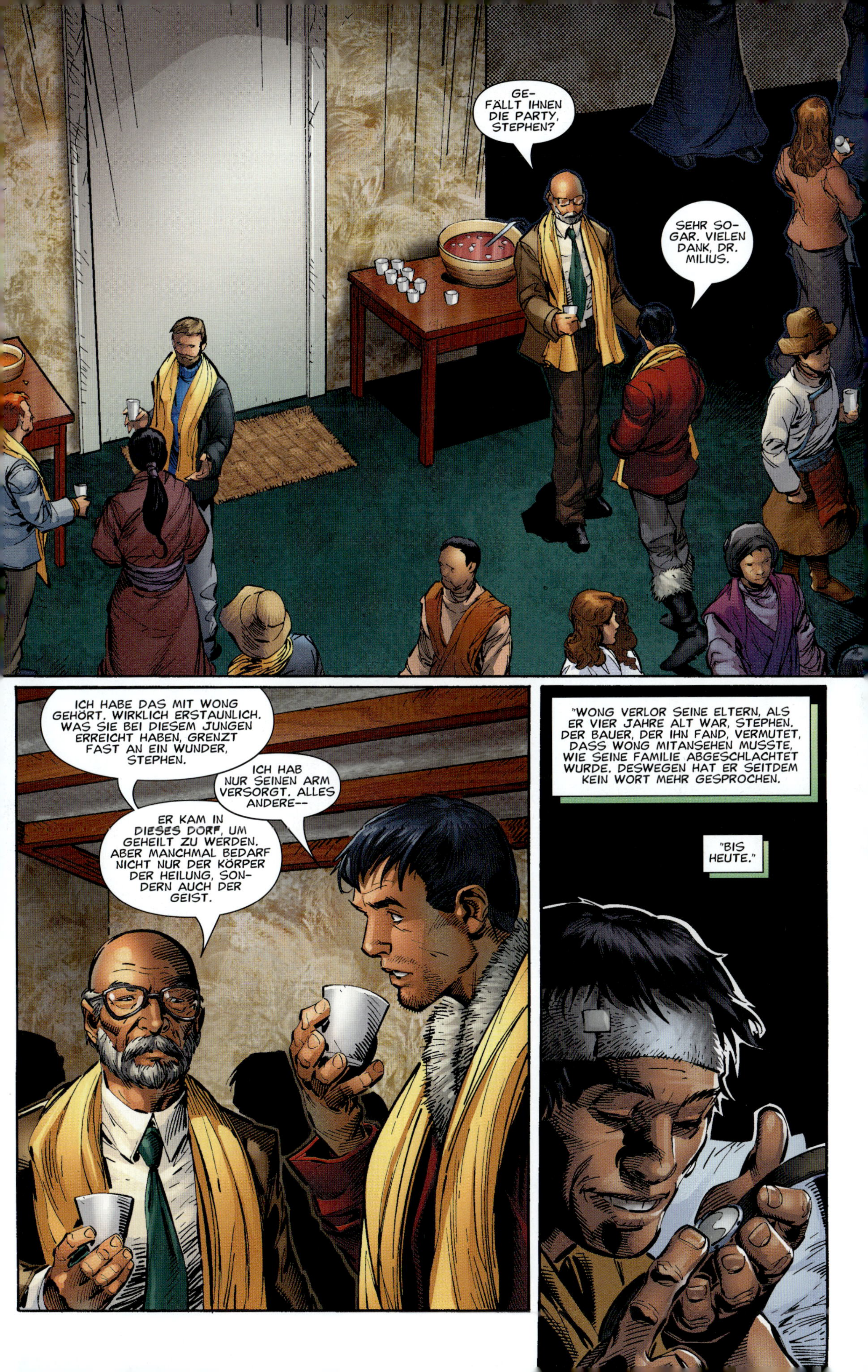

GE-
FÄLLT IHNEN
DIE PARTY,
STEPHEN?
SEHR SO-
GAR. VIELEN
DANK, DR.
MILIUS.

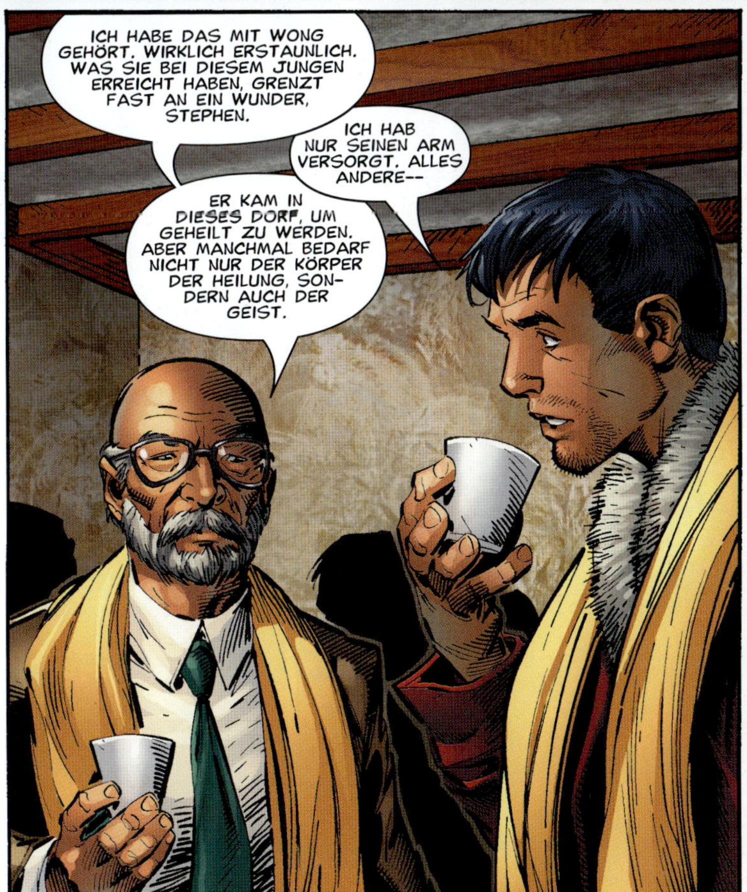

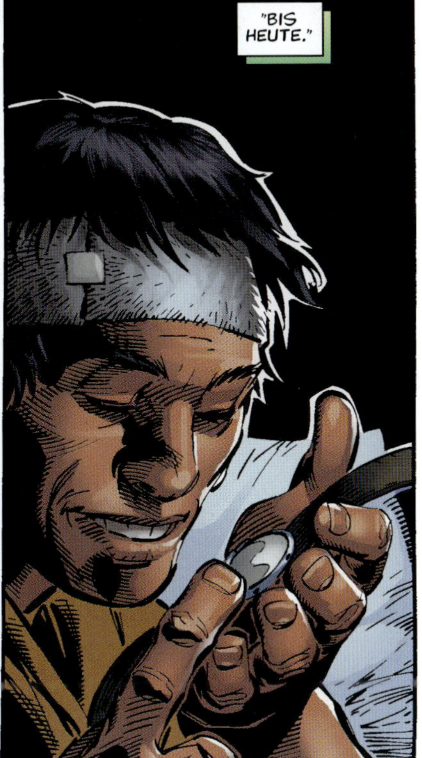

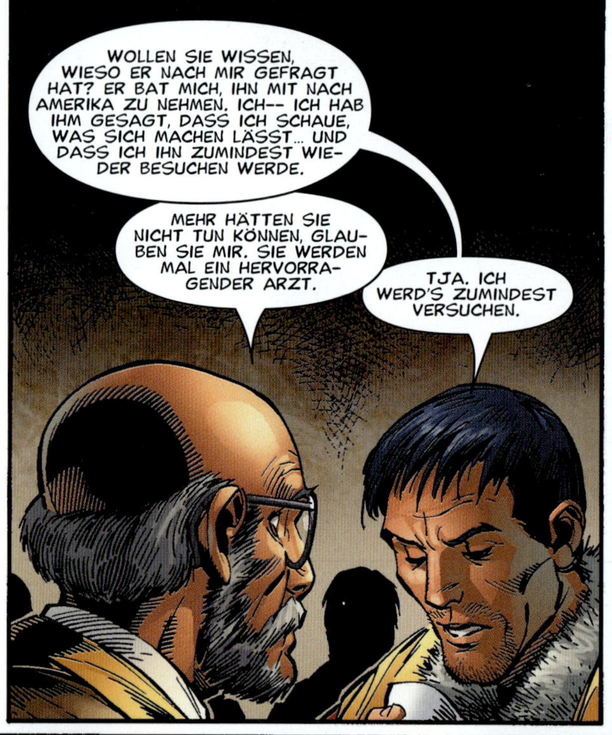
WOLLEN SIE WISSEN, WIESO ER NACH MIR GEFRAGT HAT? ER BAT MICH, IHN MIT NACH AMERIKA ZU NEHMEN. ICH-- ICH HAB IHM GESAGT, DASS ICH SCHAUE, WAS SICH MACHEN LÄSST... UND DASS ICH IHN ZUMINDEST WIEDER BESUCHEN WERDE.
MEHR HÄTTEN SIE NICHT TUN KÖNNEN, GLAUBEN SIE MIR. SIE WERDEN MAL EIN HERVORRAGENDER ARZT.
TJA. ICH WERD'S ZUMINDEST VERSUCHEN.

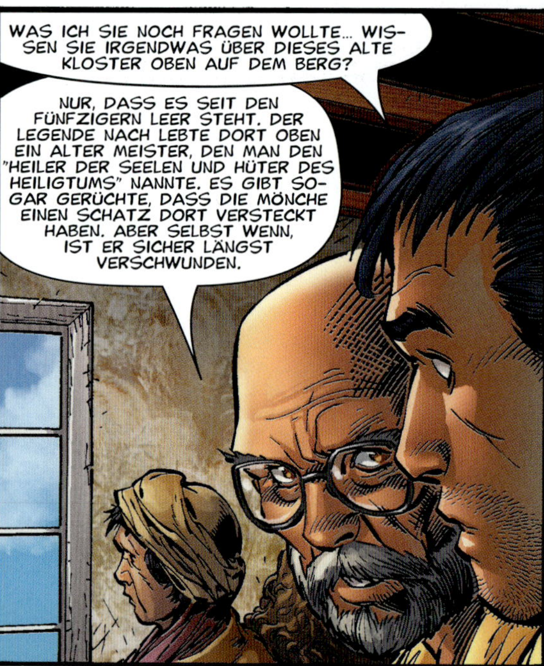
WAS ICH SIE NOCH FRAGEN WOLLTE... WISSEN SIE IRGENDWAS ÜBER DIESES ALTE KLOSTER OBEN AUF DEM BERG?
NUR, DASS ES SEIT DEN FÜNFZIGERN LEER STEHT. DER LEGENDE NACH LEBTE DORT OBEN EIN ALTER MEISTER, DEN MAN DEN "HEILER DER SEELEN UND HÜTER DES HEILIGTUMS" NANNTE. ES GIBT SOGAR GERÜCHTE, DASS DIE MÖNCHE EINEN SCHATZ DORT VERSTECKT HABEN. ABER SELBST WENN, IST ER SICHER LÄNGST VERSCHWUNDEN.

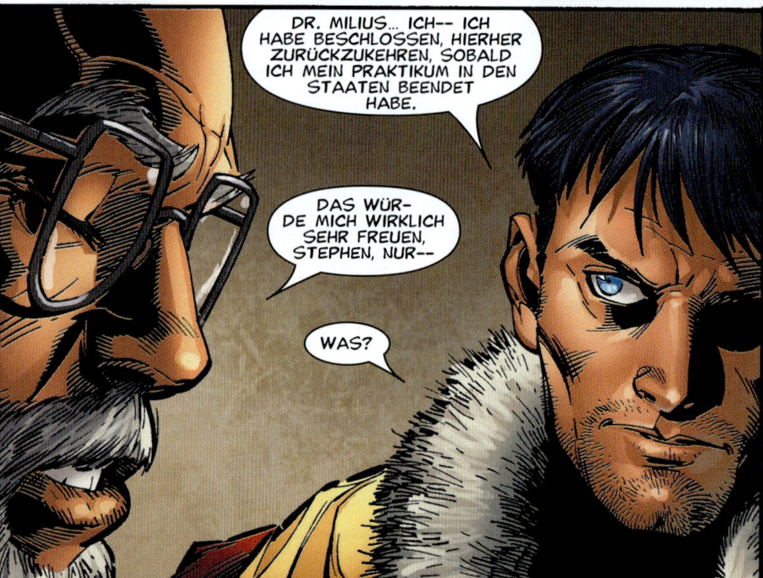
DR. MILIUS... ICH-- ICH HABE BESCHLOSSEN, HIERHER ZURÜCKZUKEHREN, SOBALD ICH MEIN PRAKTIKUM IN DEN STAATEN BEENDET HABE.
DAS WÜRDE MICH WIRKLICH SEHR FREUEN, STEPHEN, NUR--
WAS?

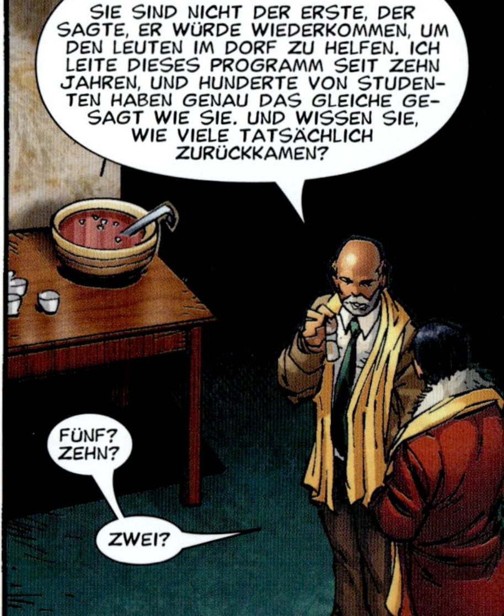
SIE SIND NICHT DER ERSTE, DER SAGTE, ER WÜRDE WIEDERKOMMEN, UM DEN LEUTEN IM DORF ZU HELFEN. ICH LEITE DIESES PROGRAMM SEIT ZEHN JAHREN, UND HUNDERTE VON STUDENTEN HABEN GENAU DAS GLEICHE GESAGT WIE SIE. UND WISSEN SIE, WIE VIELE TATSÄCHLICH ZURÜCKKAMEN?
FÜNF? ZEHN?
ZWEI?

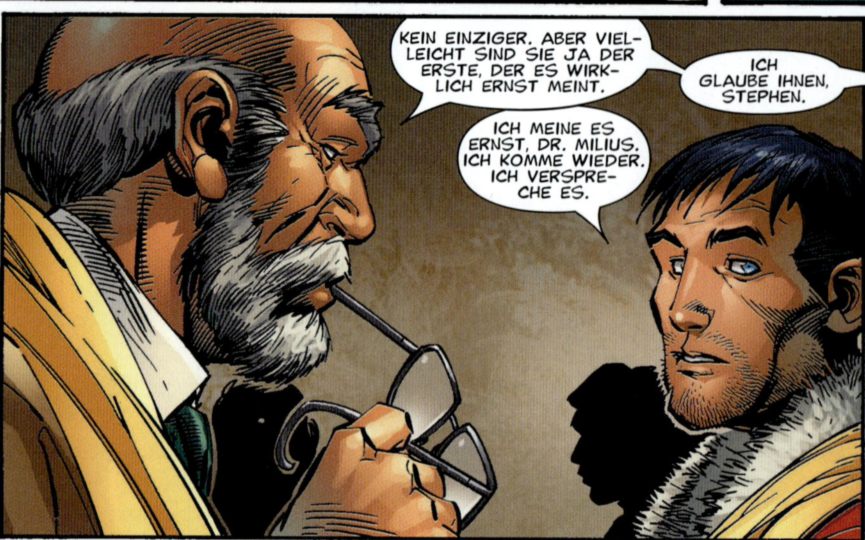
KEIN EINZIGER. ABER VIELLEICHT SIND SIE JA DER ERSTE, DER ES WIRKLICH ERNST MEINT.
ICH MEINE ES ERNST, DR. MILIUS. ICH KOMME WIEDER. ICH VERSPRECHE ES.
ICH GLAUBE IHNEN, STEPHEN.

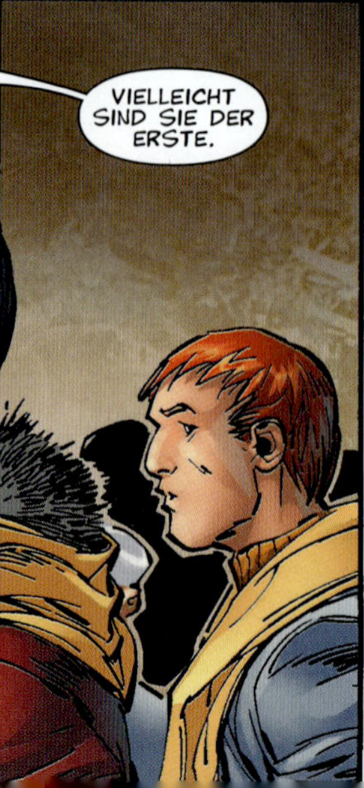
VIELLEICHT SIND SIE DER ERSTE.

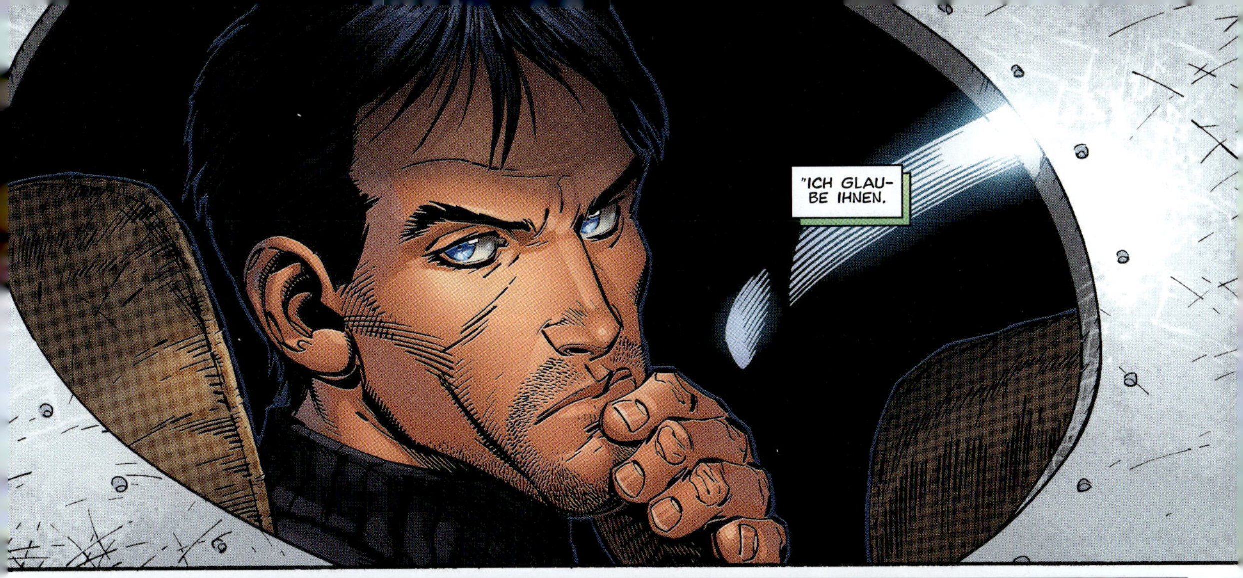

"ICH GLAUBE IHNEN.

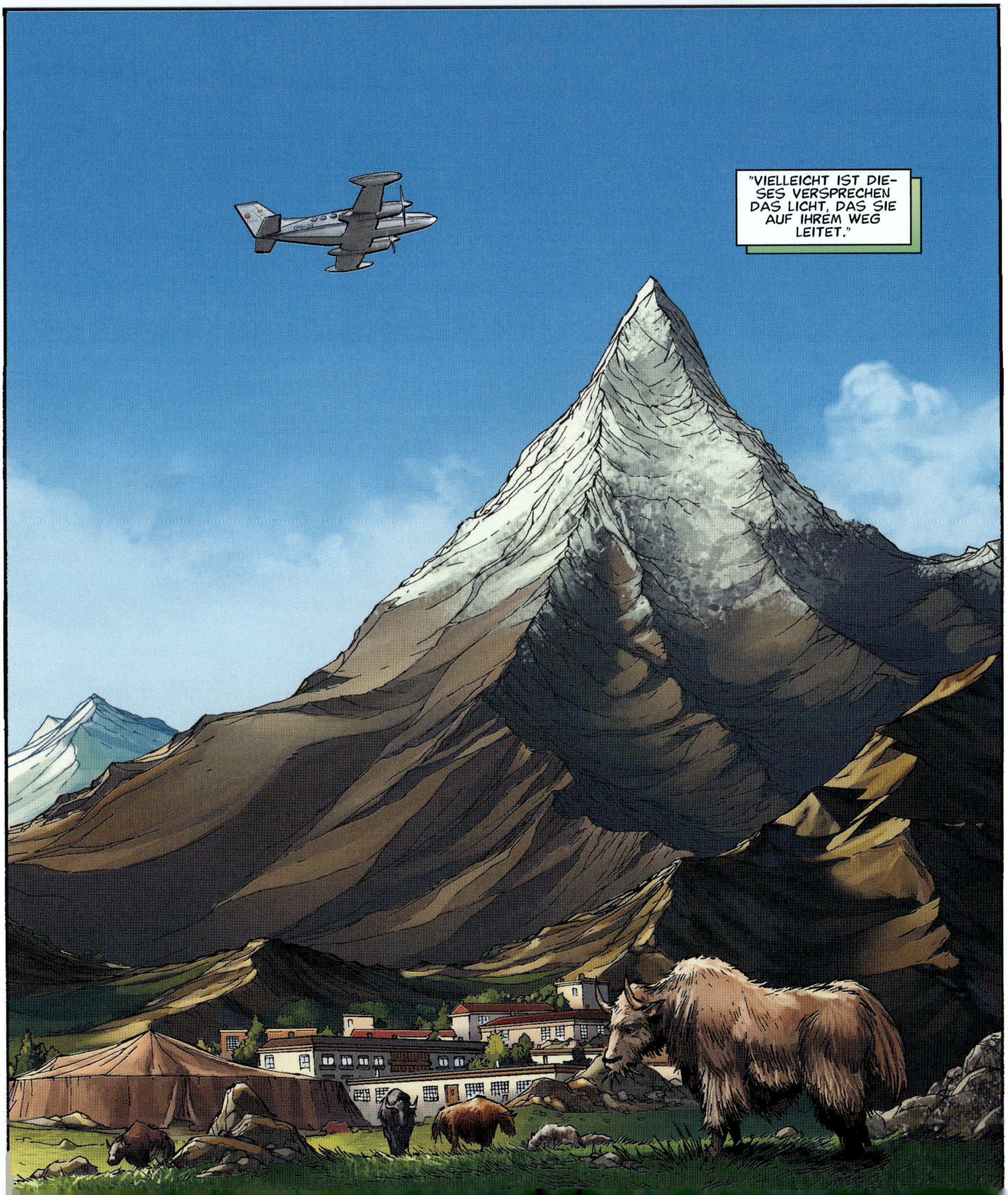

"VIELLEICHT IST DIESES VERSPRECHEN DAS LICHT, DAS SIE AUF IHREM WEG LEITET."

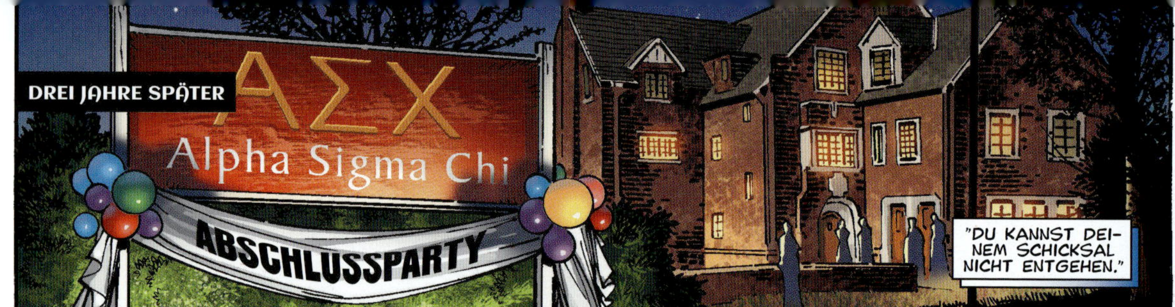
DREI JAHRE SPÄTER
ΑΣΧ
Alpha Sigma Chi
ABSCHLUSSPARTY
"DU KANNST DEINEM SCHICKSAL NICHT ENTGEHEN."

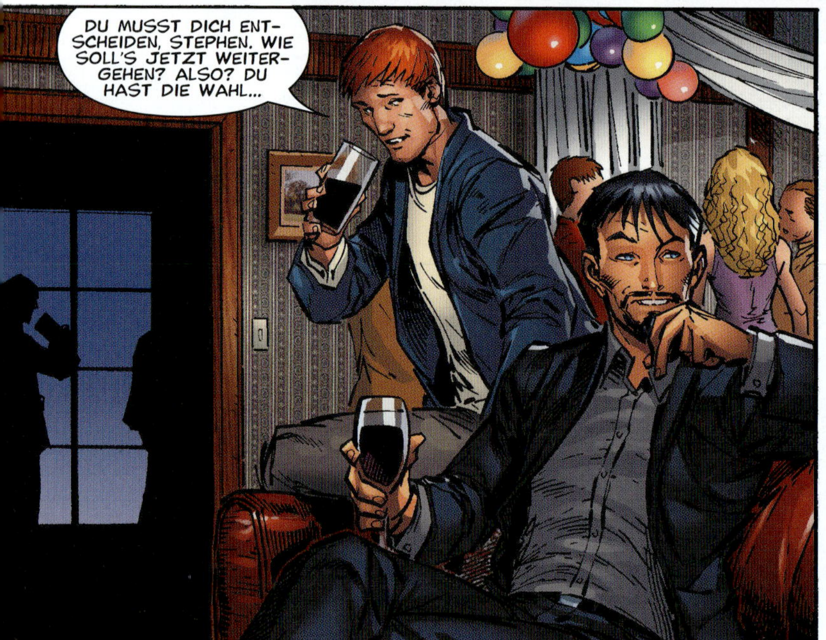
DU MUSST DICH ENTSCHEIDEN, STEPHEN. WIE SOLL'S JETZT WEITERGEHEN? ALSO? DU HAST DIE WAHL...

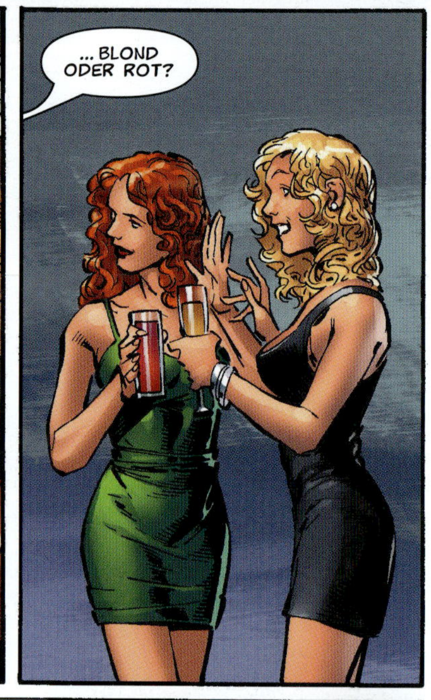
...BLOND ODER ROT?

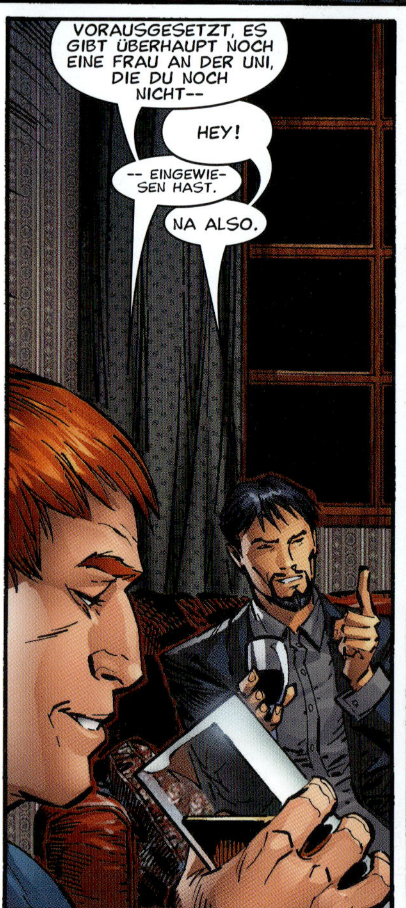
VORAUSGESETZT, ES GIBT ÜBERHAUPT NOCH EINE FRAU AN DER UNI, DIE DU NOCH NICHT--
HEY!
-- EINGEWIESEN HAST.
NA ALSO.

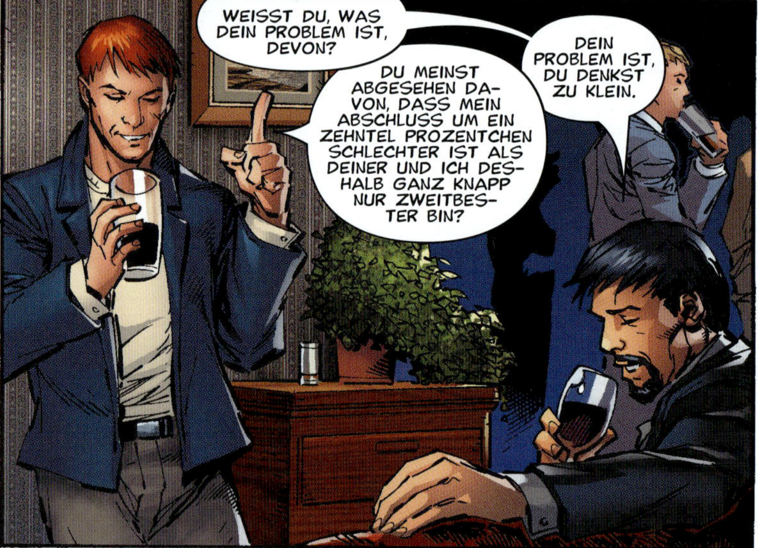
WEISST DU, WAS DEIN PROBLEM IST, DEVON?
DU MEINST ABGESEHEN DAVON, DASS MEIN ABSCHLUSS UM EIN ZEHNTEL PROZENTCHEN SCHLECHTER IST ALS DEINER UND ICH DESHALB GANZ KNAPP NUR ZWEITBESTER BIN?
DEIN PROBLEM IST, DU DENKST ZU KLEIN.

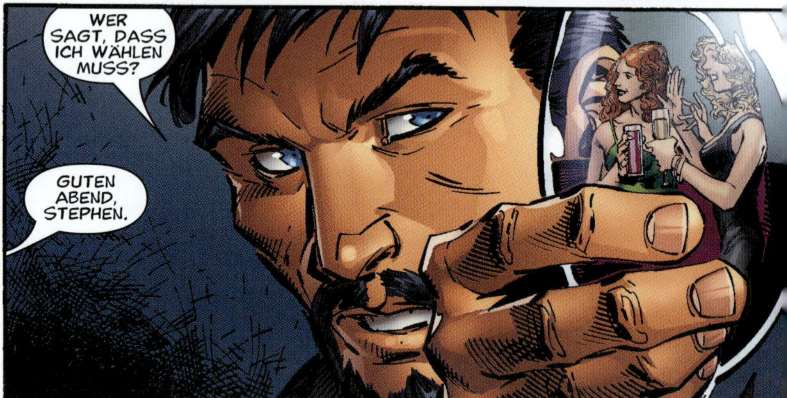
WER SAGT, DASS ICH WÄHLEN MUSS?
GUTEN ABEND, STEPHEN.

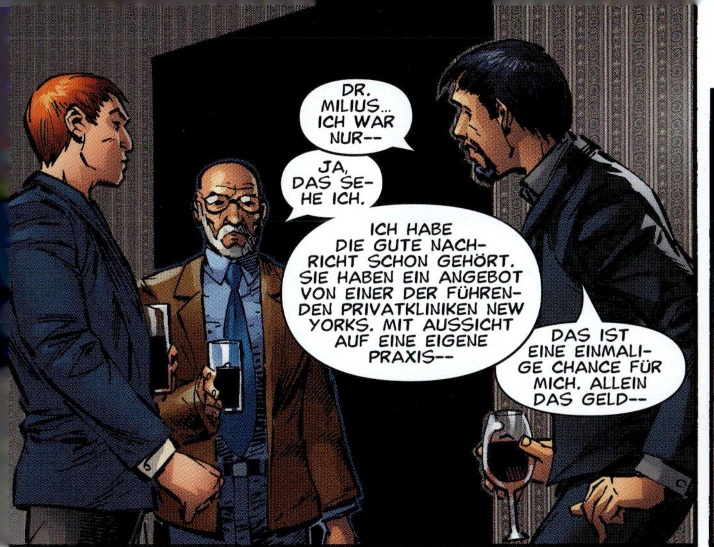
DR. MILIUS... ICH WAR NUR--
JA, DAS SEHE ICH.
ICH HABE DIE GUTE NACHRICHT SCHON GEHÖRT. SIE HABEN EIN ANGEBOT VON EINER DER FÜHRENDEN PRIVATKLINIKEN NEW YORKS. MIT AUSSICHT AUF EINE EIGENE PRAXIS--
DAS IST EINE EINMALIGE CHANCE FÜR MICH. ALLEIN DAS GELD--

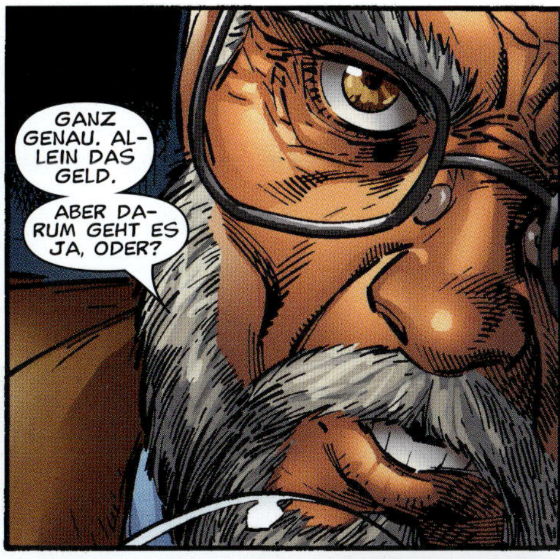
GANZ GENAU. ALLEIN DAS GELD.
ABER DARUM GEHT ES JA, ODER?

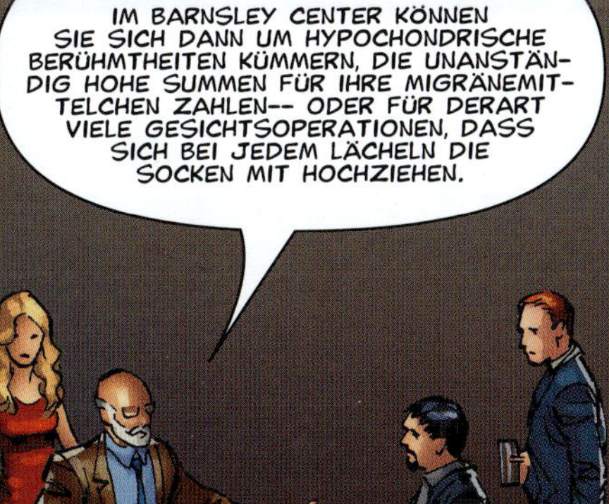
IM BARNSLEY CENTER KÖNNEN SIE SICH DANN UM HYPOCHONDRISCHE BERÜHMTHEITEN KÜMMERN, DIE UNANSTÄNDIG HOHE SUMMEN FÜR IHRE MIGRÄNEMITTELCHEN ZAHLEN-- ODER FÜR DERART VIELE GESICHTSOPERATIONEN, DASS SICH BEI JEDEM LÄCHELN DIE SOCKEN MIT HOCHZIEHEN.

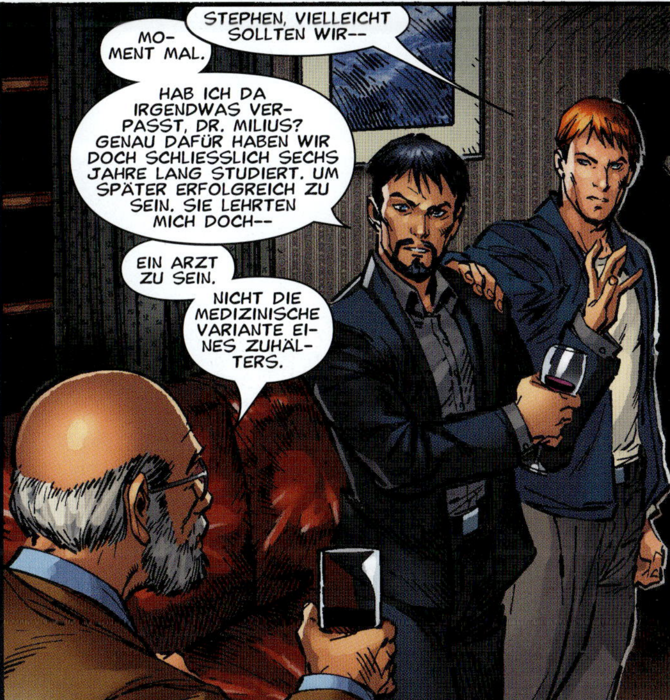
STEPHEN, VIELLEICHT SOLLTEN WIR--
MOMENT MAL.
HAB ICH DA IRGENDWAS VERPASST, DR. MILIUS? GENAU DAFÜR HABEN WIR DOCH SCHLIESSLICH SECHS JAHRE LANG STUDIERT. UM SPÄTER ERFOLGREICH ZU SEIN. SIE LEHRTEN MICH DOCH--
EIN ARZT ZU SEIN.
NICHT DIE MEDIZINISCHE VARIANTE EINES ZUHÄLTERS.

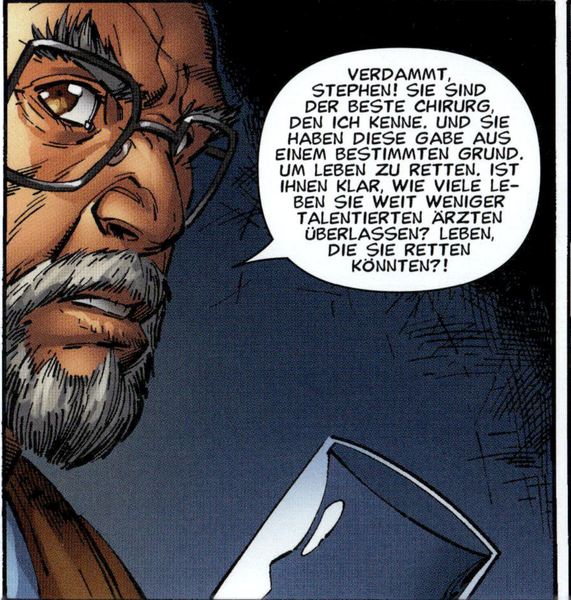
VERDAMMT, STEPHEN! SIE SIND DER BESTE CHIRURG, DEN ICH KENNE. UND SIE HABEN DIESE GABE AUS EINEM BESTIMMTEN GRUND. UM LEBEN ZU RETTEN. IST IHNEN KLAR, WIE VIELE LEBEN SIE WEIT WENIGER TALENTIERTEN ÄRZTEN ÜBERLASSEN? LEBEN, DIE SIE RETTEN KÖNNTEN?!

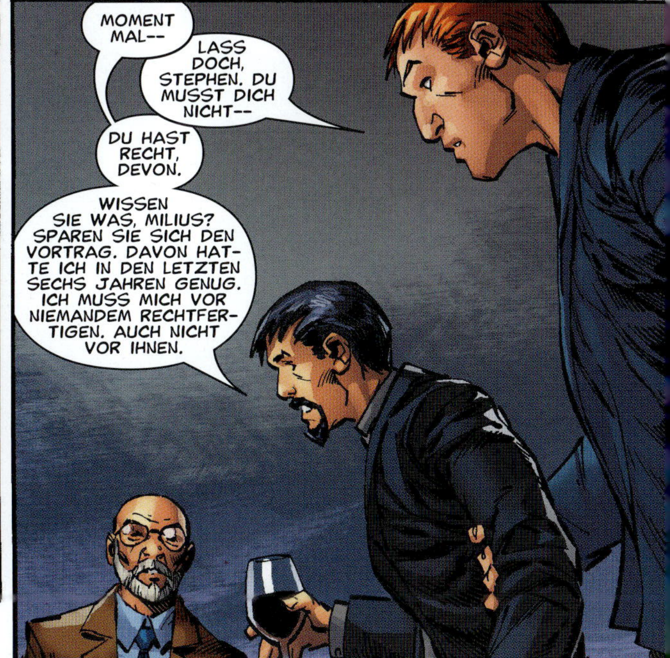
MOMENT MAL--
LASS DOCH, STEPHEN. DU MUSST DICH NICHT--
DU HAST RECHT, DEVON.
WISSEN SIE WAS, MILIUS? SPAREN SIE SICH DEN VORTRAG. DAVON HATTE ICH IN DEN LETZTEN SECHS JAHREN GENUG. ICH MUSS MICH VOR NIEMANDEM RECHTFERTIGEN. AUCH NICHT VOR IHNEN.

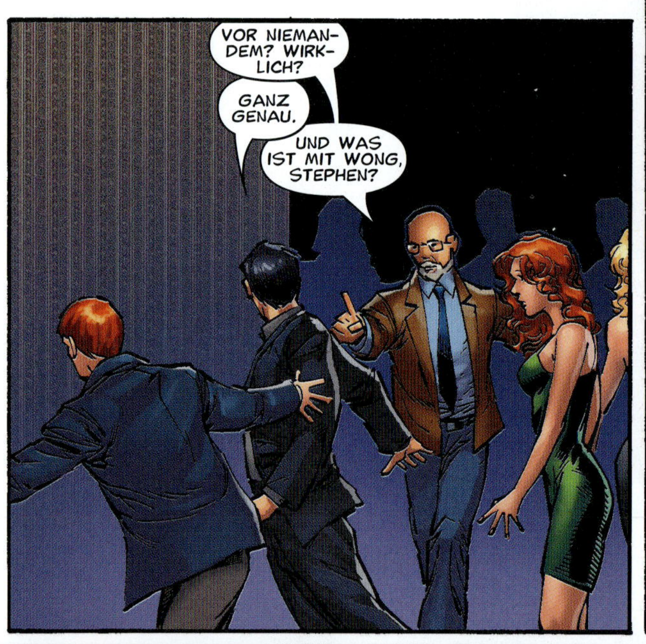
VOR NIEMANDEM? WIRKLICH?
GANZ GENAU.
UND WAS IST MIT WONG, STEPHEN?

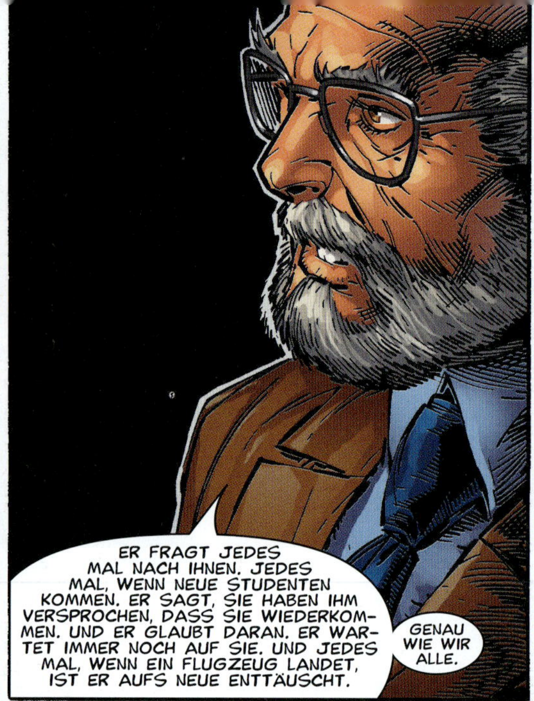
ER FRAGT JEDES MAL NACH IHNEN. JEDES MAL, WENN NEUE STUDENTEN KOMMEN. ER SAGT, SIE HABEN IHM VERSPROCHEN, DASS SIE WIEDERKOMMEN. UND ER GLAUBT DARAN. ER WARTET IMMER NOCH AUF SIE. UND JEDES MAL, WENN EIN FLUGZEUG LANDET, IST ER AUFS NEUE ENTTÄUSCHT.
GENAU WIE WIR ALLE.

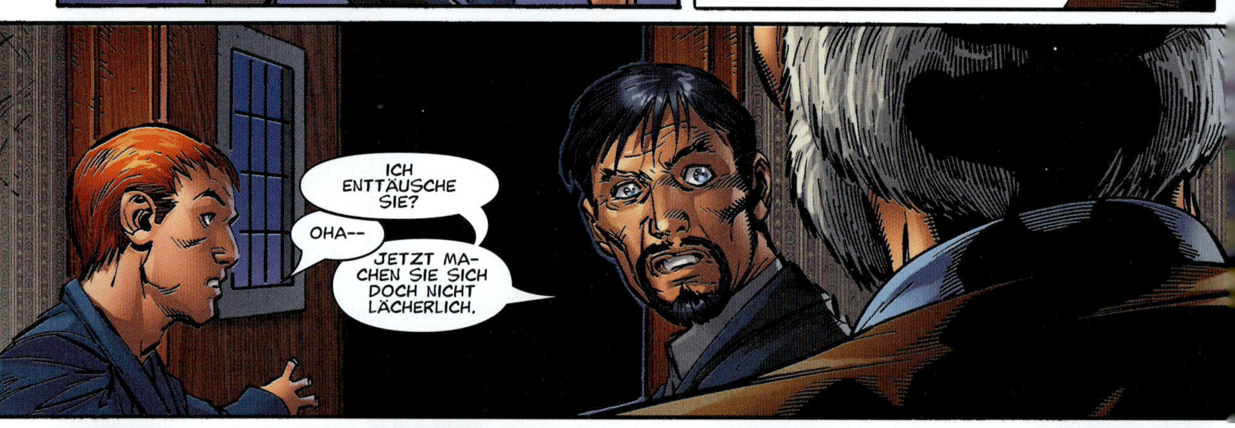
ICH ENTTÄUSCHE SIE?
OHA--
JETZT MACHEN SIE SICH DOCH NICHT LÄCHERLICH.

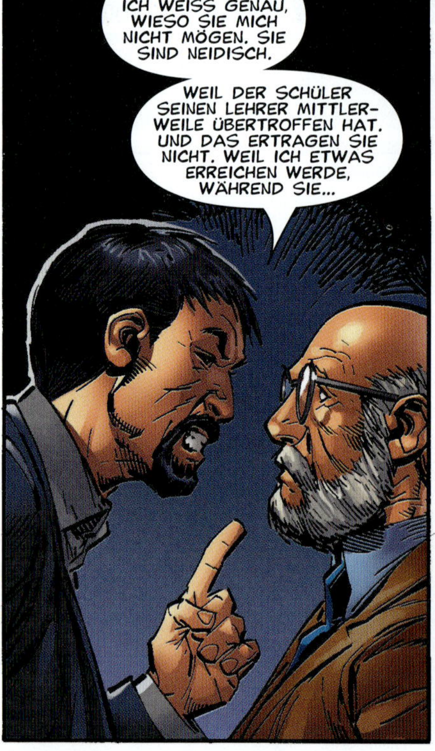
ICH WEISS GENAU, WIESO SIE MICH NICHT MÖGEN. SIE SIND NEIDISCH.
WEIL DER SCHÜLER SEINEN LEHRER MITTLERWEILE ÜBERTROFFEN HAT. UND DAS ERTRAGEN SIE NICHT. WEIL ICH ETWAS ERREICHEN WERDE, WÄHREND SIE...

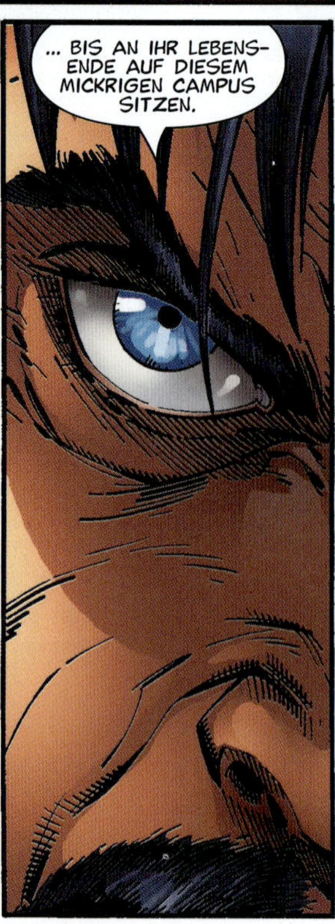
... BIS AN IHR LEBENSENDE AUF DIESEM MICKRIGEN CAMPUS SITZEN.

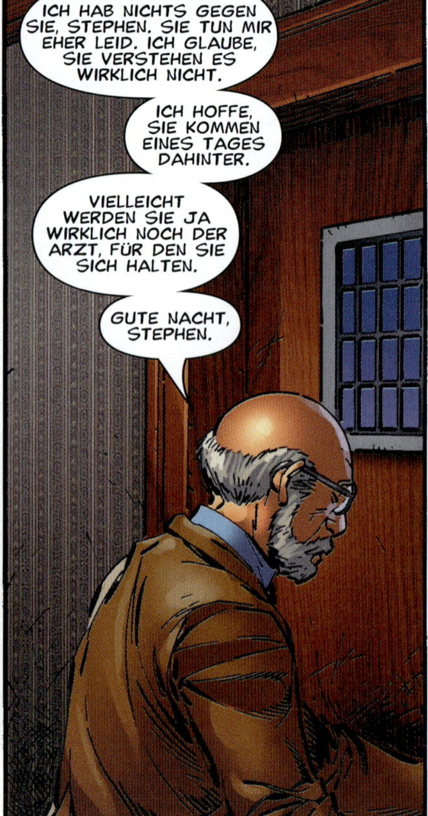
ICH HAB NICHTS GEGEN SIE, STEPHEN. SIE TUN MIR EHER LEID. ICH GLAUBE, SIE VERSTEHEN ES WIRKLICH NICHT.
ICH HOFFE, SIE KOMMEN EINES TAGES DAHINTER.
VIELLEICHT WERDEN SIE JA WIRKLICH NOCH DER ARZT, FÜR DEN SIE SICH HALTEN.
GUTE NACHT, STEPHEN.

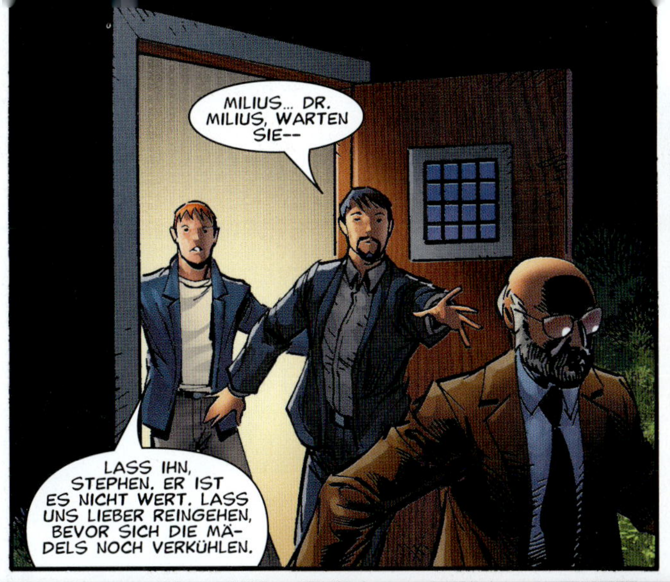
MILIUS... DR. MILIUS, WARTEN SIE--
LASS IHN, STEPHEN. ER IST ES NICHT WERT. LASS UNS LIEBER REINGEHEN, BEVOR SICH DIE MÄDELS NOCH VERKÜHLEN.

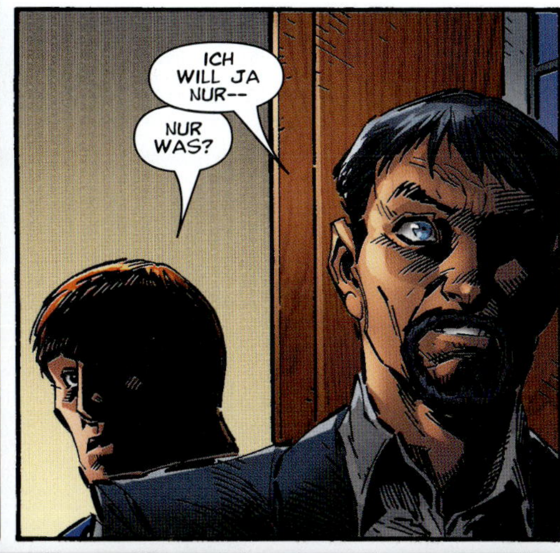
ICH WILL JA NUR--
NUR WAS?

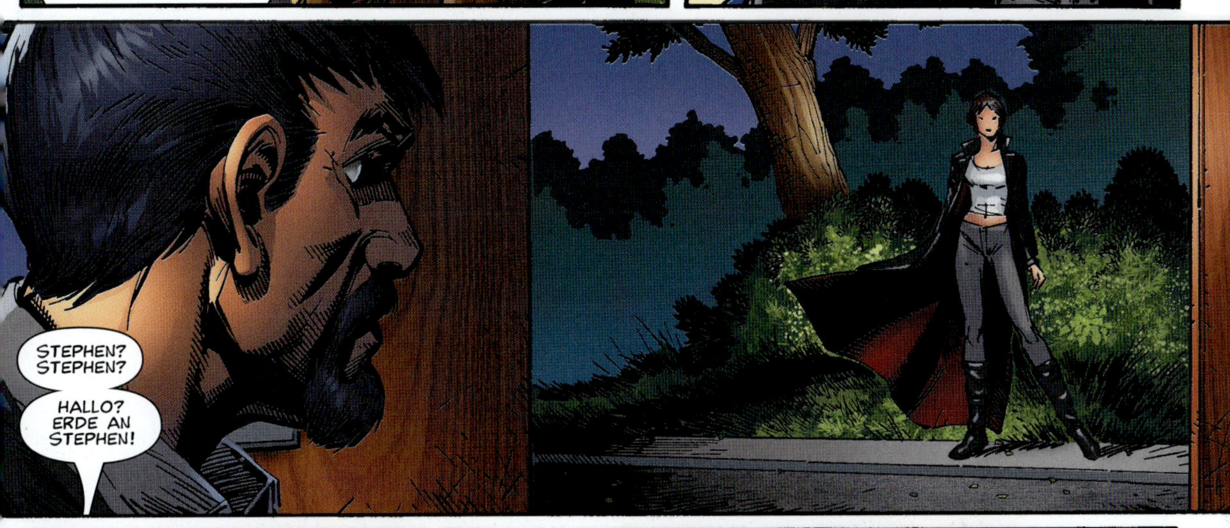
STEPHEN? STEPHEN?
HALLO? ERDE AN STEPHEN!

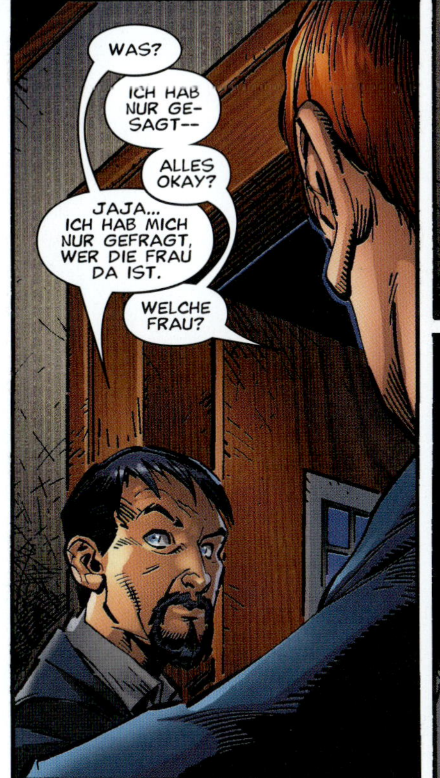
WAS?
ICH HAB NUR GESAGT--
ALLES OKAY?
JAJA... ICH HAB MICH NUR GEFRAGT, WER DIE FRAU DA IST.
WELCHE FRAU?

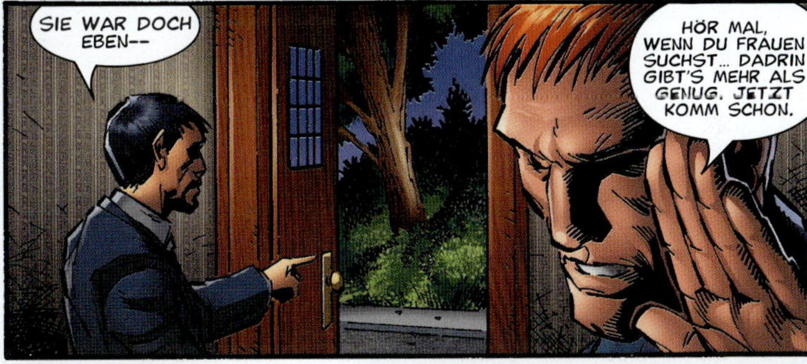
SIE WAR DOCH EBEN--
HÖR MAL, WENN DU FRAUEN SUCHST... DADRIN GIBT'S MEHR ALS GENUG. JETZT KOMM SCHON.

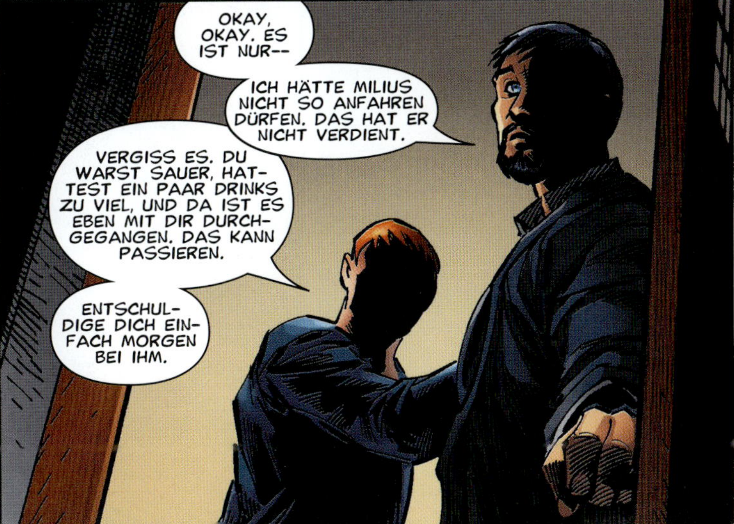
OKAY, OKAY. ES IST NUR--
ICH HÄTTE MILIUS NICHT SO ANFAHREN DÜRFEN. DAS HAT ER NICHT VERDIENT.
VERGISS ES. DU WARST SAUER, HATTEST EIN PAAR DRINKS ZU VIEL, UND DA IST ES EBEN MIT DIR DURCHGEGANGEN. DAS KANN PASSIEREN.
ENTSCHULDIGE DICH EINFACH MORGEN BEI IHM.

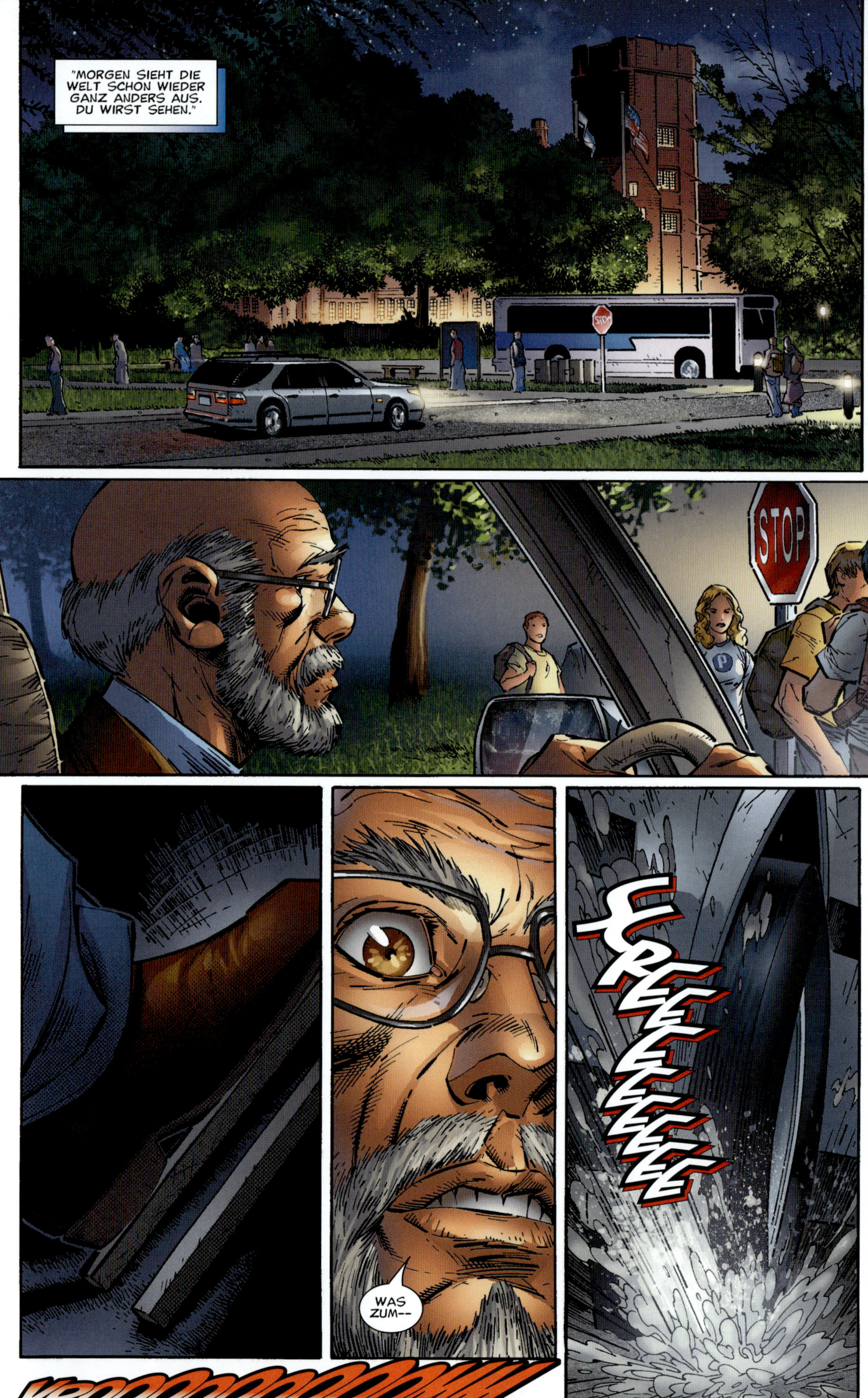

"MORGEN SIEHT DIE WELT SCHON WIEDER GANZ ANDERS AUS. DU WIRST SEHEN."
STOP
STOP
WAS ZUM--
FREEEEEEEE
VROOOOOOOOOM!

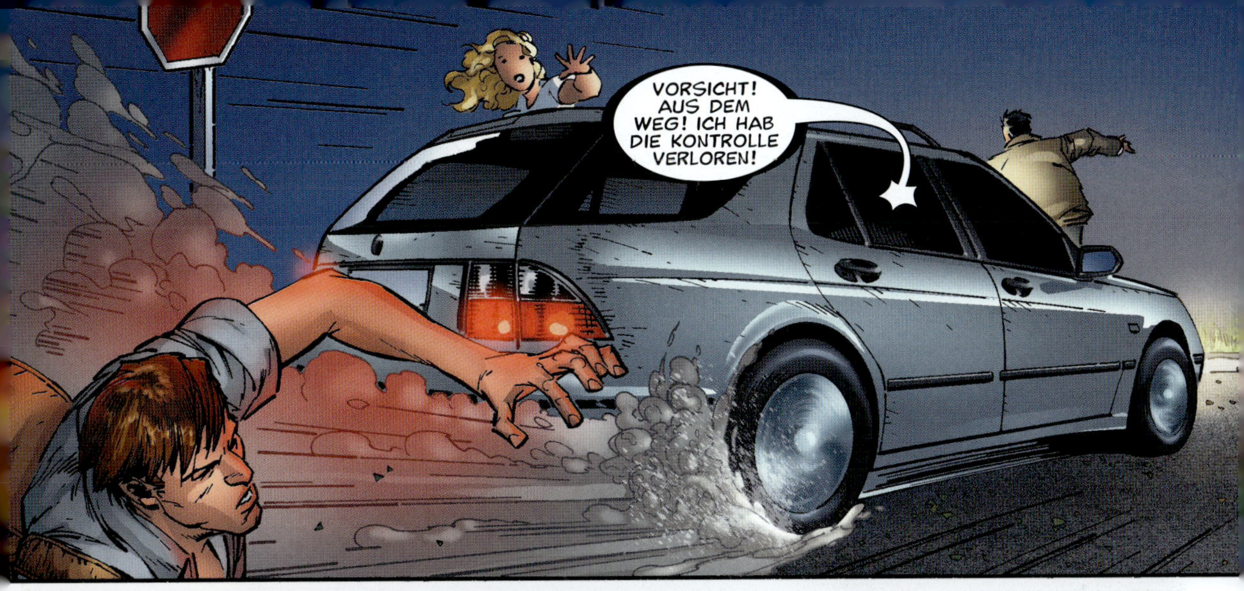
VORSICHT! AUS DEM WEG! ICH HAB DIE KONTROLLE VERLOREN!

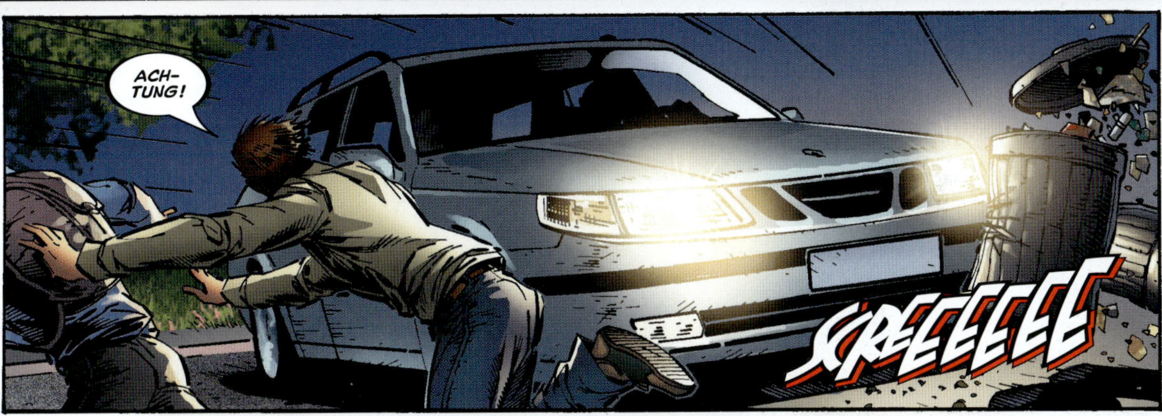
ACH-TUNG!
SCREEEEEEE

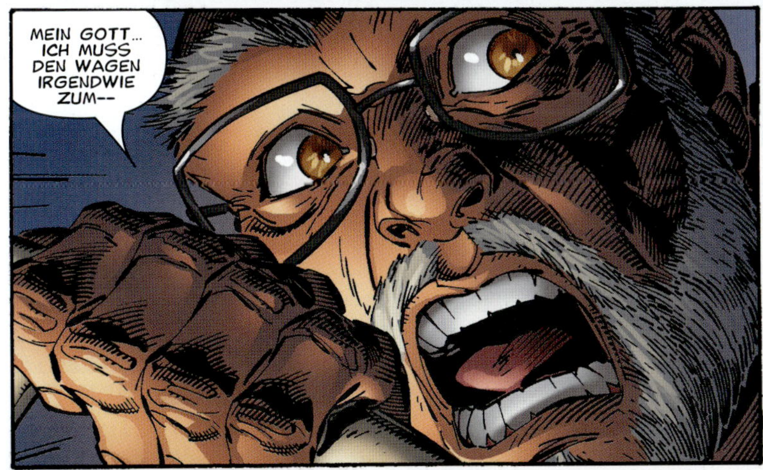
MEIN GOTT... ICH MUSS DEN WAGEN IRGENDWIE ZUM--

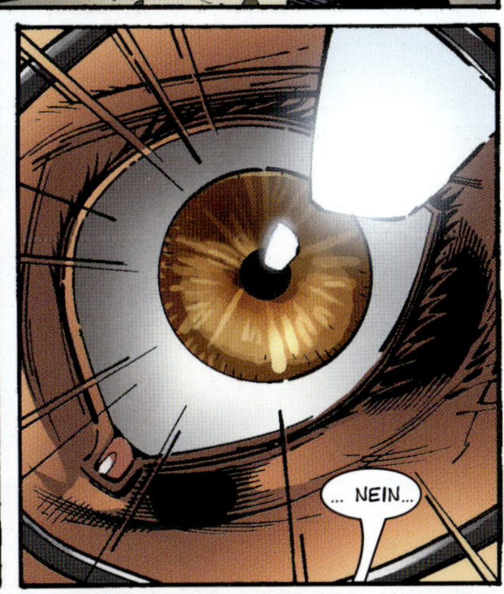
... NEIN...

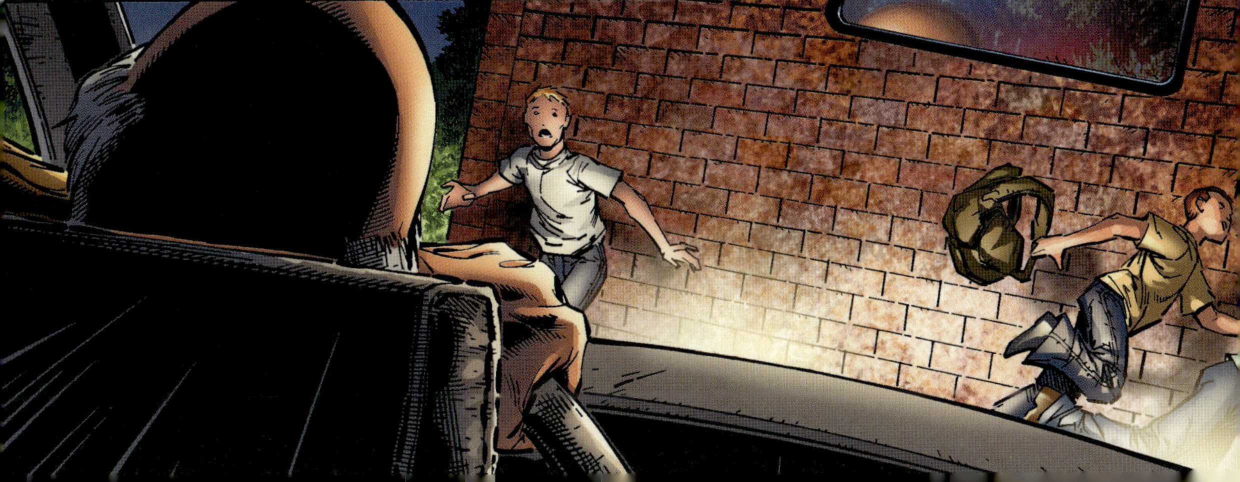

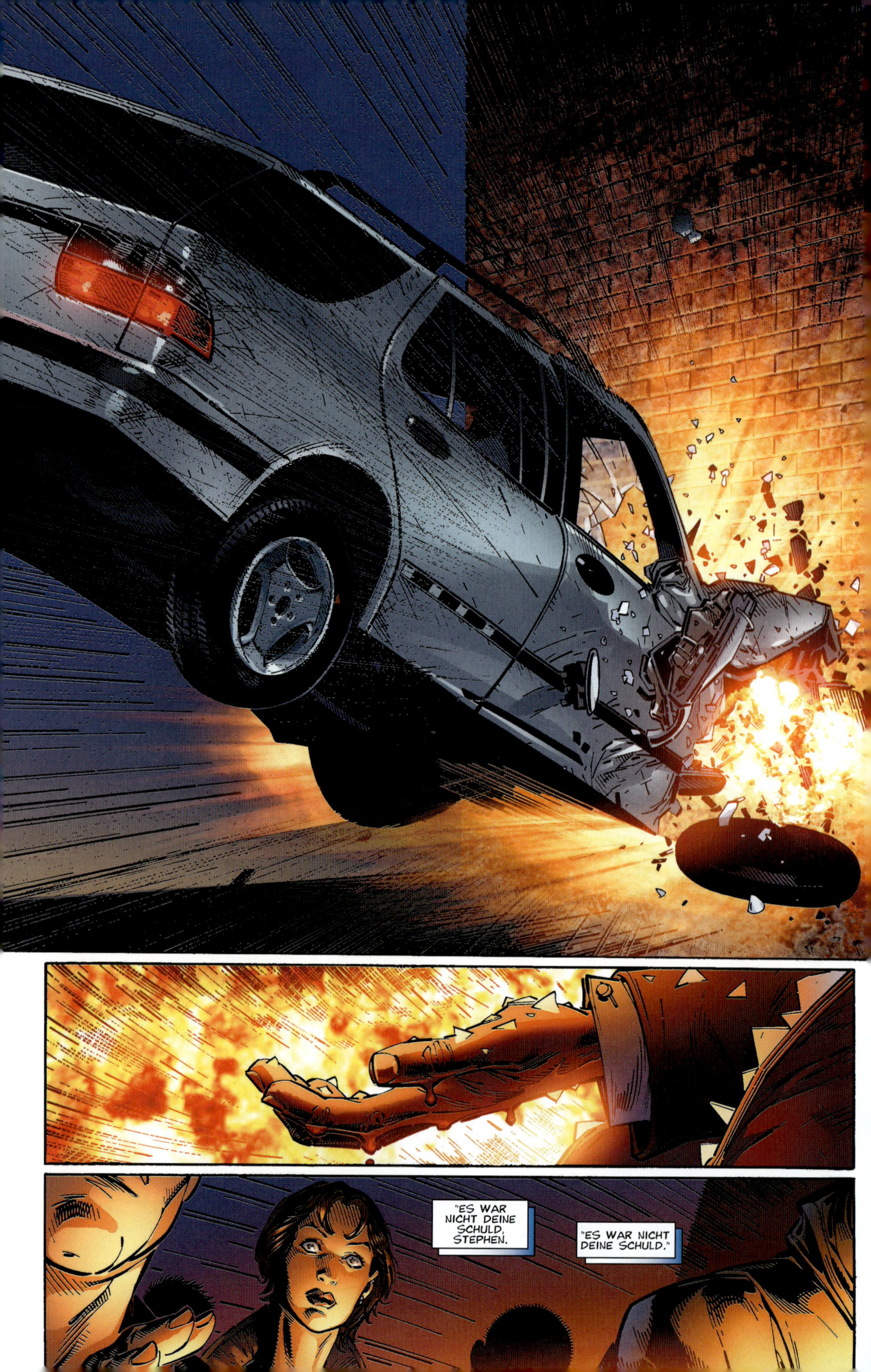

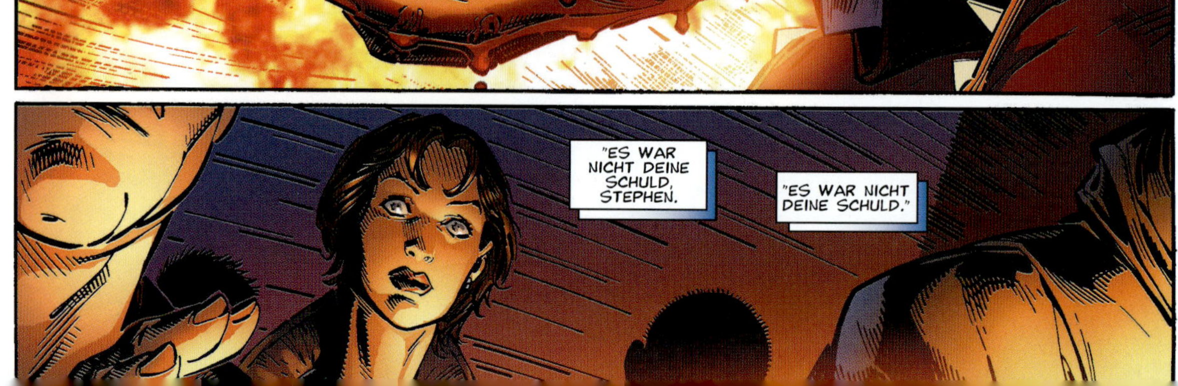
"ES WAR
NICHT DEINE
SCHULD,
STEPHEN.
"ES WAR NICHT
DEINE SCHULD."

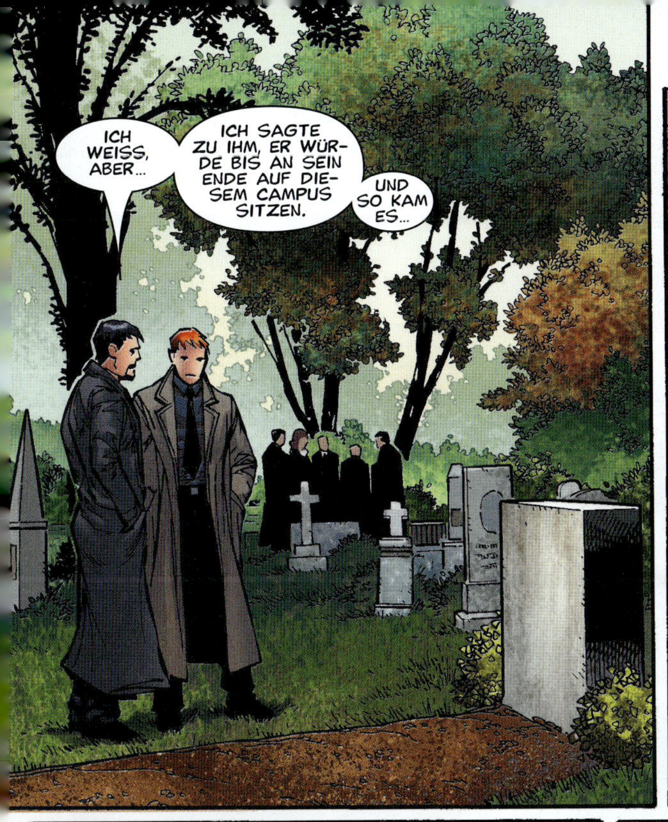
ICH WEISS, ABER...
ICH SAGTE ZU IHM, ER WÜRDE BIS AN SEIN ENDE AUF DIESEM CAMPUS SITZEN.
UND SO KAM ES...

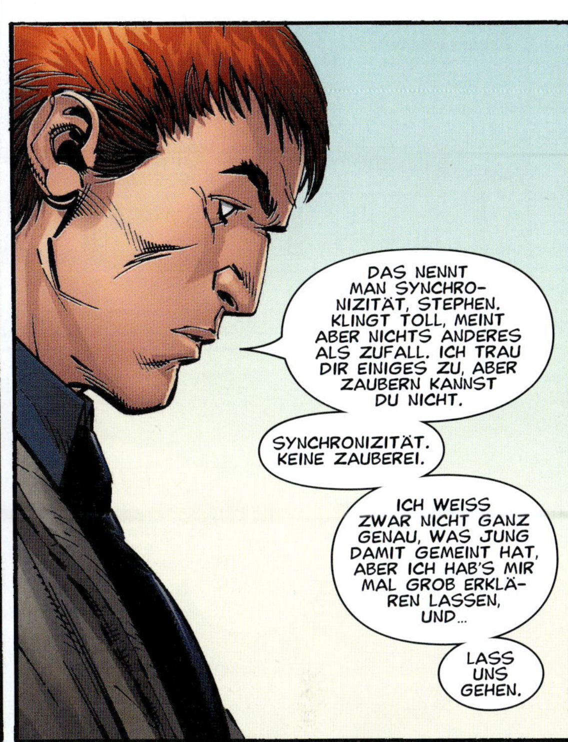
DAS NENNT MAN SYNCHRONIZITÄT, STEPHEN. KLINGT TOLL, MEINT ABER NICHTS ANDERES ALS ZUFALL. ICH TRAU DIR EINIGES ZU, ABER ZAUBERN KANNST DU NICHT.
SYNCHRONIZITÄT. KEINE ZAUBEREI.
ICH WEISS ZWAR NICHT GANZ GENAU, WAS JUNG DAMIT GEMEINT HAT, ABER ICH HAB'S MIR MAL GROB ERKLÄREN LASSEN, UND...
LASS UNS GEHEN.

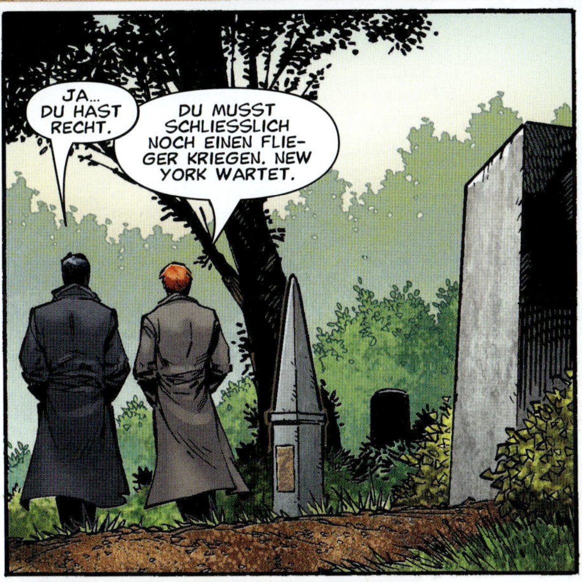
JA... DU HAST RECHT.
DU MUSST SCHLIESSLICH NOCH EINEN FLIEGER KRIEGEN. NEW YORK WARTET.

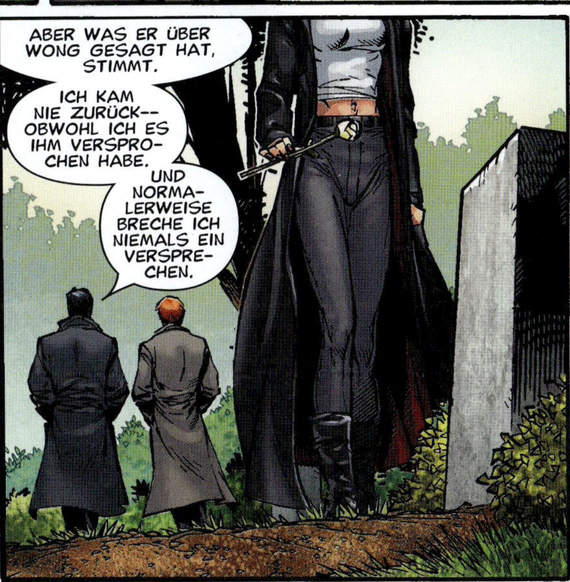
ABER WAS ER ÜBER WONG GESAGT HAT, STIMMT.
ICH KAM NIE ZURÜCK-- OBWOHL ICH ES IHM VERSPROCHEN HABE.
UND NORMALERWEISE BRECHE ICH NIEMALS EIN VERSPRECHEN.

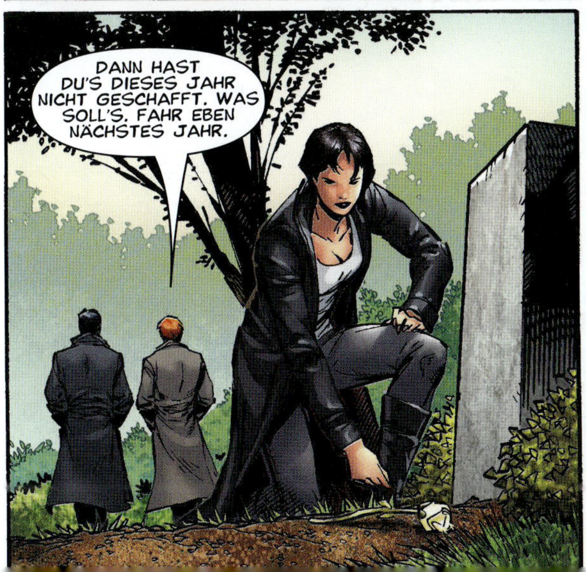
DANN HAST DU'S DIESES JAHR NICHT GESCHAFFT. WAS SOLL'S. FAHR EBEN NÄCHSTES JAHR.

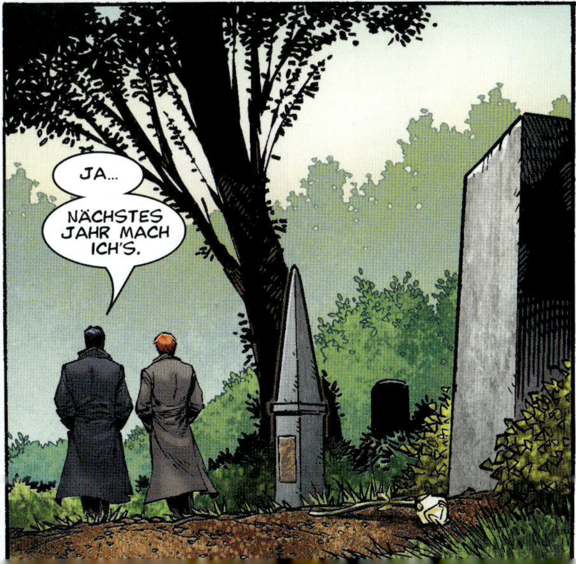
JA...
NÄCHSTES JAHR MACH ICH'S.

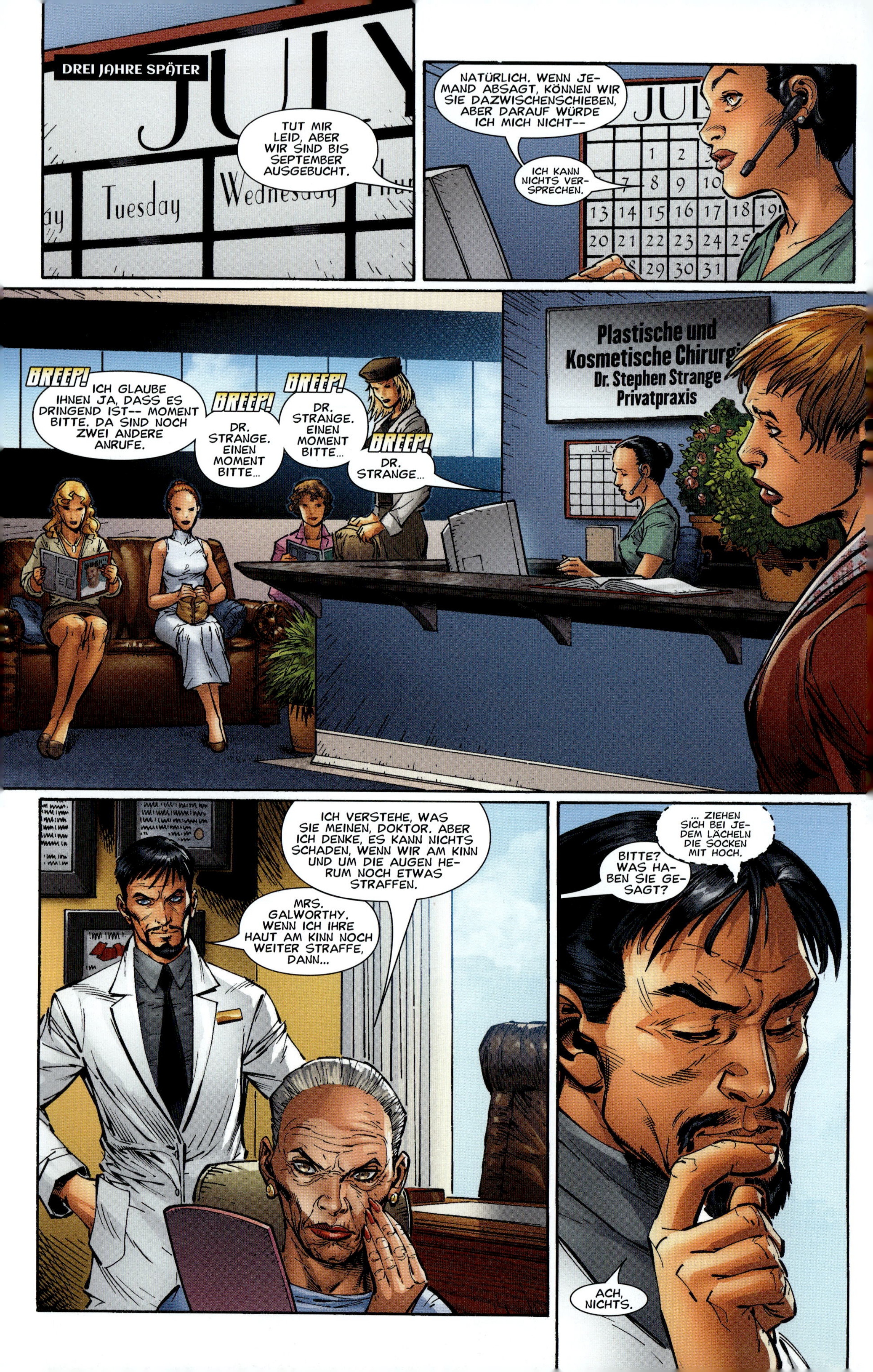

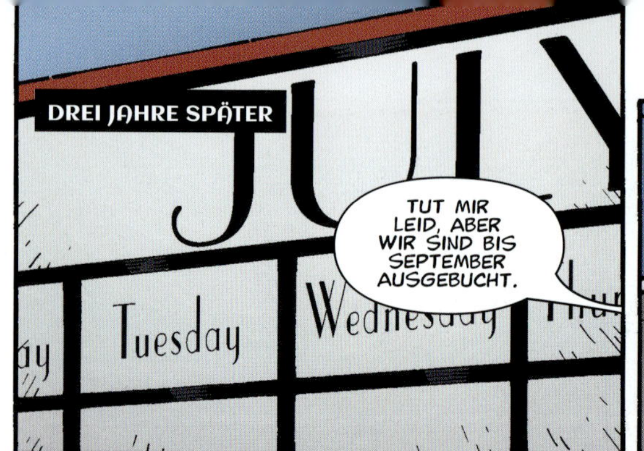
DREI JAHRE SPÄTER
JULY
Tuesday
Wednesday
TUT MIR LEID, ABER WIR SIND BIS SEPTEMBER AUSGEBUCHT.

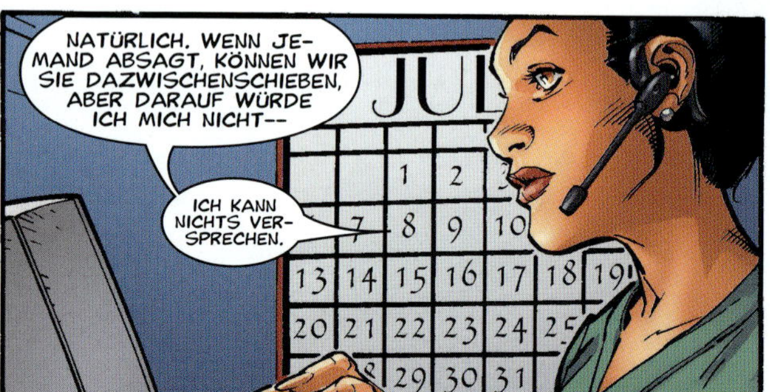
NATÜRLICH. WENN JEMAND ABSAGT, KÖNNEN WIR SIE DAZWISCHENSCHIEBEN, ABER DARAUF WÜRDE ICH MICH NICHT--
ICH KANN NICHTS VERSPRECHEN.

BREEP!
ICH GLAUBE IHNEN JA, DASS ES DRINGEND IST-- MOMENT BITTE. DA SIND NOCH ZWEI ANDERE ANRUFE.
BREEP!
DR. STRANGE. EINEN MOMENT BITTE...
BREEP!
DR. STRANGE. EINEN MOMENT BITTE...
BREEP!
DR. STRANGE...
Plastische und
Kosmetische Chirurgi
Dr. Stephen Strange
Privatpraxis

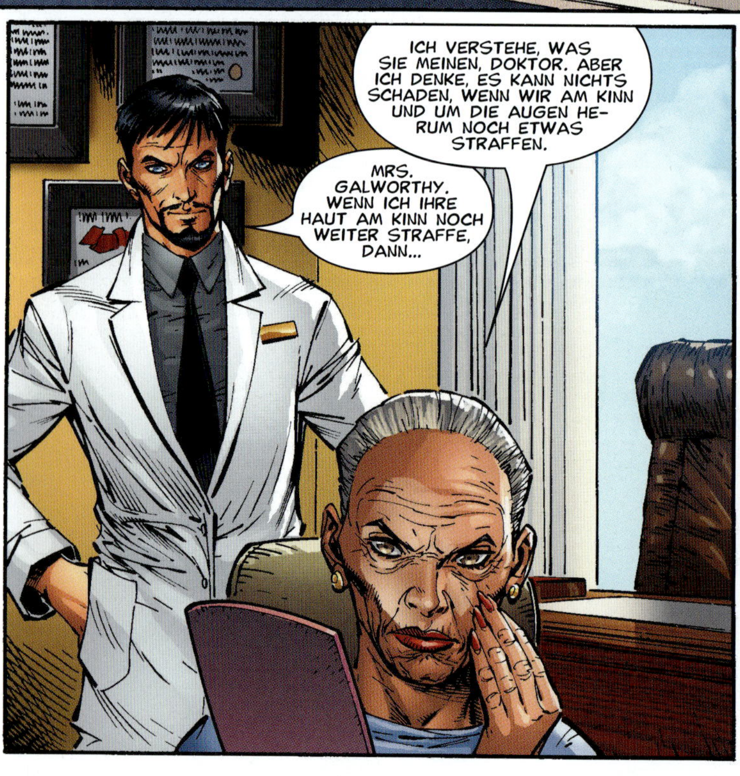
ICH VERSTEHE, WAS SIE MEINEN, DOKTOR. ABER ICH DENKE, ES KANN NICHTS SCHADEN, WENN WIR AM KINN UND UM DIE AUGEN HERUM NOCH ETWAS STRAFFEN.
MRS. GALWORTHY, WENN ICH IHRE HAUT AM KINN NOCH WEITER STRAFFE, DANN...

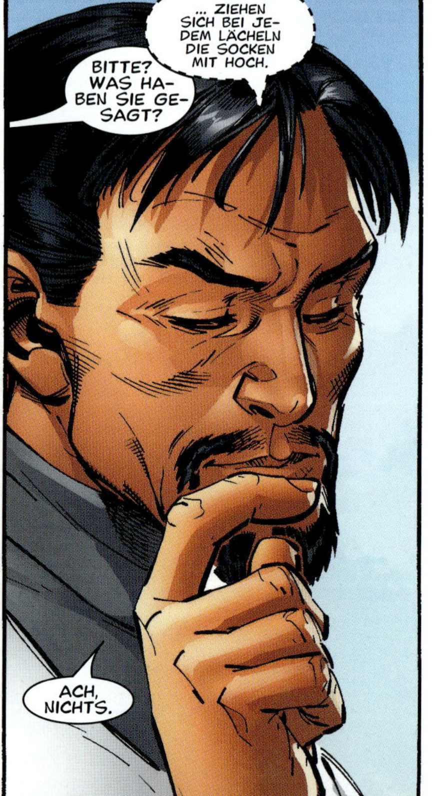
... ZIEHEN SICH BEI JEDEM LÄCHELN DIE SOCKEN MIT HOCH.
BITTE? WAS HABEN SIE GESAGT?
ACH, NICHTS.

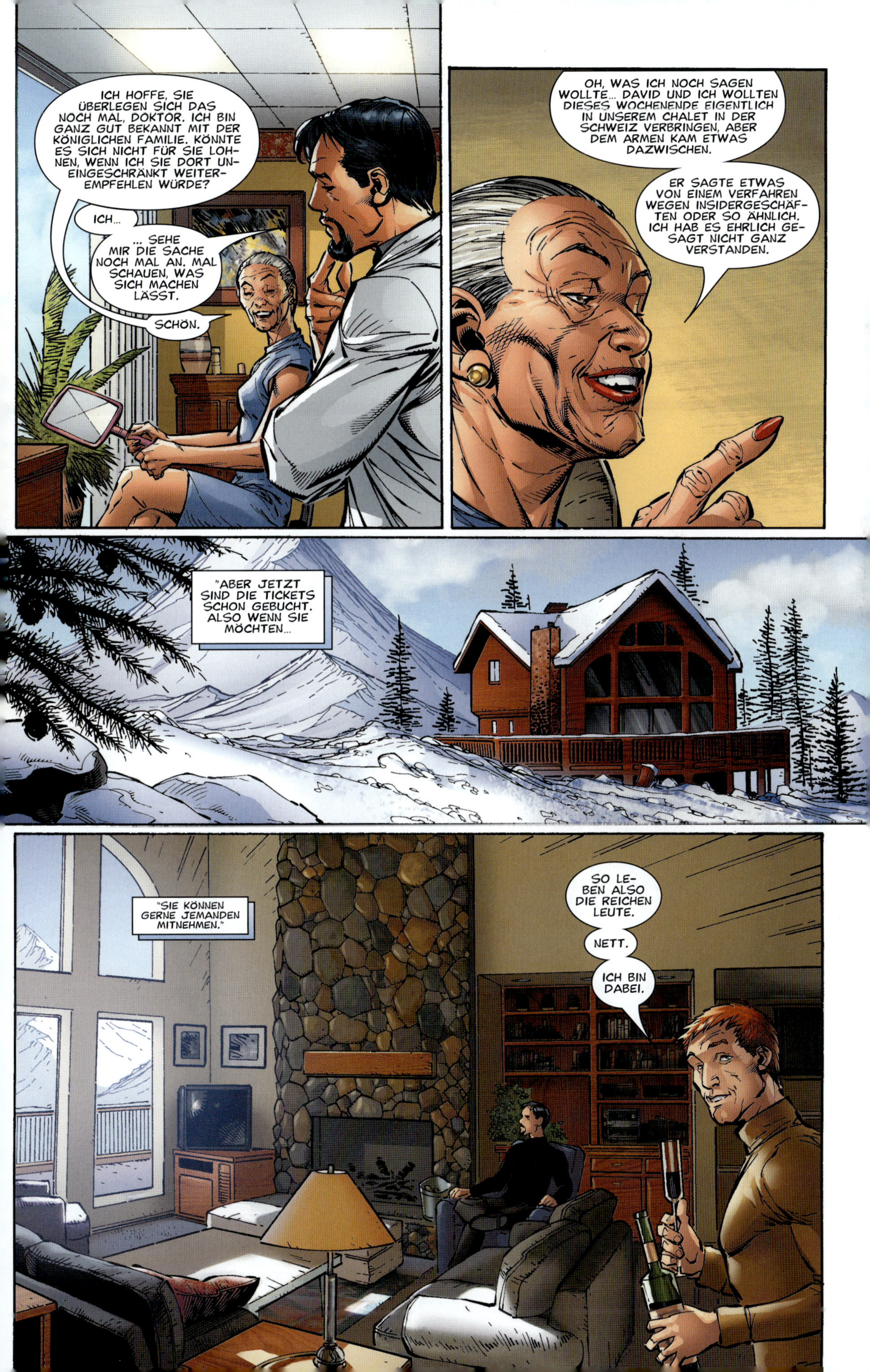

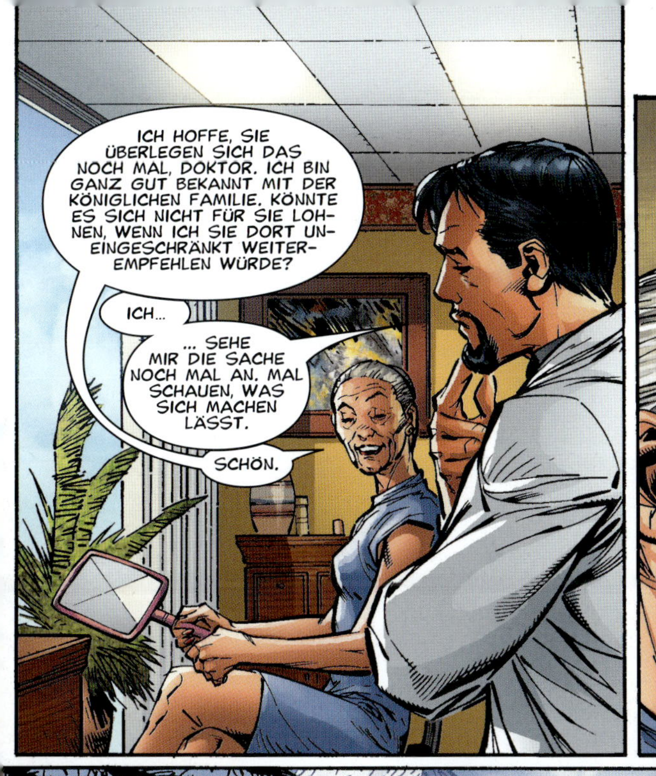

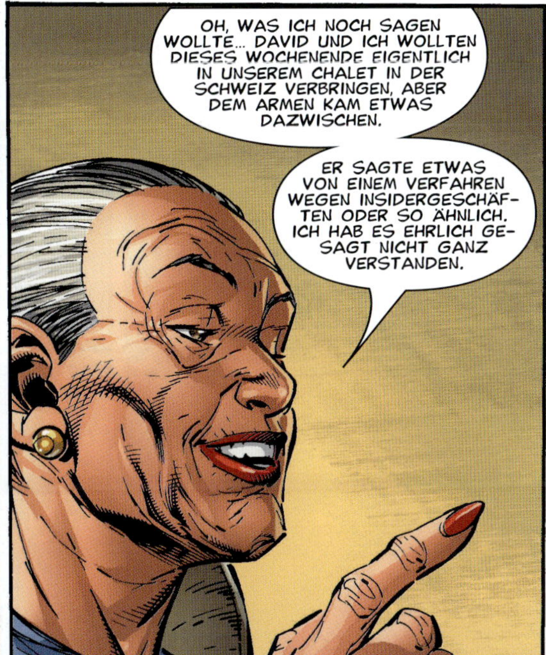

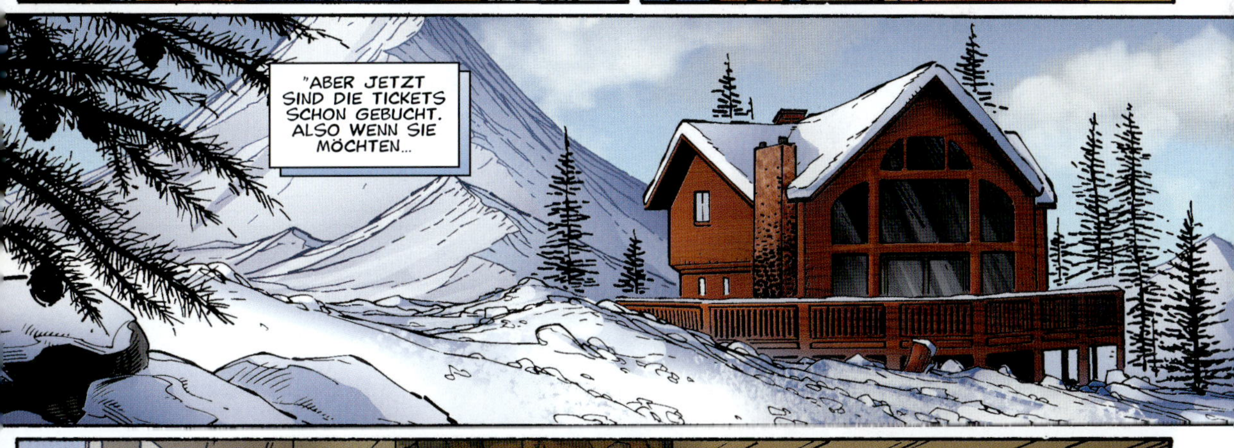

"SIE KÖNNEN GERNE JEMANDEN MITNEHMEN."

SO LEBEN ALSO DIE REICHEN LEUTE.

NETT.

ICH BIN DABEI.

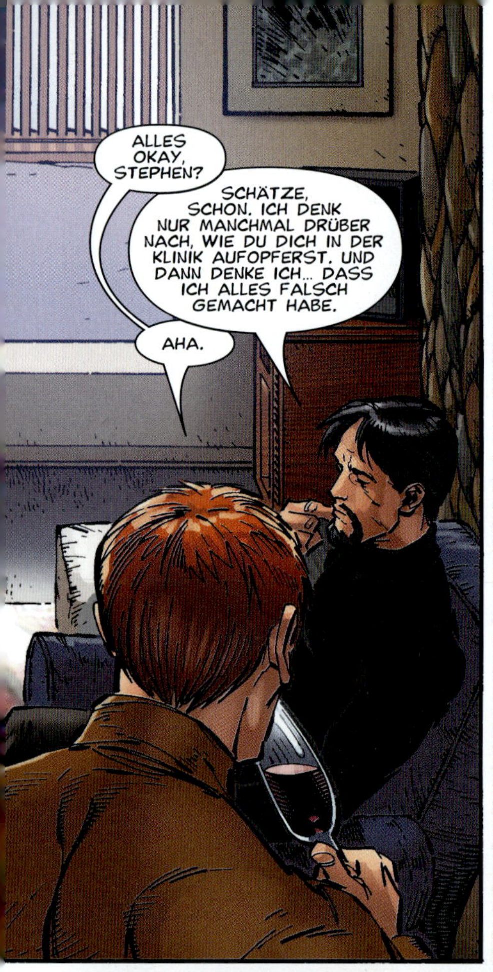
ALLES OKAY, STEPHEN?
SCHÄTZE, SCHON. ICH DENK NUR MANCHMAL DRÜBER NACH, WIE DU DICH IN DER KLINIK AUFOPFERST. UND DANN DENKE ICH... DASS ICH ALLES FALSCH GEMACHT HABE.
AHA.

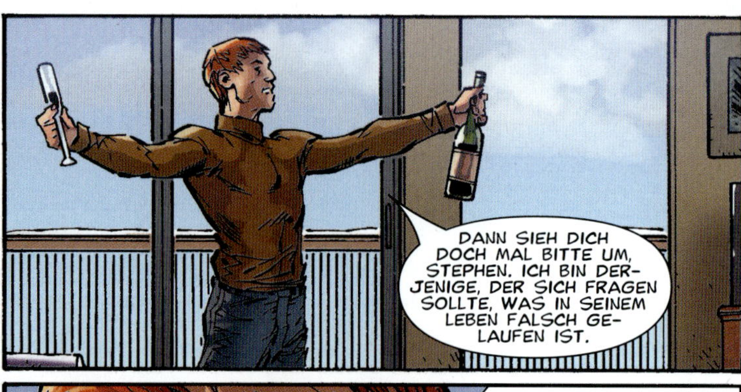
DANN SIEH DICH DOCH MAL BITTE UM, STEPHEN. ICH BIN DERJENIGE, DER SICH FRAGEN SOLLTE, WAS IN SEINEM LEBEN FALSCH GELAUFEN IST.

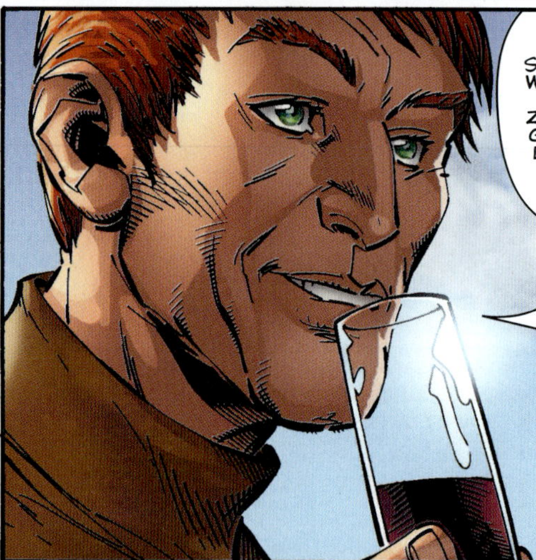
ABER DU HAST RECHT. MAN FÜHLT SICH SCHON SEHR NOBEL, WENN EINEM EIN BETRUNKENER BEI DER MUND-ZU-MUND-BEATMUNG INS GESICHT KOTZT-- ODER DICH EIN DROGENSÜCHTIGER WEGEN DEINER MEDIKAMENTE MIT 'NEM MESSER BEDROHT.
JA, STIMMT... ICH MÖCHTE WIRKLICH UM NICHTS IN DER WELT MIT DIR TAUSCHEN.

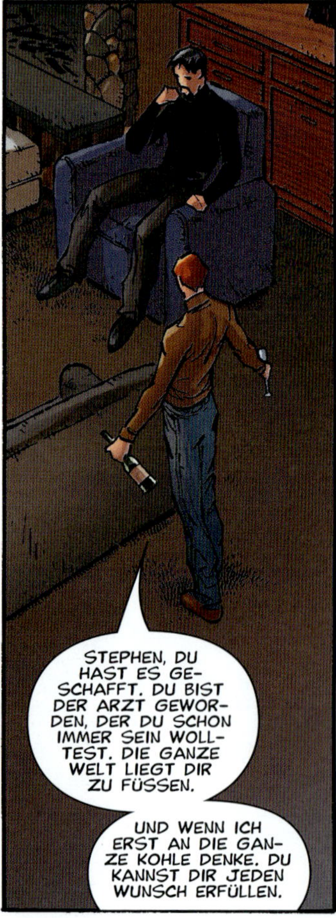
STEPHEN, DU HAST ES GESCHAFFT. DU BIST DER ARZT GEWORDEN, DER DU SCHON IMMER SEIN WOLLTEST. DIE GANZE WELT LIEGT DIR ZU FÜSSEN.
UND WENN ICH ERST AN DIE GANZE KOHLE DENKE. DU KANNST DIR JEDEN WUNSCH ERFÜLLEN.

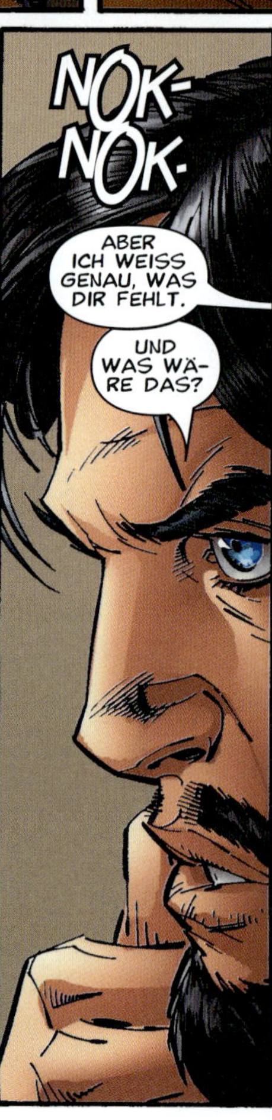
NOK-NOK.
ABER ICH WEISS GENAU, WAS DIR FEHLT.
UND WAS WÄRE DAS?

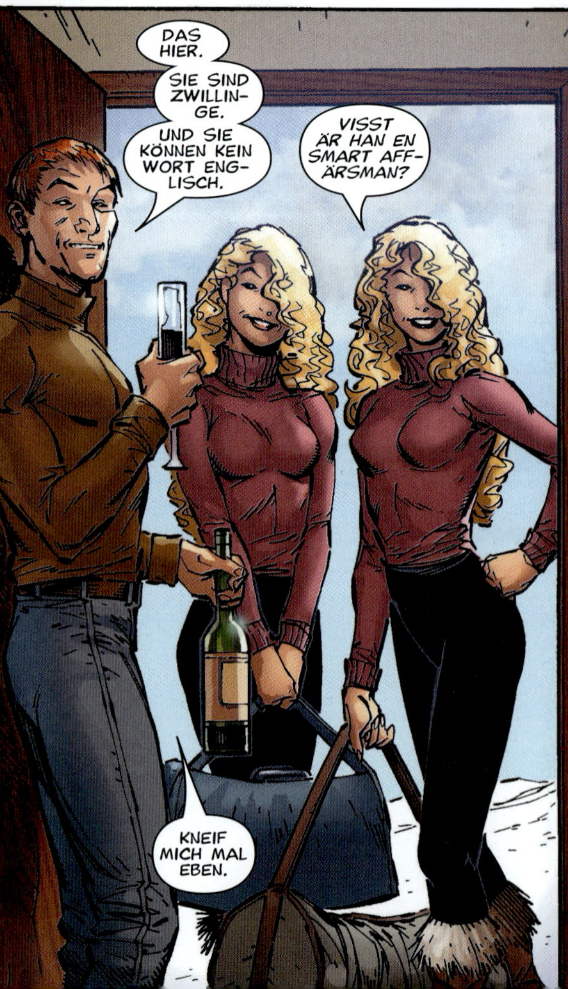
DAS HIER.
SIE SIND ZWILLINGE.
UND SIE KÖNNEN KEIN WORT ENGLISCH.
VISST ÄR HAN EN SMART AFFÄRSMAN?
KNEIF MICH MAL EBEN.

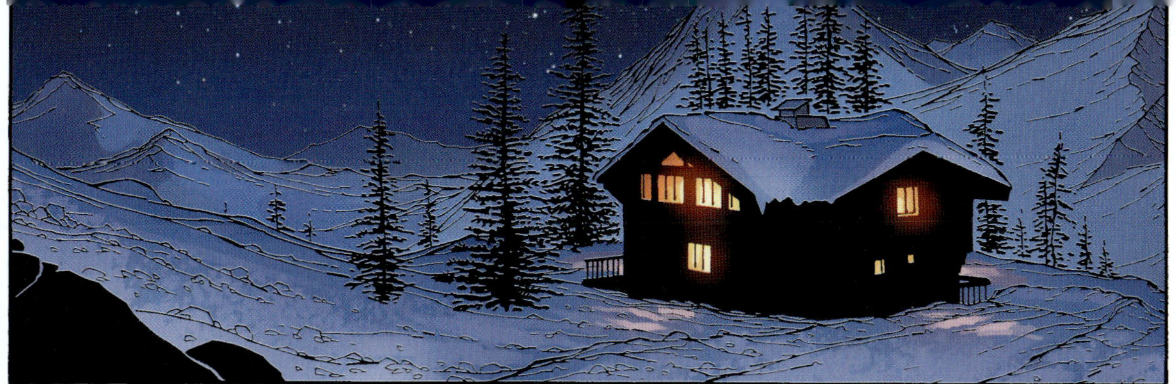

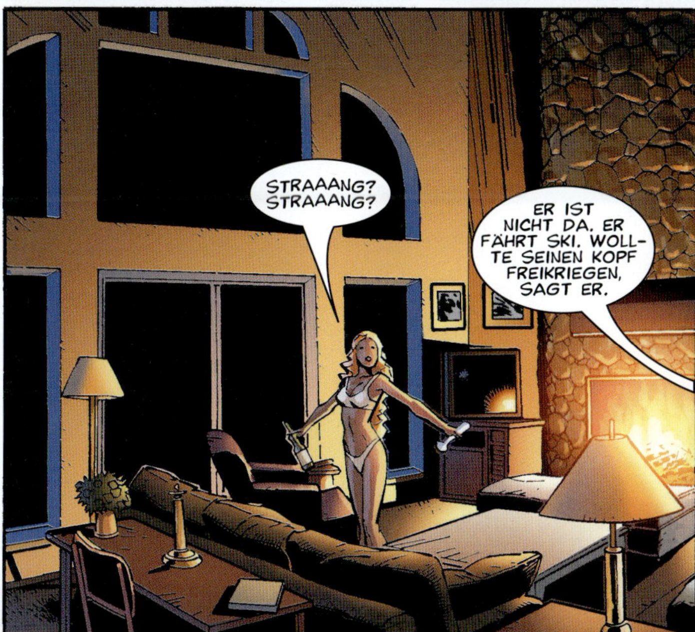
STRAAANG?
STRAAANG?
ER IST NICHT DA. ER FÄHRT SKI. WOLLTE SEINEN KOPF FREIKRIEGEN, SAGT ER.

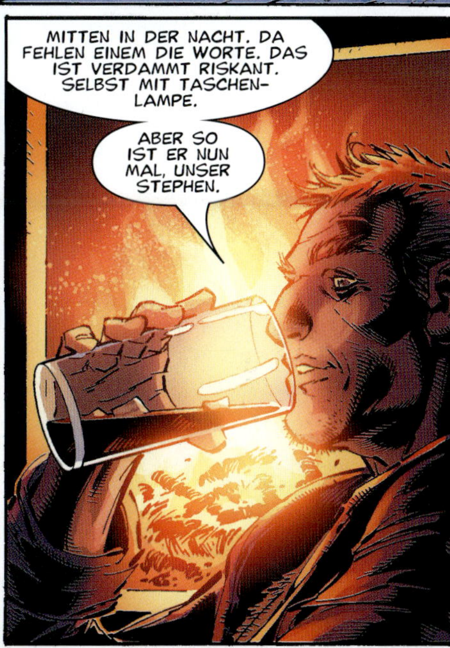
MITTEN IN DER NACHT. DA FEHLEN EINEM DIE WORTE. DAS IST VERDAMMT RISKANT. SELBST MIT TASCHENLAMPE.
ABER SO IST ER NUN MAL, UNSER STEPHEN.

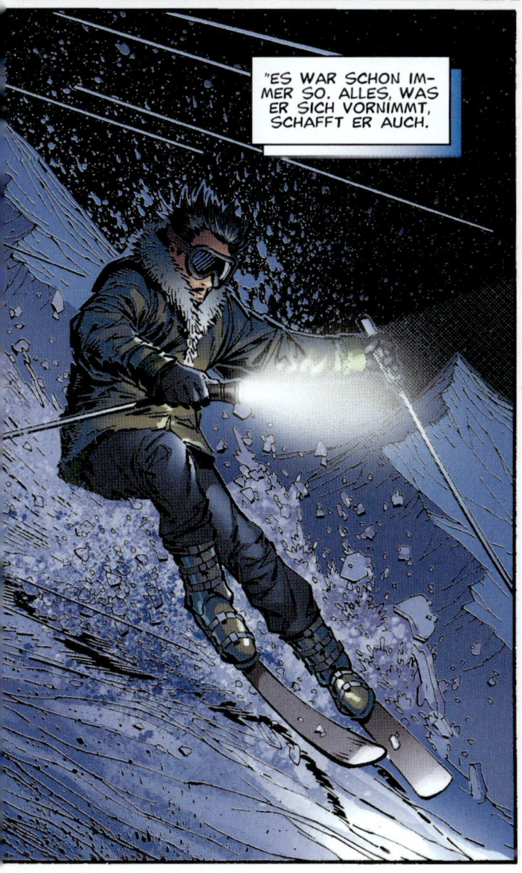
"ES WAR SCHON IMMER SO. ALLES, WAS ER SICH VORNIMMT, SCHAFFT ER AUCH.

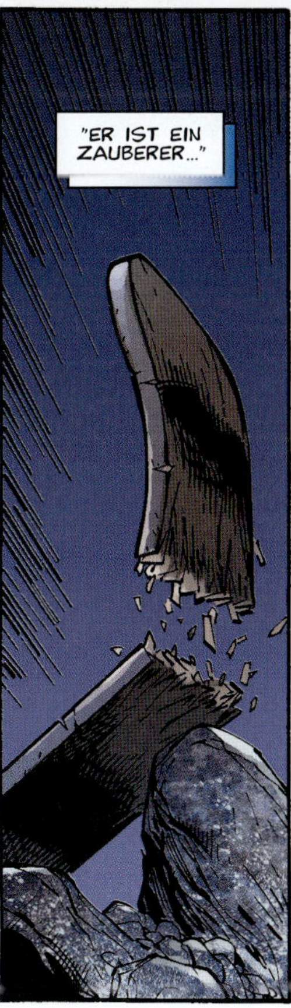
"ER IST EIN ZAUBERER..."

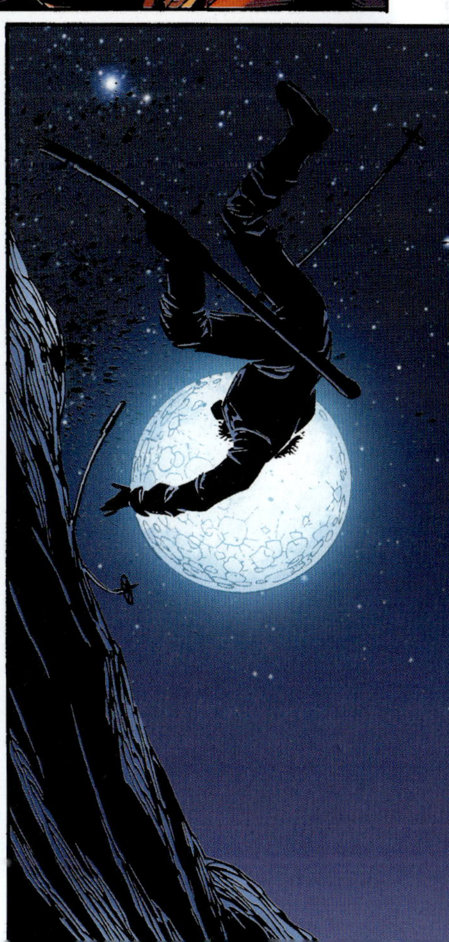

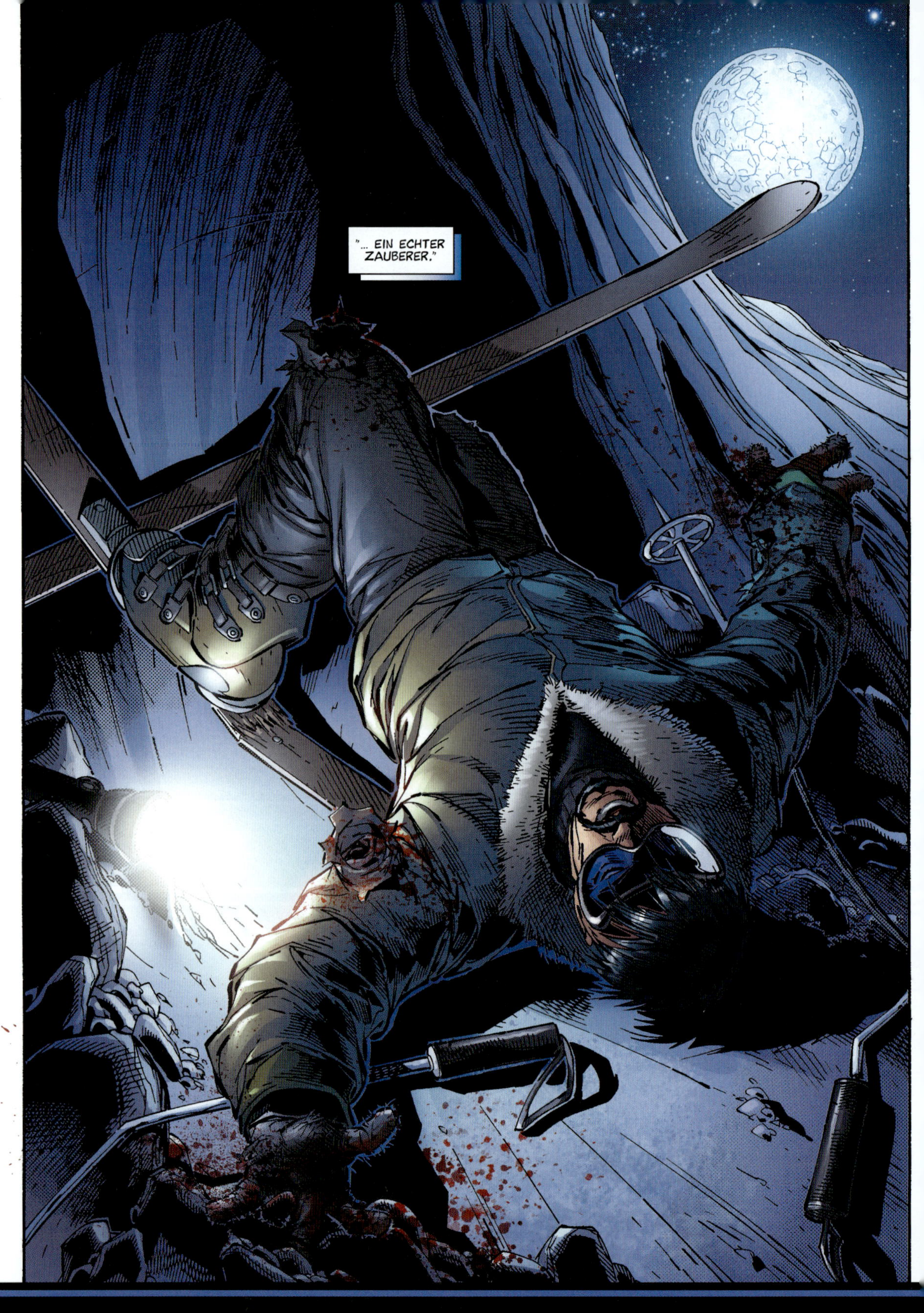

Any man not busy being born is busy dying.
Bob Dylan

ANFANG UND ENDE, TEIL 2

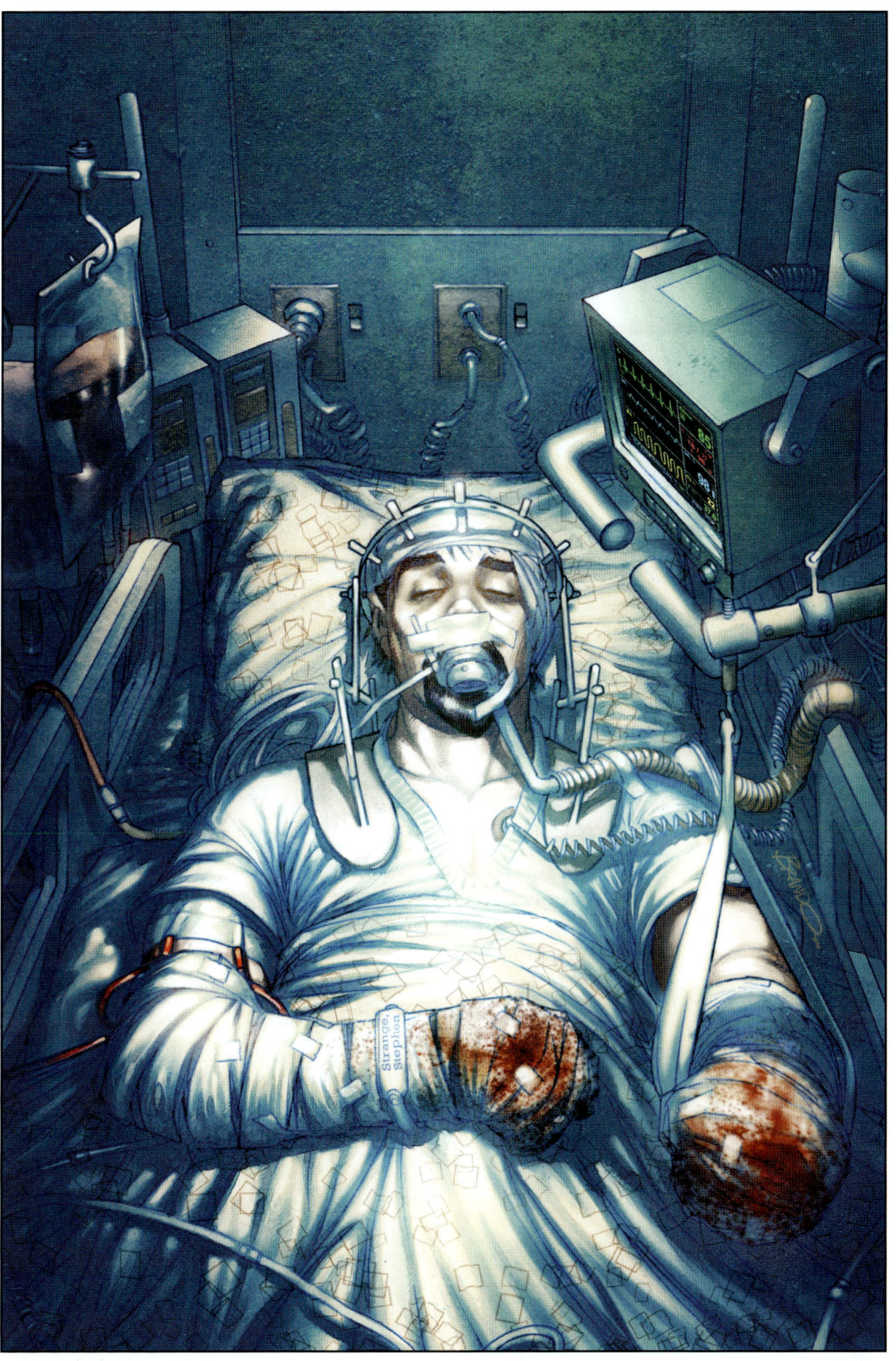

Strange (2004) 2
Cover von **BRANDON PETERSON**

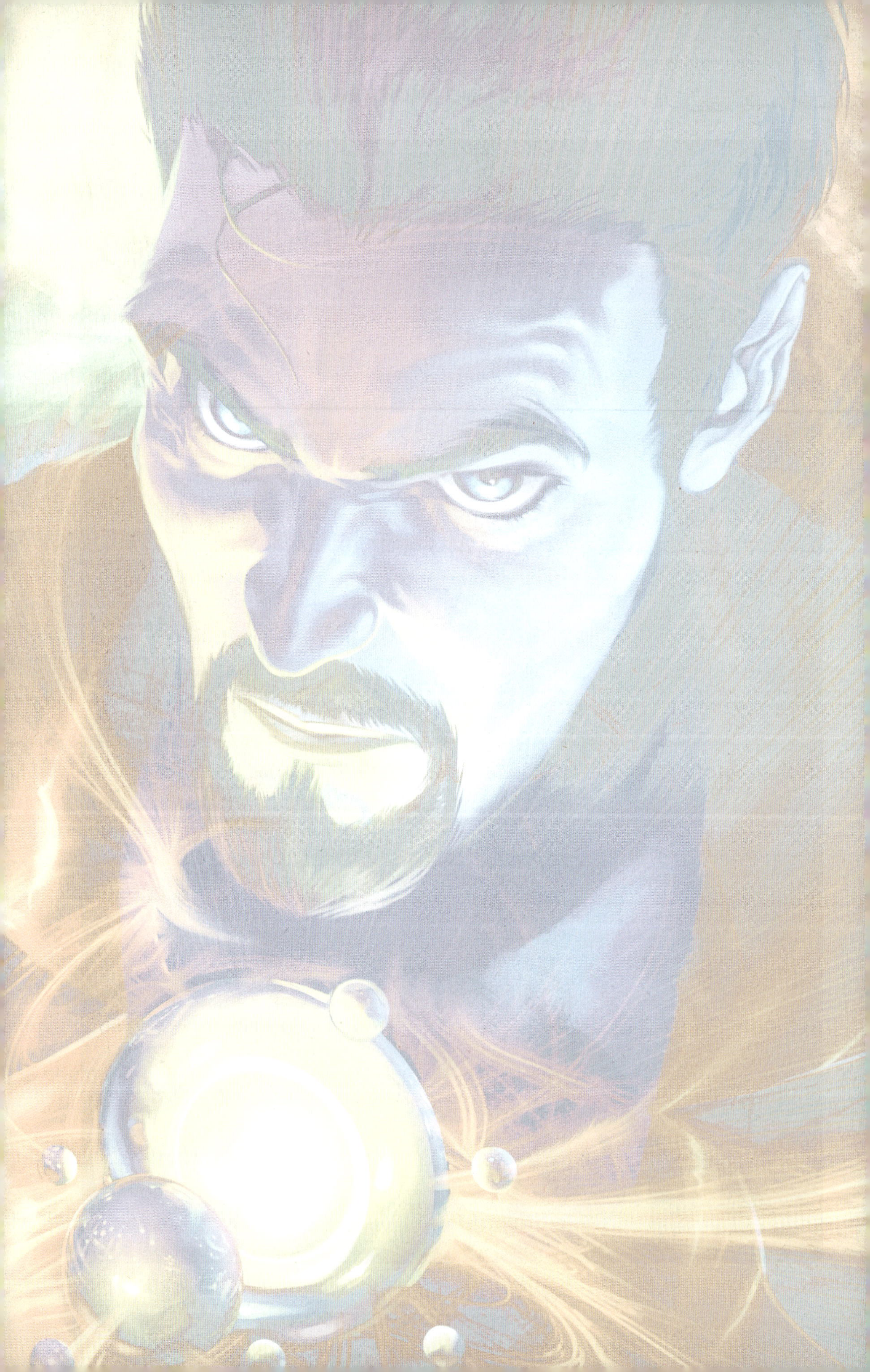

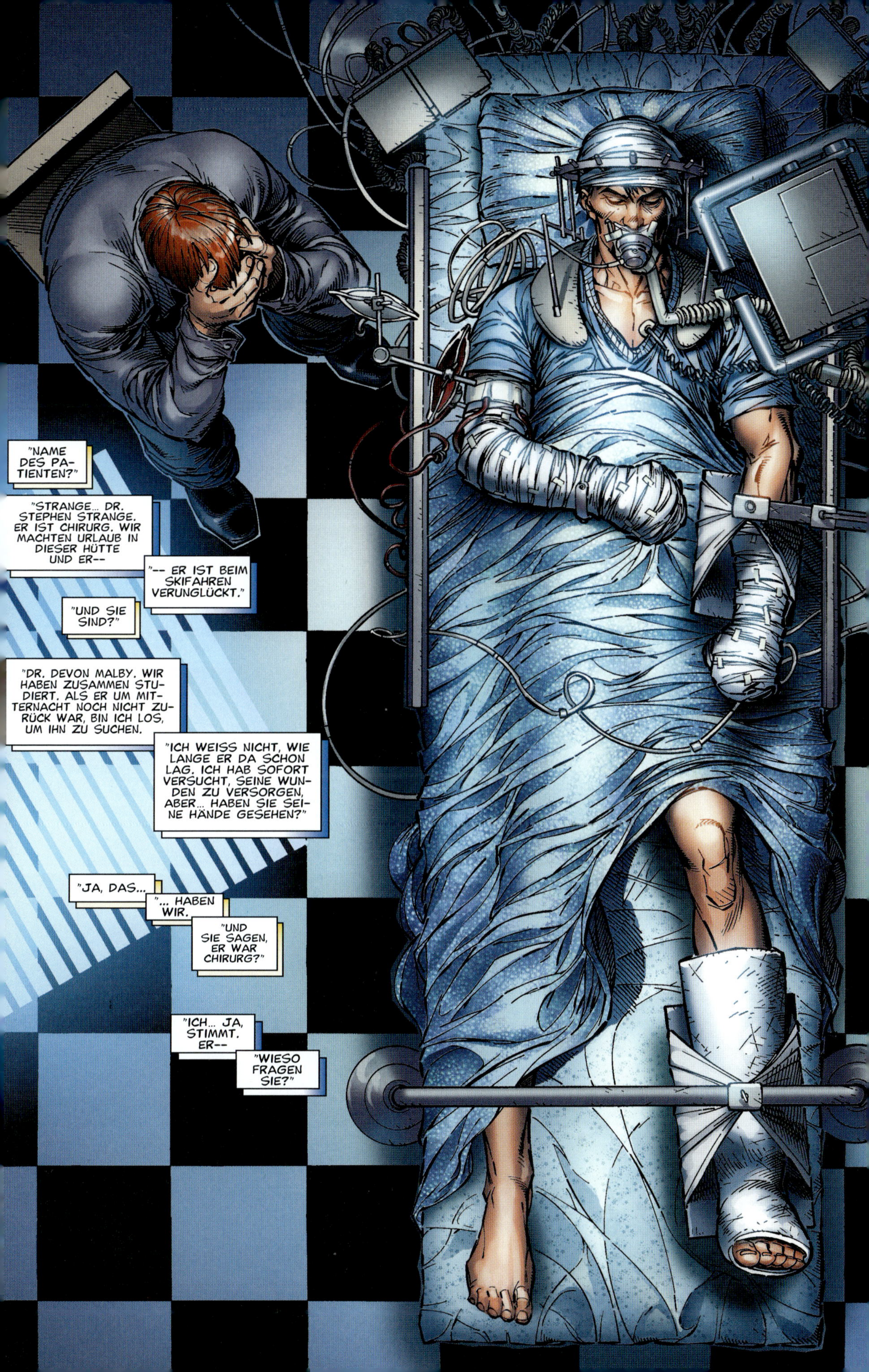

"NAME DES PATIENTEN?"
"STRANGE... DR. STEPHEN STRANGE. ER IST CHIRURG. WIR MACHTEN URLAUB IN DIESER HÜTTE UND ER--
"-- ER IST BEIM SKIFAHREN VERUNGLÜCKT."
"UND SIE SIND?"
"DR. DEVON MALBY. WIR HABEN ZUSAMMEN STUDIERT. ALS ER UM MITTERNACHT NOCH NICHT ZURÜCK WAR, BIN ICH LOS, UM IHN ZU SUCHEN.
"ICH WEISS NICHT, WIE LANGE ER DA SCHON LAG. ICH HAB SOFORT VERSUCHT, SEINE WUNDEN ZU VERSORGEN, ABER... HABEN SIE SEINE HÄNDE GESEHEN?"
"JA, DAS...
"... HABEN WIR.
"UND SIE SAGEN, ER WAR CHIRURG?"
"ICH... JA, STIMMT. ER--
"WIESO FRAGEN SIE?"

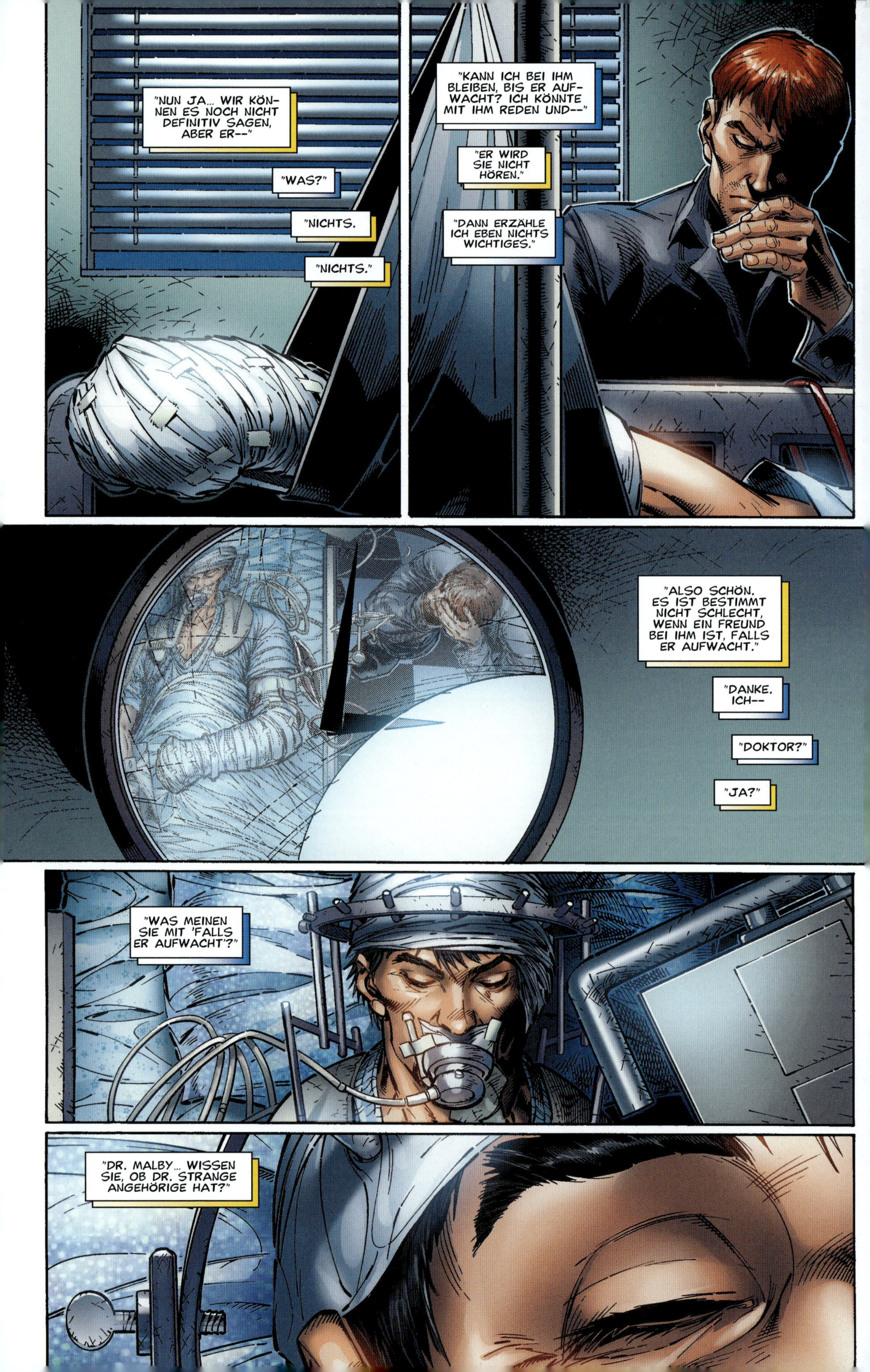

"NUN JA... WIR KÖNNEN ES NOCH NICHT DEFINITIV SAGEN, ABER ER--"

"WAS?"

"NICHTS.

"NICHTS."

"KANN ICH BEI IHM BLEIBEN, BIS ER AUFWACHT? ICH KÖNNTE MIT IHM REDEN UND--"

"ER WIRD SIE NICHT HÖREN."

"DANN ERZÄHLE ICH EBEN NICHTS WICHTIGES."

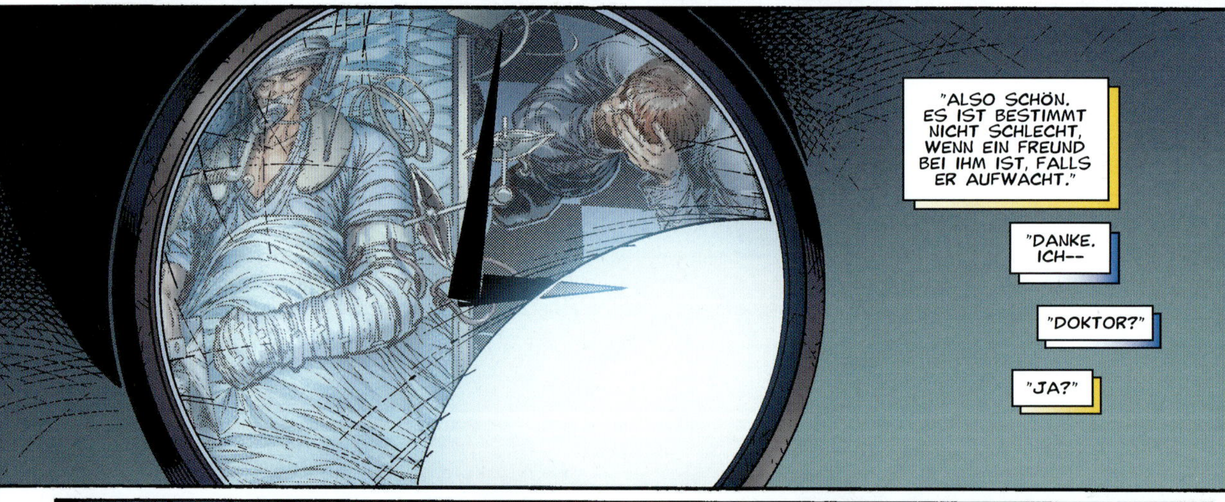

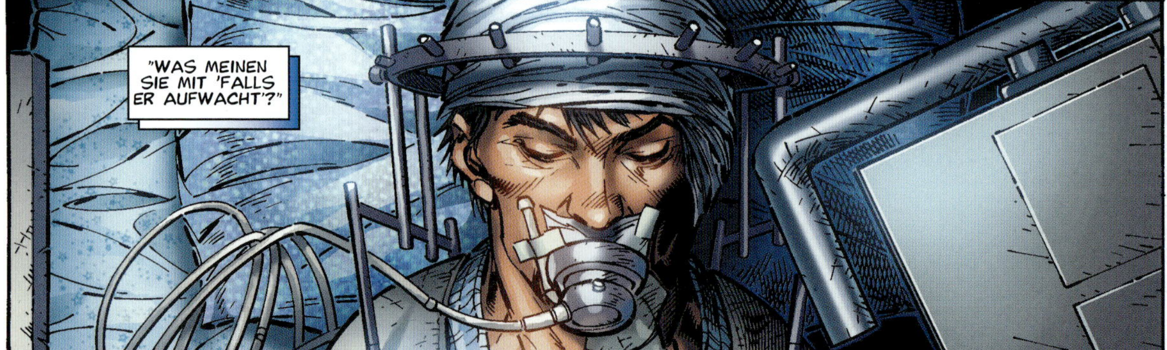

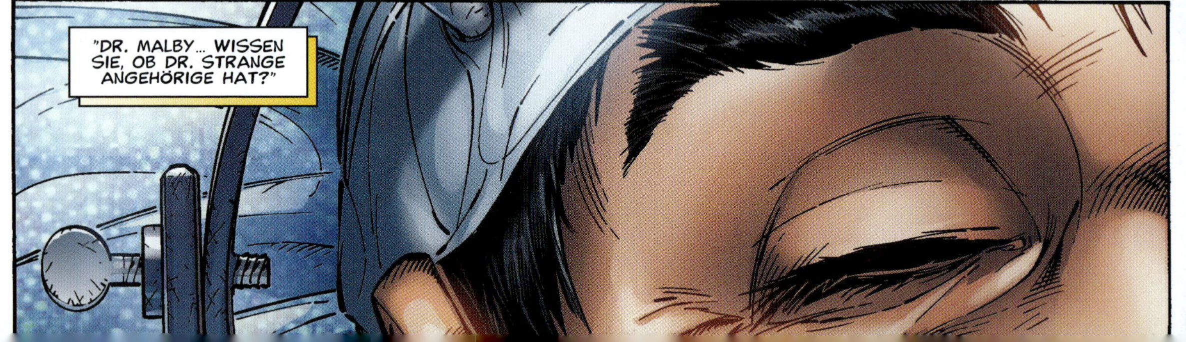

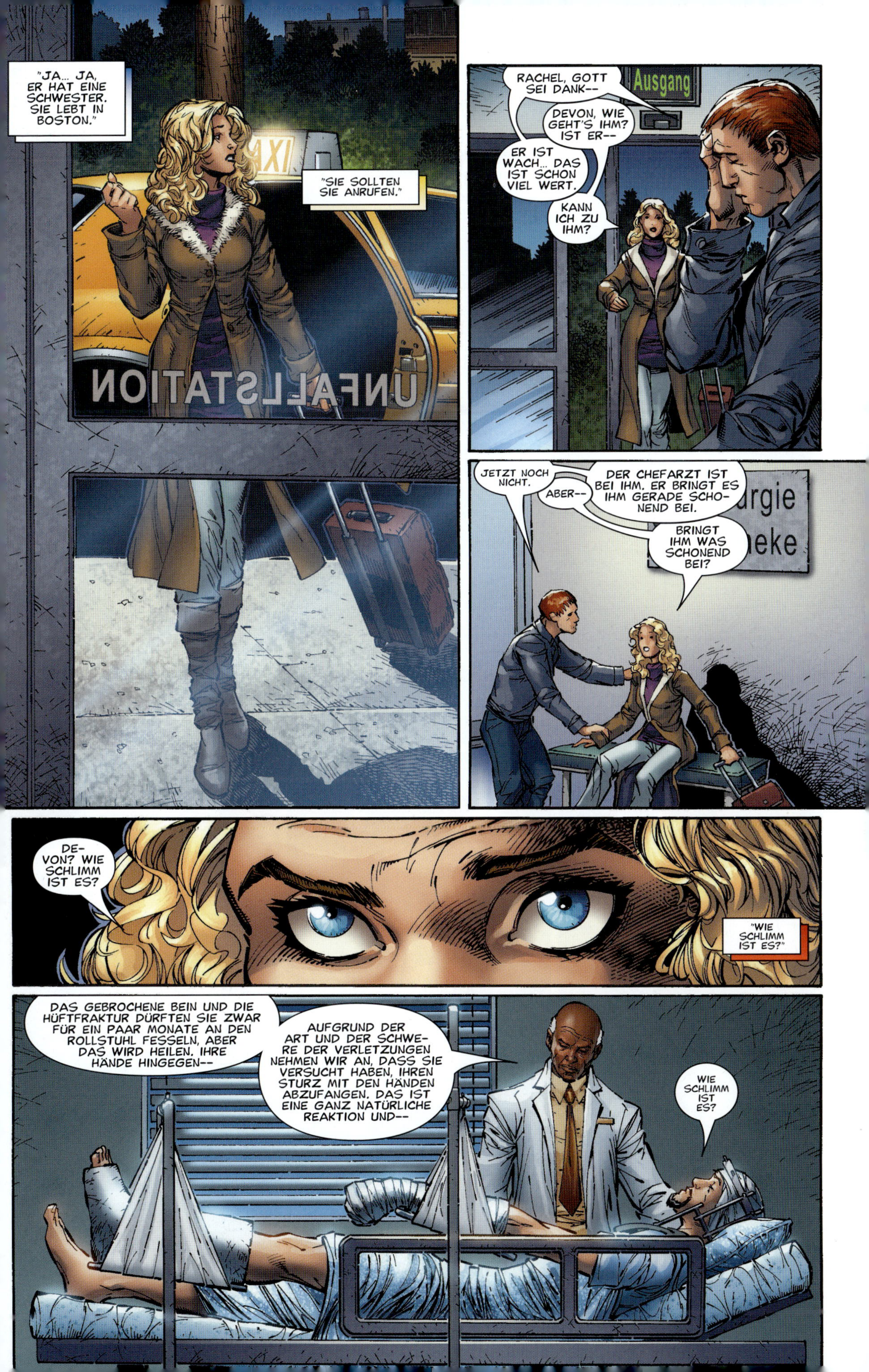

"JA... JA, ER HAT EINE SCHWESTER. SIE LEBT IN BOSTON."

"SIE SOLLTEN SIE ANRUFEN."

UNFALLSTATION

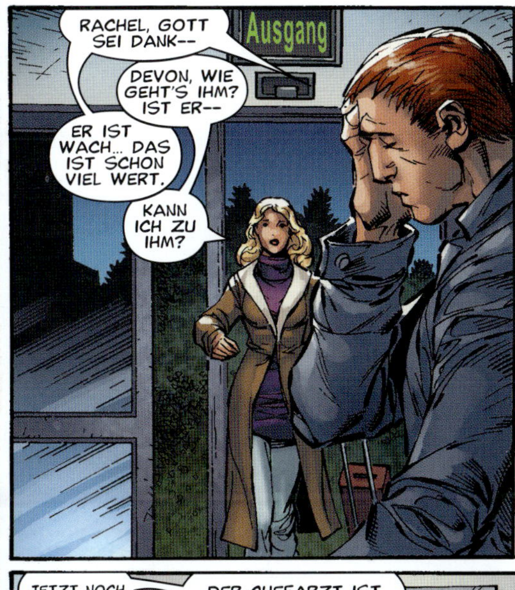

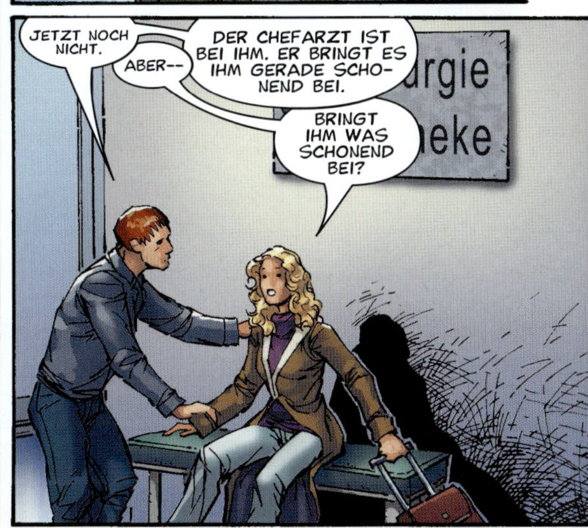

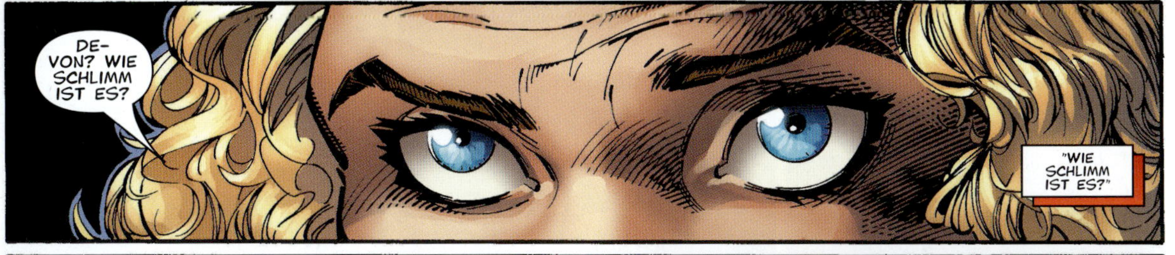

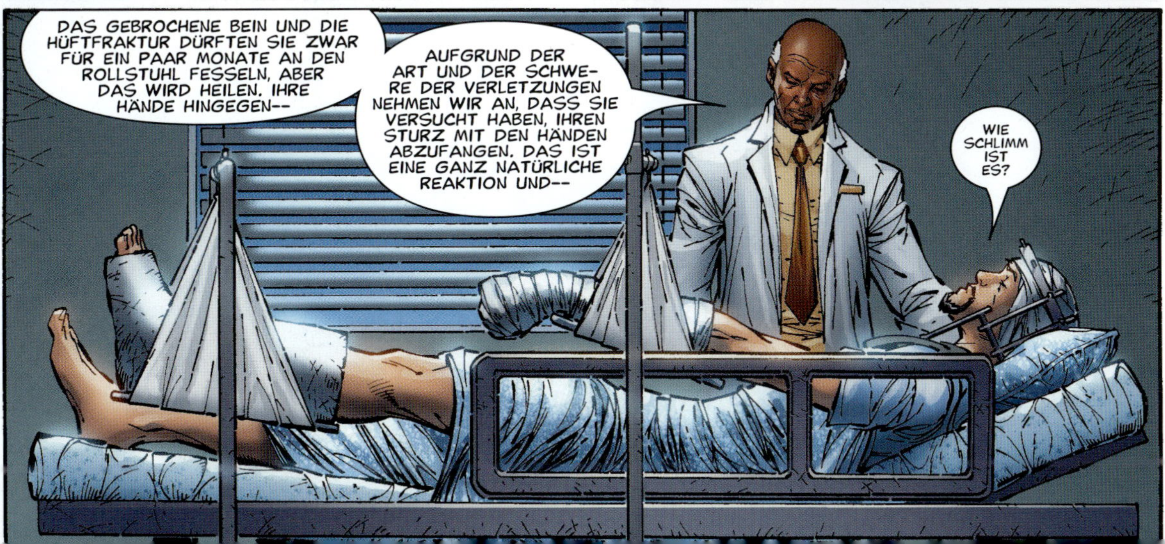

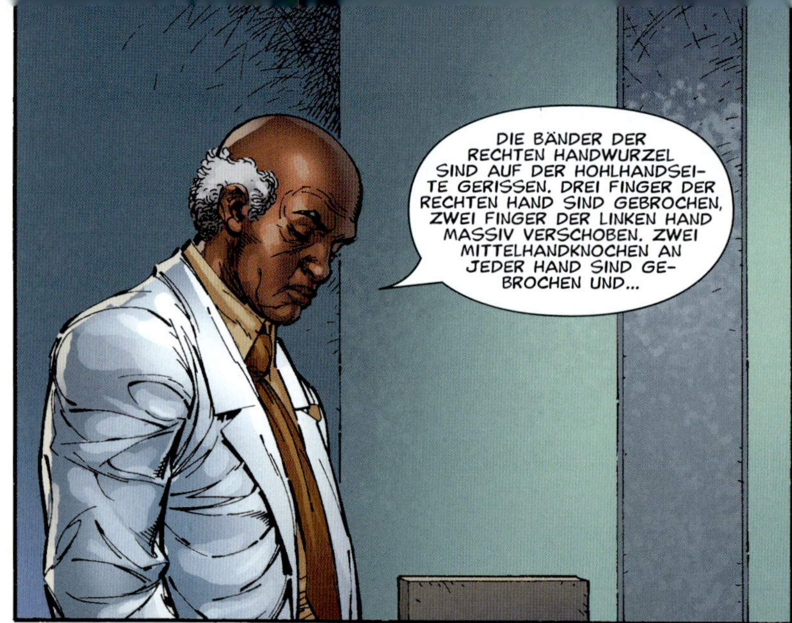
DIE BÄNDER DER RECHTEN HANDWURZEL SIND AUF DER HOHLHANDSEI-TE GERISSEN. DREI FINGER DER RECHTEN HAND SIND GEBROCHEN, ZWEI FINGER DER LINKEN HAND MASSIV VERSCHOBEN. ZWEI MITTELHANDKNOCHEN AN JEDER HAND SIND GE-BROCHEN UND...

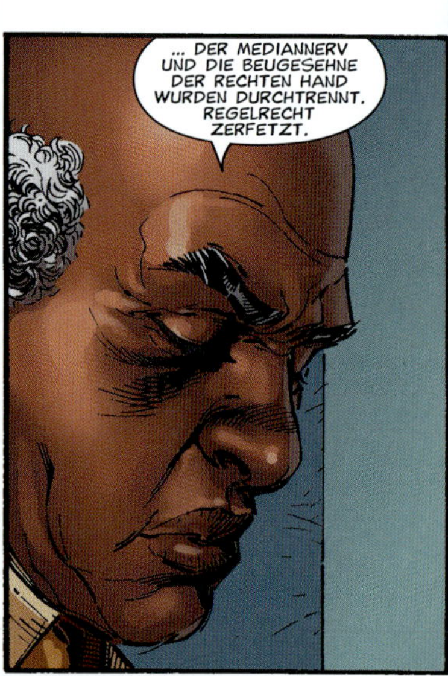
... DER MEDIANNERV UND DIE BEUGESEHNE DER RECHTEN HAND WURDEN DURCHTRENNT. REGELRECHT ZERFETZT.

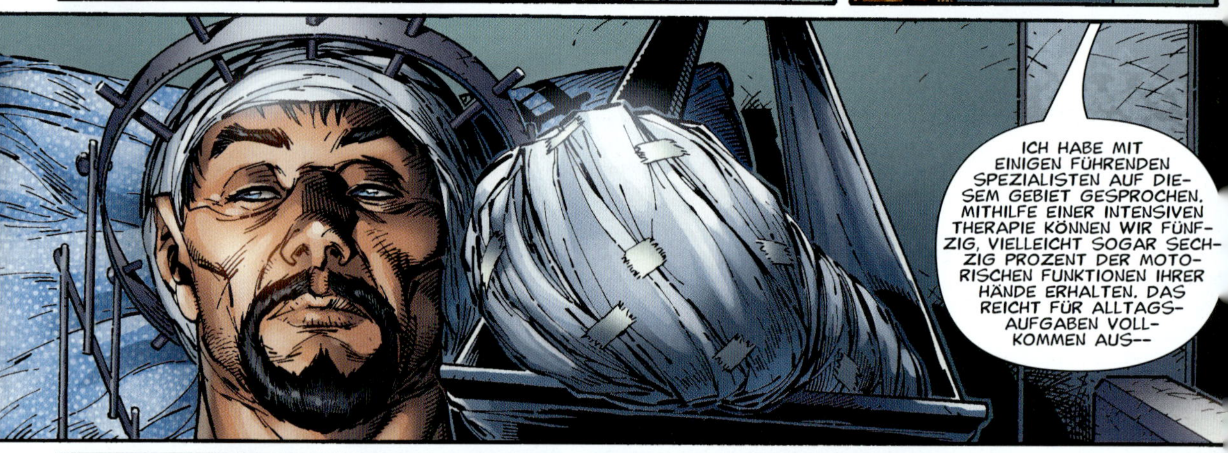
ICH HABE MIT EINIGEN FÜHRENDEN SPEZIALISTEN AUF DIE-SEM GEBIET GESPROCHEN. MITHILFE EINER INTENSIVEN THERAPIE KÖNNEN WIR FÜNF-ZIG, VIELLEICHT SOGAR SECH-ZIG PROZENT DER MOTO-RISCHEN FUNKTIONEN IHRER HÄNDE ERHALTEN. DAS REICHT FÜR ALLTAGS-AUFGABEN VOLL-KOMMEN AUS--

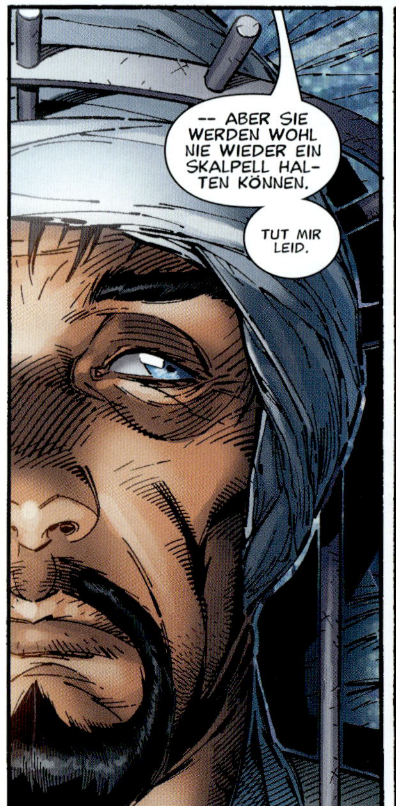
-- ABER SIE WERDEN WOHL NIE WIEDER EIN SKALPELL HAL-TEN KÖNNEN.
TUT MIR LEID.

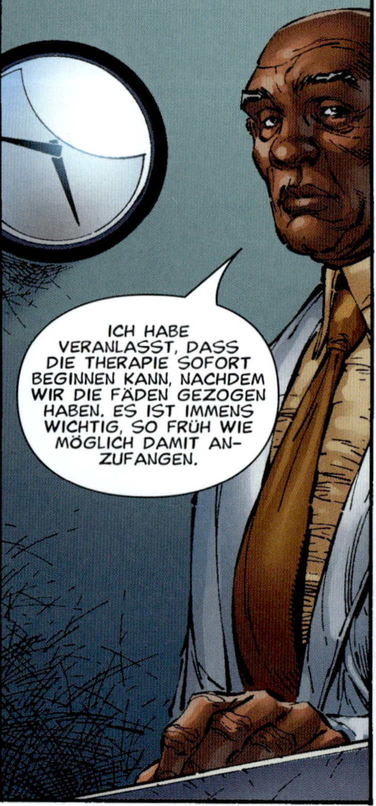
ICH HABE VERANLASST, DASS DIE THERAPIE SOFORT BEGINNEN KANN, NACHDEM WIR DIE FÄDEN GEZOGEN HABEN. ES IST IMMENS WICHTIG, SO FRÜH WIE MÖGLICH DAMIT AN-ZUFANGEN.

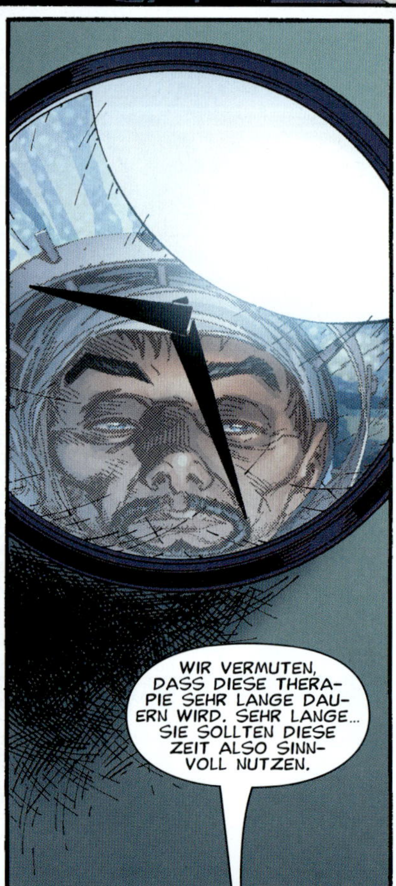
WIR VERMUTEN, DASS DIESE THERA-PIE SEHR LANGE DAU-ERN WIRD. SEHR LANGE... SIE SOLLTEN DIESE ZEIT ALSO SINN-VOLL NUTZEN.

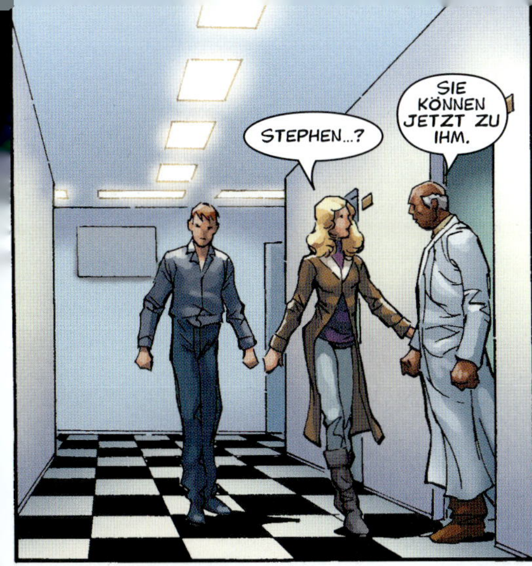
STEPHEN...?
SIE KÖNNEN JETZT ZU IHM.

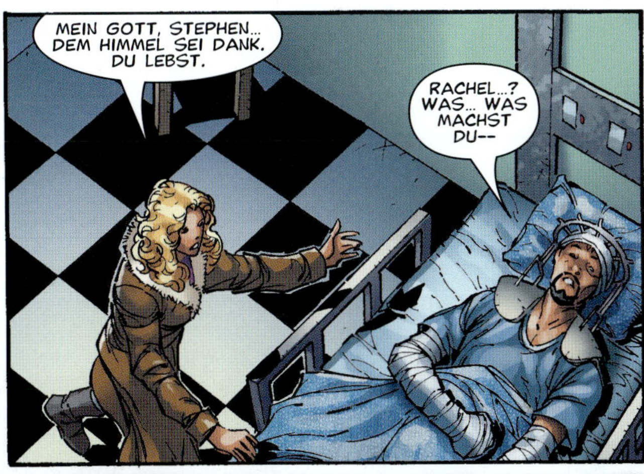
MEIN GOTT, STEPHEN... DEM HIMMEL SEI DANK. DU LEBST.
RACHEL...? WAS... WAS MACHST DU--

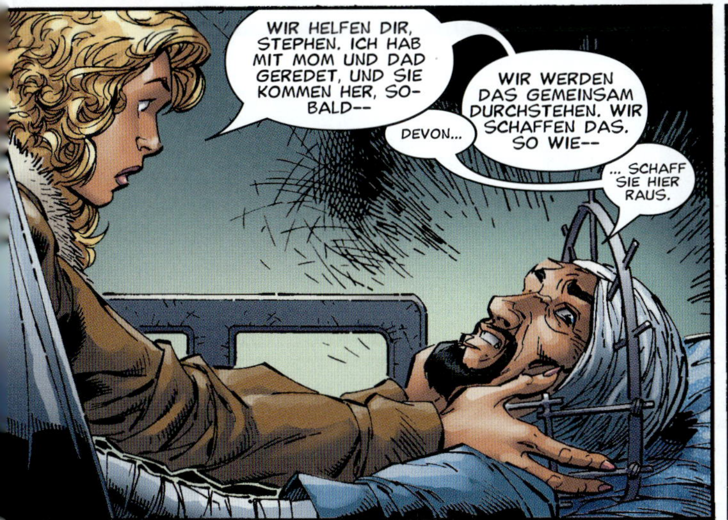
WIR HELFEN DIR, STEPHEN. ICH HAB MIT MOM UND DAD GEREDET, UND SIE KOMMEN HER, SOBALD--
WIR WERDEN DAS GEMEINSAM DURCHSTEHEN. WIR SCHAFFEN DAS. SO WIE--
DEVON...
... SCHAFF SIE HIER RAUS.

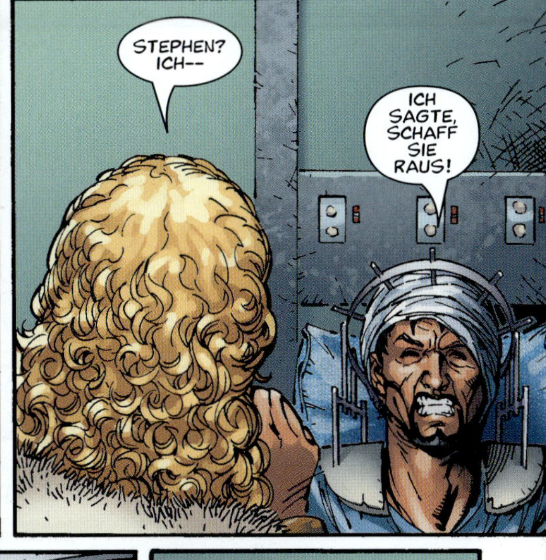
STEPHEN? ICH--
ICH SAGTE, SCHAFF SIE RAUS!

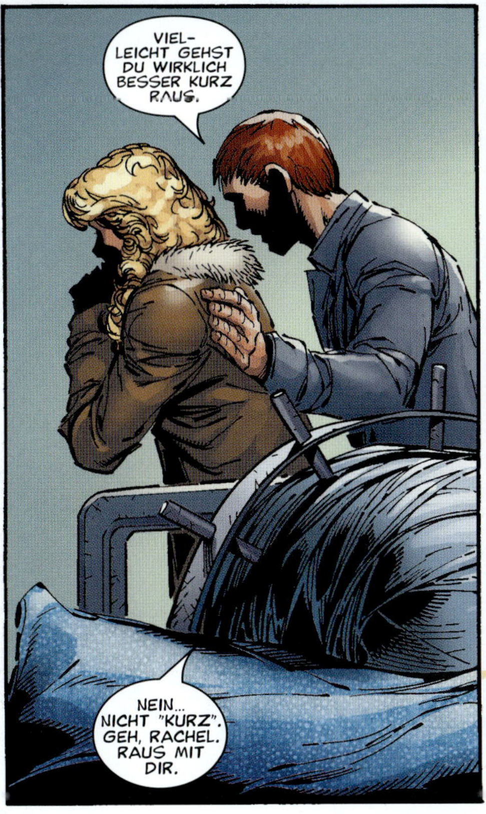
VIELLEICHT GEHST DU WIRKLICH BESSER KURZ RAUS.
NEIN... NICHT "KURZ". GEH, RACHEL. RAUS MIT DIR.

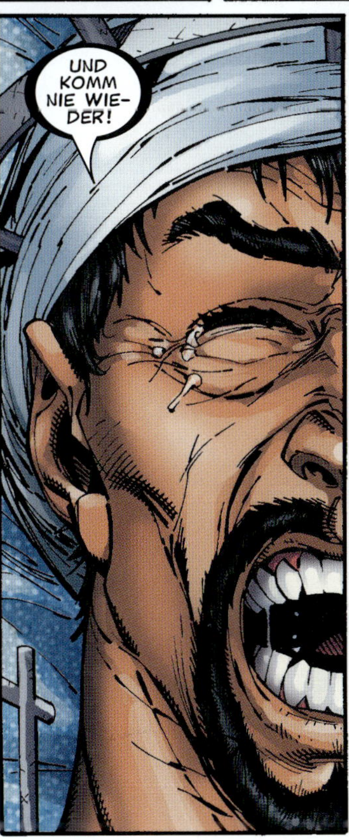
UND KOMM NIE WIEDER!

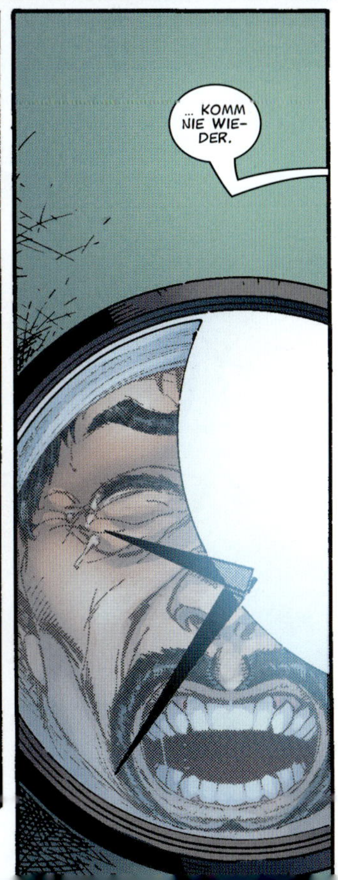
... KOMM NIE WIEDER.

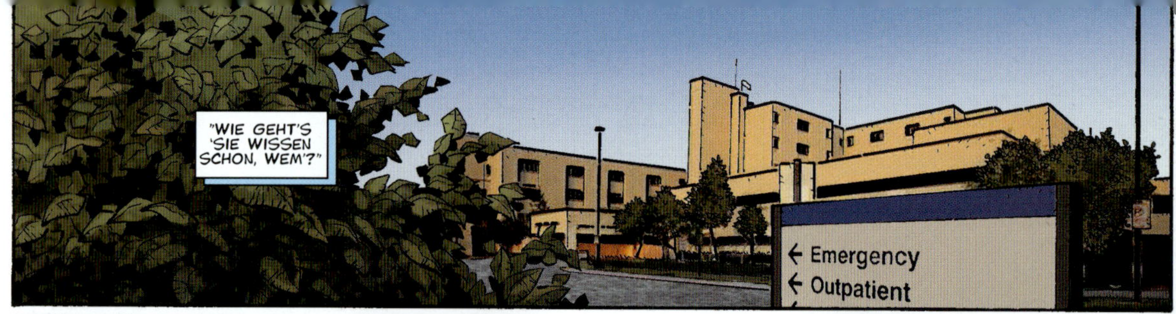
"WIE GEHT'S 'SIE WISSEN SCHON, WEM'?"
Emergency
Outpatient

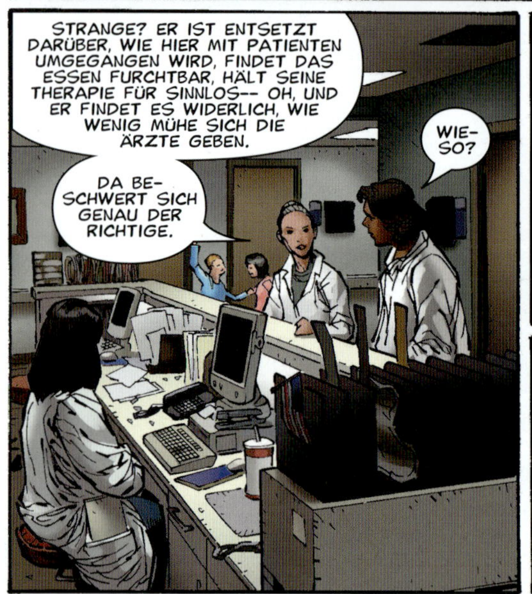
STRANGE? ER IST ENTSETZT DARÜBER, WIE HIER MIT PATIENTEN UMGEGANGEN WIRD, FINDET DAS ESSEN FURCHTBAR, HÄLT SEINE THERAPIE FÜR SINNLOS-- OH, UND ER FINDET ES WIDERLICH, WIE WENIG MÜHE SICH DIE ÄRZTE GEBEN.
WIESO?
DA BESCHWERT SICH GENAU DER RICHTIGE.

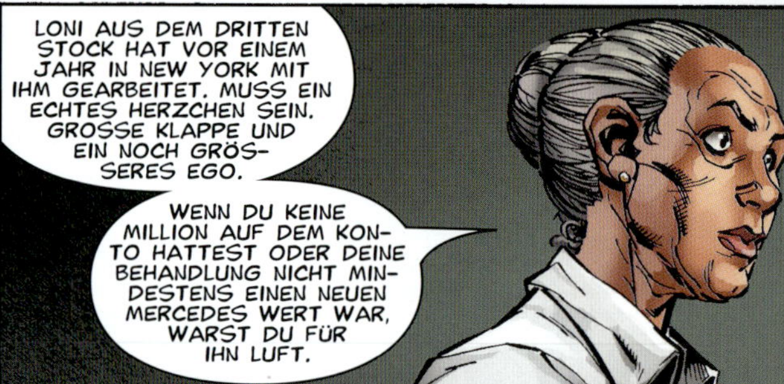
LONI AUS DEM DRITTEN STOCK HAT VOR EINEM JAHR IN NEW YORK MIT IHM GEARBEITET. MUSS EIN ECHTES HERZCHEN SEIN. GROSSE KLAPPE UND EIN NOCH GRÖSSERES EGO.
WENN DU KEINE MILLION AUF DEM KONTO HATTEST ODER DEINE BEHANDLUNG NICHT MINDESTENS EINEN NEUEN MERCEDES WERT WAR, WARST DU FÜR IHN LUFT.

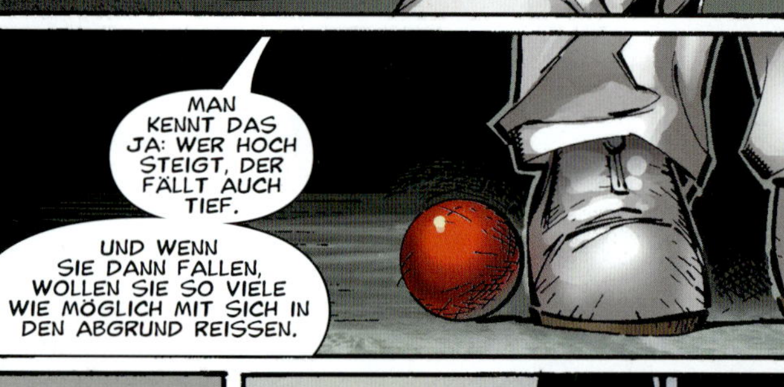
MAN KENNT DAS JA: WER HOCH STEIGT, DER FÄLLT AUCH TIEF.
UND WENN SIE DANN FALLEN, WOLLEN SIE SO VIELE WIE MÖGLICH MIT SICH IN DEN ABGRUND REISSEN.

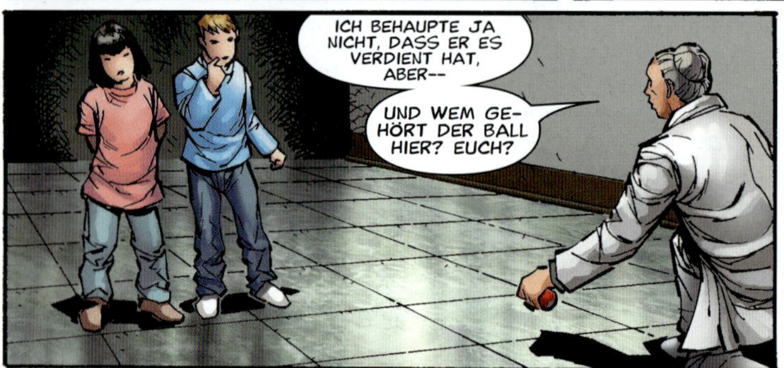
ICH BEHAUPTE JA NICHT, DASS ER ES VERDIENT HAT, ABER--
UND WEM GEHÖRT DER BALL HIER? EUCH?

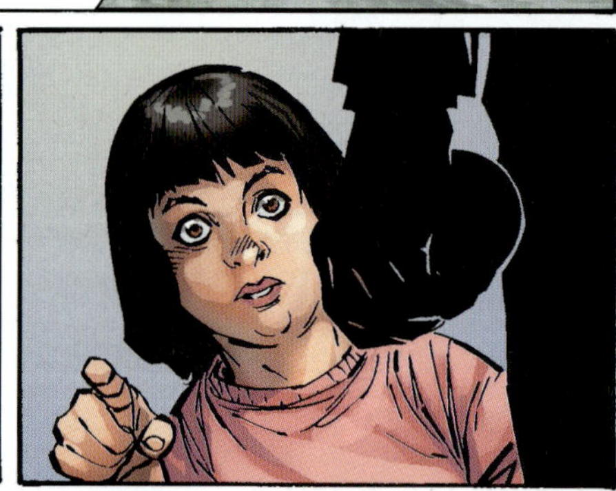

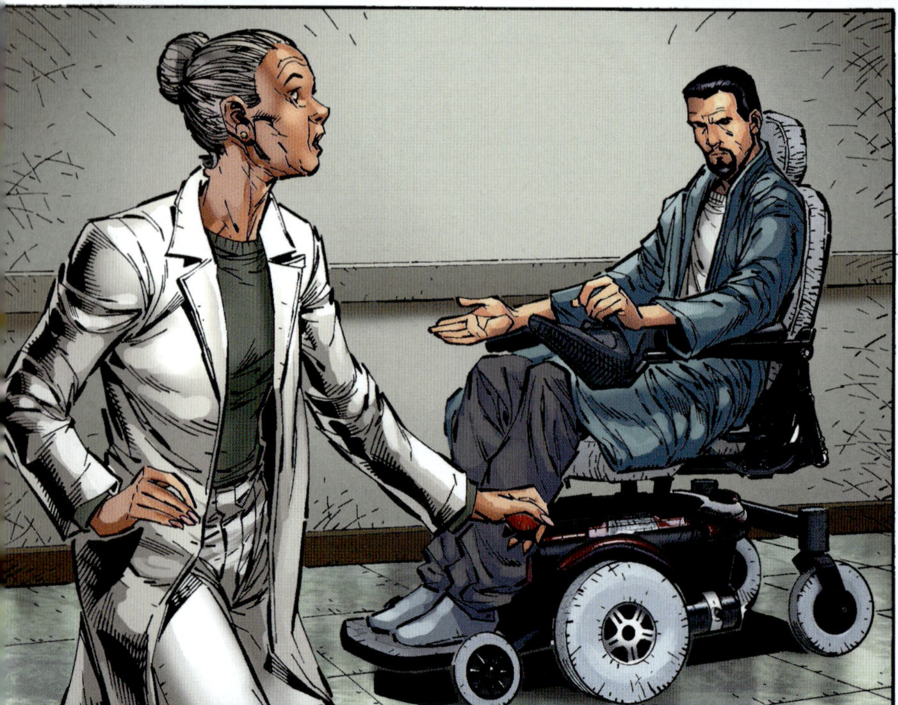

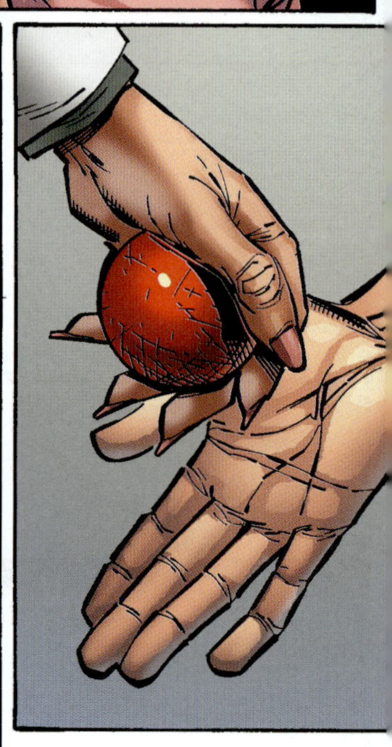

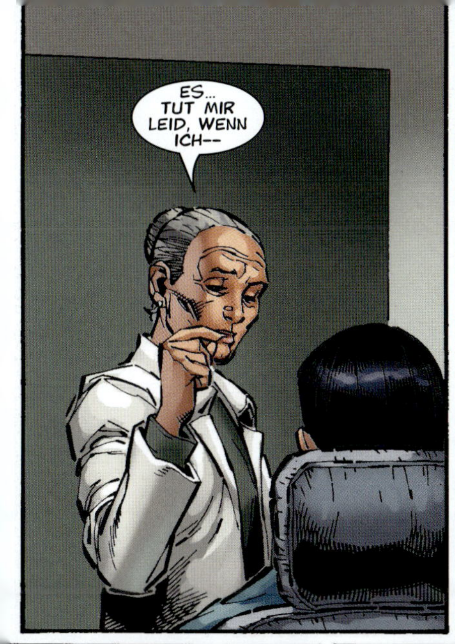
ES... TUT MIR LEID, WENN ICH--

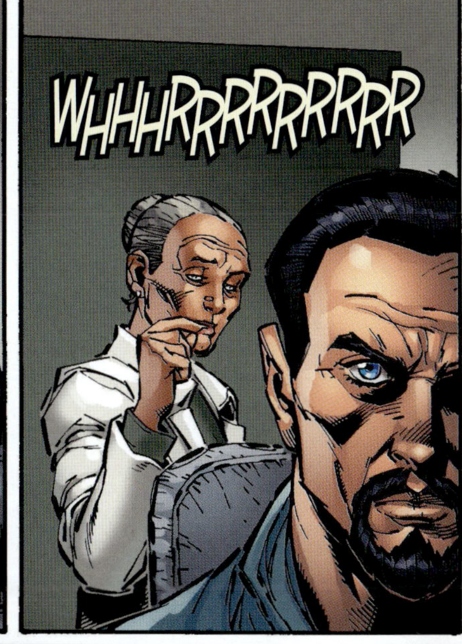
WHHHRRRRRRRRR

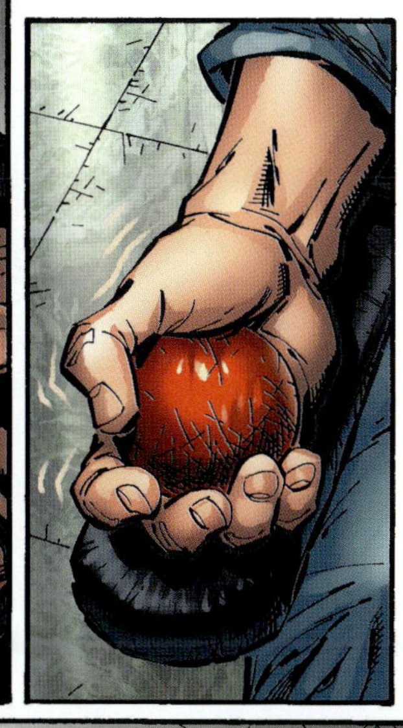

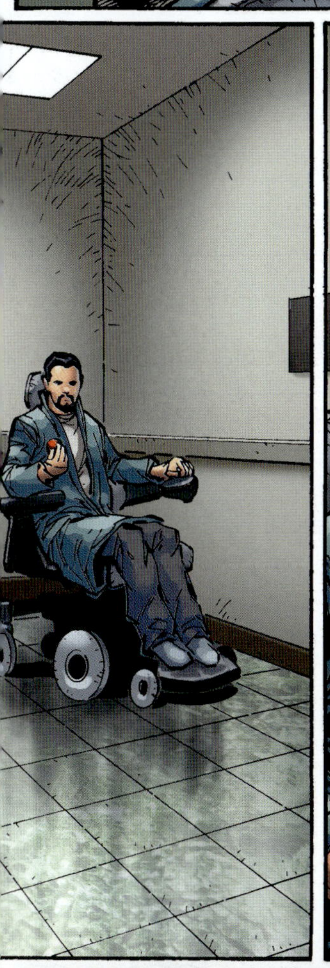

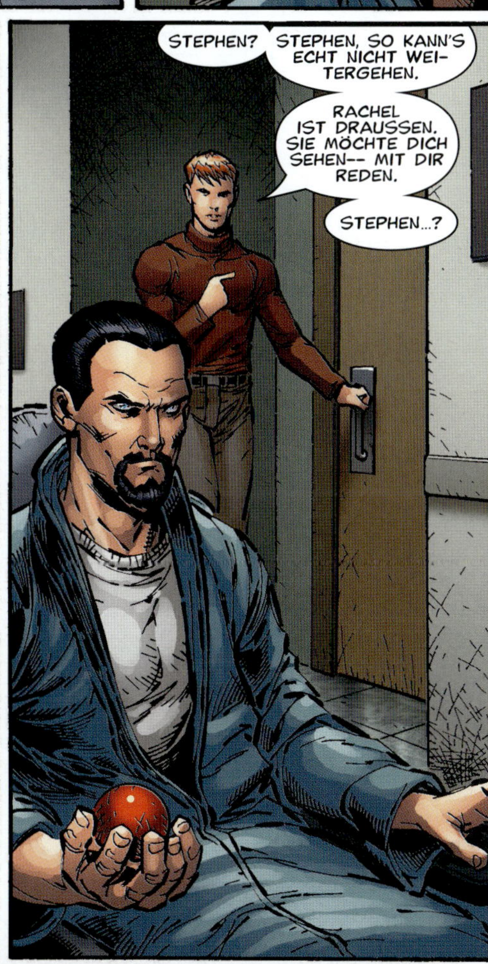
STEPHEN?
STEPHEN, SO KANN'S ECHT NICHT WEITERGEHEN.
RACHEL IST DRAUSSEN. SIE MÖCHTE DICH SEHEN-- MIT DIR REDEN.
STEPHEN...?

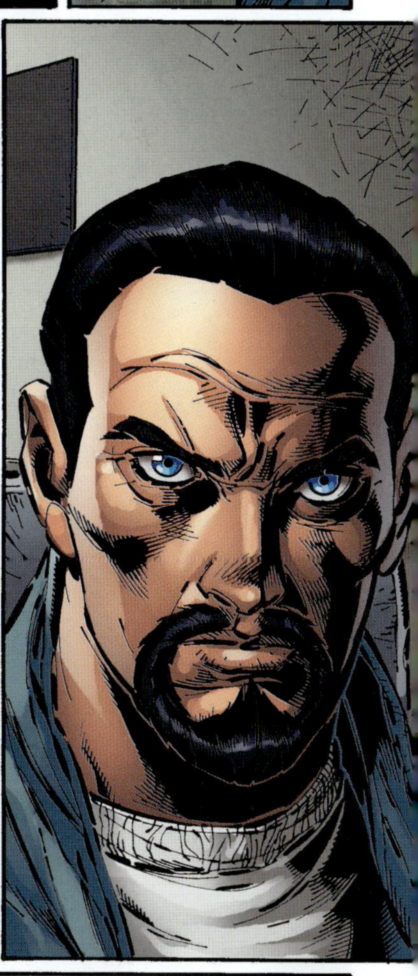

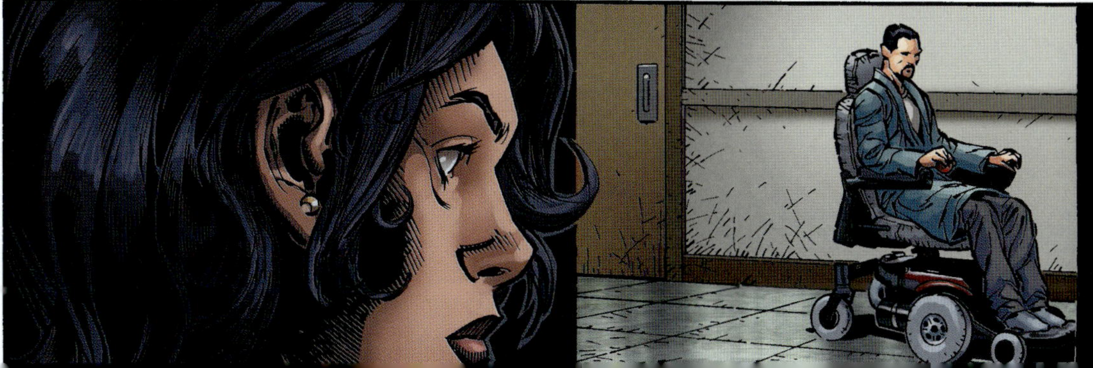

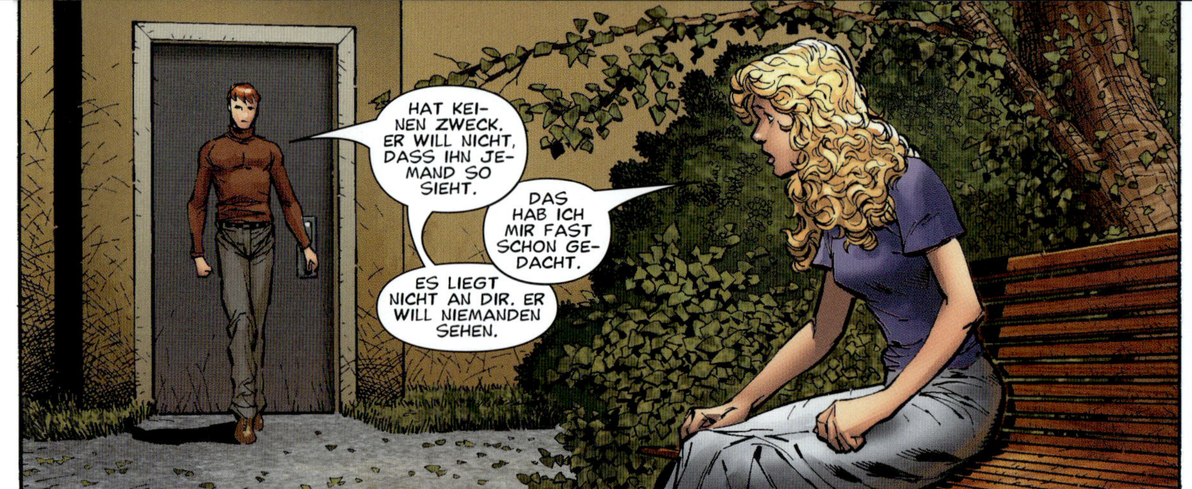
HAT KEINEN ZWECK. ER WILL NICHT, DASS IHN JEMAND SO SIEHT.
DAS HAB ICH MIR FAST SCHON GEDACHT.
ES LIEGT NICHT AN DIR. ER WILL NIEMANDEN SEHEN.

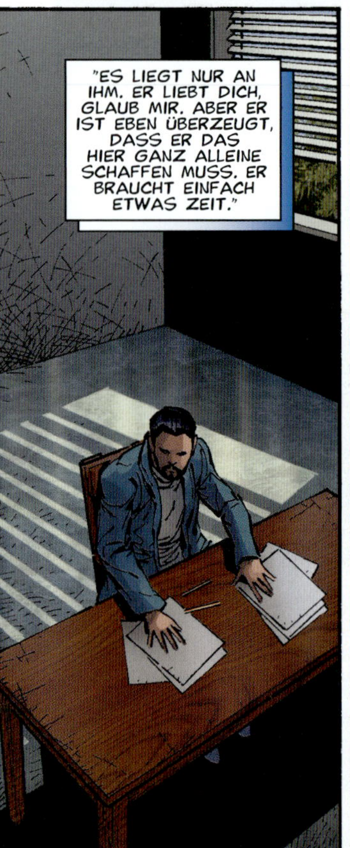
"ES LIEGT NUR AN IHM. ER LIEBT DICH, GLAUB MIR. ABER ER IST EBEN ÜBERZEUGT, DASS ER DAS HIER GANZ ALLEINE SCHAFFEN MUSS. ER BRAUCHT EINFACH ETWAS ZEIT."

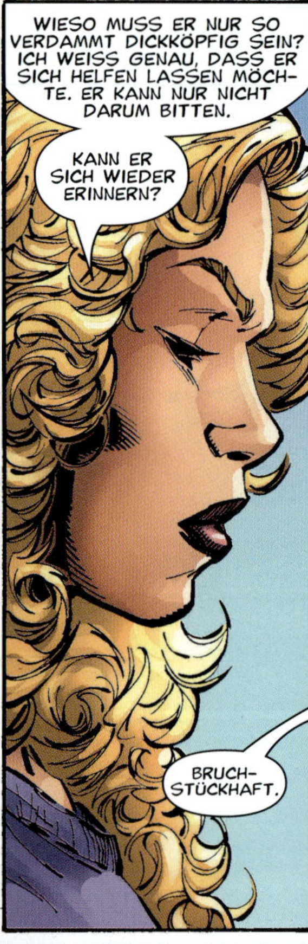
WIESO MUSS ER NUR SO VERDAMMT DICKKÖPFIG SEIN? ICH WEISS GENAU, DASS ER SICH HELFEN LASSEN MÖCHTE. ER KANN NUR NICHT DARUM BITTEN.
KANN ER SICH WIEDER ERINNERN?
BRUCHSTÜCKHAFT.

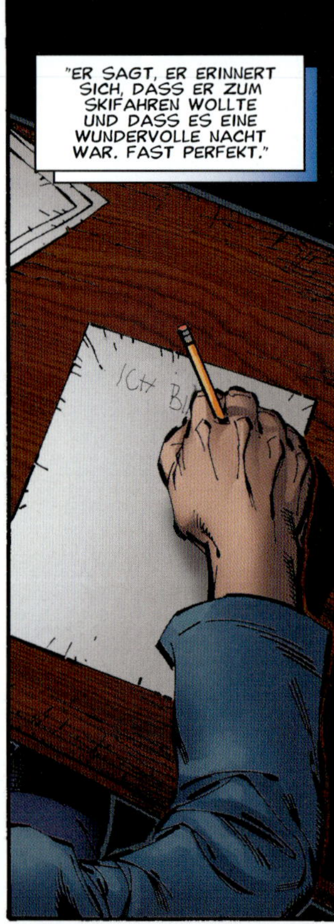
"ER SAGT, ER ERINNERT SICH, DASS ER ZUM SKIFAHREN WOLLTE UND DASS ES EINE WUNDERVOLLE NACHT WAR. FAST PERFEKT."

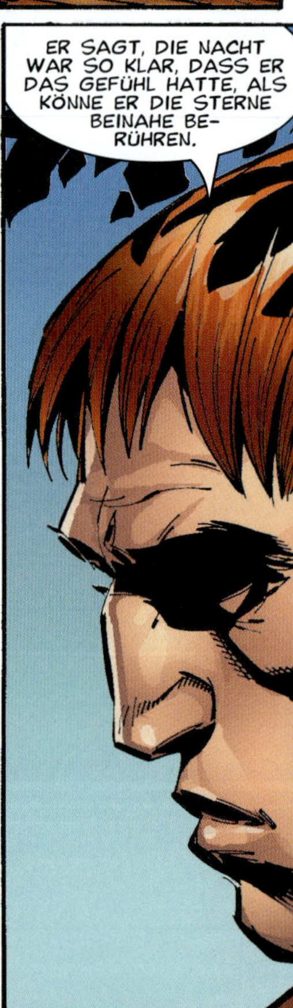
ER SAGT, DIE NACHT WAR SO KLAR, DASS ER DAS GEFÜHL HATTE, ALS KÖNNE ER DIE STERNE BEINAHE BERÜHREN.

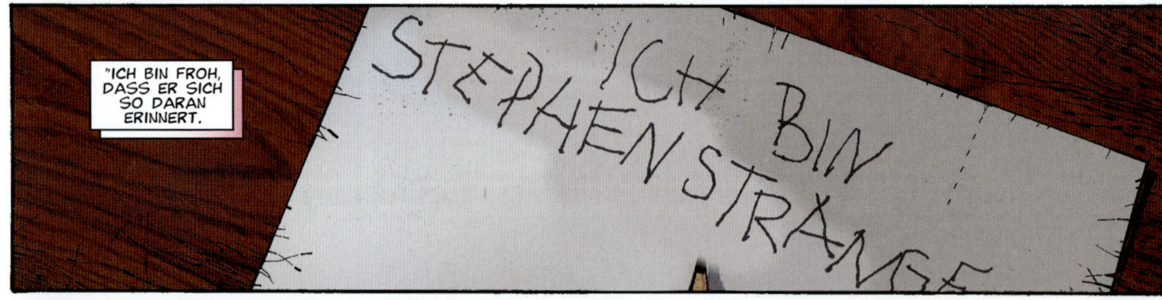
"ICH BIN FROH, DASS ER SICH SO DARAN ERINNERT.
ICH BIN STEPHEN STRANGE

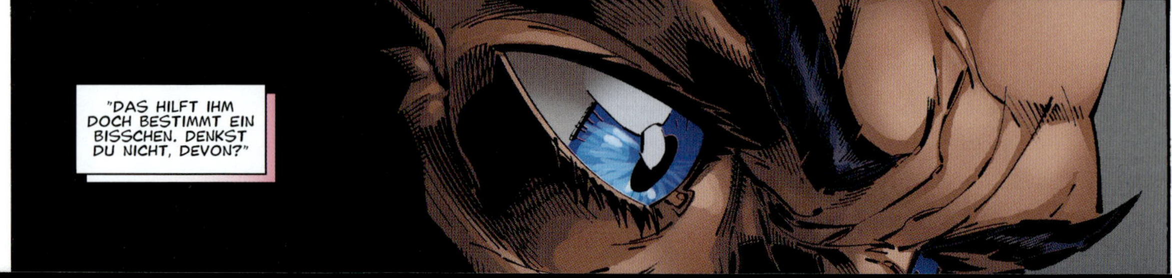
"DAS HILFT IHM DOCH BESTIMMT EIN BISSCHEN. DENKST DU NICHT, DEVON?"

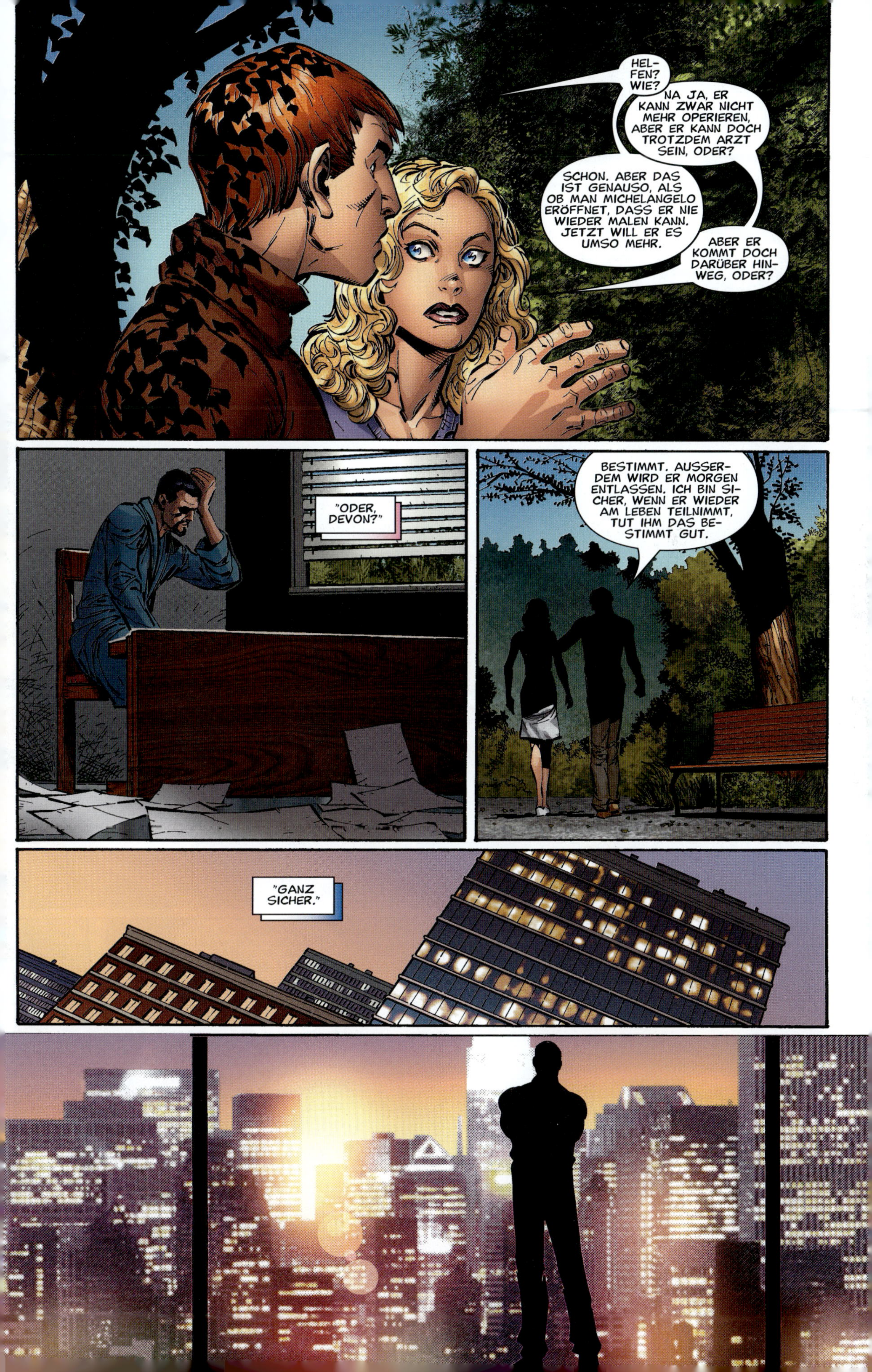

HELFEN? WIE?
NA JA, ER KANN ZWAR NICHT MEHR OPERIEREN, ABER ER KANN DOCH TROTZDEM ARZT SEIN, ODER?
SCHON. ABER DAS IST GENAUSO, ALS OB MAN MICHELANGELO ERÖFFNET, DASS ER NIE WIEDER MALEN KANN. JETZT WILL ER ES UMSO MEHR.
ABER ER KOMMT DOCH DARÜBER HINWEG, ODER?

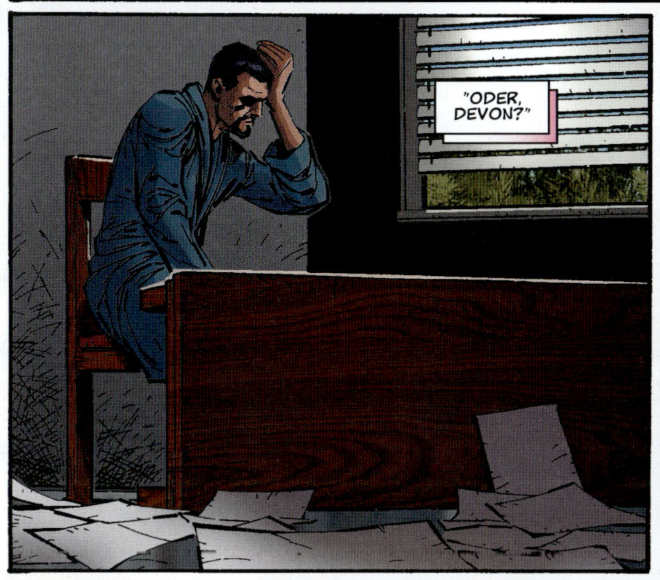
"ODER, DEVON?"

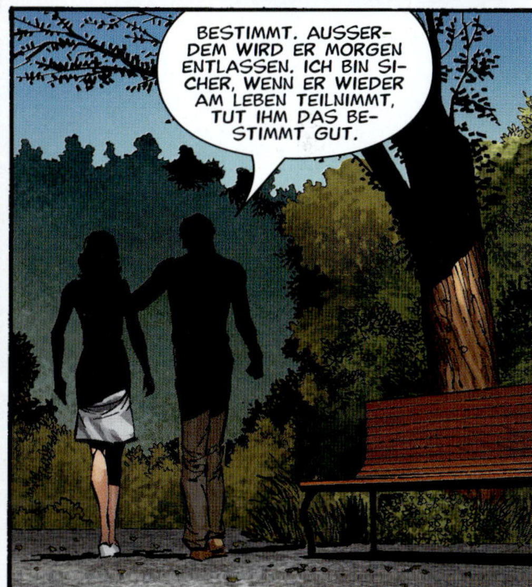
BESTIMMT. AUSSERDEM WIRD ER MORGEN ENTLASSEN. ICH BIN SICHER, WENN ER WIEDER AM LEBEN TEILNIMMT, TUT IHM DAS BESTIMMT GUT.

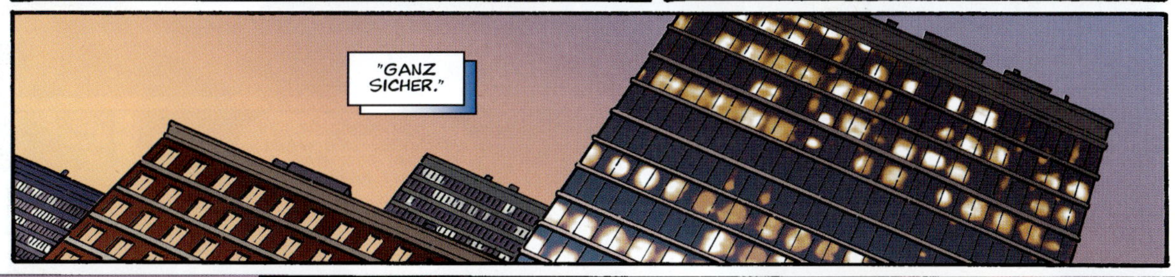
"GANZ SICHER."

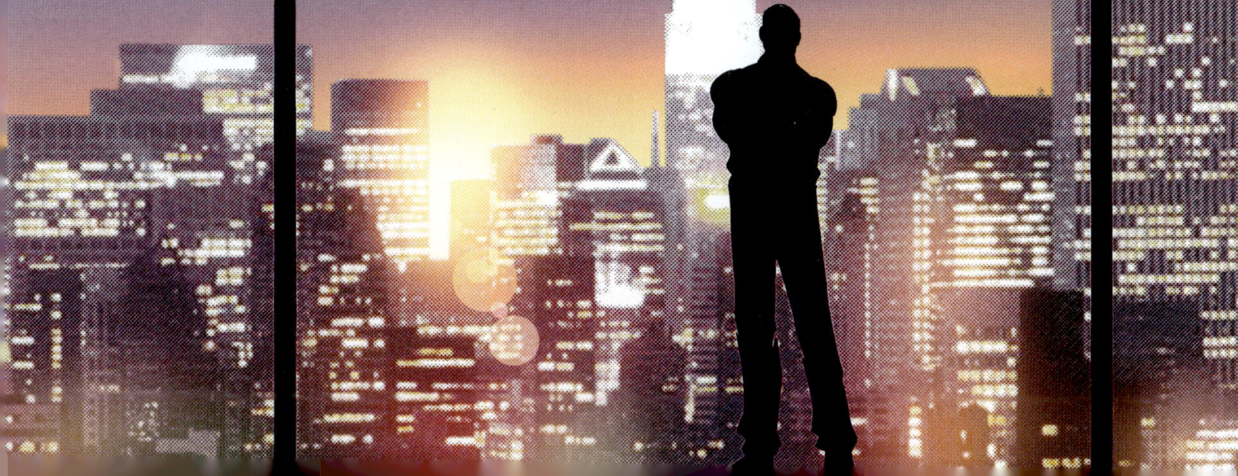

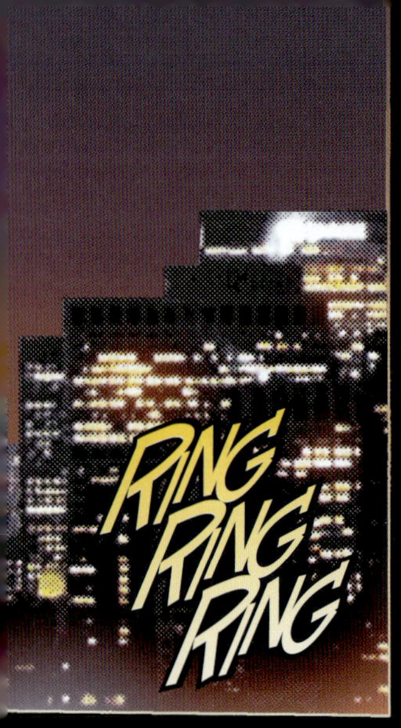
RING
RING
RING

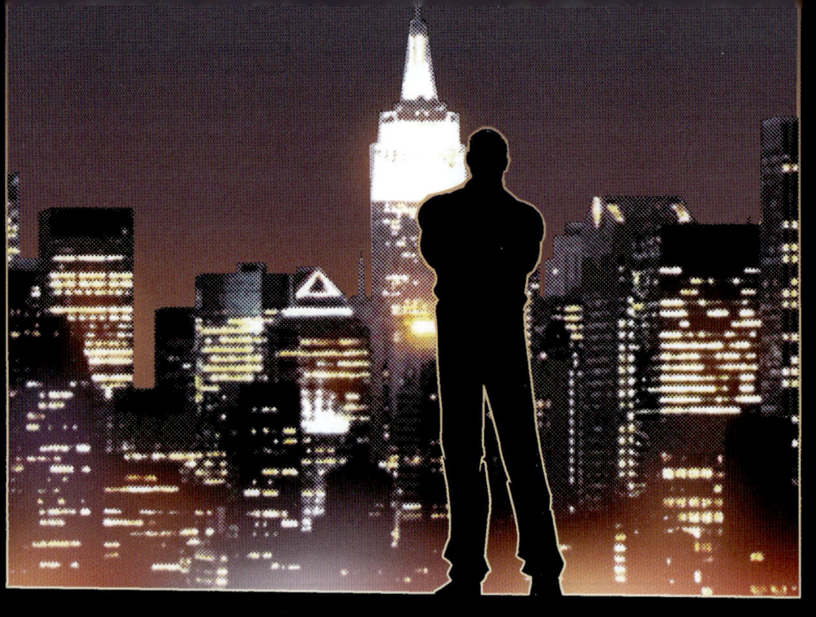

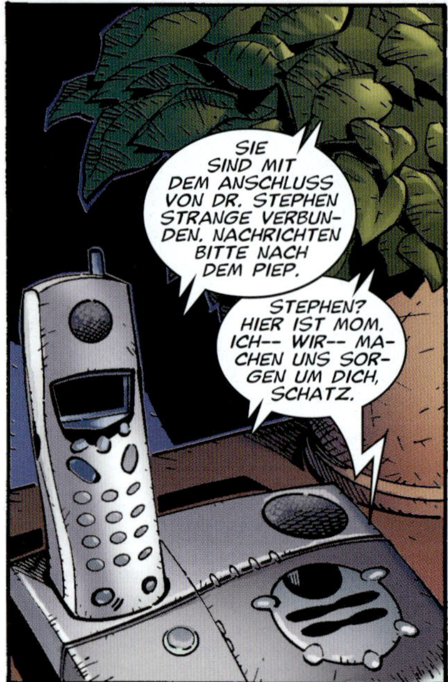
SIE SIND MIT DEM ANSCHLUSS VON DR. STEPHEN STRANGE VERBUNDEN. NACHRICHTEN BITTE NACH DEM PIEP.
STEPHEN? HIER IST MOM. ICH-- WIR-- MACHEN UNS SORGEN UM DICH, SCHATZ.

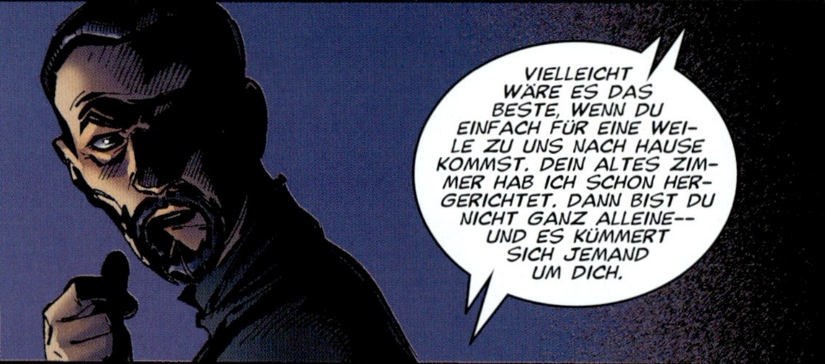
VIELLEICHT WÄRE ES DAS BESTE, WENN DU EINFACH FÜR EINE WEILE ZU UNS NACH HAUSE KOMMST. DEIN ALTES ZIMMER HAB ICH SCHON HERGERICHTET. DANN BIST DU NICHT GANZ ALLEINE-- UND ES KÜMMERT SICH JEMAND UM DICH.

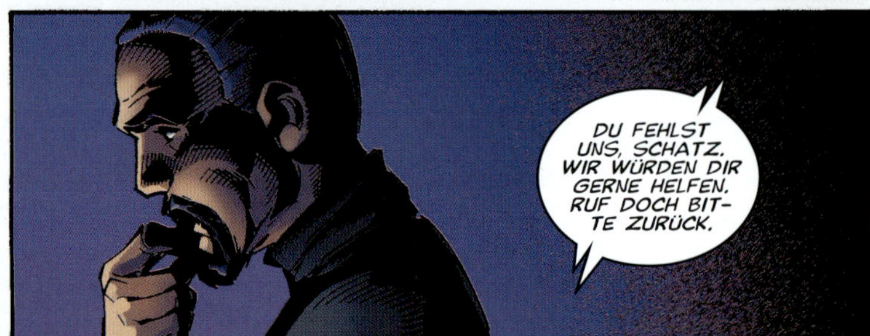
DU FEHLST UNS, SCHATZ. WIR WÜRDEN DIR GERNE HELFEN. RUF DOCH BITTE ZURÜCK.

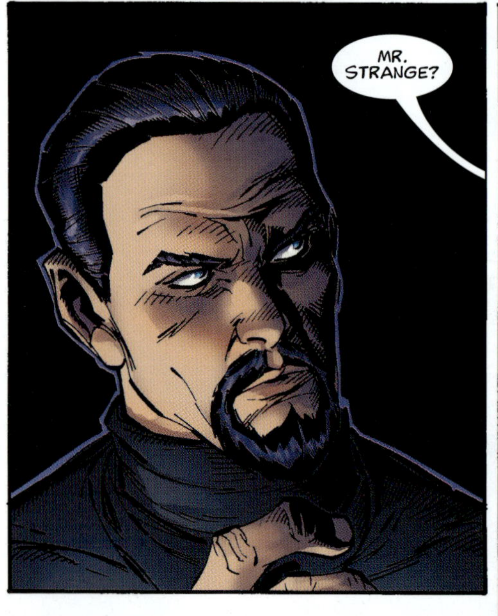
MR. STRANGE?

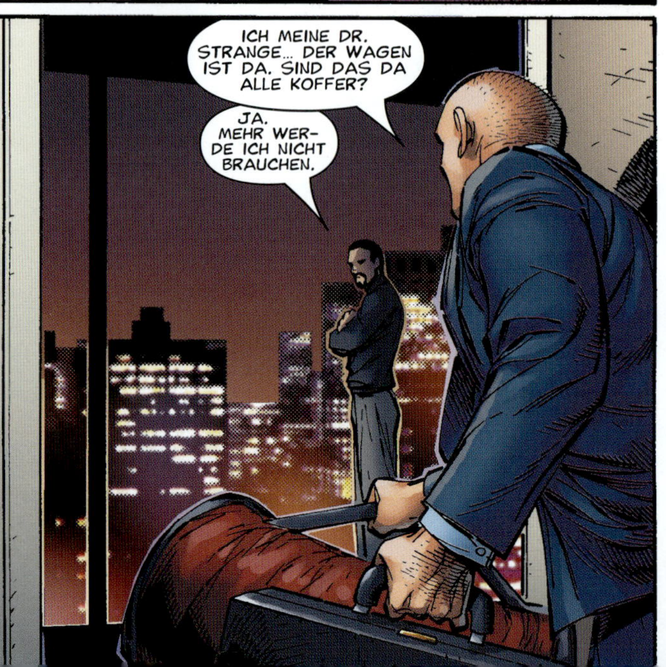
ICH MEINE DR. STRANGE... DER WAGEN IST DA. SIND DAS DA ALLE KOFFER?
JA. MEHR WERDE ICH NICHT BRAUCHEN.

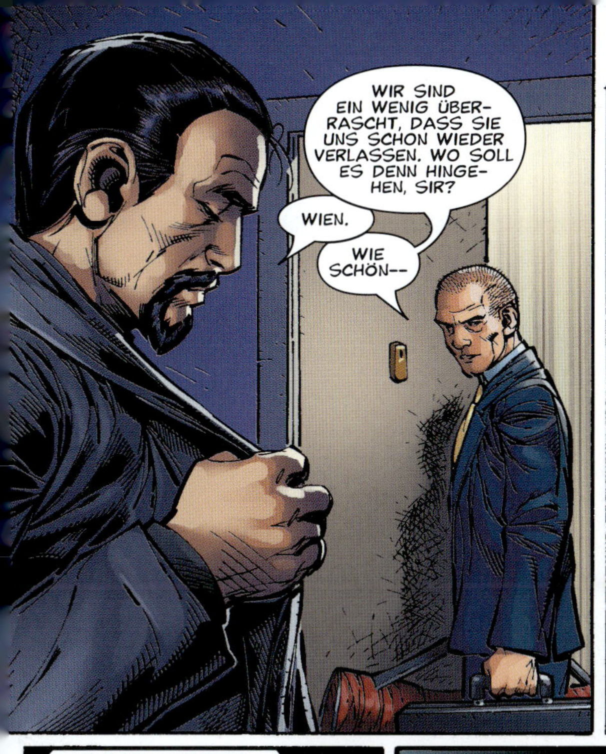
WIR SIND EIN WENIG ÜBERRASCHT, DASS SIE UNS SCHON WIEDER VERLASSEN. WO SOLL ES DENN HINGEHEN, SIR?
WIEN.
WIE SCHÖN--

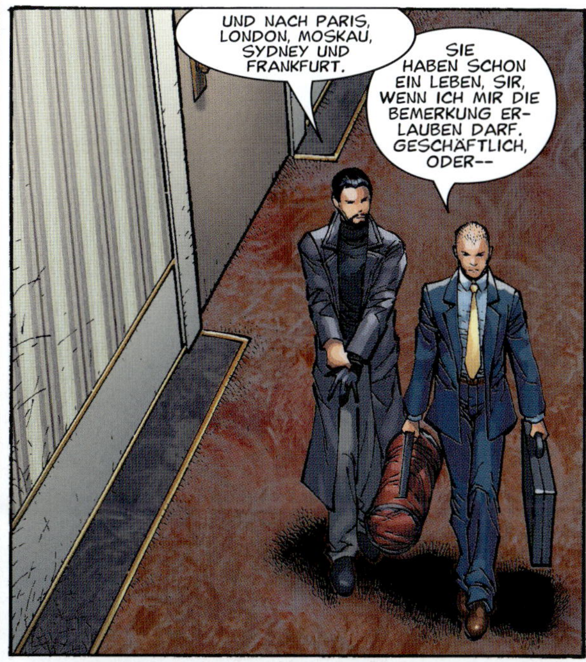
UND NACH PARIS, LONDON, MOSKAU, SYDNEY UND FRANKFURT.
SIE HABEN SCHON EIN LEBEN, SIR, WENN ICH MIR DIE BEMERKUNG ERLAUBEN DARF. GESCHÄFTLICH, ODER--

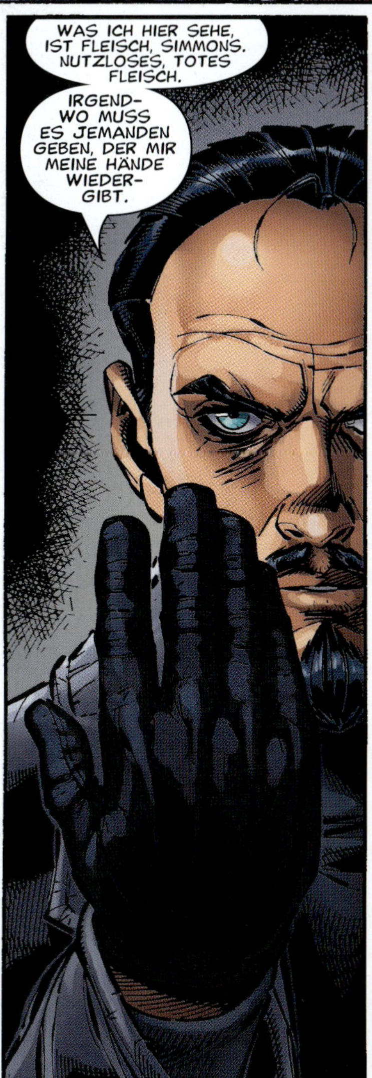
WAS ICH HIER SEHE, IST FLEISCH, SIMMONS. NUTZLOSES, TOTES FLEISCH.
IRGENDWO MUSS ES JEMANDEN GEBEN, DER MIR MEINE HÄNDE WIEDERGIBT.

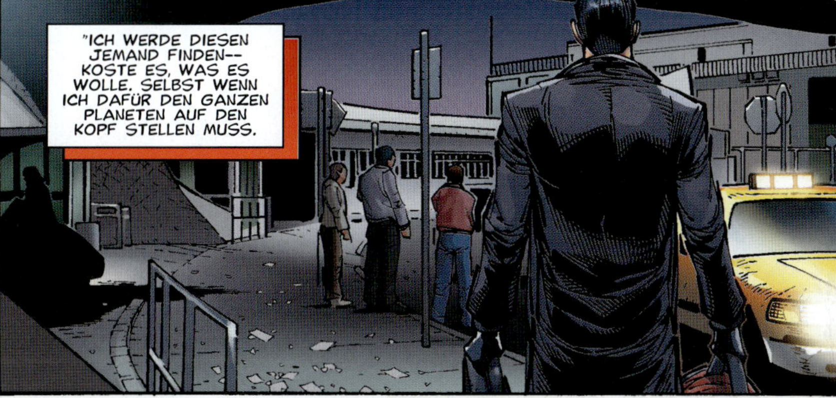
"ICH WERDE DIESEN JEMAND FINDEN-- KOSTE ES, WAS ES WOLLE. SELBST WENN ICH DAFÜR DEN GANZEN PLANETEN AUF DEN KOPF STELLEN MUSS.

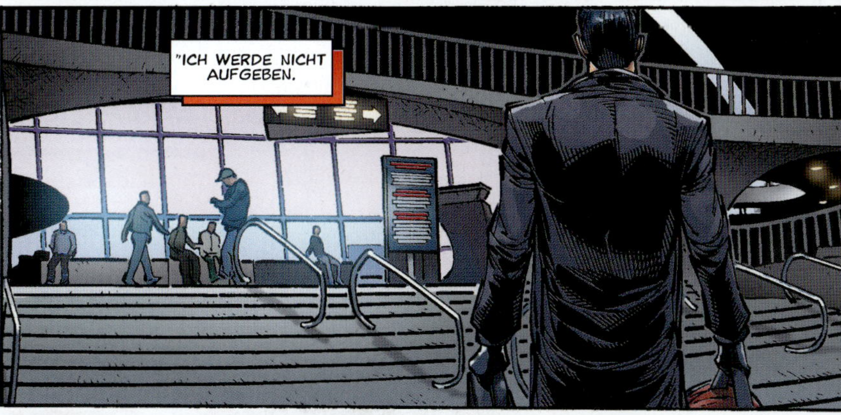
"ICH WERDE NICHT AUFGEBEN.

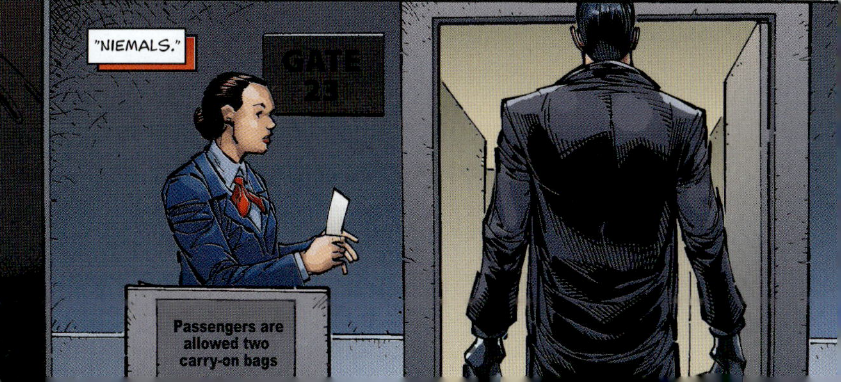
"NIEMALS."
GATE 23
Passengers are allowed two carry-on bags

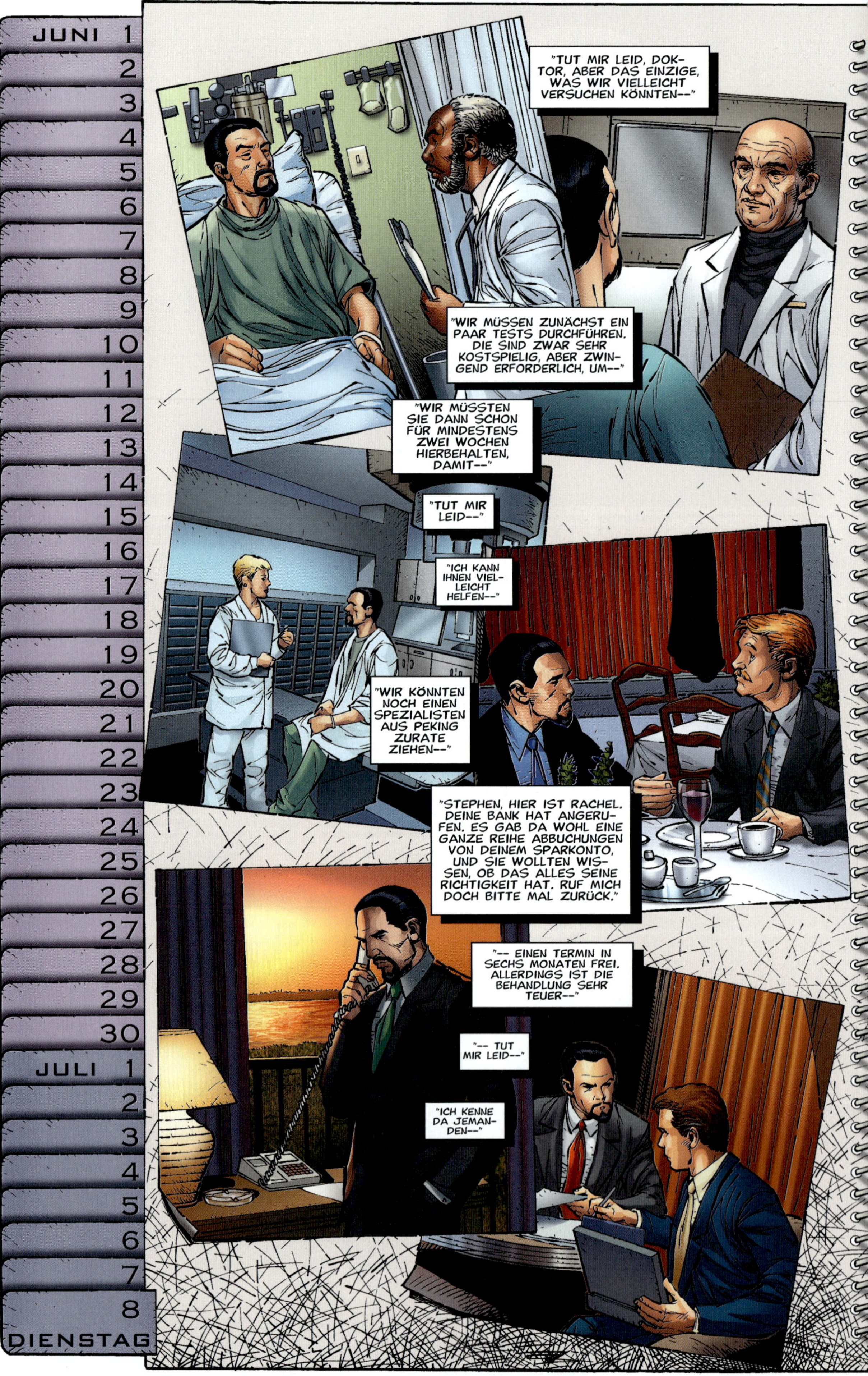
JUNI 1
2
3
4
5
6
7
8
9
10
11
12
13
14
15
16
17
18
19
20
21
22
23
24
25
26
27
28
29
30
JULI 1
2
3
4
5
6
7
8
DIENSTAG
"TUT MIR LEID, DOKTOR, ABER DAS EINZIGE, WAS WIR VIELLEICHT VERSUCHEN KÖNNTEN--"
"WIR MÜSSEN ZUNÄCHST EIN PAAR TESTS DURCHFÜHREN. DIE SIND ZWAR SEHR KOSTSPIELIG, ABER ZWINGEND ERFORDERLICH, UM--"
"WIR MÜSSTEN SIE DANN SCHON FÜR MINDESTENS ZWEI WOCHEN HIERBEHALTEN, DAMIT--"
"TUT MIR LEID--"
"ICH KANN IHNEN VIELLEICHT HELFEN--"
"WIR KÖNNTEN NOCH EINEN SPEZIALISTEN AUS PEKING ZURATE ZIEHEN--"
"STEPHEN, HIER IST RACHEL. DEINE BANK HAT ANGERUFEN. ES GAB DA WOHL EINE GANZE REIHE ABBUCHUNGEN VON DEINEM SPARKONTO, UND SIE WOLLTEN WISSEN, OB DAS ALLES SEINE RICHTIGKEIT HAT. RUF MICH DOCH BITTE MAL ZURÜCK."
"-- EINEN TERMIN IN SECHS MONATEN FREI. ALLERDINGS IST DIE BEHANDLUNG SEHR TEUER--"
"-- TUT MIR LEID--"
"ICH KENNE DA JEMANDEN--"

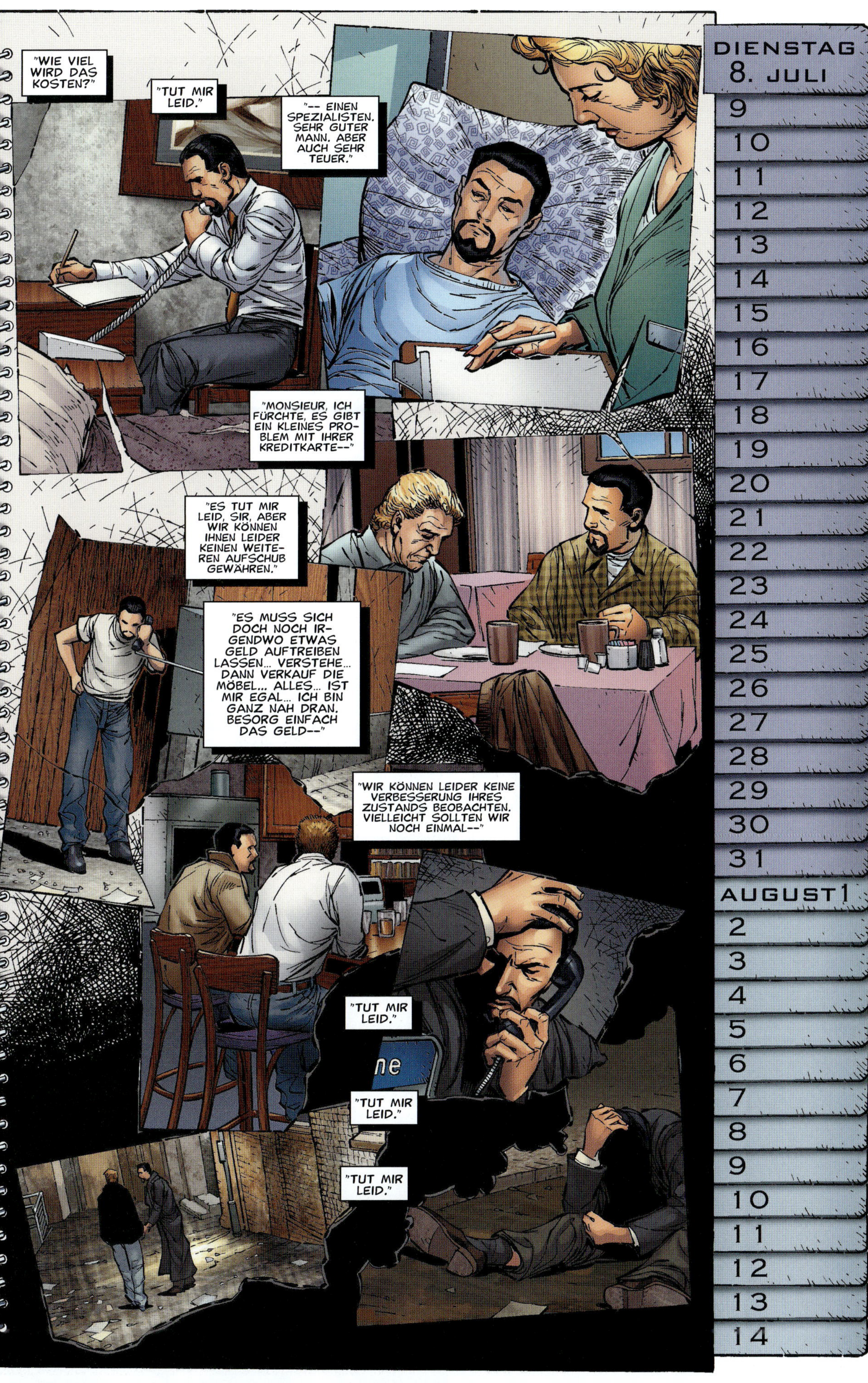
DIENSTAG
8. JULI
9
10
11
12
13
14
15
16
17
18
19
20
21
22
23
24
25
26
27
28
29
30
31
AUGUST 1
2
3
4
5
6
7
8
9
10
11
12
13
14
"WIE VIEL WIRD DAS KOSTEN?"
"TUT MIR LEID."
"-- EINEN SPEZIALISTEN. SEHR GUTER MANN. ABER AUCH SEHR TEUER."
"MONSIEUR, ICH FÜRCHTE, ES GIBT EIN KLEINES PROBLEM MIT IHRER KREDITKARTE--"
"ES TUT MIR LEID, SIR, ABER WIR KÖNNEN IHNEN LEIDER KEINEN WEITEREN AUFSCHUB GEWÄHREN."
"ES MUSS SICH DOCH NOCH IRGENDWO ETWAS GELD AUFTREIBEN LASSEN... VERSTEHE... DANN VERKAUF DIE MÖBEL... ALLES... IST MIR EGAL... ICH BIN GANZ NAH DRAN. BESORG EINFACH DAS GELD--"
"WIR KÖNNEN LEIDER KEINE VERBESSERUNG IHRES ZUSTANDS BEOBACHTEN. VIELLEICHT SOLLTEN WIR NOCH EINMAL--"
"TUT MIR LEID."
"TUT MIR LEID."
"TUT MIR LEID."

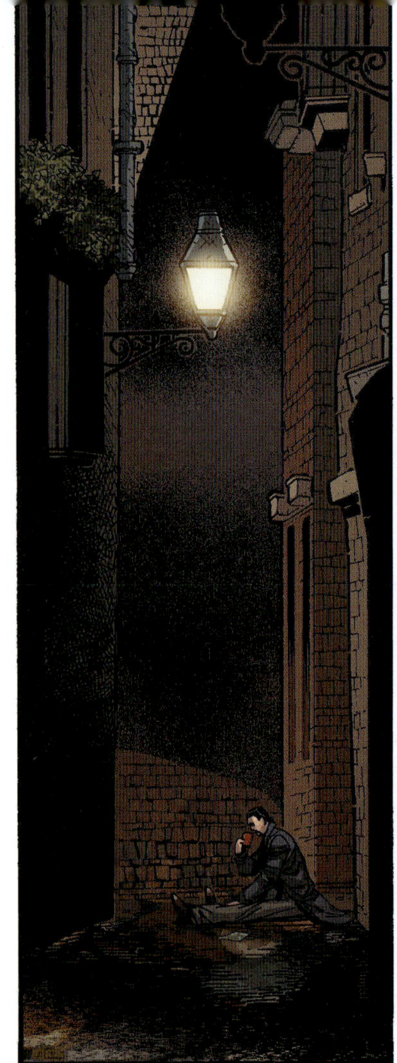
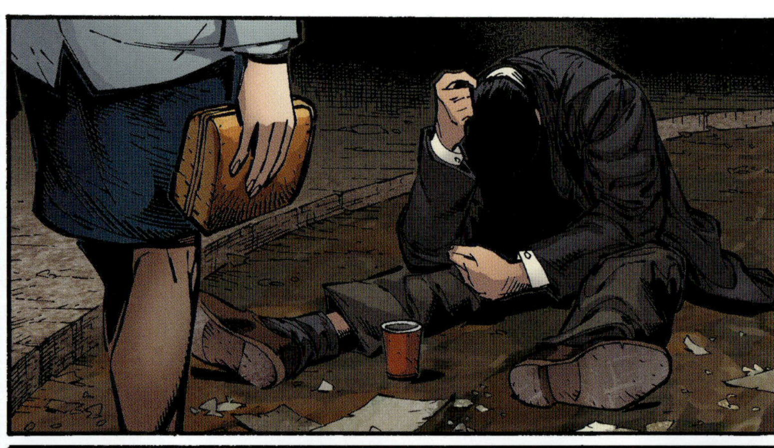
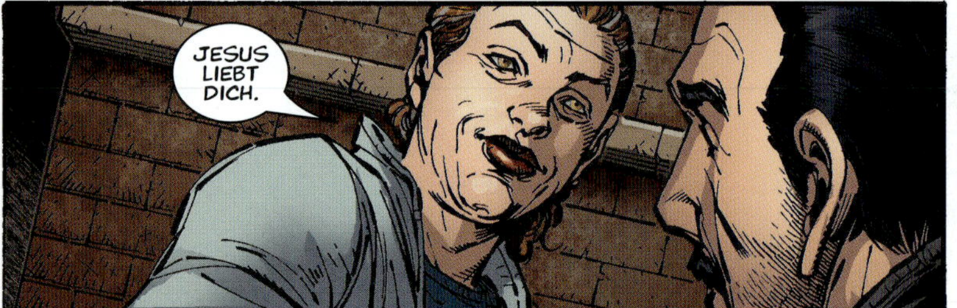
JESUS LIEBT DICH.
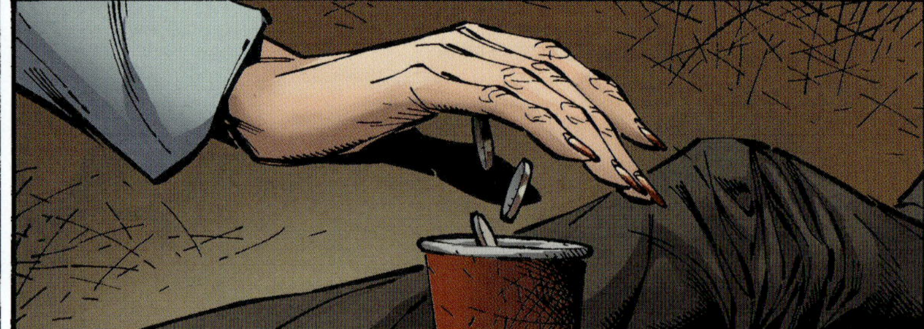
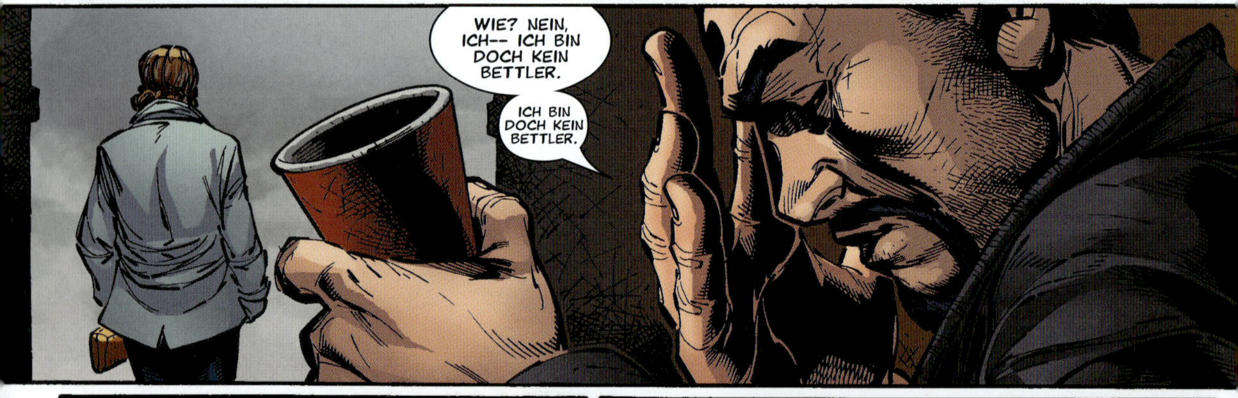
WIE? NEIN, ICH-- ICH BIN DOCH KEIN BETTLER.
ICH BIN DOCH KEIN BETTLER.
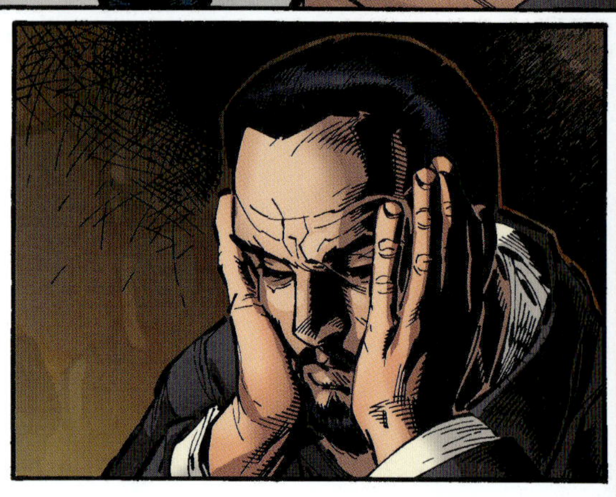
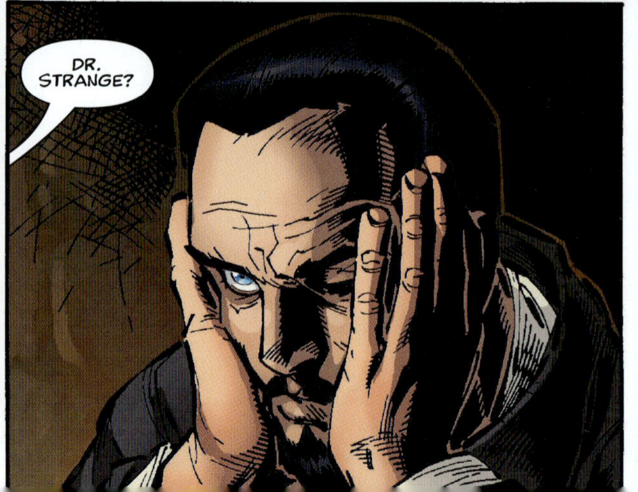
DR. STRANGE?

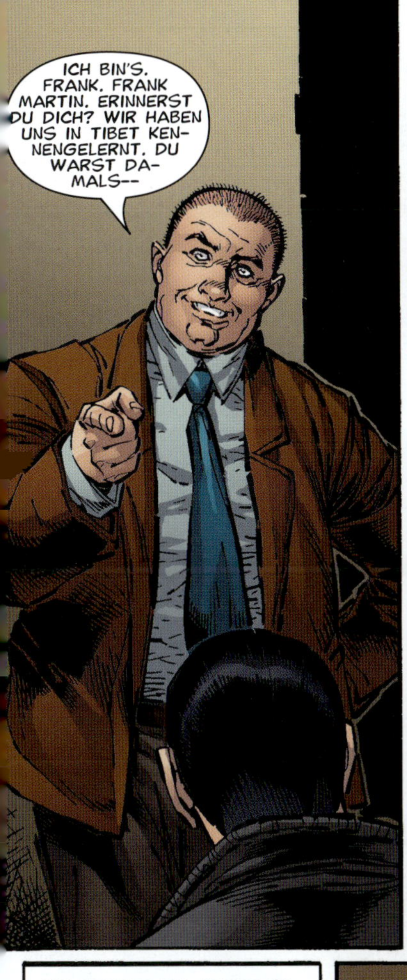
ICH BIN'S. FRANK. FRANK MARTIN. ERINNERST DU DICH? WIR HABEN UNS IN TIBET KENNENGELERNT. DU WARST DAMALS--

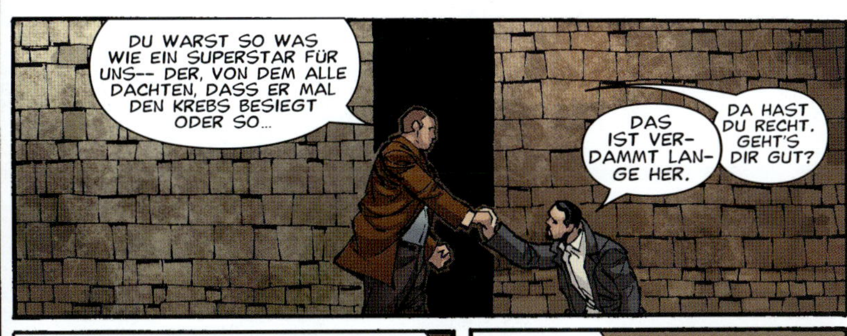
DU WARST SO WAS WIE EIN SUPERSTAR FÜR UNS-- DER, VON DEM ALLE DACHTEN, DASS ER MAL DEN KREBS BESIEGT ODER SO...
DAS IST VERDAMMT LANGE HER.
DA HAST DU RECHT. GEHT'S DIR GUT?

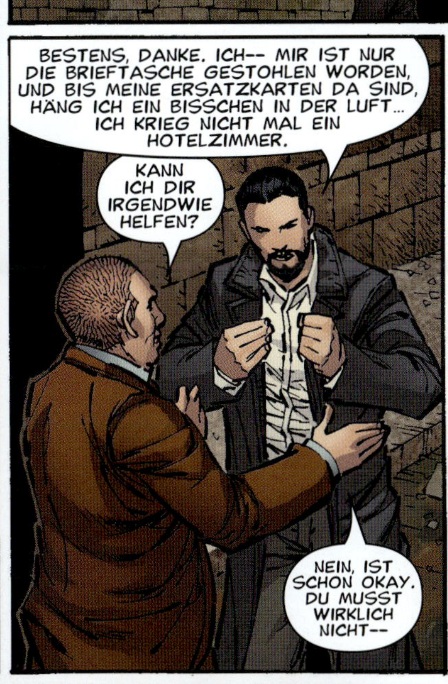
BESTENS, DANKE. ICH-- MIR IST NUR DIE BRIEFTASCHE GESTOHLEN WORDEN, UND BIS MEINE ERSATZKARTEN DA SIND, HÄNG ICH EIN BISSCHEN IN DER LUFT... ICH KRIEG NICHT MAL EIN HOTELZIMMER.
KANN ICH DIR IRGENDWIE HELFEN?
NEIN, IST SCHON OKAY. DU MUSST WIRKLICH NICHT--

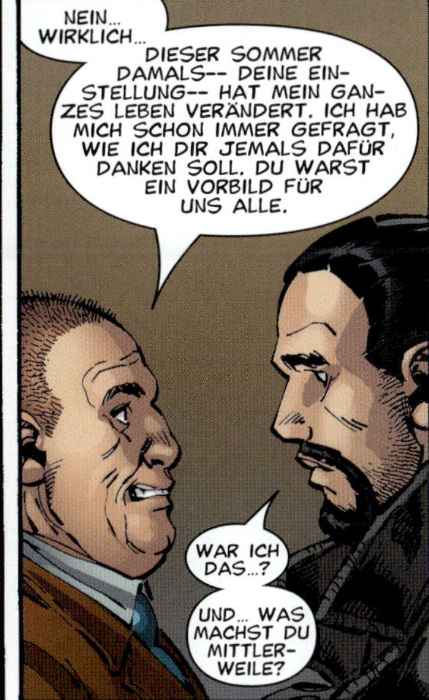
NEIN... WIRKLICH...
DIESER SOMMER DAMALS-- DEINE EINSTELLUNG-- HAT MEIN GANZES LEBEN VERÄNDERT. ICH HAB MICH SCHON IMMER GEFRAGT, WIE ICH DIR JEMALS DAFÜR DANKEN SOLL. DU WARST EIN VORBILD FÜR UNS ALLE.
WAR ICH DAS...?
UND... WAS MACHST DU MITTLERWEILE?

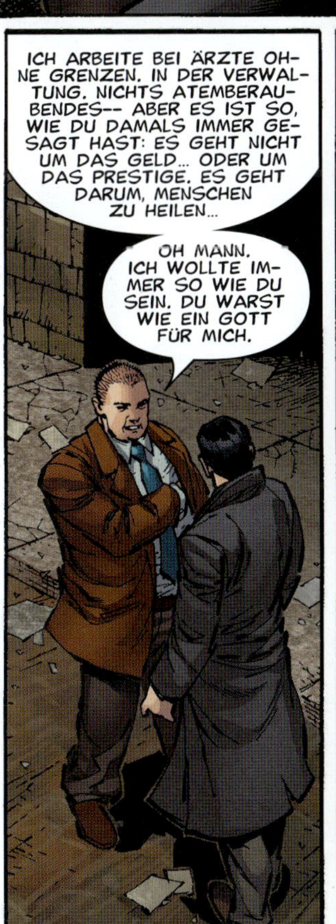
ICH ARBEITE BEI ÄRZTE OHNE GRENZEN. IN DER VERWALTUNG. NICHTS ATEMBERAUBENDES-- ABER ES IST SO, WIE DU DAMALS IMMER GESAGT HAST: ES GEHT NICHT UM DAS GELD... ODER UM DAS PRESTIGE. ES GEHT DARUM, MENSCHEN ZU HEILEN...
OH MANN. ICH WOLLTE IMMER SO WIE DU SEIN. DU WARST WIE EIN GOTT FÜR MICH.

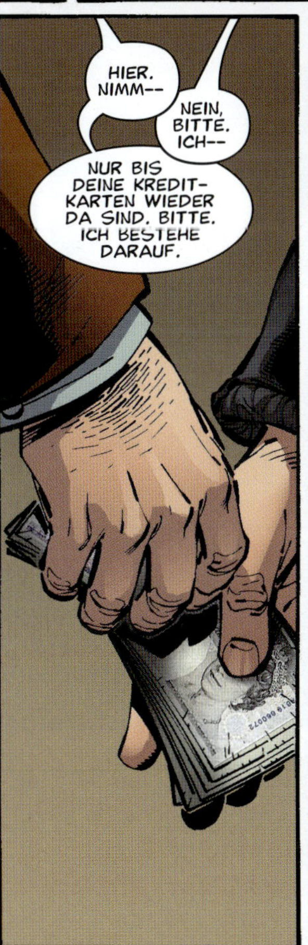
HIER. NIMM--
NEIN, BITTE. ICH--
NUR BIS DEINE KREDITKARTEN WIEDER DA SIND. BITTE. ICH BESTEHE DARAUF.

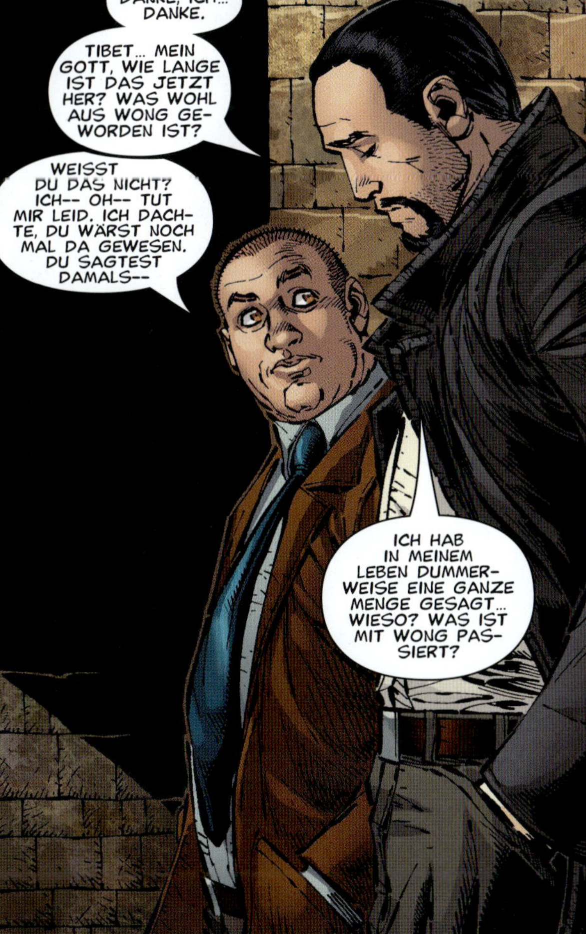
DANKE, ICH... DANKE.
TIBET... MEIN GOTT, WIE LANGE IST DAS JETZT HER? WAS WOHL AUS WONG GEWORDEN IST?
WEISST DU DAS NICHT? ICH-- OH-- TUT MIR LEID. ICH DACHTE, DU WÄRST NOCH MAL DA GEWESEN. DU SAGTEST DAMALS--
ICH HAB IN MEINEM LEBEN DUMMERWEISE EINE GANZE MENGE GESAGT... WIESO? WAS IST MIT WONG PASSIERT?

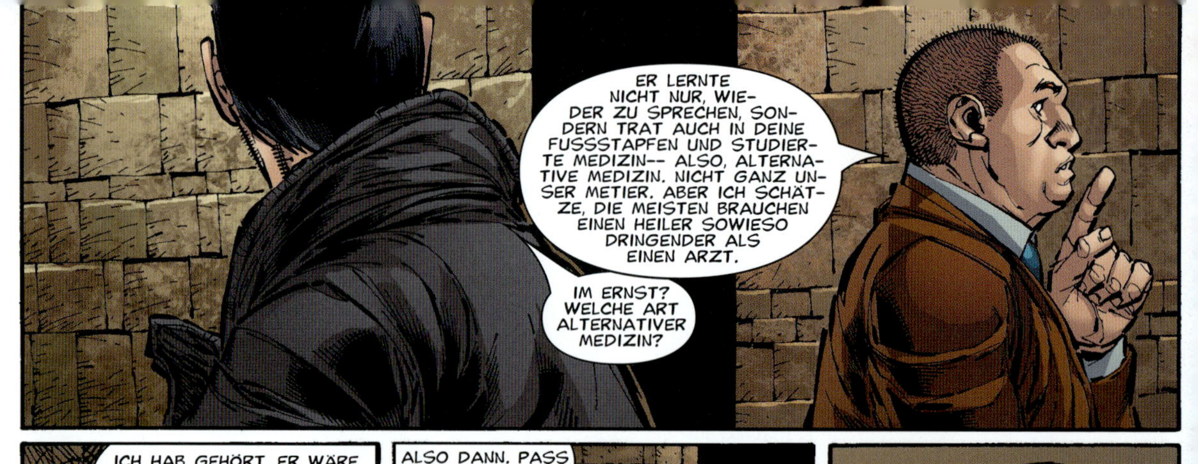
ER LERNTE NICHT NUR, WIEDER ZU SPRECHEN, SONDERN TRAT AUCH IN DEINE FUSSSTAPFEN UND STUDIERTE MEDIZIN-- ALSO, ALTERNATIVE MEDIZIN. NICHT GANZ UNSER METIER. ABER ICH SCHÄTZE, DIE MEISTEN BRAUCHEN EINEN HEILER SOWIESO DRINGENDER ALS EINEN ARZT.
IM ERNST? WELCHE ART ALTERNATIVER MEDIZIN?

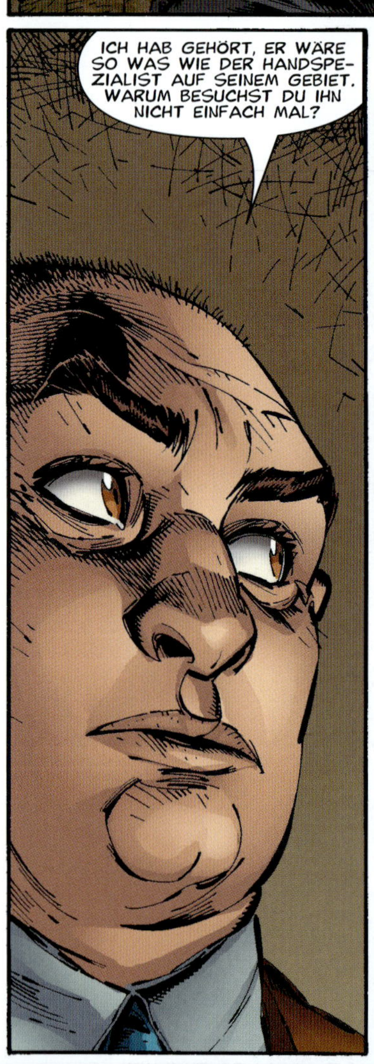
ICH HAB GEHÖRT, ER WÄRE SO WAS WIE DER HANDSPEZIALIST AUF SEINEM GEBIET. WARUM BESUCHST DU IHN NICHT EINFACH MAL?

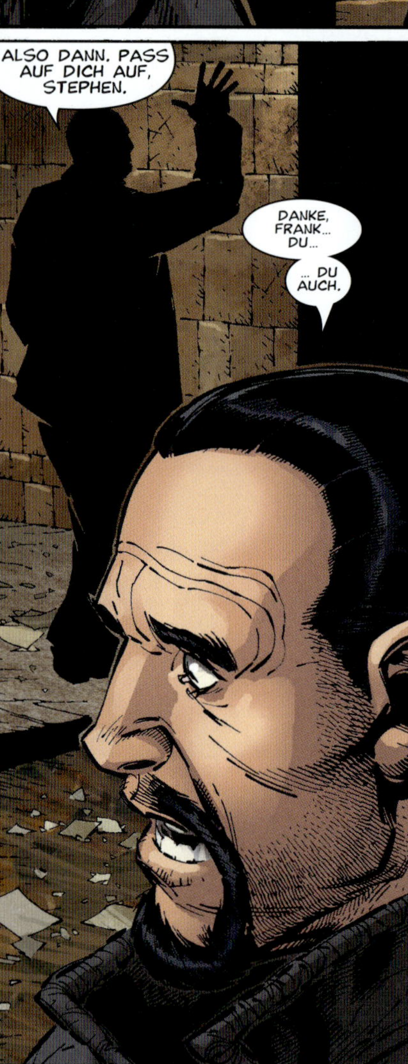
ALSO DANN. PASS AUF DICH AUF, STEPHEN.
DANKE, FRANK... DU...
... DU AUCH.

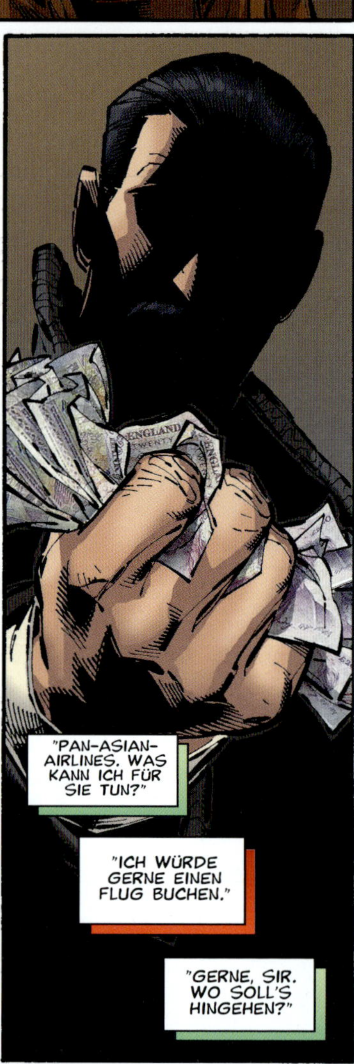
"PAN-ASIAN-AIRLINES. WAS KANN ICH FÜR SIE TUN?"
"ICH WÜRDE GERNE EINEN FLUG BUCHEN."
"GERNE, SIR. WO SOLL'S HINGEHEN?"

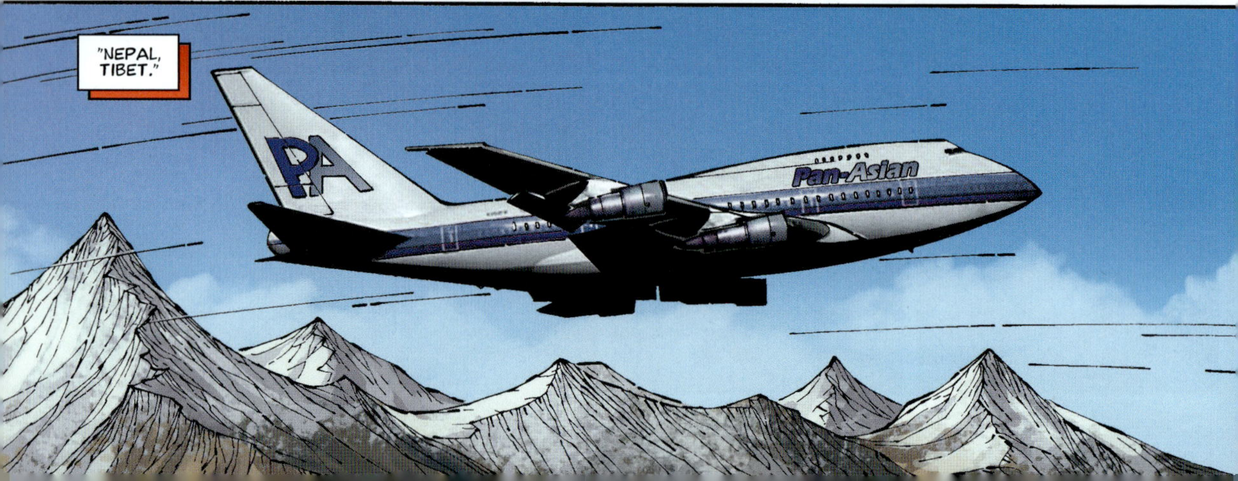
"NEPAL, TIBET."
PA
Pan-Asian

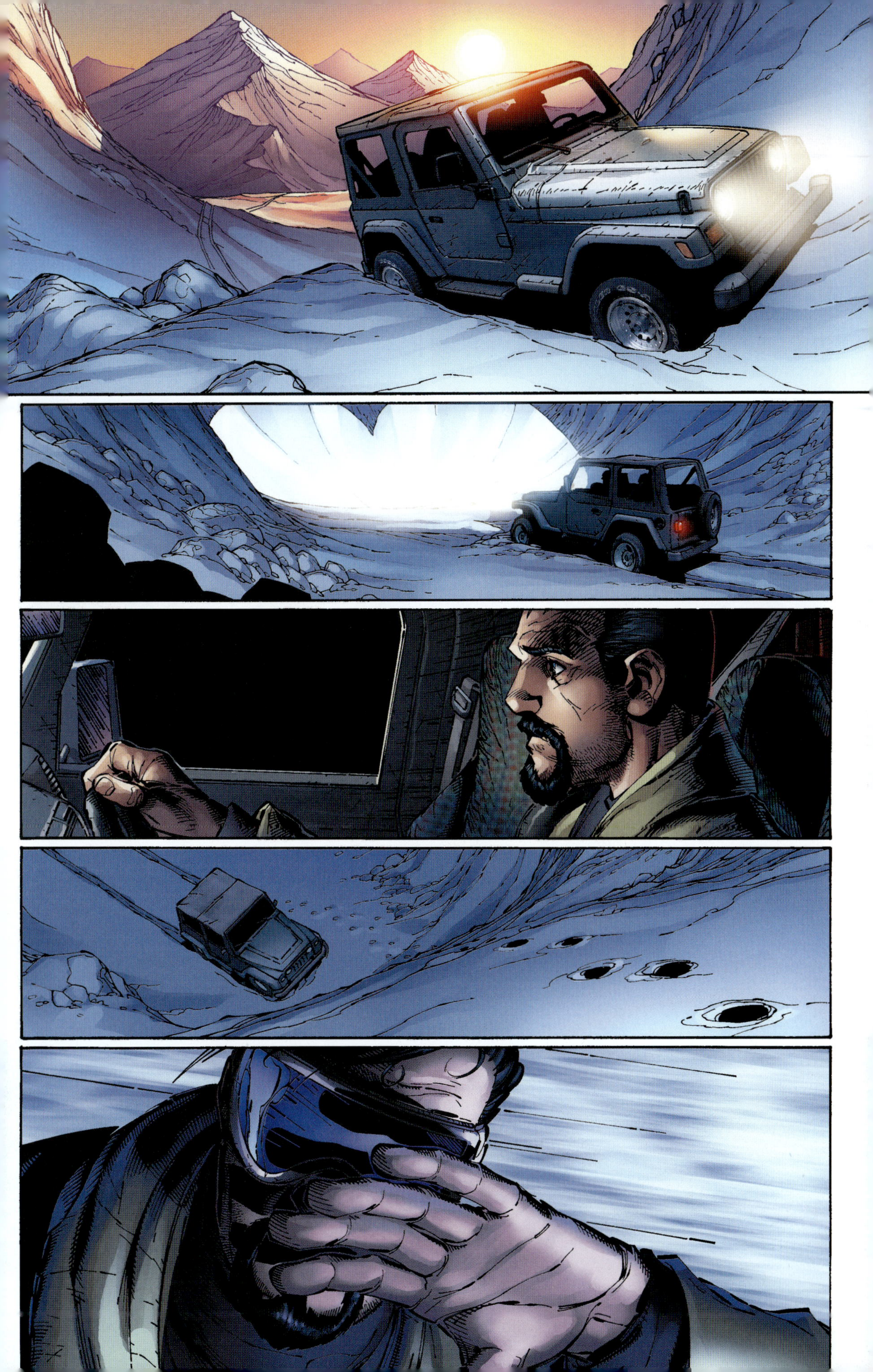

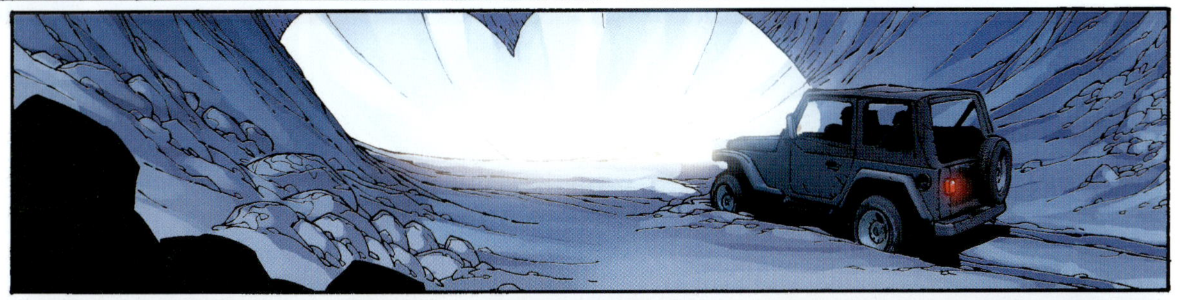

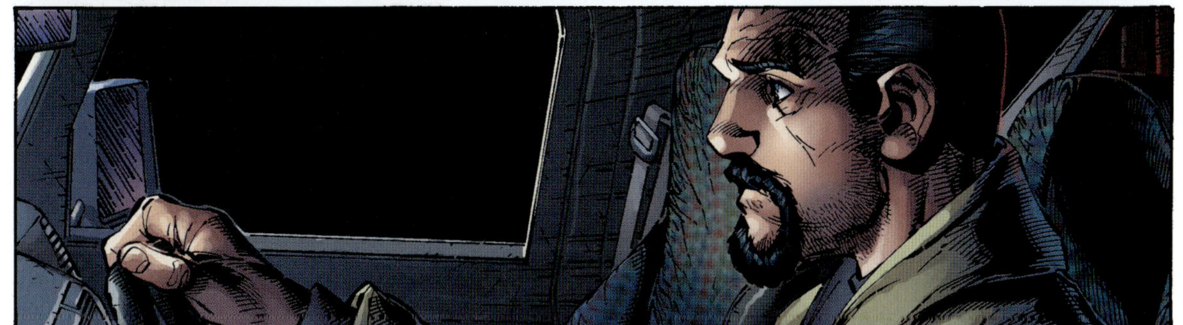

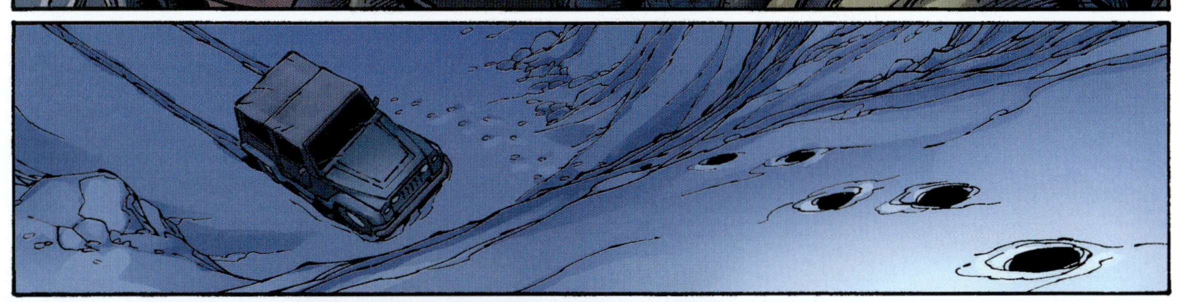

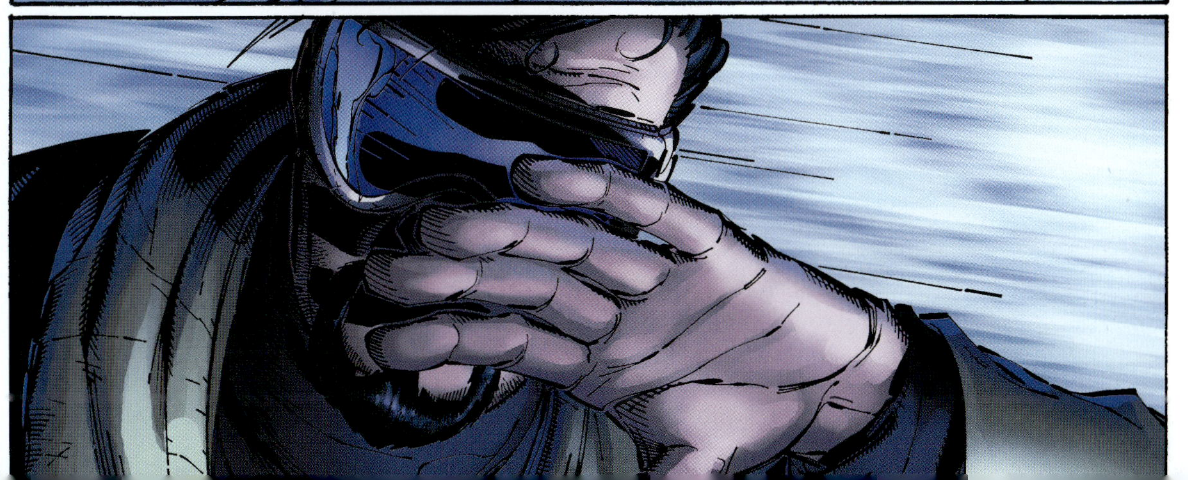

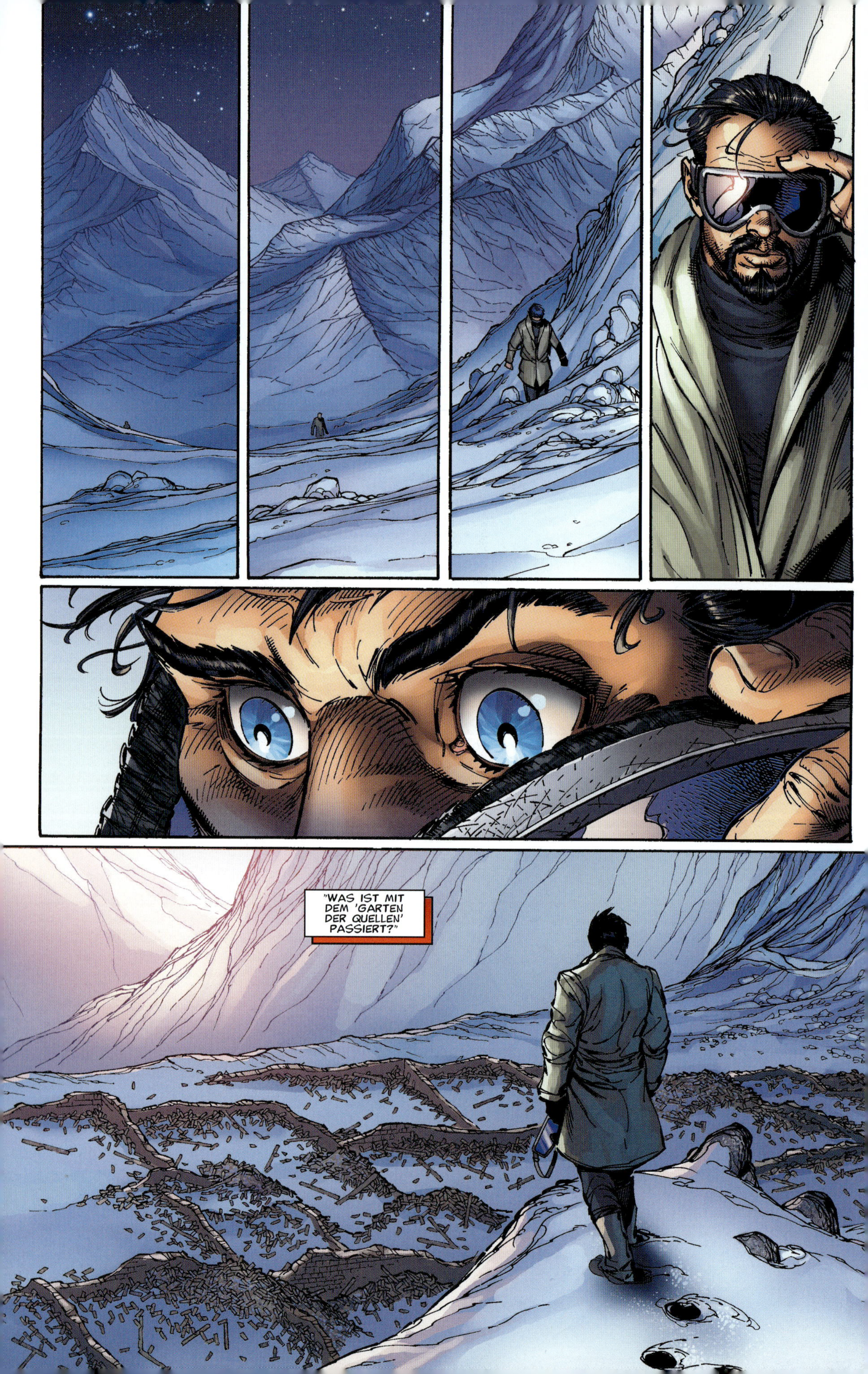

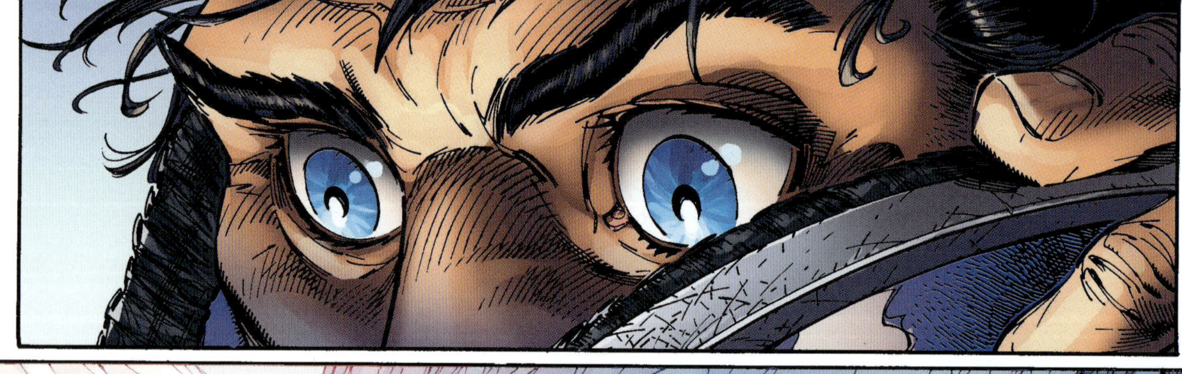
"WAS IST MIT
DEM 'GARTEN
DER QUELLEN'
PASSIERT?"

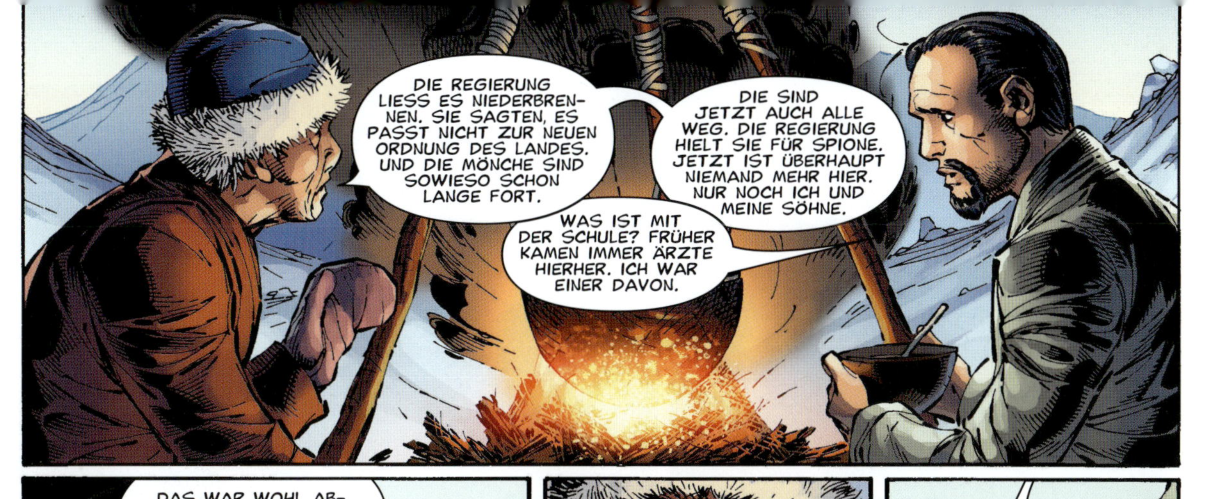
DIE REGIERUNG LIESS ES NIEDERBRENNEN. SIE SAGTEN, ES PASST NICHT ZUR NEUEN ORDNUNG DES LANDES. UND DIE MÖNCHE SIND SOWIESO SCHON LANGE FORT.
DIE SIND JETZT AUCH ALLE WEG. DIE REGIERUNG HIELT SIE FÜR SPIONE. JETZT IST ÜBERHAUPT NIEMAND MEHR HIER. NUR NOCH ICH UND MEINE SÖHNE.
WAS IST MIT DER SCHULE? FRÜHER KAMEN IMMER ÄRZTE HIERHER. ICH WAR EINER DAVON.

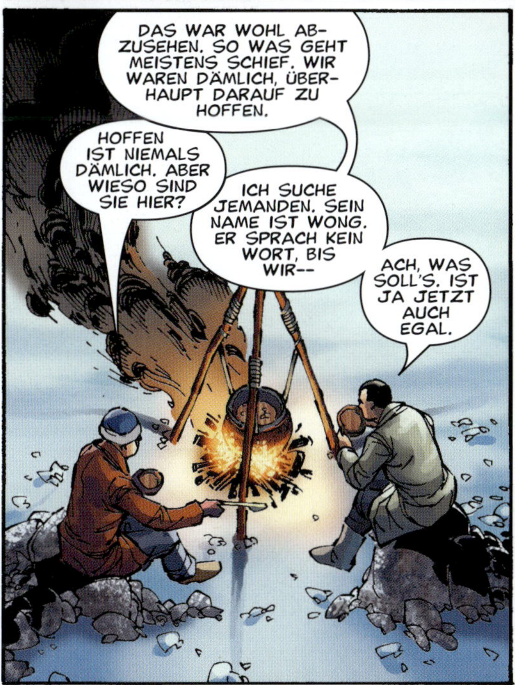
DAS WAR WOHL ABZUSEHEN. SO WAS GEHT MEISTENS SCHIEF. WIR WAREN DÄMLICH, ÜBERHAUPT DARAUF ZU HOFFEN.
HOFFEN IST NIEMALS DÄMLICH. ABER WIESO SIND SIE HIER?
ICH SUCHE JEMANDEN. SEIN NAME IST WONG. ER SPRACH KEIN WORT, BIS WIR--
ACH, WAS SOLL'S. IST JA JETZT AUCH EGAL.

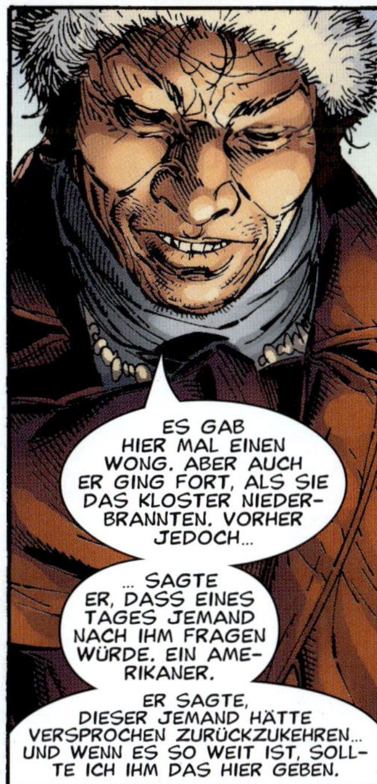
ES GAB HIER MAL EINEN WONG. ABER AUCH ER GING FORT, ALS SIE DAS KLOSTER NIEDERBRANNTEN. VORHER JEDOCH...
... SAGTE ER, DASS EINES TAGES JEMAND NACH IHM FRAGEN WÜRDE. EIN AMERIKANER.
ER SAGTE, DIESER JEMAND HÄTTE VERSPROCHEN ZURÜCKZUKEHREN... UND WENN ES SO WEIT IST, SOLLTE ICH IHM DAS HIER GEBEN.

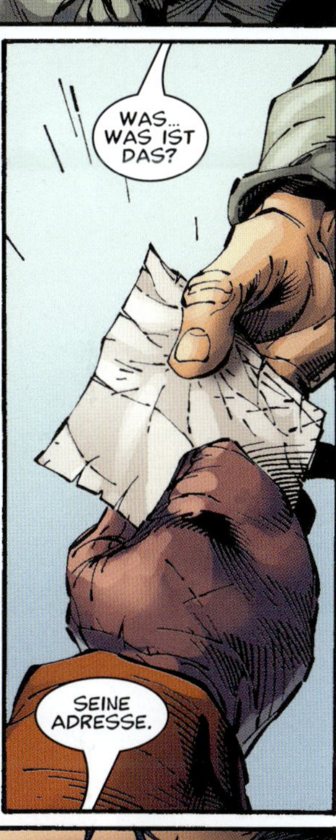
WAS... WAS IST DAS?
SEINE ADRESSE.

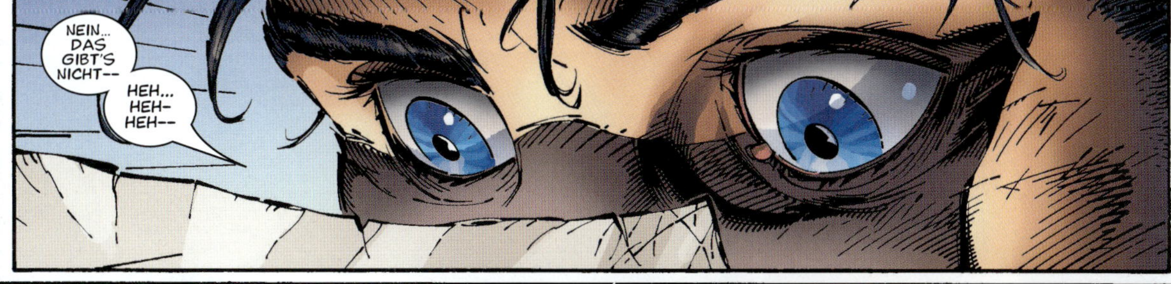
NEIN... DAS GIBT'S NICHT--
HEH... HEH-HEH--

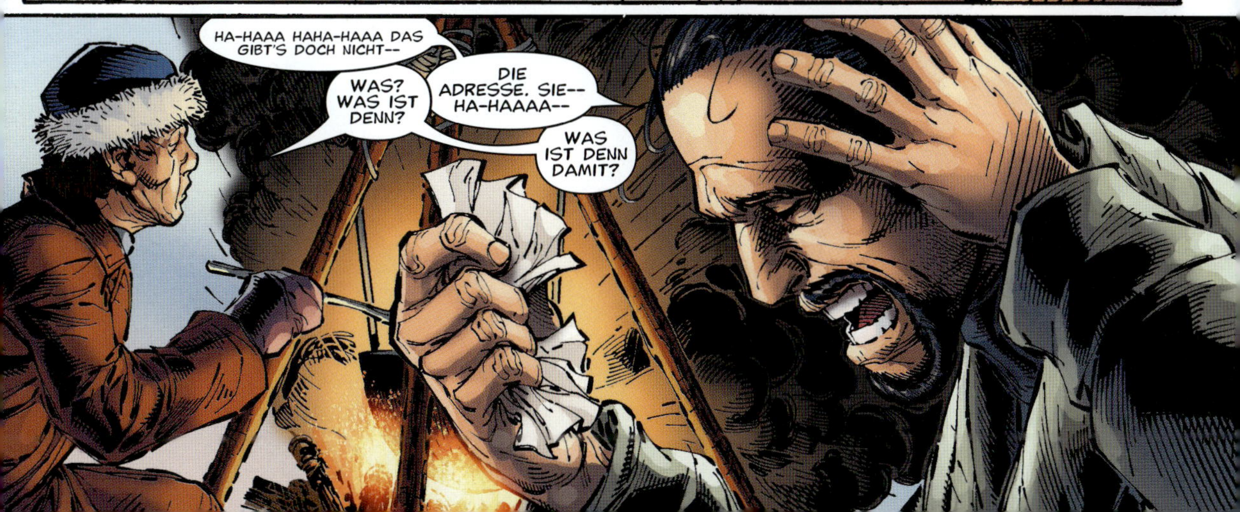
HA-HAAA HAHA-HAAA DAS GIBT'S DOCH NICHT--
WAS? WAS IST DENN?
DIE ADRESSE. SIE-- HA-HAAAA--
WAS IST DENN DAMIT?

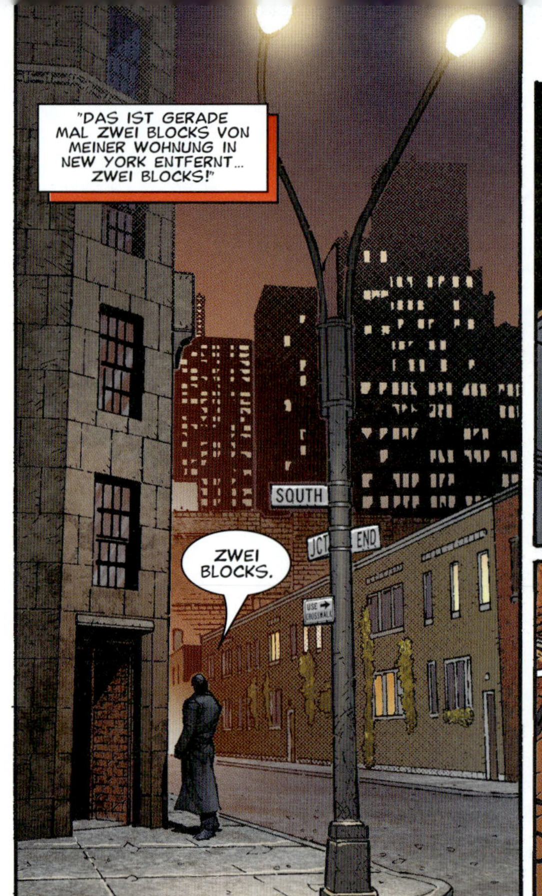
"DAS IST GERADE MAL ZWEI BLOCKS VON MEINER WOHNUNG IN NEW YORK ENTFERNT... ZWEI BLOCKS!"
SOUTH
END
ZWEI BLOCKS.

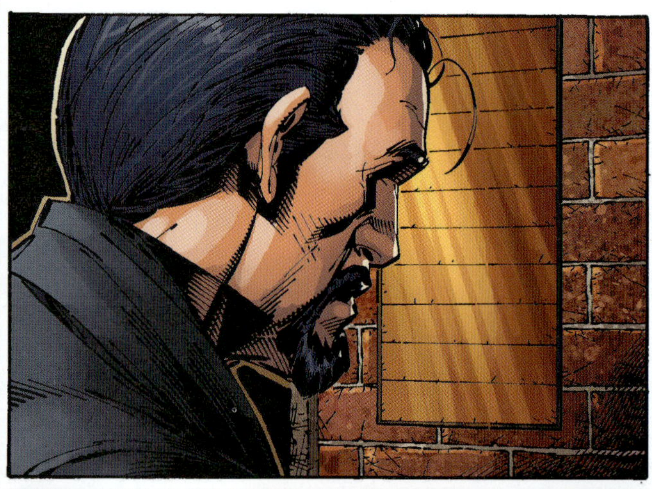

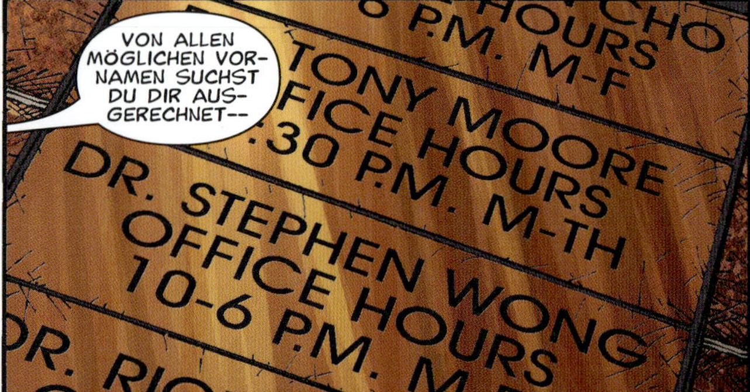
VON ALLEN MÖGLICHEN VORNAMEN SUCHST DU DIR AUSGERECHNET--
TONY MOORE
DR. STEPHEN WONG
OFFICE HOURS
10-6 P.M.

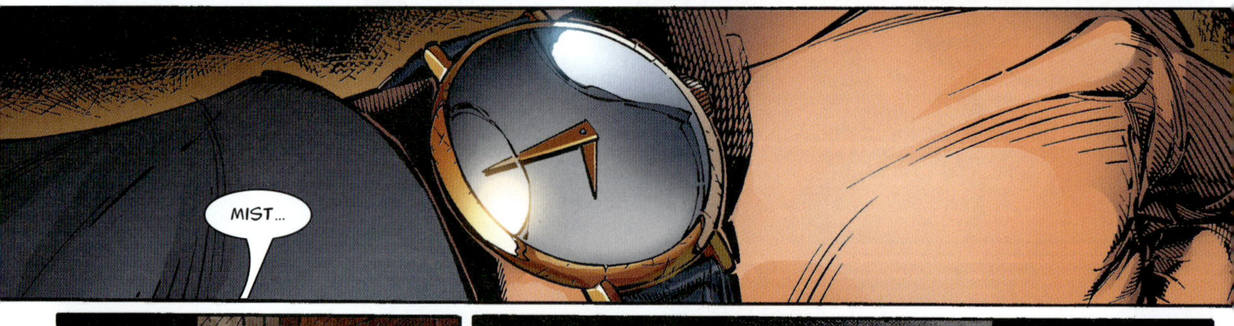
MIST...

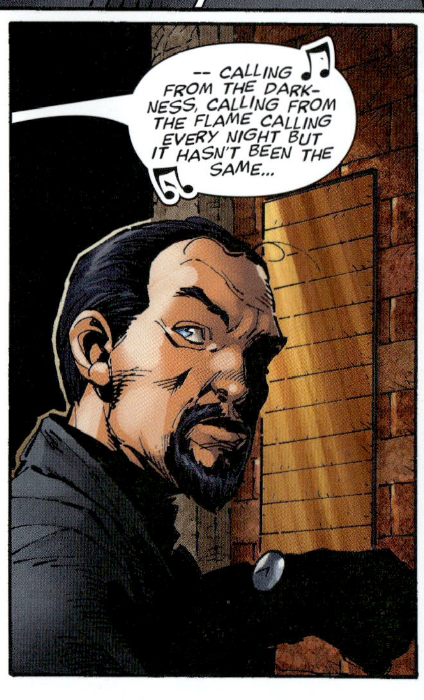
-- CALLING FROM THE DARKNESS, CALLING FROM THE FLAME CALLING EVERY NIGHT BUT IT HASN'T BEEN THE SAME...

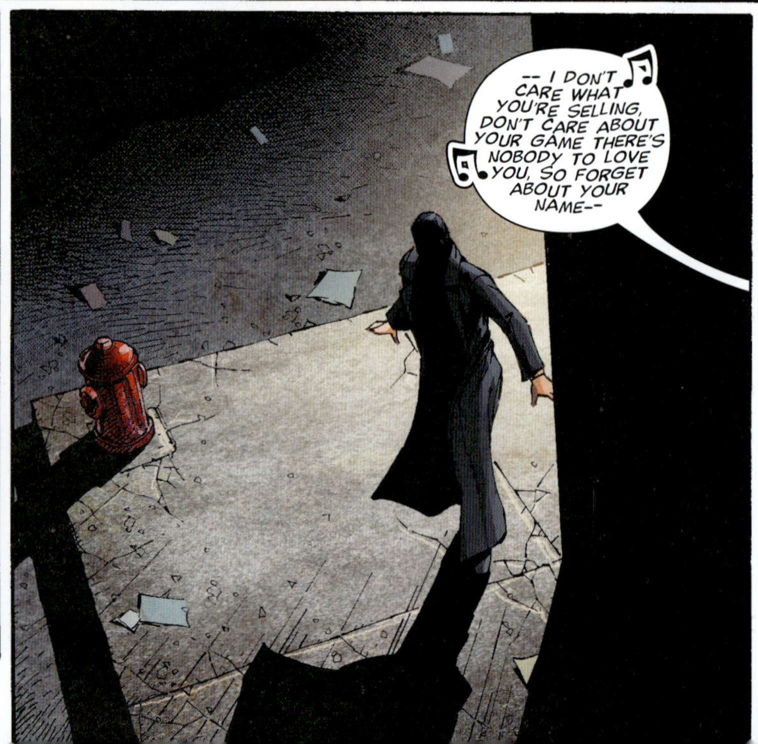
-- I DON'T CARE WHAT YOU'RE SELLING, DON'T CARE ABOUT YOUR GAME THERE'S NOBODY TO LOVE YOU, SO FORGET ABOUT YOUR NAME--

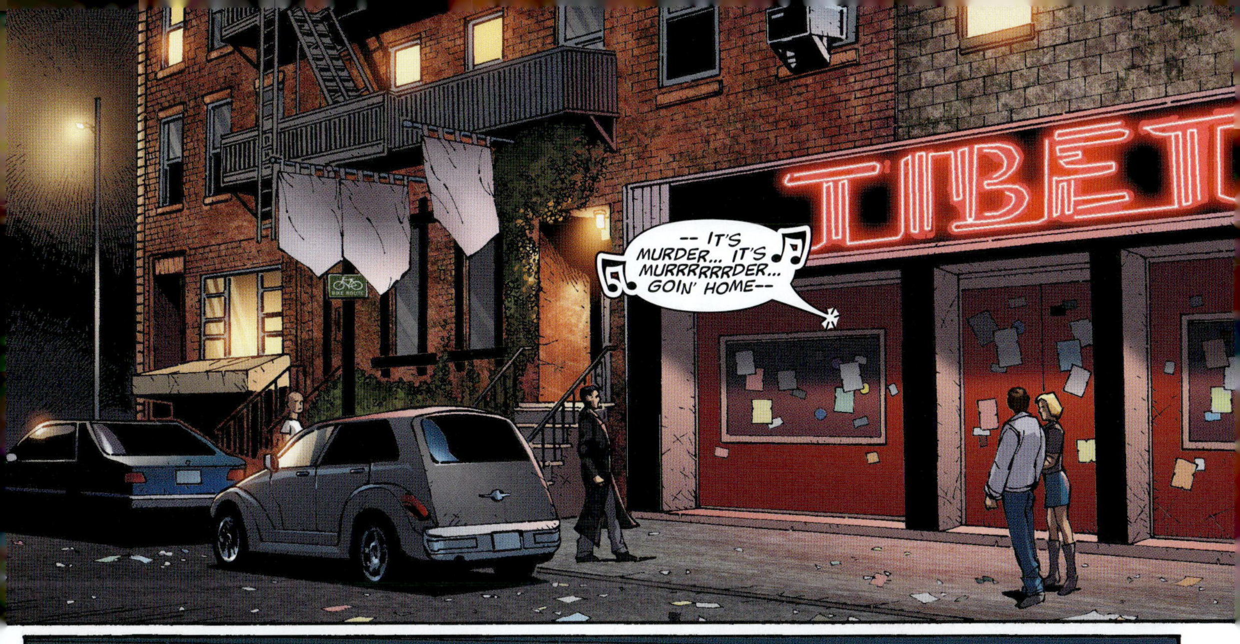
TIBET
-- IT'S MURDER... IT'S MURRRRRRDER... GOIN' HOME--

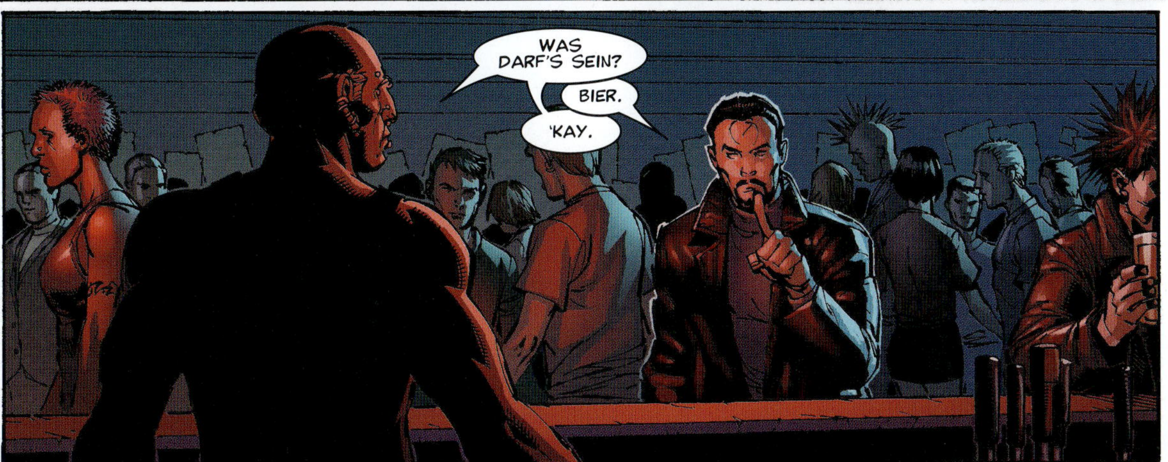
WAS DARF'S SEIN?
BIER.
'KAY.

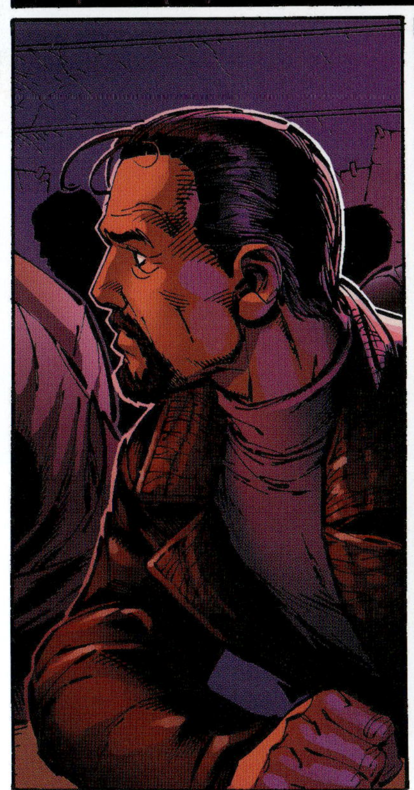

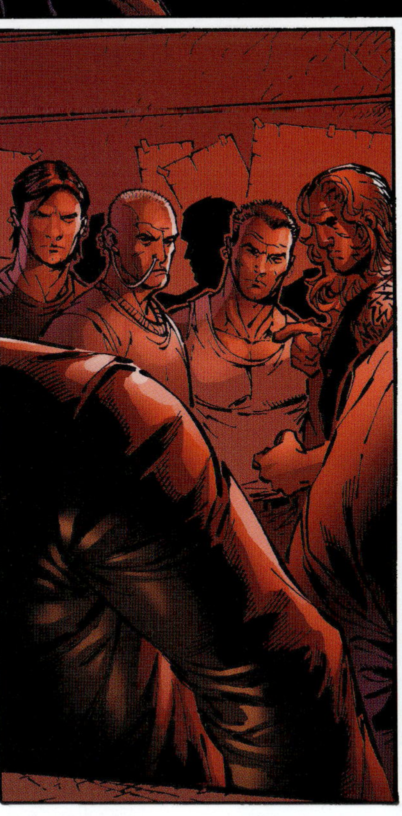

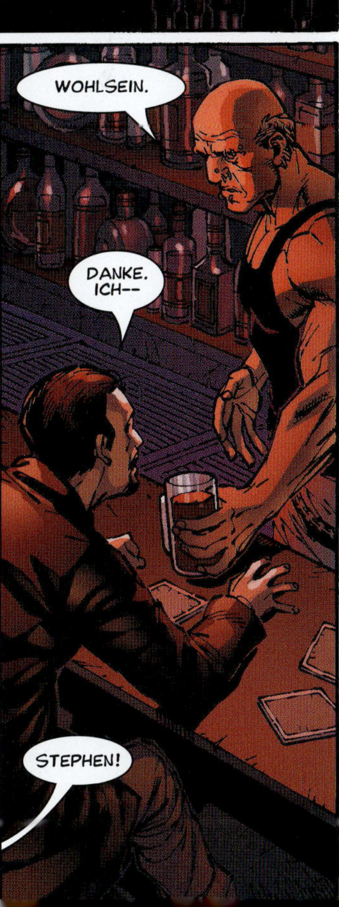
WOHLSEIN.
DANKE. ICH--
STEPHEN!

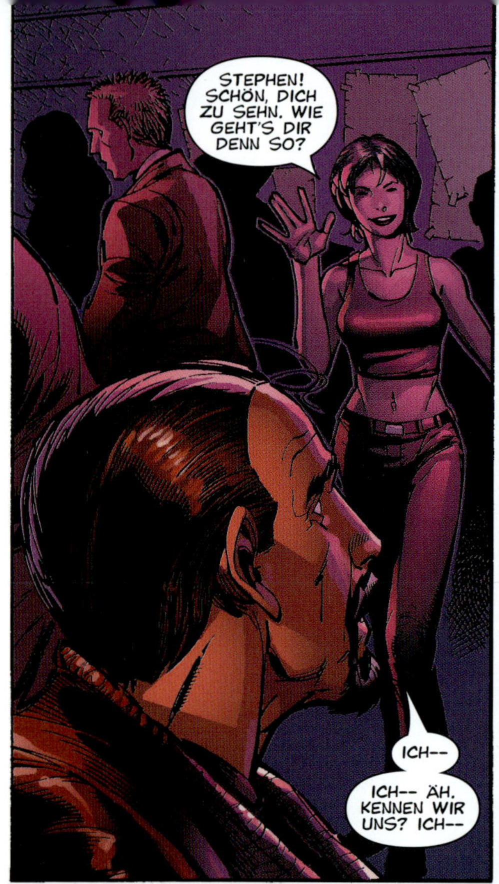
STEPHEN! SCHÖN, DICH ZU SEHN. WIE GEHT'S DIR DENN SO?
ICH--
ICH-- ÄH. KENNEN WIR UNS? ICH--

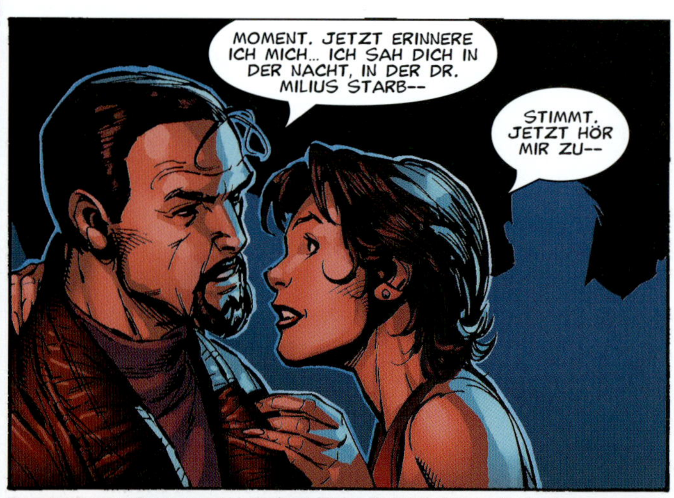
MOMENT. JETZT ERINNERE ICH MICH... ICH SAH DICH IN DER NACHT, IN DER DR. MILIUS STARB--
STIMMT. JETZT HÖR MIR ZU--

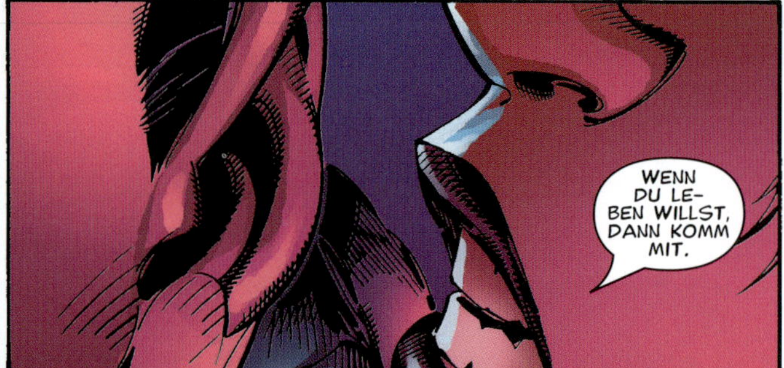
WENN DU LEBEN WILLST, DANN KOMM MIT.

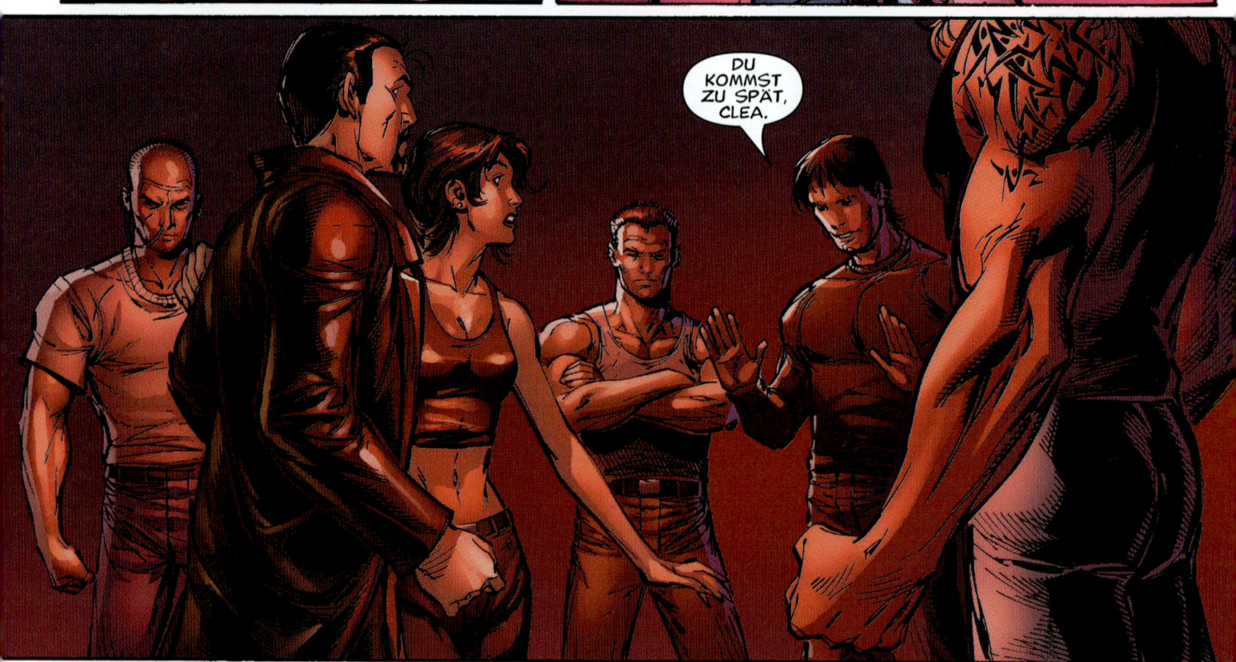
DU KOMMST ZU SPÄT, CLEA.

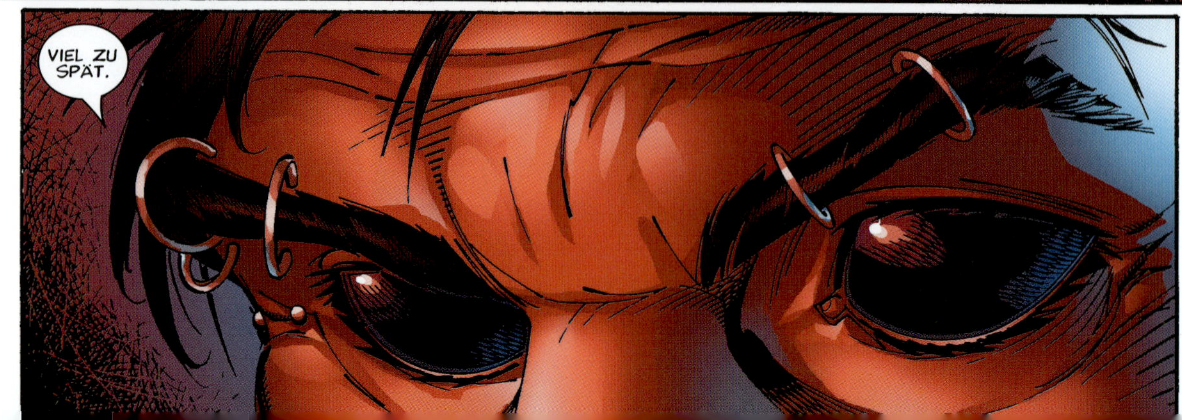
VIEL ZU SPÄT.

ANFANG UND ENDE, TEIL 3

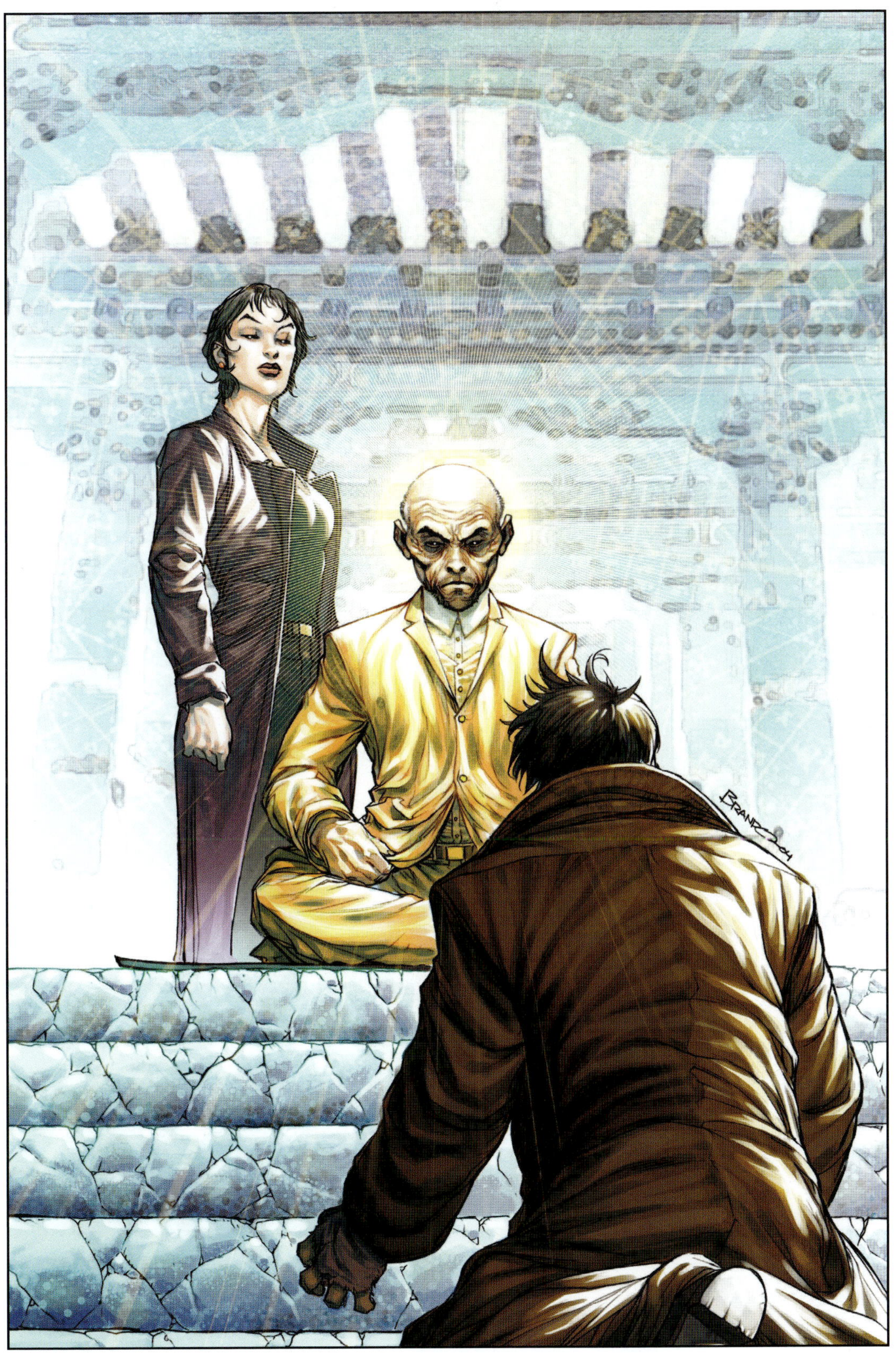

Strange (2004) 3
Cover von **BRANDON PETERSON**

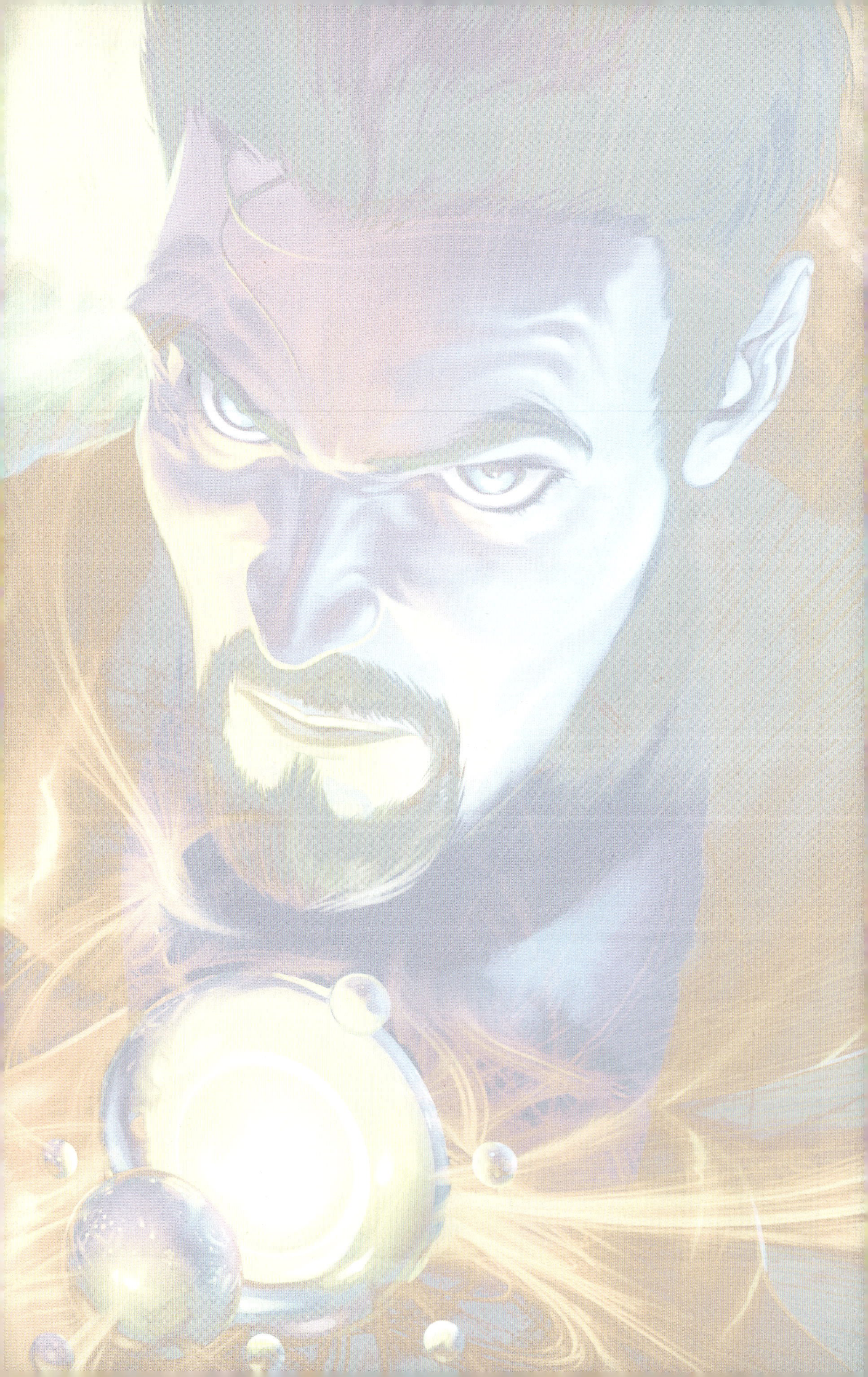

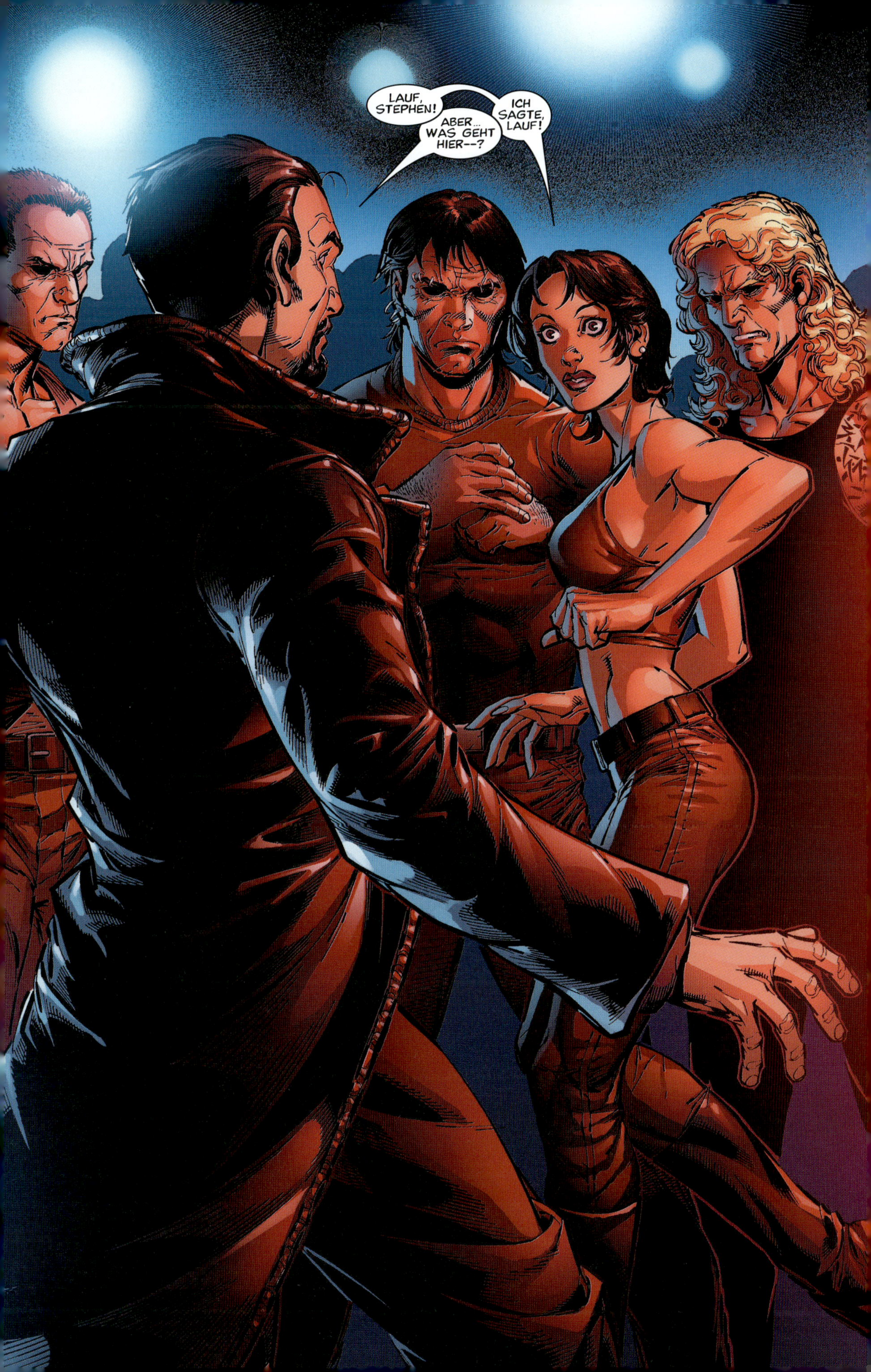
LAUF, STEPHEN!
ABER... WAS GEHT HIER--?
ICH SAGTE, LAUF!

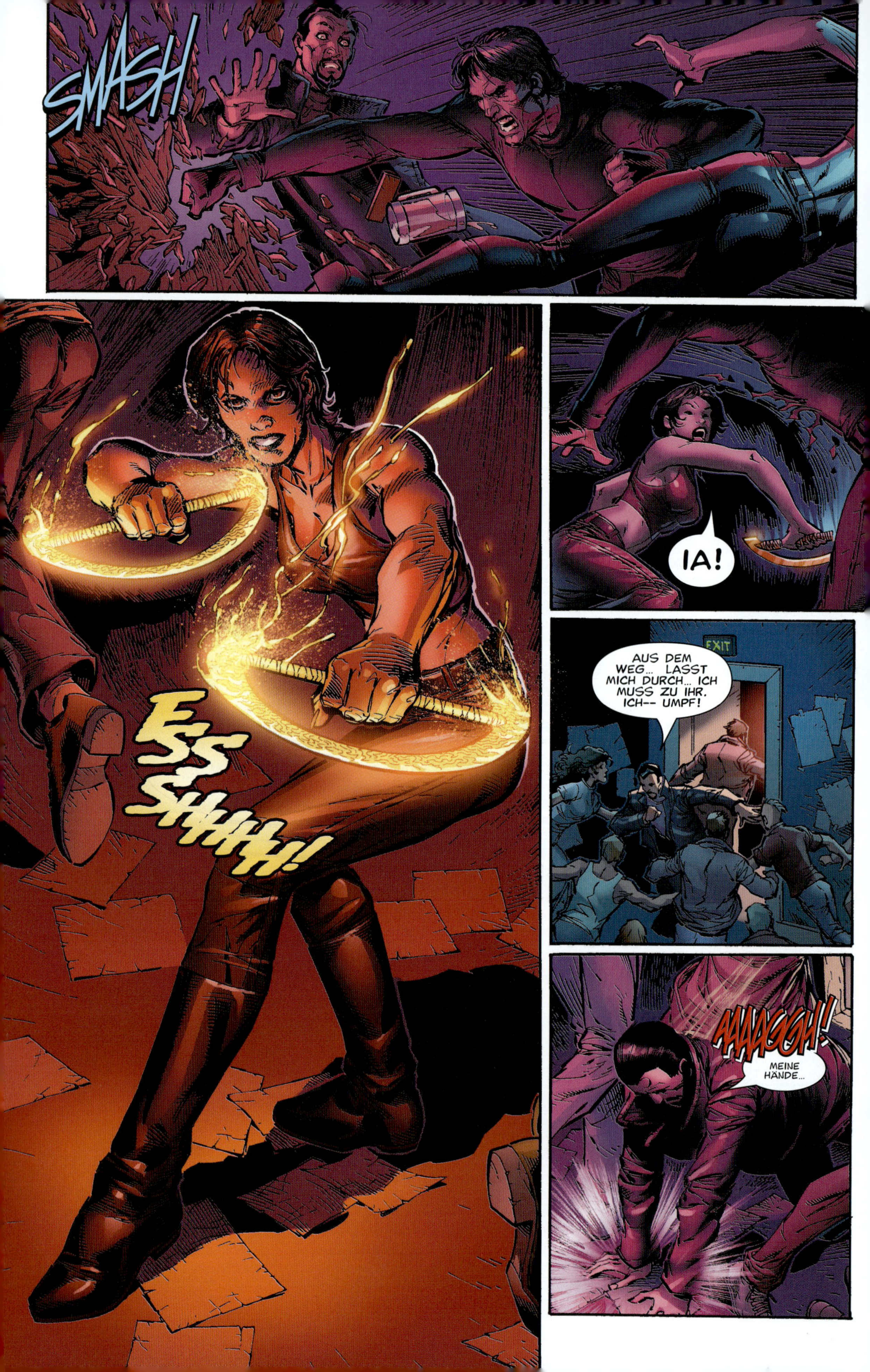

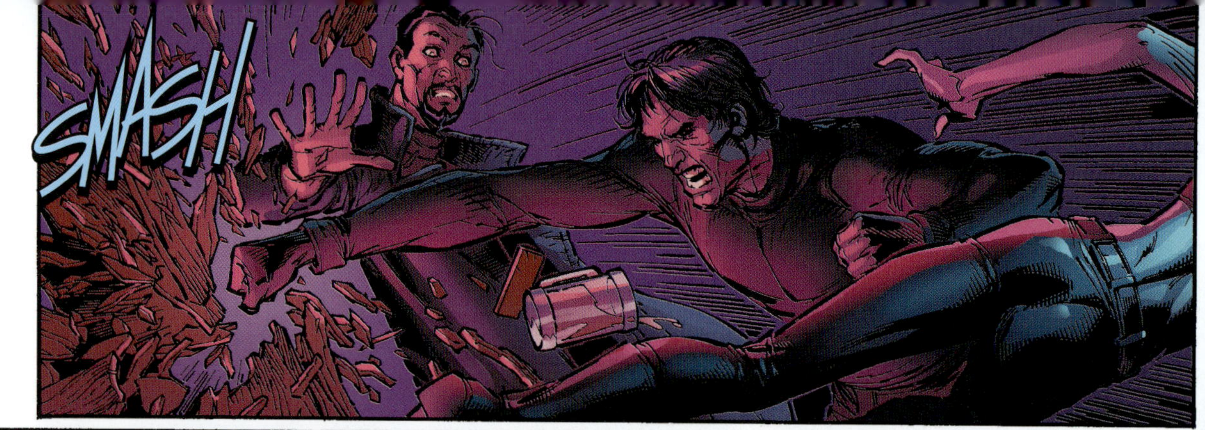
SMASH

ESSSHHHH!

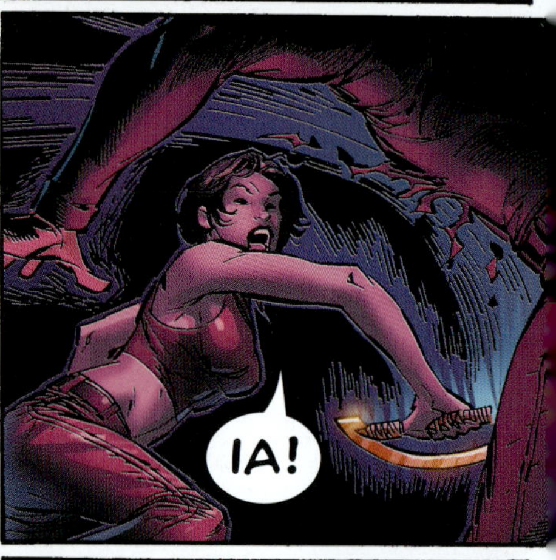
IA!

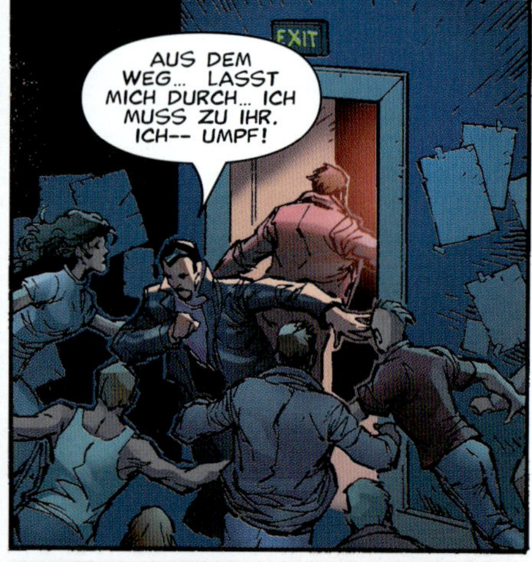
EXIT
AUS DEM WEG... LASST MICH DURCH... ICH MUSS ZU IHR. ICH-- UMPF!

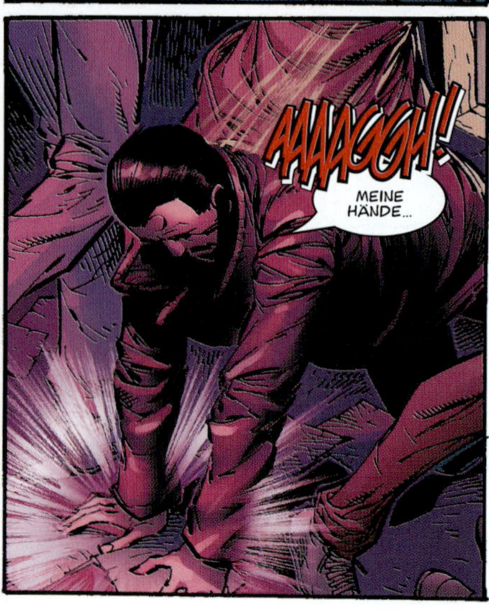
AAAAGGH!
MEINE HÄNDE...

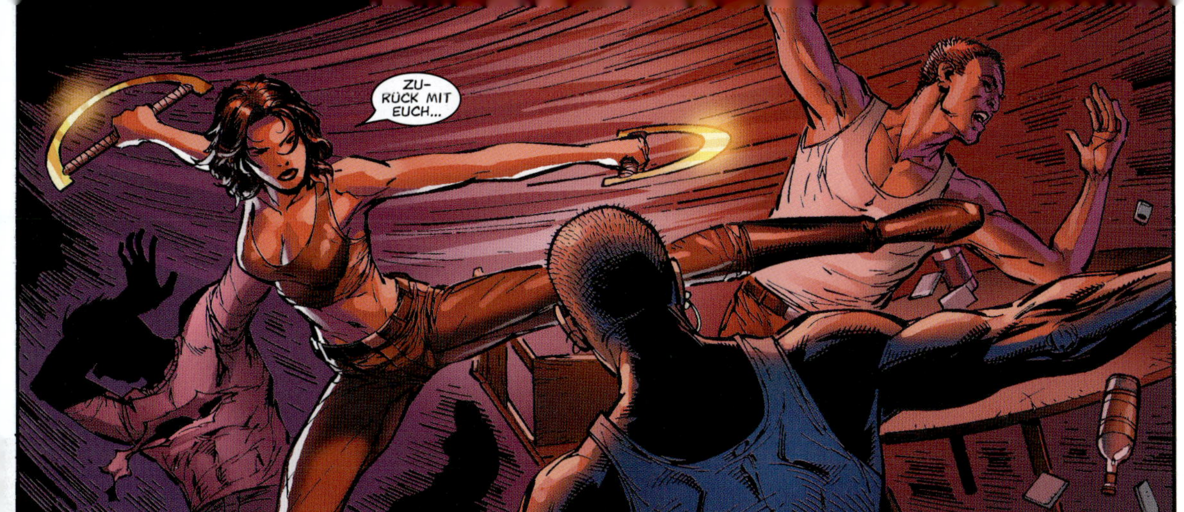
ZU-
RÜCK MIT
EUCH...

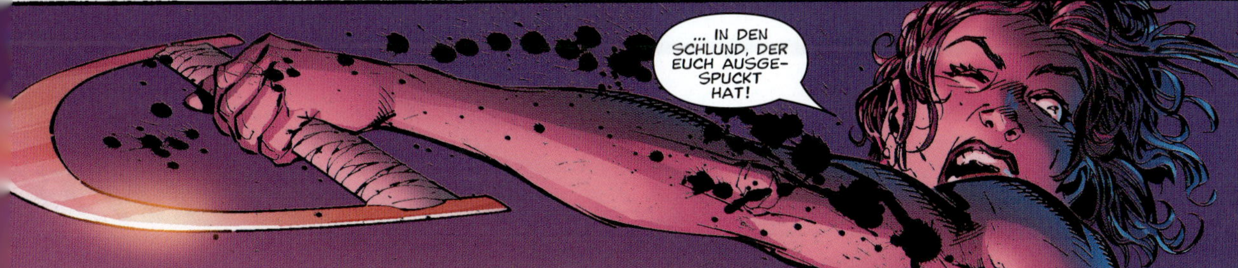
... IN DEN
SCHLUND, DER
EUCH AUSGE-
SPUCKT
HAT!

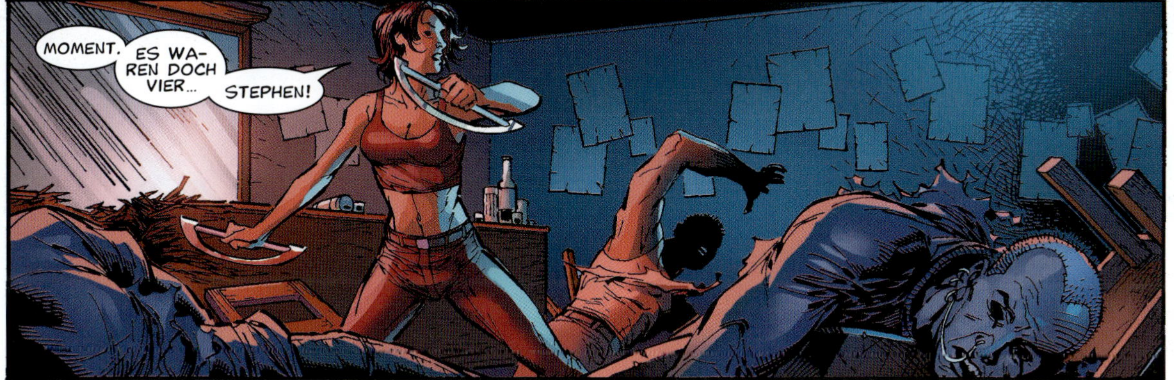
MOMENT.
ES WA-
REN DOCH
VIER...
STEPHEN!

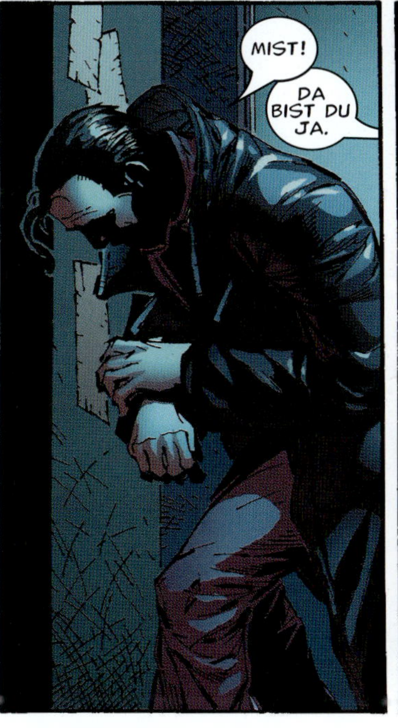
MIST!
DA
BIST DU
JA.

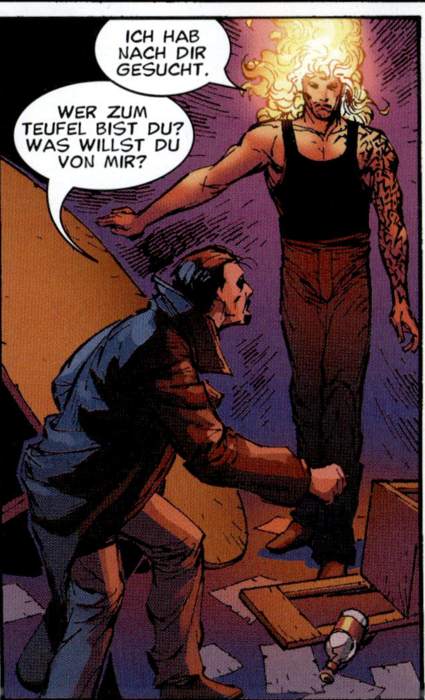
ICH HAB
NACH DIR
GESUCHT.
WER ZUM
TEUFEL BIST DU?
WAS WILLST DU
VON MIR?

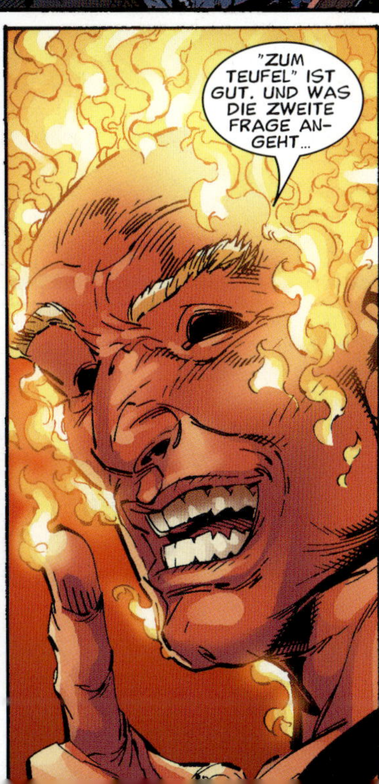
"ZUM
TEUFEL" IST
GUT. UND WAS
DIE ZWEITE
FRAGE AN-
GEHT...

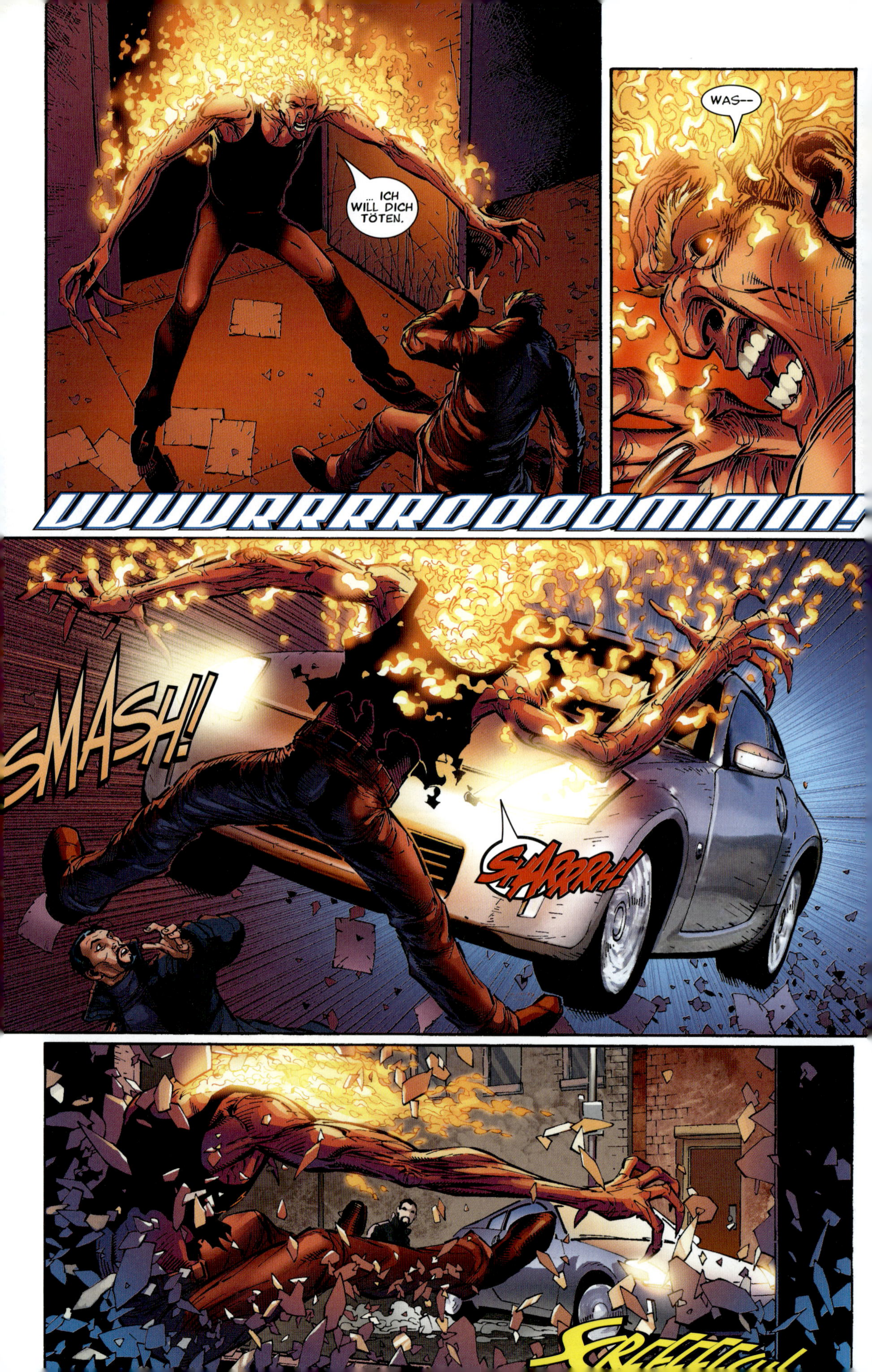

... ICH WILL DICH TÖTEN.

WAS--

VVVVRRRROOOOOMMMM!

SMASH!!

SHARRRH!

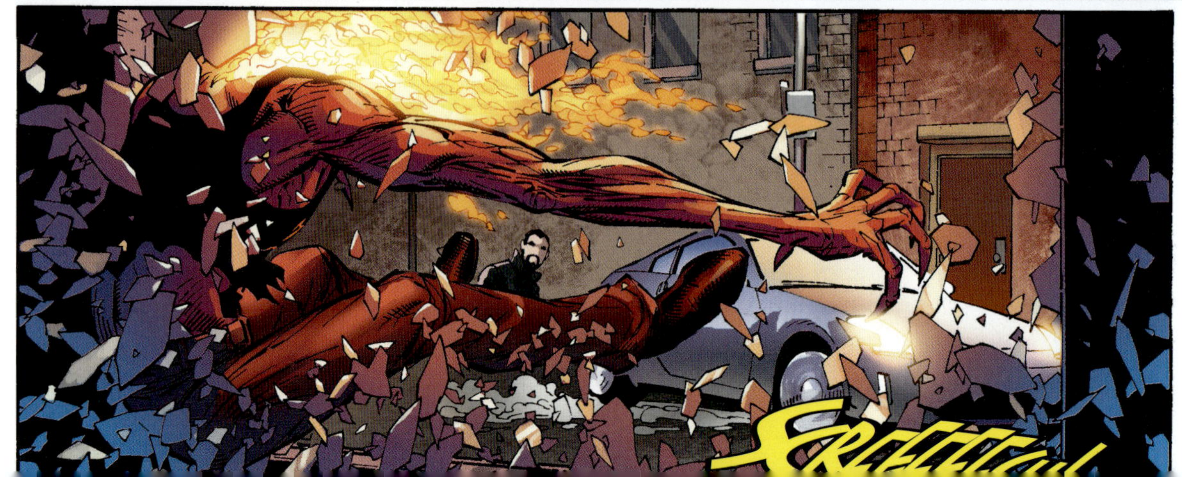

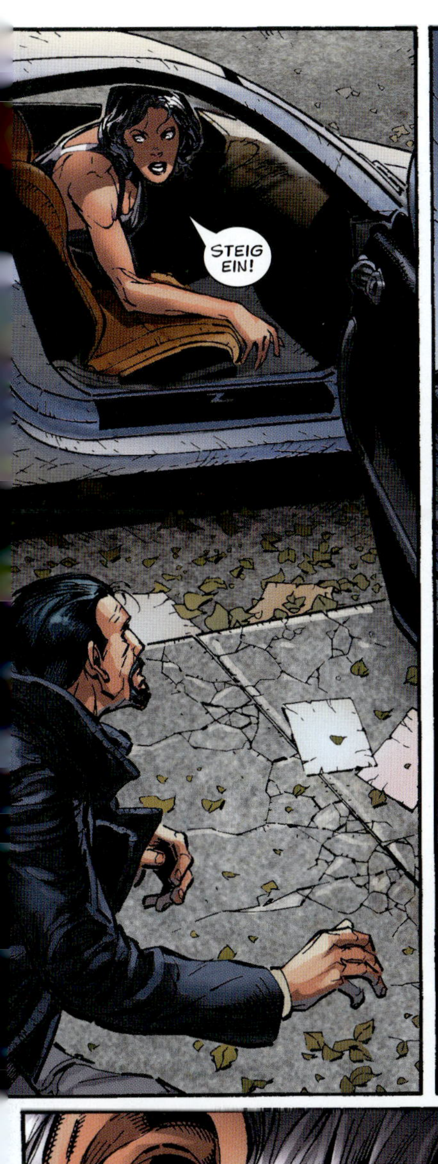
STEIG EIN!

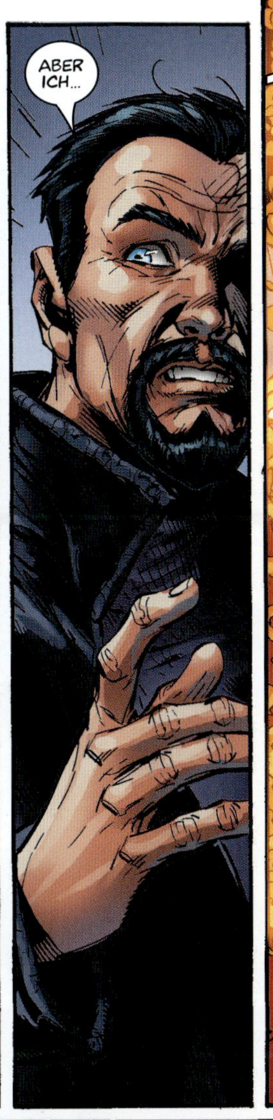
ABER ICH...

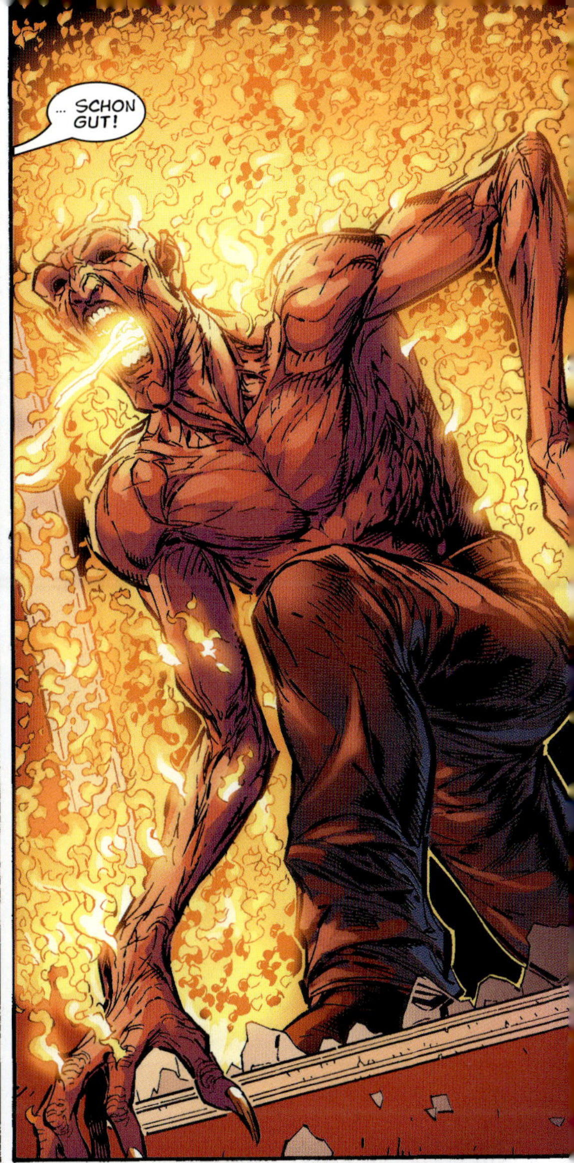
... SCHON GUT!

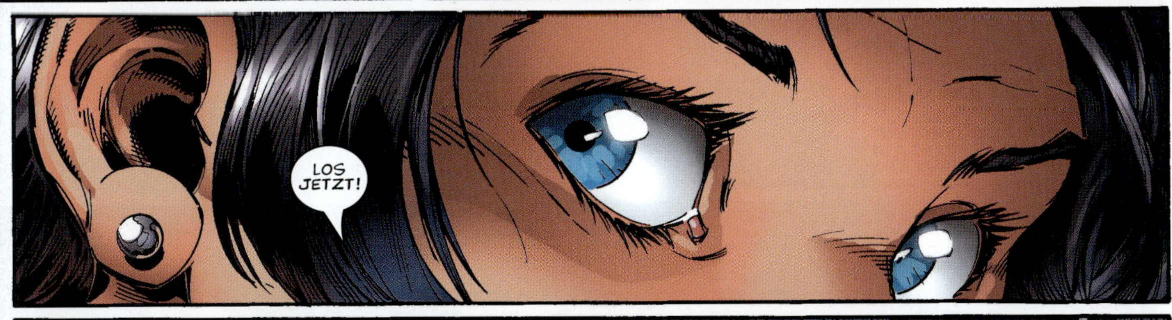
LOS JETZT!

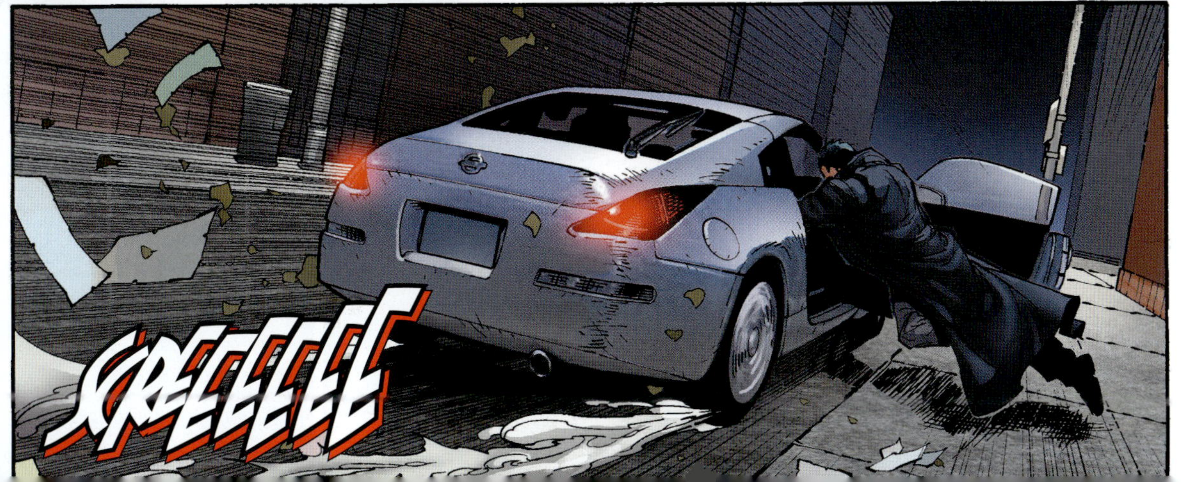
SCREEEEEE

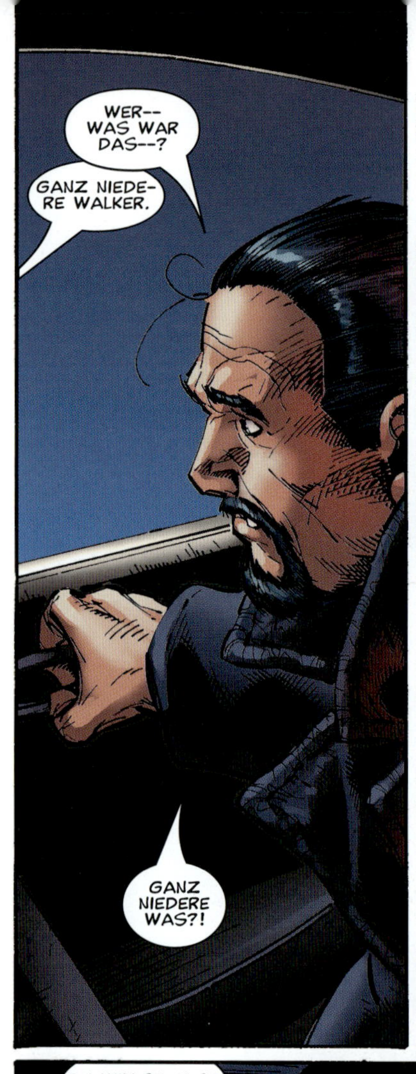
WER-- WAS WAR DAS--?
GANZ NIEDERE WALKER.
GANZ NIEDERE WAS?!

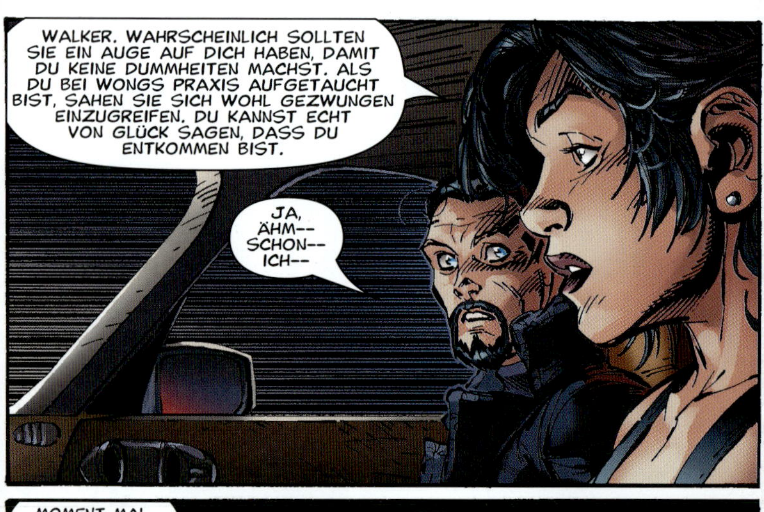
WALKER. WAHRSCHEINLICH SOLLTEN SIE EIN AUGE AUF DICH HABEN, DAMIT DU KEINE DUMMHEITEN MACHST. ALS DU BEI WONGS PRAXIS AUFGETAUCHT BIST, SAHEN SIE SICH WOHL GEZWUNGEN EINZUGREIFEN. DU KANNST ECHT VON GLÜCK SAGEN, DASS DU ENTKOMMEN BIST.
JA, ÄHM-- SCHON-- ICH--

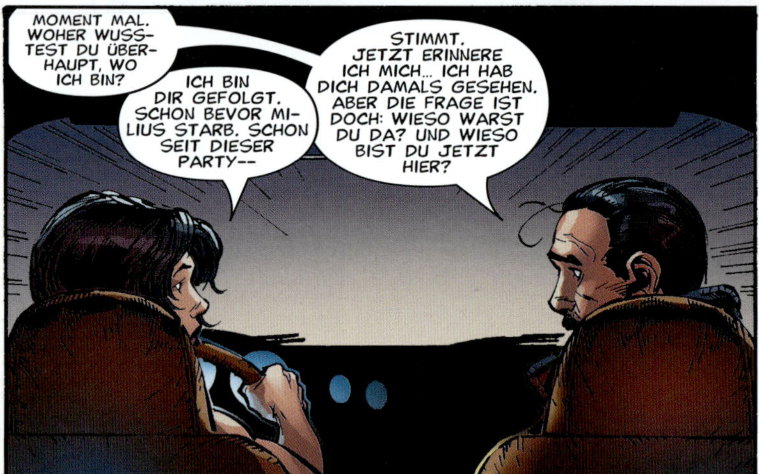
MOMENT MAL. WOHER WUSSTEST DU ÜBERHAUPT, WO ICH BIN?
ICH BIN DIR GEFOLGT. SCHON BEVOR MILIUS STARB. SCHON SEIT DIESER PARTY--
STIMMT. JETZT ERINNERE ICH MICH… ICH HAB DICH DAMALS GESEHEN. ABER DIE FRAGE IST DOCH: WIESO WARST DU DA? UND WIESO BIST DU JETZT HIER?

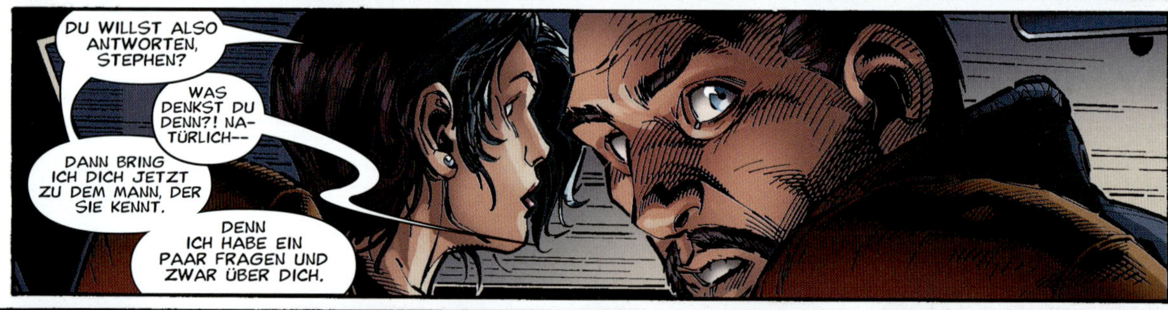
DU WILLST ALSO ANTWORTEN, STEPHEN?
WAS DENKST DU DENN?! NATÜRLICH--
DANN BRING ICH DICH JETZT ZU DEM MANN, DER SIE KENNT.
DENN ICH HABE EIN PAAR FRAGEN UND ZWAR ÜBER DICH.

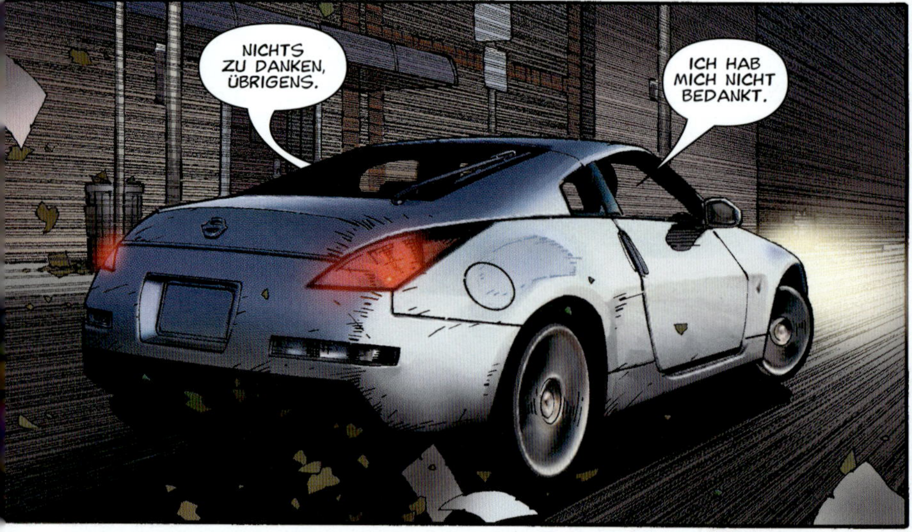
NICHTS ZU DANKEN, ÜBRIGENS.
ICH HAB MICH NICHT BEDANKT.

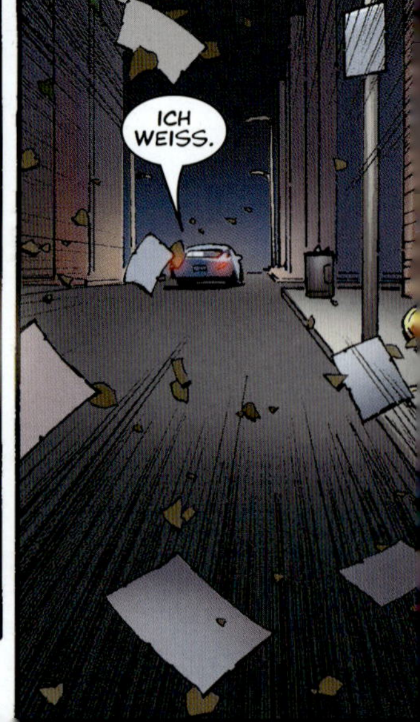
ICH WEISS.

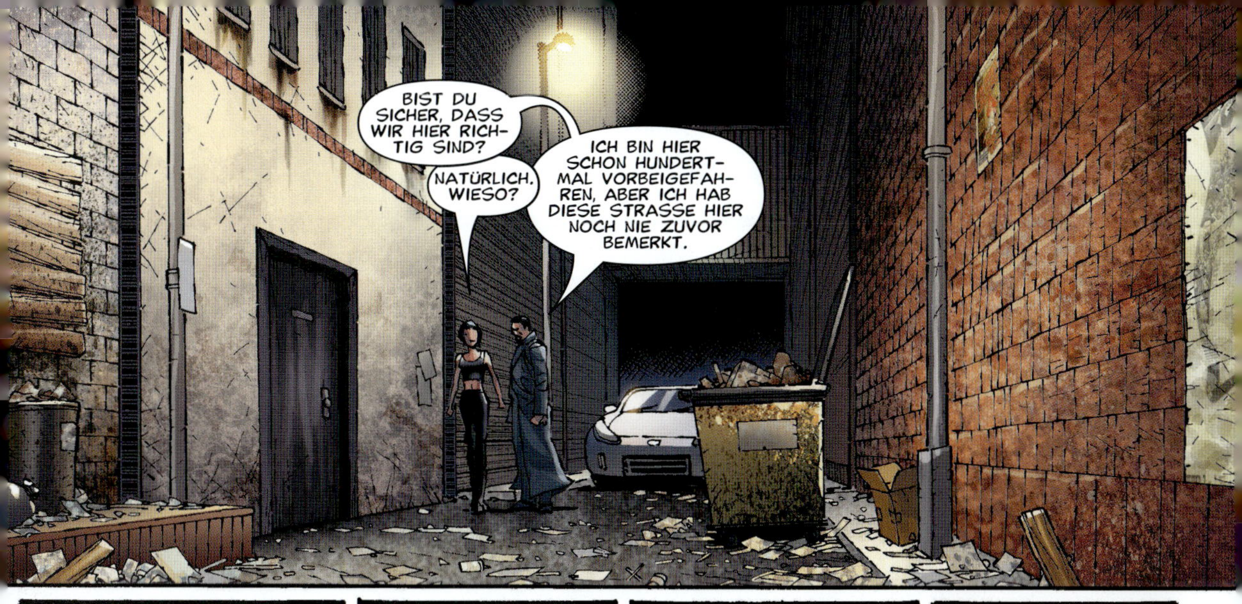
BIST DU SICHER, DASS WIR HIER RICHTIG SIND?
NATÜRLICH. WIESO?
ICH BIN HIER SCHON HUNDERTMAL VORBEIGEFAHREN, ABER ICH HAB DIESE STRASSE HIER NOCH NIE ZUVOR BEMERKT.

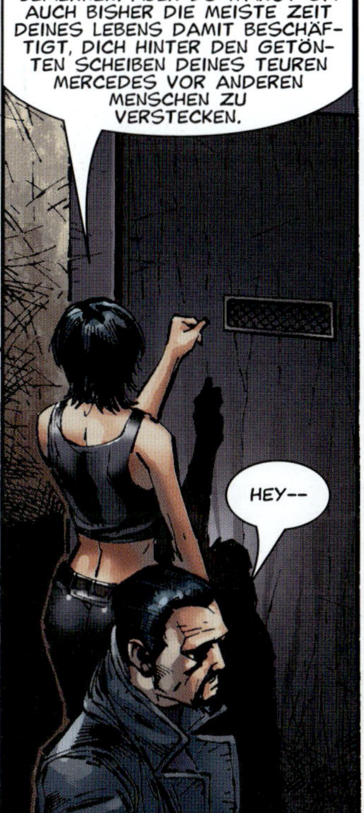
DU SCHEINST VIELES NICHT ZU BEMERKEN. ABER DU WARST JA AUCH BISHER DIE MEISTE ZEIT DEINES LEBENS DAMIT BESCHÄFTIGT, DICH HINTER DEN GETÖNTEN SCHEIBEN DEINES TEUREN MERCEDES VOR ANDEREN MENSCHEN ZU VERSTECKEN.
HEY--

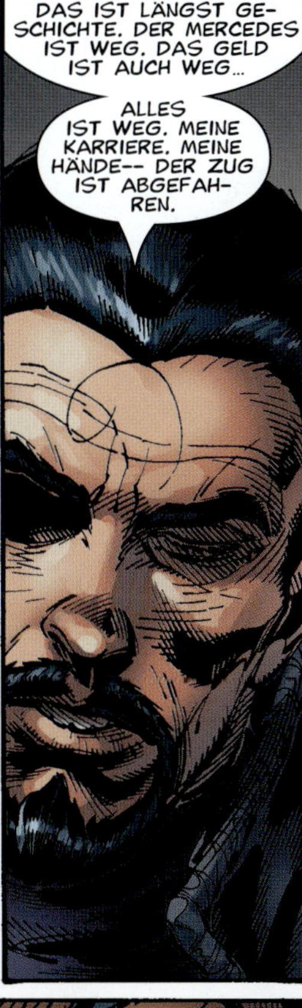
DAS IST LÄNGST GESCHICHTE. DER MERCEDES IST WEG. DAS GELD IST AUCH WEG...
ALLES IST WEG. MEINE KARRIERE. MEINE HÄNDE-- DER ZUG IST ABGEFAHREN.

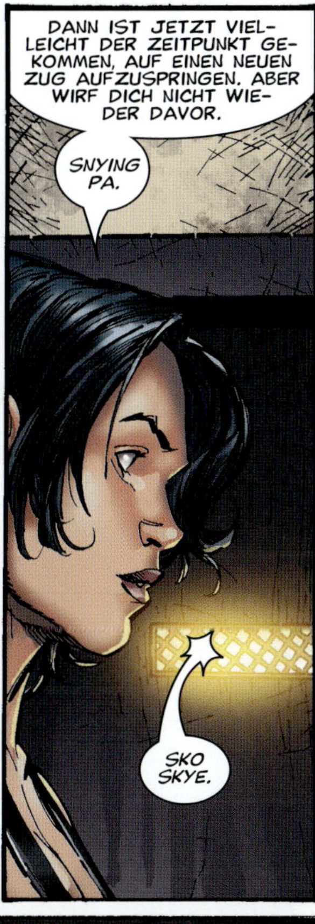
DANN IST JETZT VIELLEICHT DER ZEITPUNKT GEKOMMEN, AUF EINEN NEUEN ZUG AUFZUSPRINGEN. ABER WIRF DICH NICHT WIEDER DAVOR.
SNYING PA.
SKO SKYE.

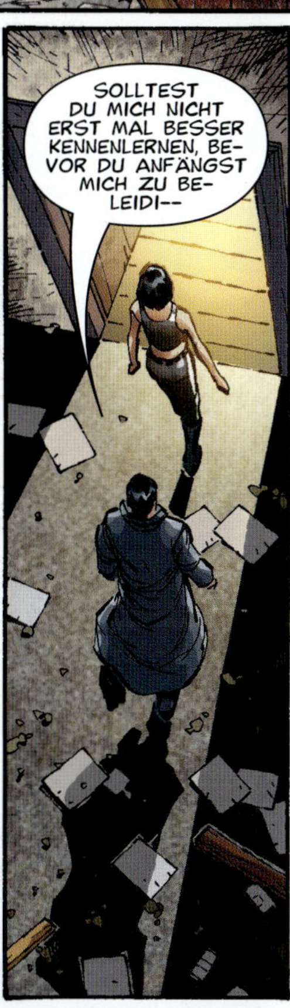
SOLLTEST DU MICH NICHT ERST MAL BESSER KENNENLERNEN, BEVOR DU ANFÄNGST MICH ZU BELEIDI--

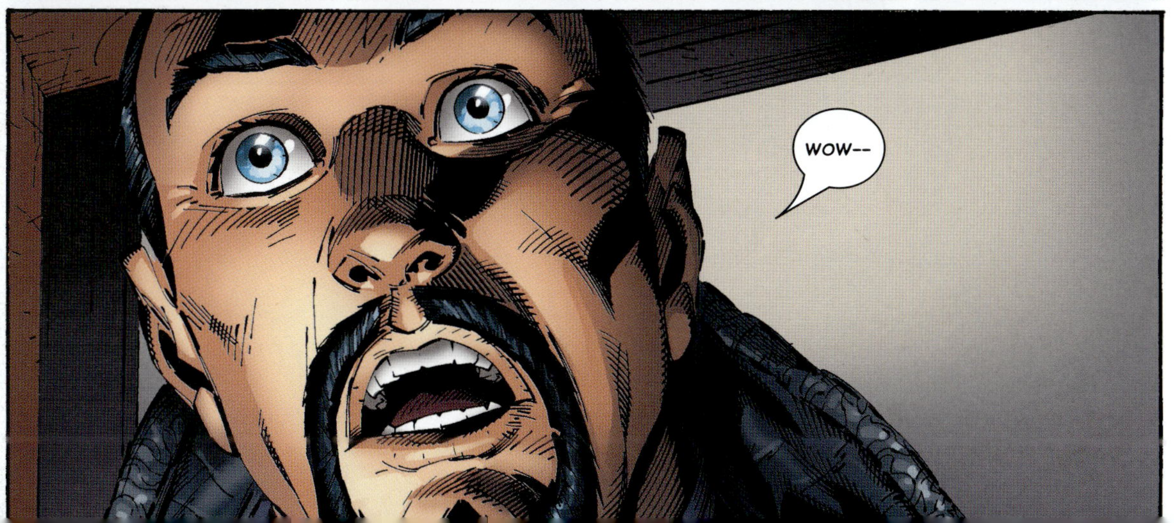
WOW--

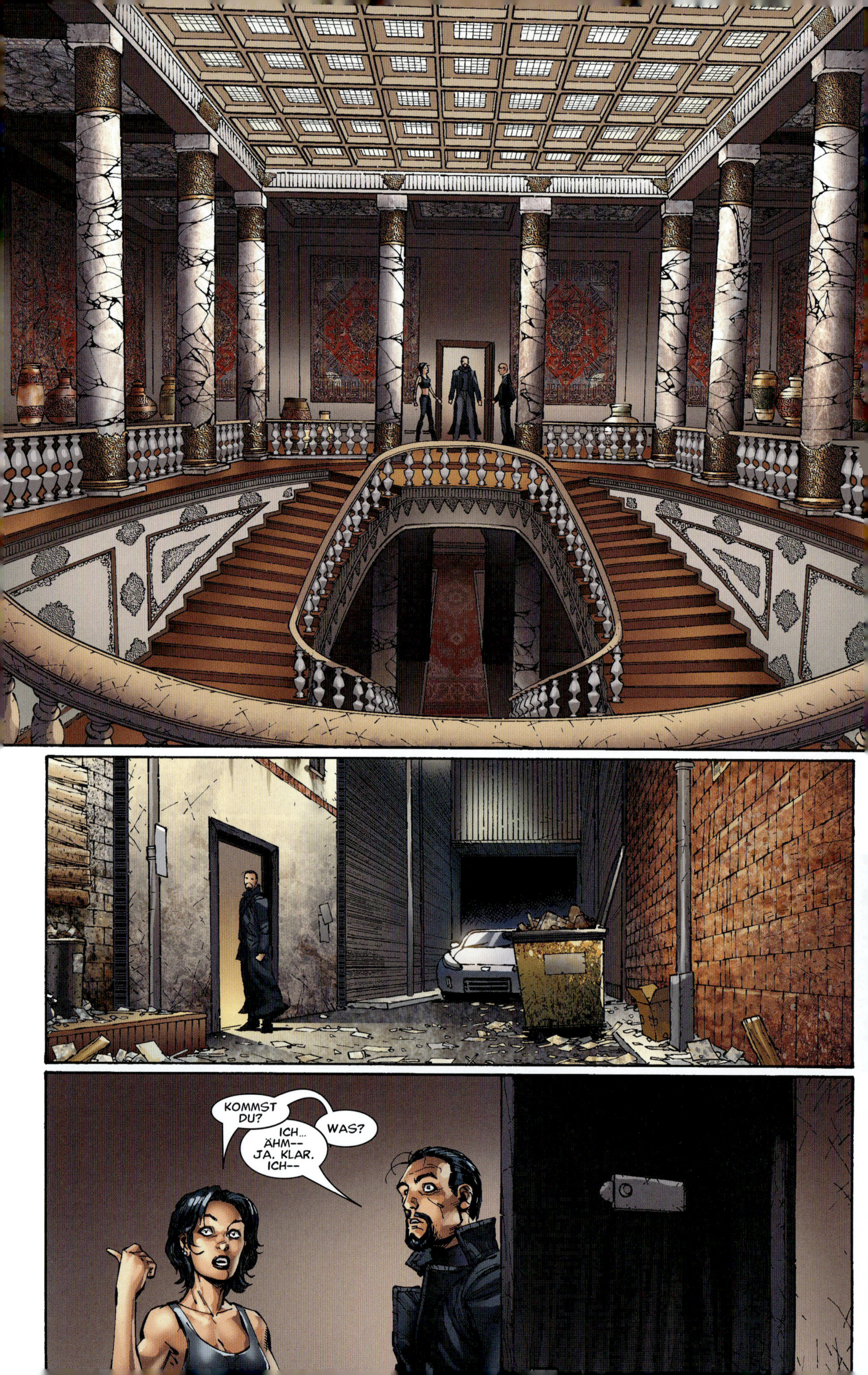

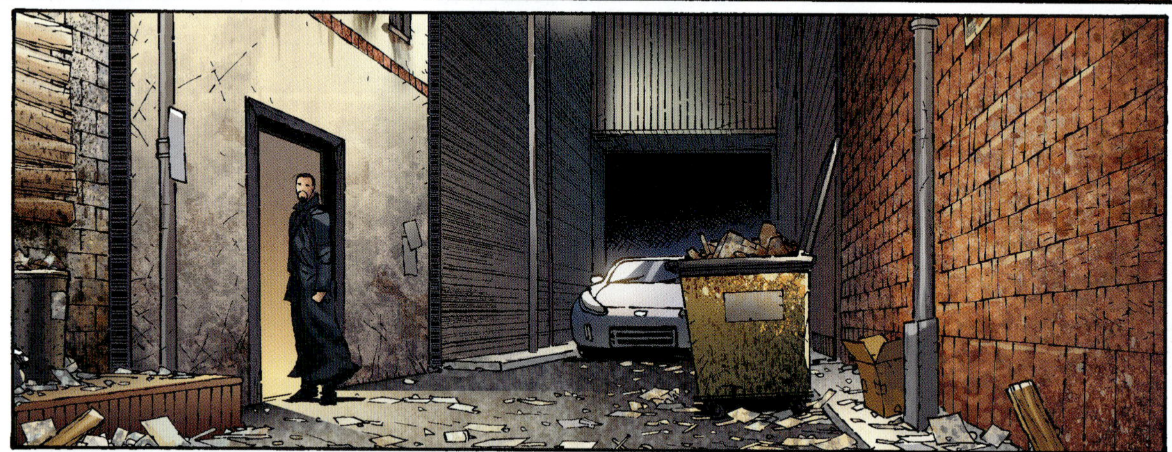

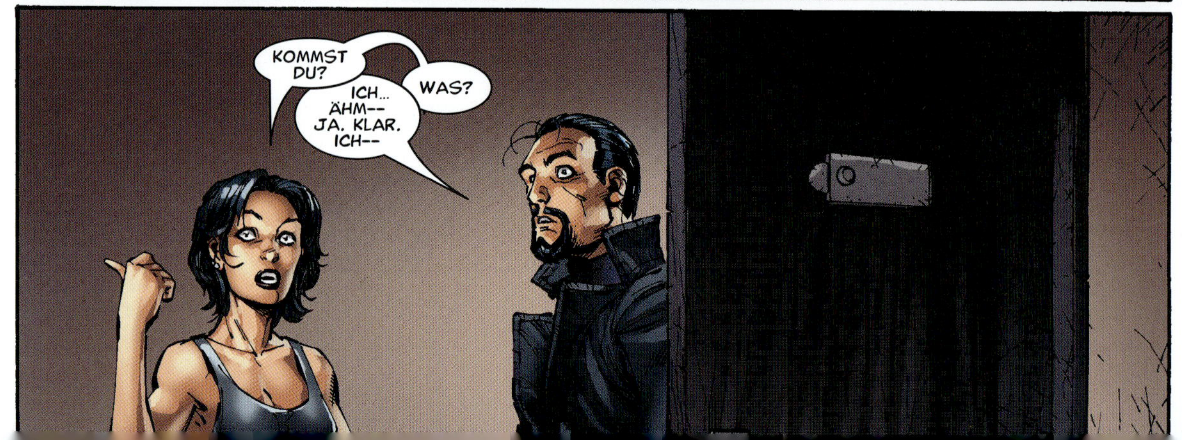
KOMMST DU?
WAS?
ICH... ÄHM-- JA. KLAR. ICH--

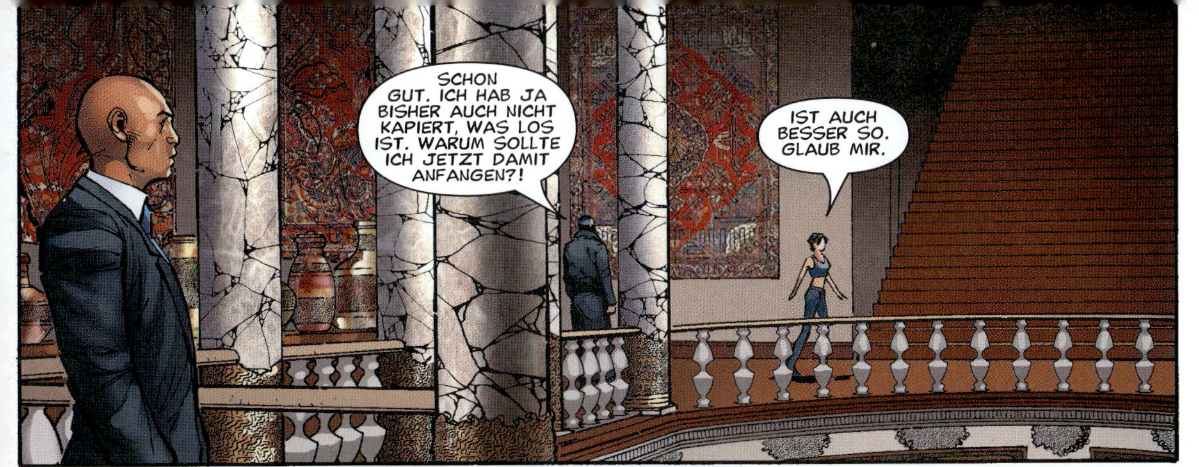
SCHON GUT. ICH HAB JA BISHER AUCH NICHT KAPIERT, WAS LOS IST. WARUM SOLLTE ICH JETZT DAMIT ANFANGEN?!
IST AUCH BESSER SO. GLAUB MIR.

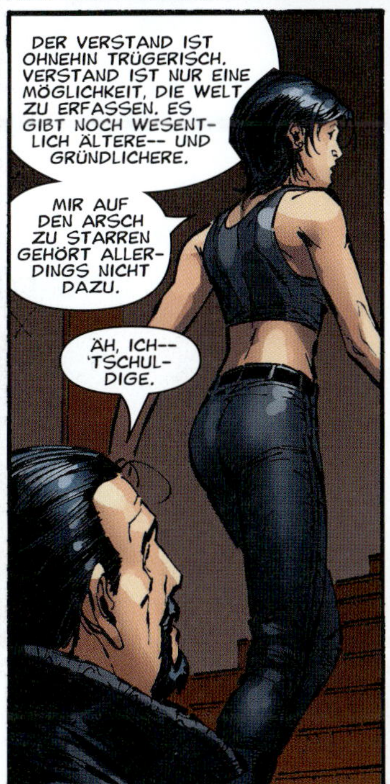
DER VERSTAND IST OHNEHIN TRÜGERISCH. VERSTAND IST NUR EINE MÖGLICHKEIT, DIE WELT ZU ERFASSEN. ES GIBT NOCH WESENTLICH ÄLTERE-- UND GRÜNDLICHERE.
MIR AUF DEN ARSCH ZU STARREN GEHÖRT ALLERDINGS NICHT DAZU.
ÄH, ICH-- 'TSCHULDIGE.

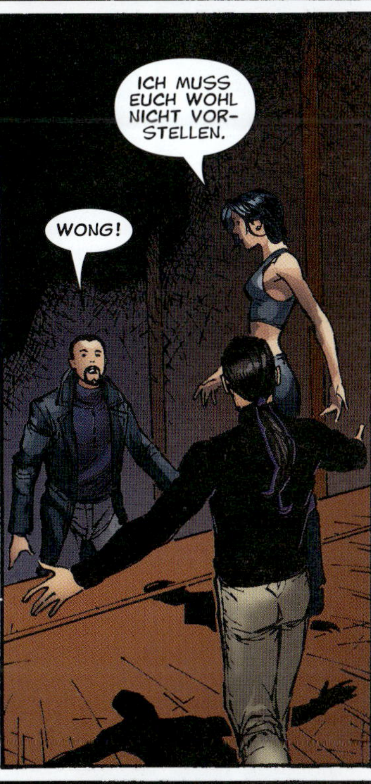
ICH MUSS EUCH WOHL NICHT VORSTELLEN.
WONG!

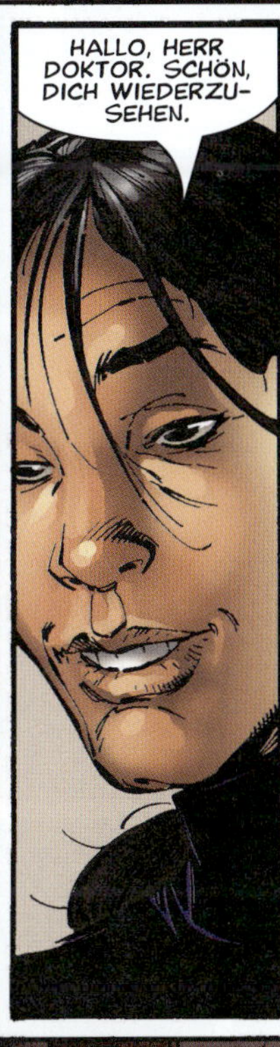
HALLO, HERR DOKTOR. SCHÖN, DICH WIEDERZUSEHEN.

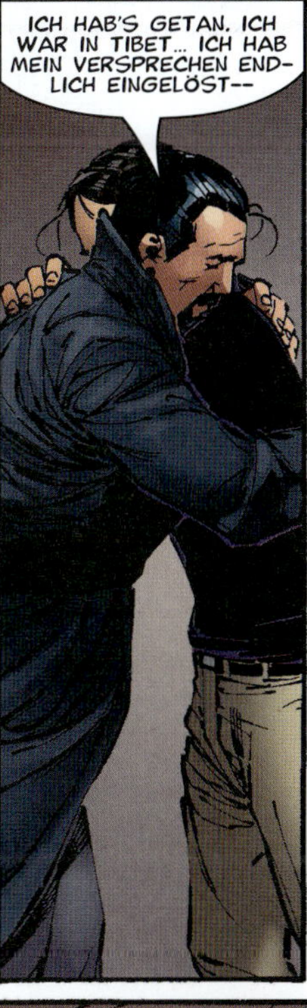
ICH HAB'S GETAN. ICH WAR IN TIBET... ICH HAB MEIN VERSPRECHEN ENDLICH EINGELÖST--

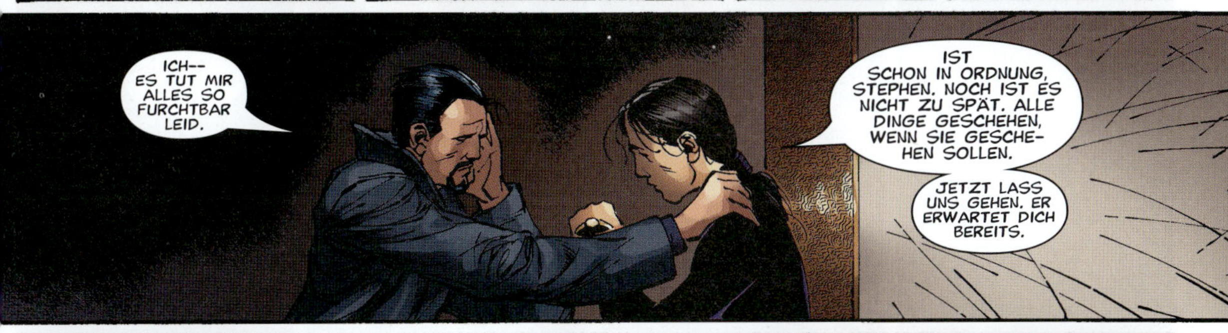
ICH-- ES TUT MIR ALLES SO FURCHTBAR LEID.
IST SCHON IN ORDNUNG, STEPHEN. NOCH IST ES NICHT ZU SPÄT. ALLE DINGE GESCHEHEN, WENN SIE GESCHEHEN SOLLEN.
JETZT LASS UNS GEHEN. ER ERWARTET DICH BEREITS.

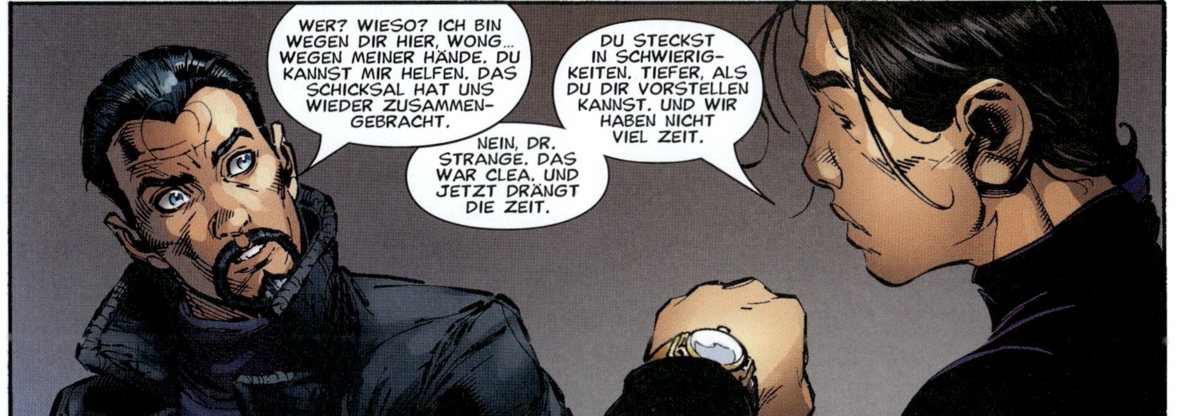
WER? WIESO? ICH BIN WEGEN DIR HIER, WONG... WEGEN MEINER HÄNDE. DU KANNST MIR HELFEN. DAS SCHICKSAL HAT UNS WIEDER ZUSAMMENGEBRACHT.
NEIN, DR. STRANGE. DAS WAR CLEA. UND JETZT DRÄNGT DIE ZEIT.
DU STECKST IN SCHWIERIGKEITEN. TIEFER, ALS DU DIR VORSTELLEN KANNST. UND WIR HABEN NICHT VIEL ZEIT.

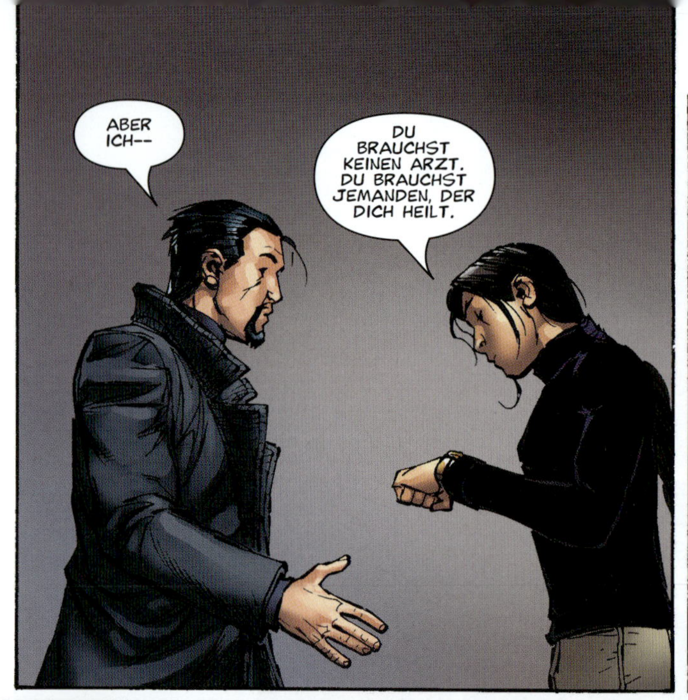
ABER ICH--
DU BRAUCHST KEINEN ARZT. DU BRAUCHST JEMANDEN, DER DICH HEILT.

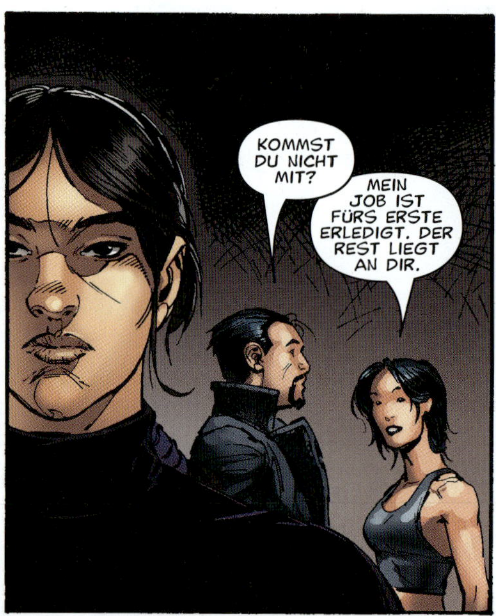
KOMMST DU NICHT MIT?
MEIN JOB IST FÜRS ERSTE ERLEDIGT. DER REST LIEGT AN DIR.

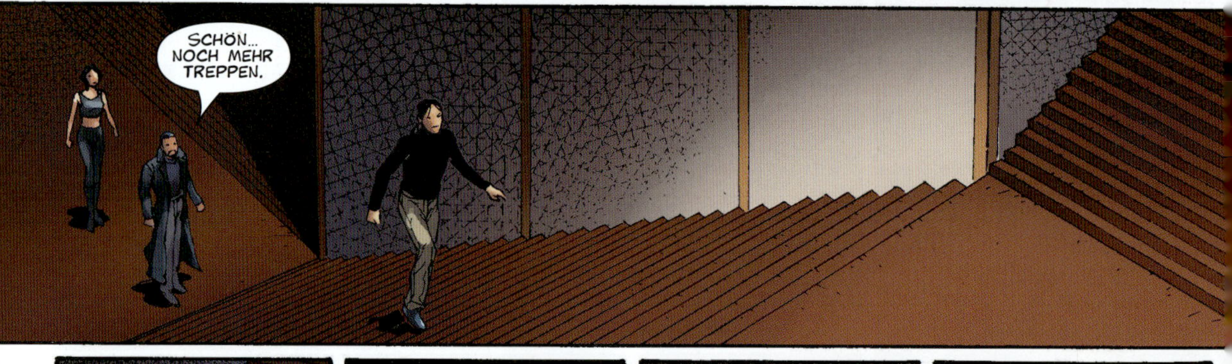
SCHÖN... NOCH MEHR TREPPEN.

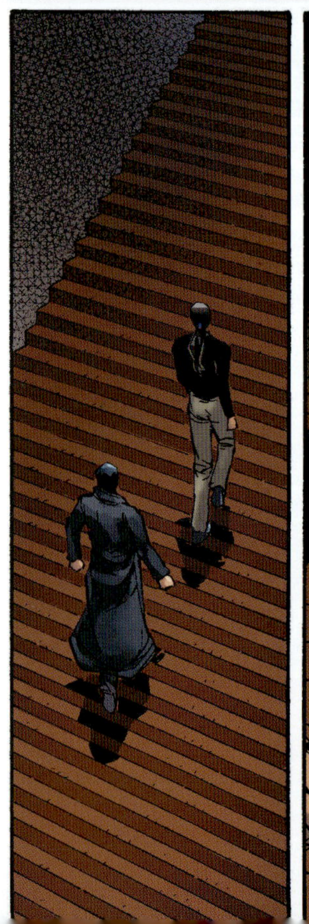

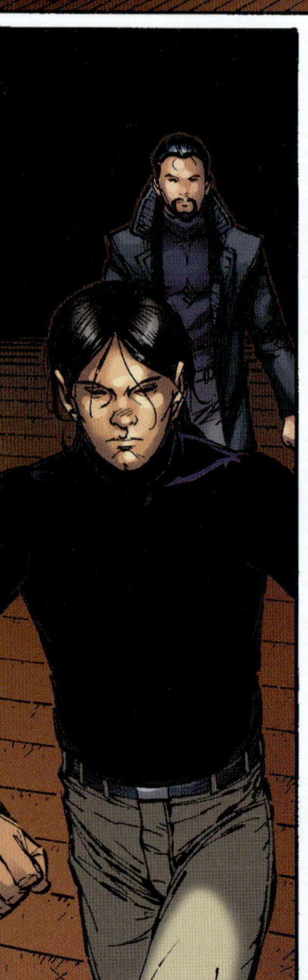

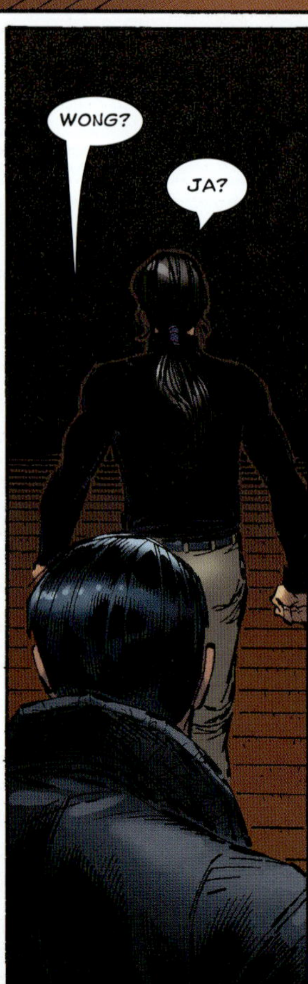
WONG?
JA?

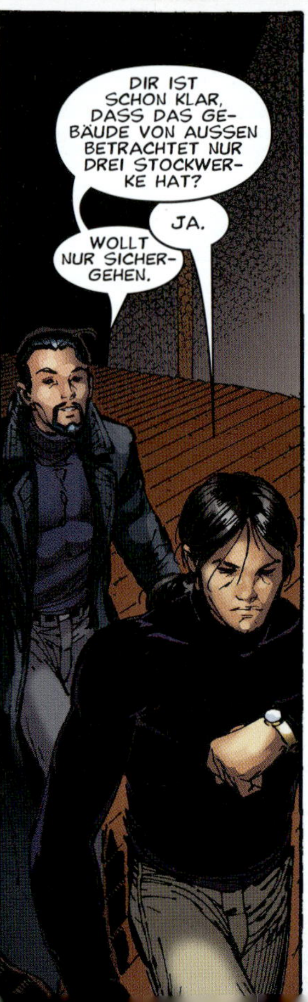
DIR IST SCHON KLAR, DASS DAS GEBÄUDE VON AUSSEN BETRACHTET NUR DREI STOCKWERKE HAT?
JA.
WOLLT NUR SICHERGEHEN.

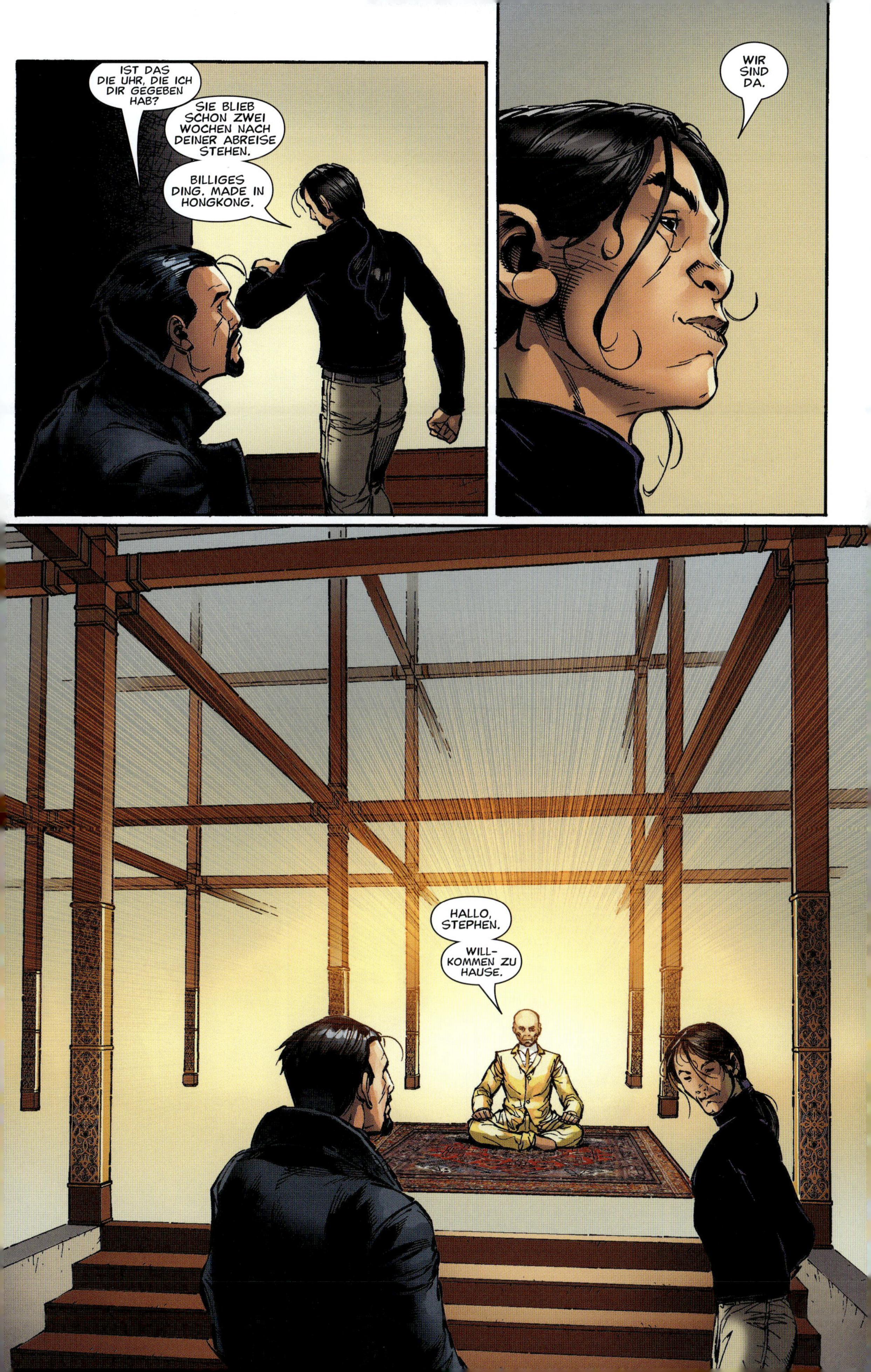

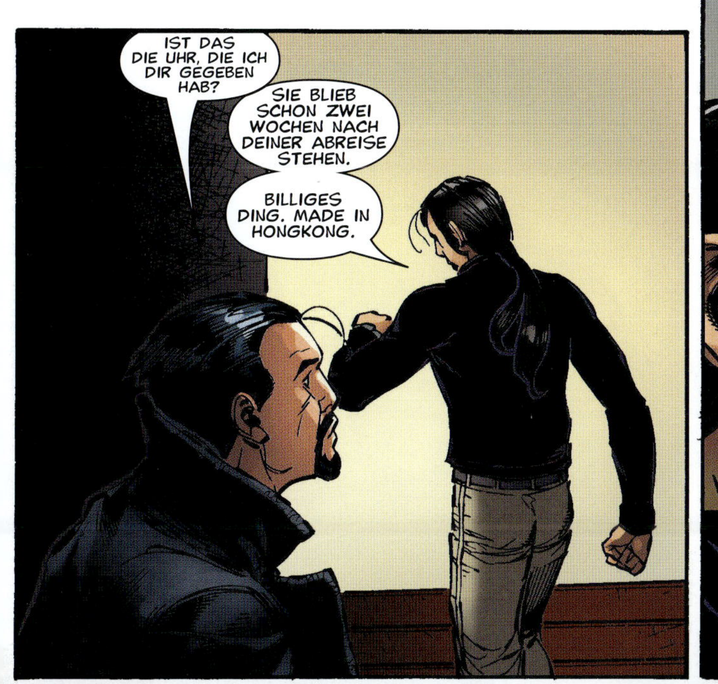
IST DAS DIE UHR, DIE ICH DIR GEGEBEN HAB?
SIE BLIEB SCHON ZWEI WOCHEN NACH DEINER ABREISE STEHEN.
BILLIGES DING. MADE IN HONGKONG.

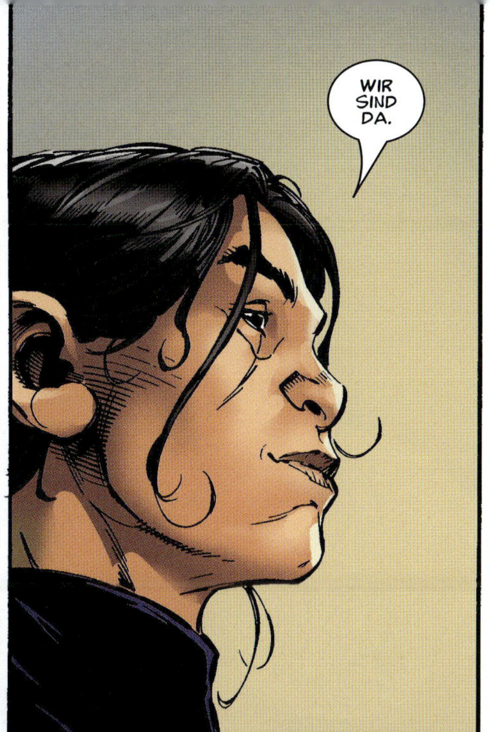
WIR SIND DA.

HALLO, STEPHEN.
WILL-KOMMEN ZU HAUSE.

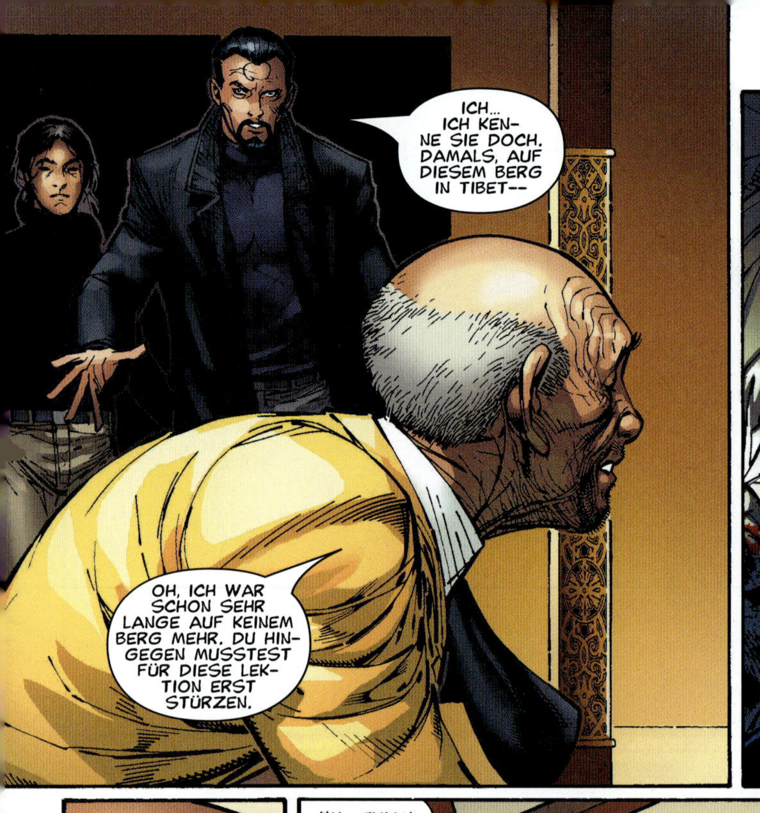
ICH... ICH KENNE SIE DOCH. DAMALS, AUF DIESEM BERG IN TIBET--
OH, ICH WAR SCHON SEHR LANGE AUF KEINEM BERG MEHR. DU HINGEGEN MUSSTEST FÜR DIESE LEKTION ERST STÜRZEN.

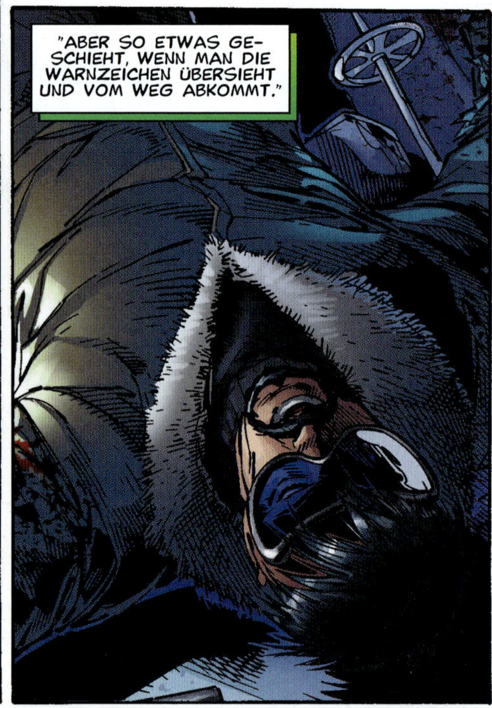
"ABER SO ETWAS GESCHIEHT, WENN MAN DIE WARNZEICHEN ÜBERSIEHT UND VOM WEG ABKOMMT."

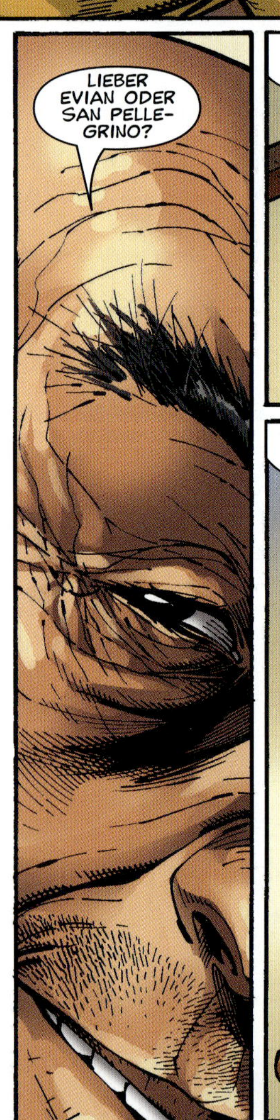
LIEBER EVIAN ODER SAN PELLEGRINO?

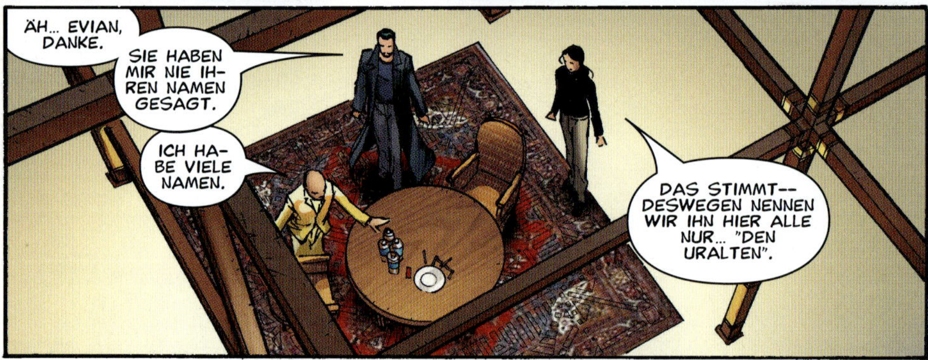
ÄH... EVIAN, DANKE.
SIE HABEN MIR NIE IHREN NAMEN GESAGT.
ICH HABE VIELE NAMEN.
DAS STIMMT-- DESWEGEN NENNEN WIR IHN HIER ALLE NUR... "DEN URALTEN".

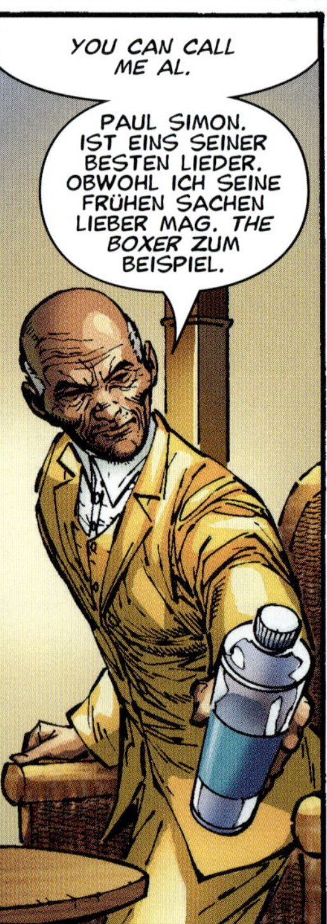
YOU CAN CALL ME AL.
PAUL SIMON. IST EINS SEINER BESTEN LIEDER. OBWOHL ICH SEINE FRÜHEN SACHEN LIEBER MAG. *THE BOXER* ZUM BEISPIEL.

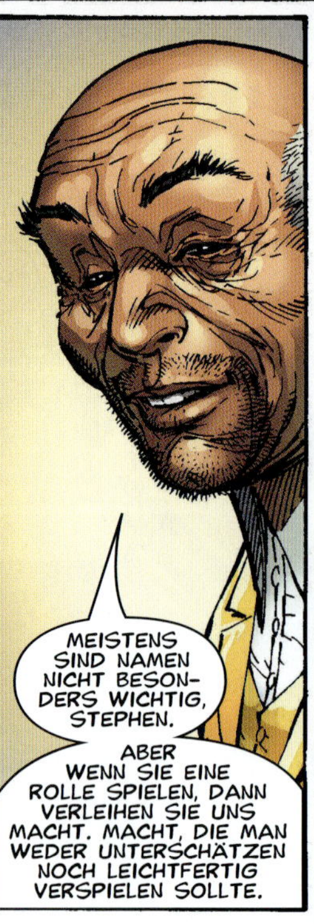
MEISTENS SIND NAMEN NICHT BESONDERS WICHTIG, STEPHEN.
ABER WENN SIE EINE ROLLE SPIELEN, DANN VERLEIHEN SIE UNS MACHT. MACHT, DIE MAN WEDER UNTERSCHÄTZEN NOCH LEICHTFERTIG VERSPIELEN SOLLTE.

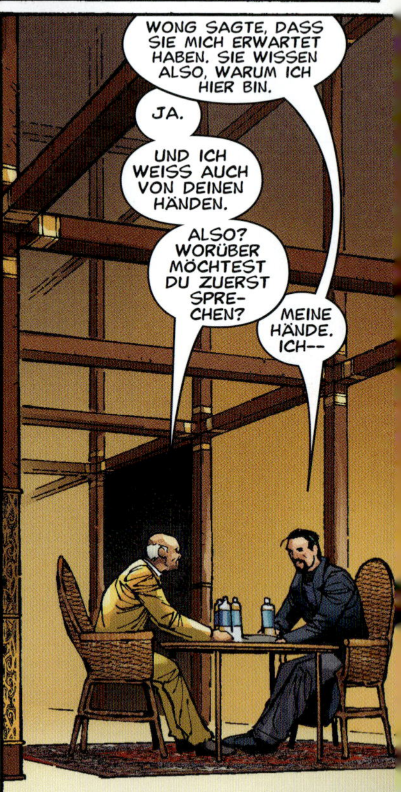
WONG SAGTE, DASS SIE MICH ERWARTET HABEN. SIE WISSEN ALSO, WARUM ICH HIER BIN.
JA.
UND ICH WEISS AUCH VON DEINEN HÄNDEN.
ALSO? WORÜBER MÖCHTEST DU ZUERST SPRECHEN?
MEINE HÄNDE. ICH--

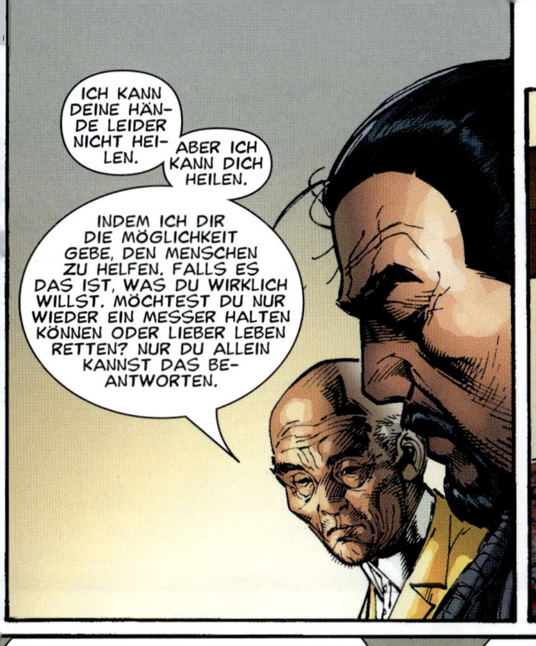
ICH KANN DEINE HÄNDE LEIDER NICHT HEILEN.
ABER ICH KANN DICH HEILEN.
INDEM ICH DIR DIE MÖGLICHKEIT GEBE, DEN MENSCHEN ZU HELFEN. FALLS ES DAS IST, WAS DU WIRKLICH WILLST. MÖCHTEST DU NUR WIEDER EIN MESSER HALTEN KÖNNEN ODER LIEBER LEBEN RETTEN? NUR DU ALLEIN KANNST DAS BEANTWORTEN.

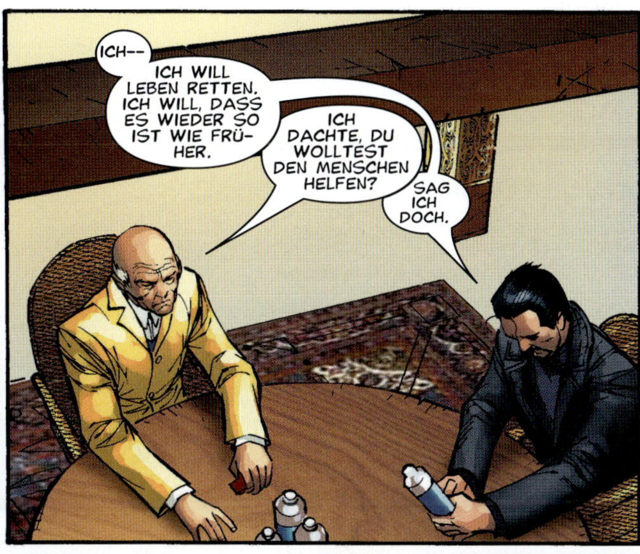
ICH--
ICH WILL LEBEN RETTEN. ICH WILL, DASS ES WIEDER SO IST WIE FRÜHER.
ICH DACHTE, DU WOLLTEST DEN MENSCHEN HELFEN?
SAG ICH DOCH.

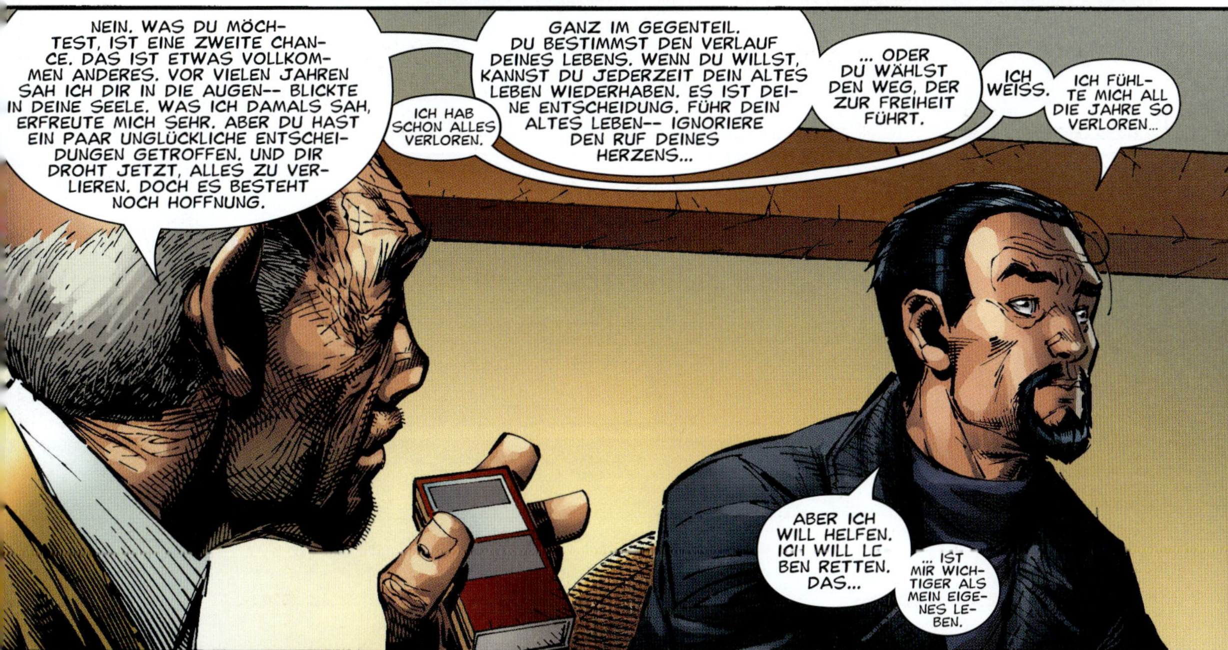
NEIN. WAS DU MÖCHTEST, IST EINE ZWEITE CHANCE. DAS IST ETWAS VOLLKOMMEN ANDERES. VOR VIELEN JAHREN SAH ICH DIR IN DIE AUGEN-- BLICKTE IN DEINE SEELE. WAS ICH DAMALS SAH, ERFREUTE MICH SEHR. ABER DU HAST EIN PAAR UNGLÜCKLICHE ENTSCHEIDUNGEN GETROFFEN. UND DIR DROHT JETZT, ALLES ZU VERLIEREN. DOCH ES BESTEHT NOCH HOFFNUNG.
ICH HAB SCHON ALLES VERLOREN.
GANZ IM GEGENTEIL. DU BESTIMMST DEN VERLAUF DEINES LEBENS. WENN DU WILLST, KANNST DU JEDERZEIT DEIN ALTES LEBEN WIEDERHABEN. ES IST DEINE ENTSCHEIDUNG. FÜHR DEIN ALTES LEBEN-- IGNORIERE DEN RUF DEINES HERZENS...
... ODER DU WÄHLST DEN WEG, DER ZUR FREIHEIT FÜHRT.
ICH WEISS.
ICH FÜHLTE MICH ALL DIE JAHRE SO VERLOREN...
ABER ICH WILL HELFEN. ICH WILL LEBEN RETTEN. DAS...
... IST MIR WICHTIGER ALS MEIN EIGENES LEBEN.

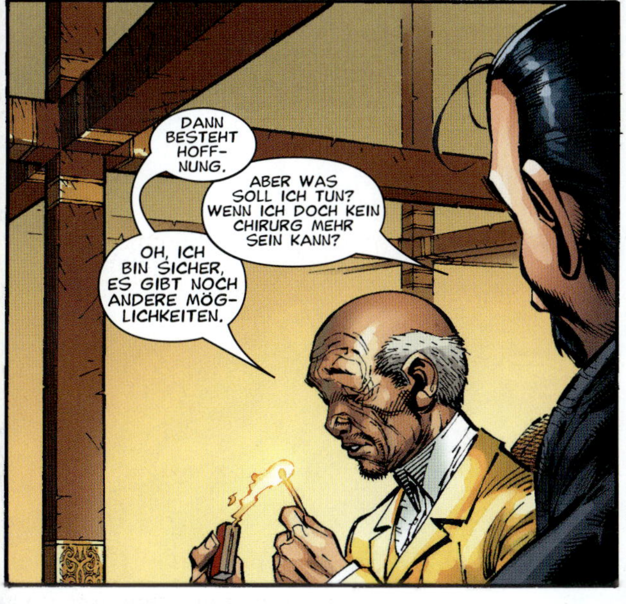
DANN BESTEHT HOFFNUNG.
ABER WAS SOLL ICH TUN? WENN ICH DOCH KEIN CHIRURG MEHR SEIN KANN?
OH, ICH BIN SICHER, ES GIBT NOCH ANDERE MÖGLICHKEITEN.

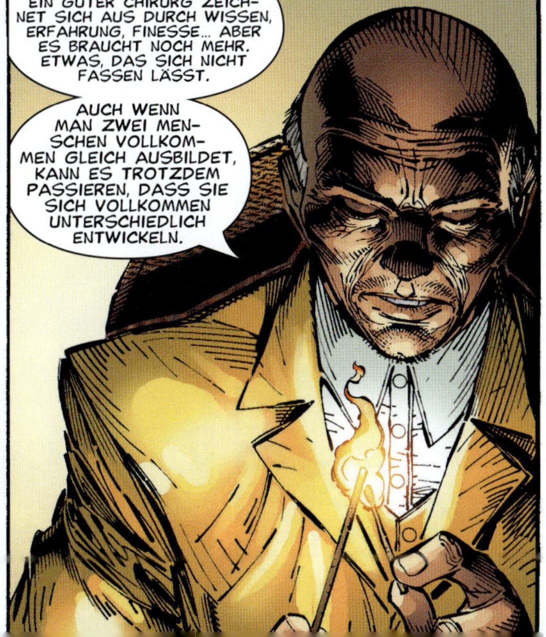
EIN GUTER CHIRURG ZEICHNET SICH AUS DURCH WISSEN, ERFAHRUNG, FINESSE... ABER ES BRAUCHT NOCH MEHR. ETWAS, DAS SICH NICHT FASSEN LÄSST.
AUCH WENN MAN ZWEI MENSCHEN VOLLKOMMEN GLEICH AUSBILDET, KANN ES TROTZDEM PASSIEREN, DASS SIE SICH VOLLKOMMEN UNTERSCHIEDLICH ENTWICKELN.

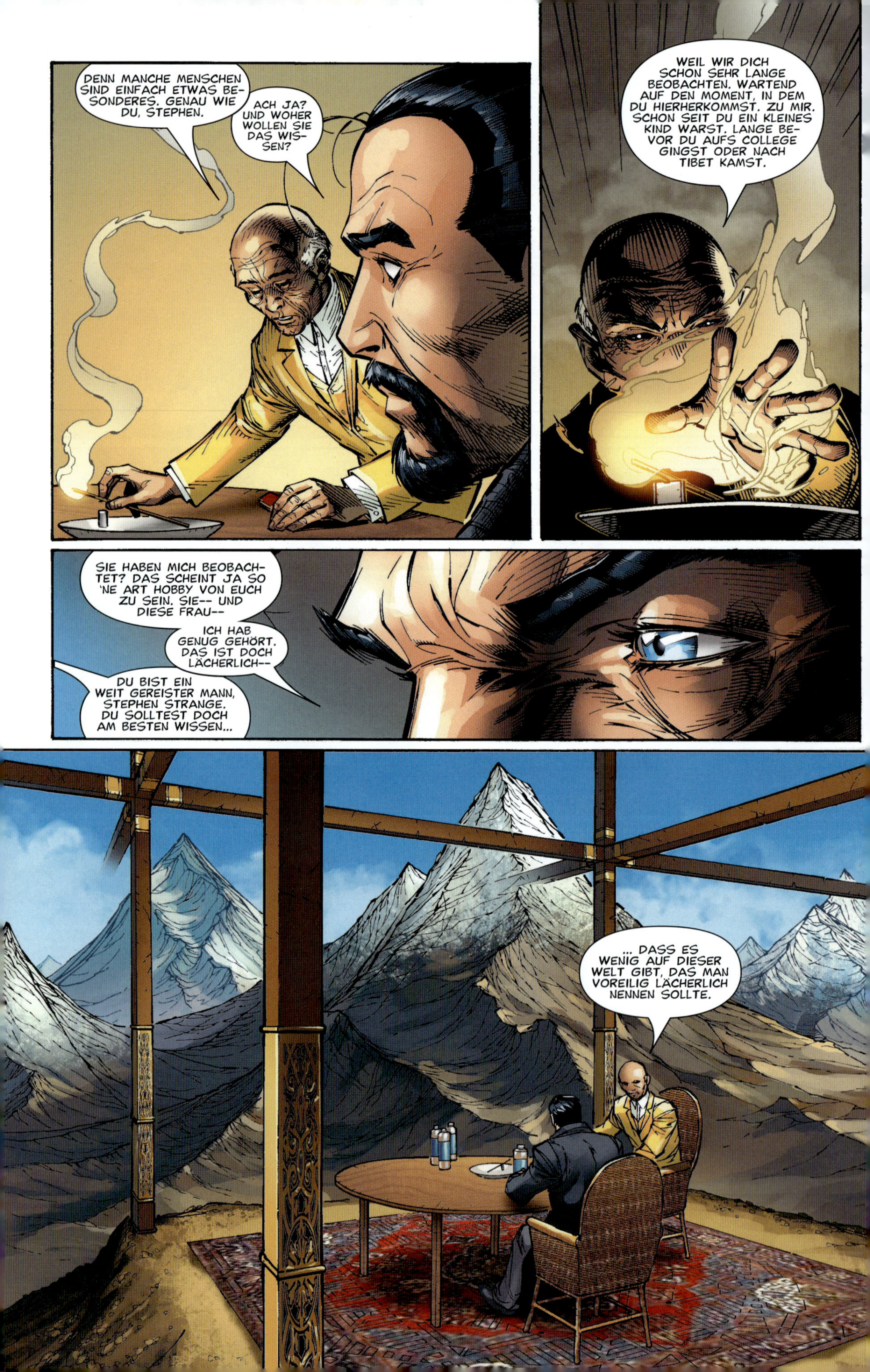

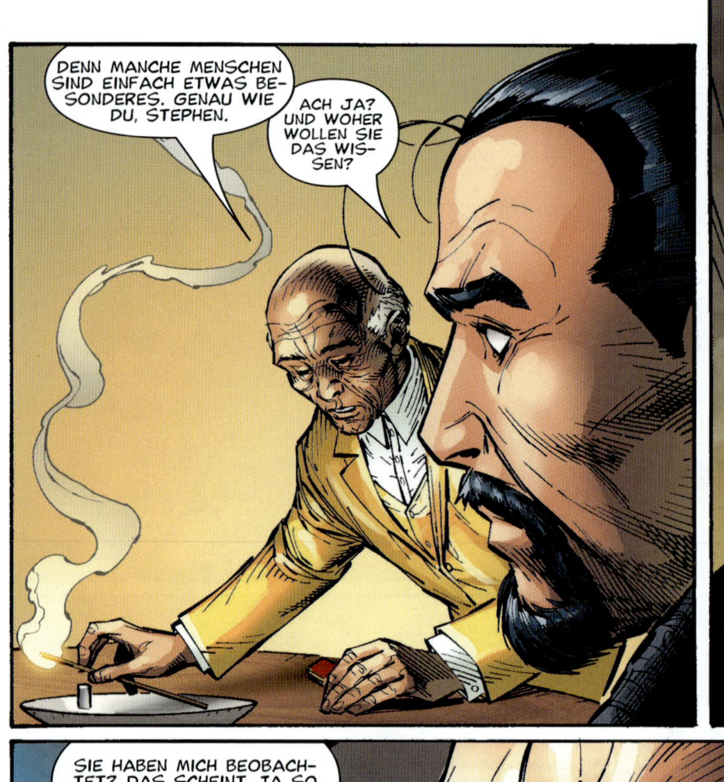
DENN MANCHE MENSCHEN SIND EINFACH ETWAS BESONDERES. GENAU WIE DU, STEPHEN.
ACH JA? UND WOHER WOLLEN SIE DAS WISSEN?

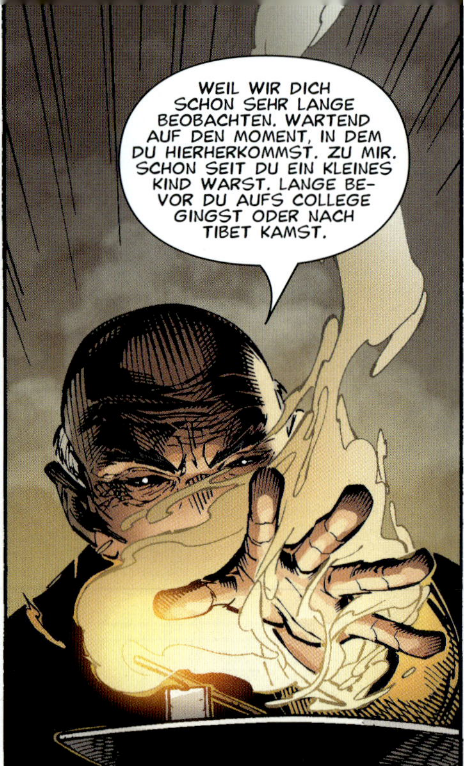
WEIL WIR DICH SCHON SEHR LANGE BEOBACHTEN. WARTEND AUF DEN MOMENT, IN DEM DU HIERHERKOMMST. ZU MIR. SCHON SEIT DU EIN KLEINES KIND WARST. LANGE BEVOR DU AUFS COLLEGE GINGST ODER NACH TIBET KAMST.

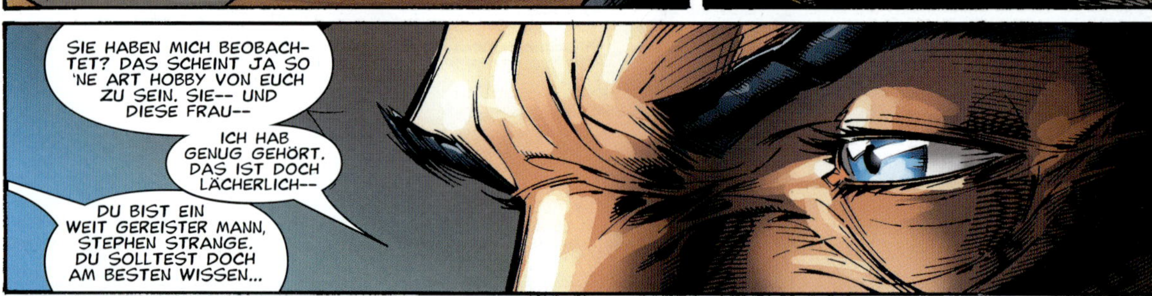
SIE HABEN MICH BEOBACHTET? DAS SCHEINT JA SO 'NE ART HOBBY VON EUCH ZU SEIN. SIE-- UND DIESE FRAU--
ICH HAB GENUG GEHÖRT. DAS IST DOCH LÄCHERLICH--
DU BIST EIN WEIT GEREISTER MANN, STEPHEN STRANGE. DU SOLLTEST DOCH AM BESTEN WISSEN...

... DASS ES WENIG AUF DIESER WELT GIBT, DAS MAN VOREILIG LÄCHERLICH NENNEN SOLLTE.

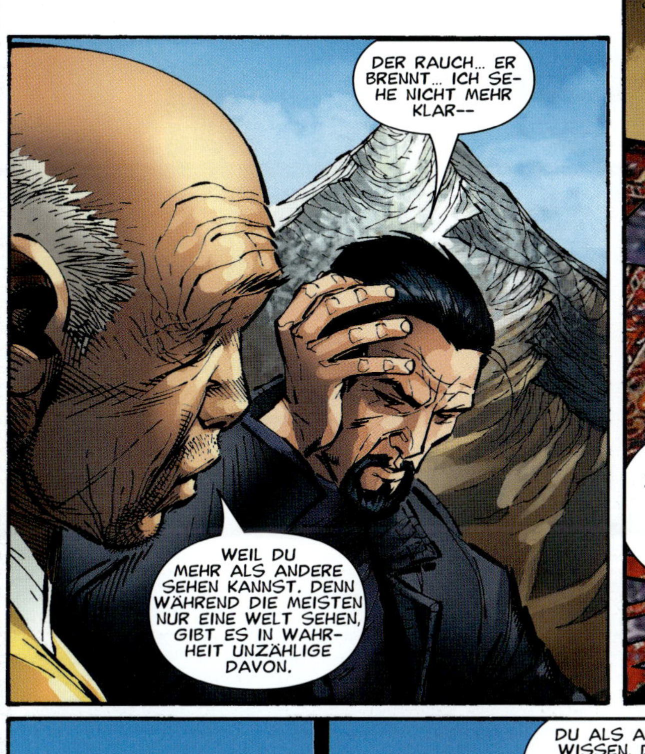
DER RAUCH... ER BRENNT... ICH SEHE NICHT MEHR KLAR--
WEIL DU MEHR ALS ANDERE SEHEN KANNST. DENN WÄHREND DIE MEISTEN NUR EINE WELT SEHEN, GIBT ES IN WAHRHEIT UNZÄHLIGE DAVON.

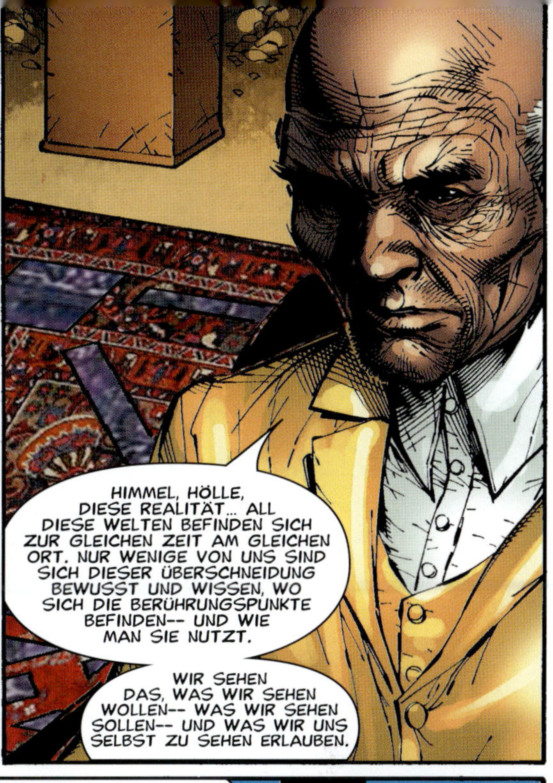
HIMMEL, HÖLLE, DIESE REALITÄT... ALL DIESE WELTEN BEFINDEN SICH ZUR GLEICHEN ZEIT AM GLEICHEN ORT. NUR WENIGE VON UNS SIND SICH DIESER ÜBERSCHNEIDUNG BEWUSST UND WISSEN, WO SICH DIE BERÜHRUNGSPUNKTE BEFINDEN-- UND WIE MAN SIE NUTZT.
WIR SEHEN DAS, WAS WIR SEHEN WOLLEN-- WAS WIR SEHEN SOLLEN-- UND WAS WIR UNS SELBST ZU SEHEN ERLAUBEN.

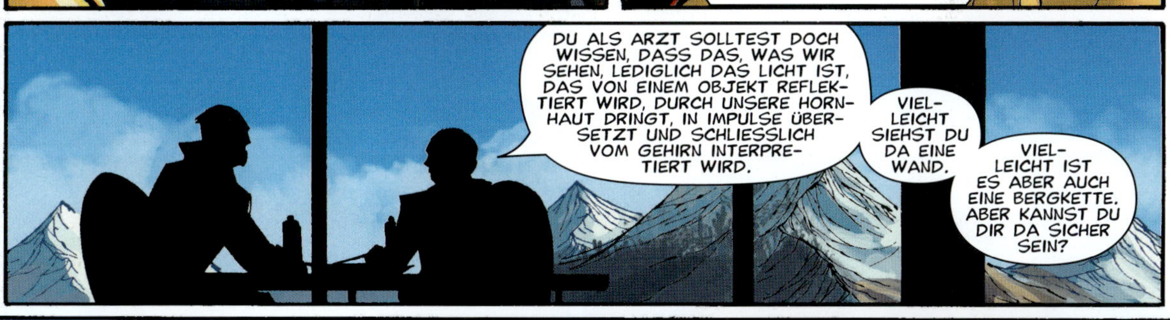
DU ALS ARZT SOLLTEST DOCH WISSEN, DASS DAS, WAS WIR SEHEN, LEDIGLICH DAS LICHT IST, DAS VON EINEM OBJEKT REFLEKTIERT WIRD, DURCH UNSERE HORNHAUT DRINGT, IN IMPULSE ÜBERSETZT UND SCHLIESSLICH VOM GEHIRN INTERPRETIERT WIRD.
VIELLEICHT SIEHST DU DA EINE WAND.
VIELLEICHT IST ES ABER AUCH EINE BERGKETTE. ABER KANNST DU DIR DA SICHER SEIN?

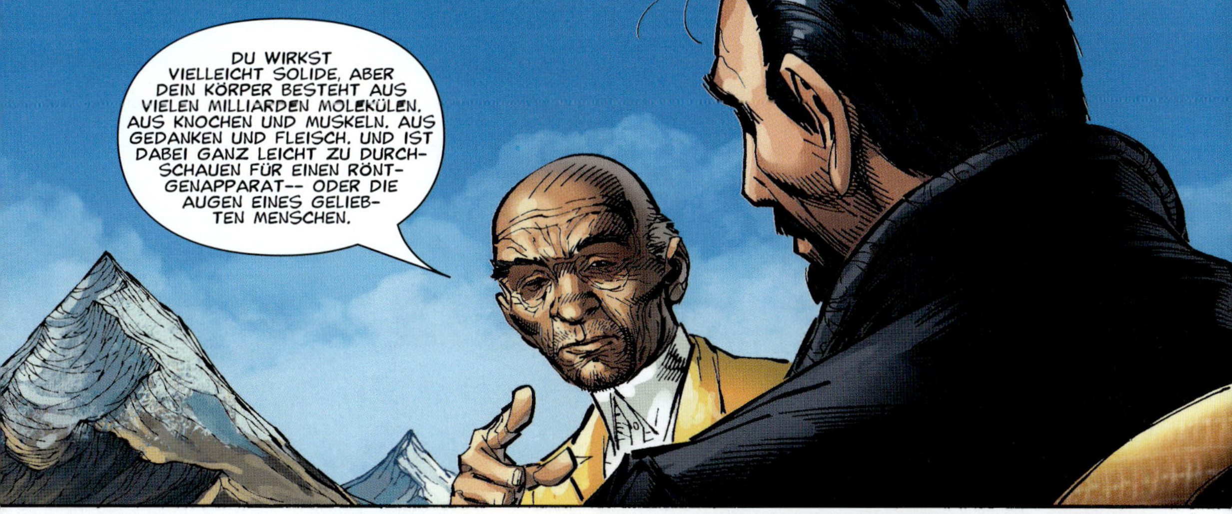
DU WIRKST VIELLEICHT SOLIDE, ABER DEIN KÖRPER BESTEHT AUS VIELEN MILLIARDEN MOLEKÜLEN. AUS KNOCHEN UND MUSKELN. AUS GEDANKEN UND FLEISCH. UND IST DABEI GANZ LEICHT ZU DURCHSCHAUEN FÜR EINEN RÖNTGENAPPARAT-- ODER DIE AUGEN EINES GELIEBTEN MENSCHEN.

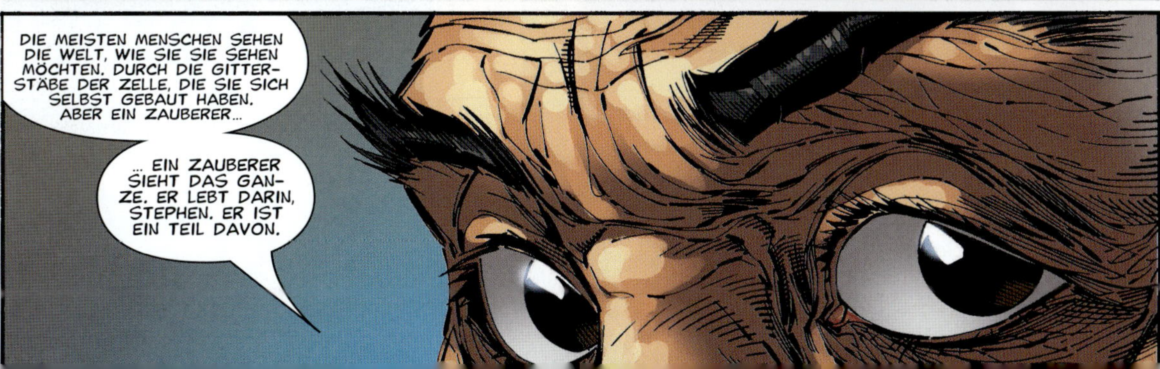
DIE MEISTEN MENSCHEN SEHEN DIE WELT, WIE SIE SIE SEHEN MÖCHTEN. DURCH DIE GITTERSTÄBE DER ZELLE, DIE SIE SICH SELBST GEBAUT HABEN. ABER EIN ZAUBERER...
... EIN ZAUBERER SIEHT DAS GANZE. ER LEBT DARIN, STEPHEN. ER IST EIN TEIL DAVON.

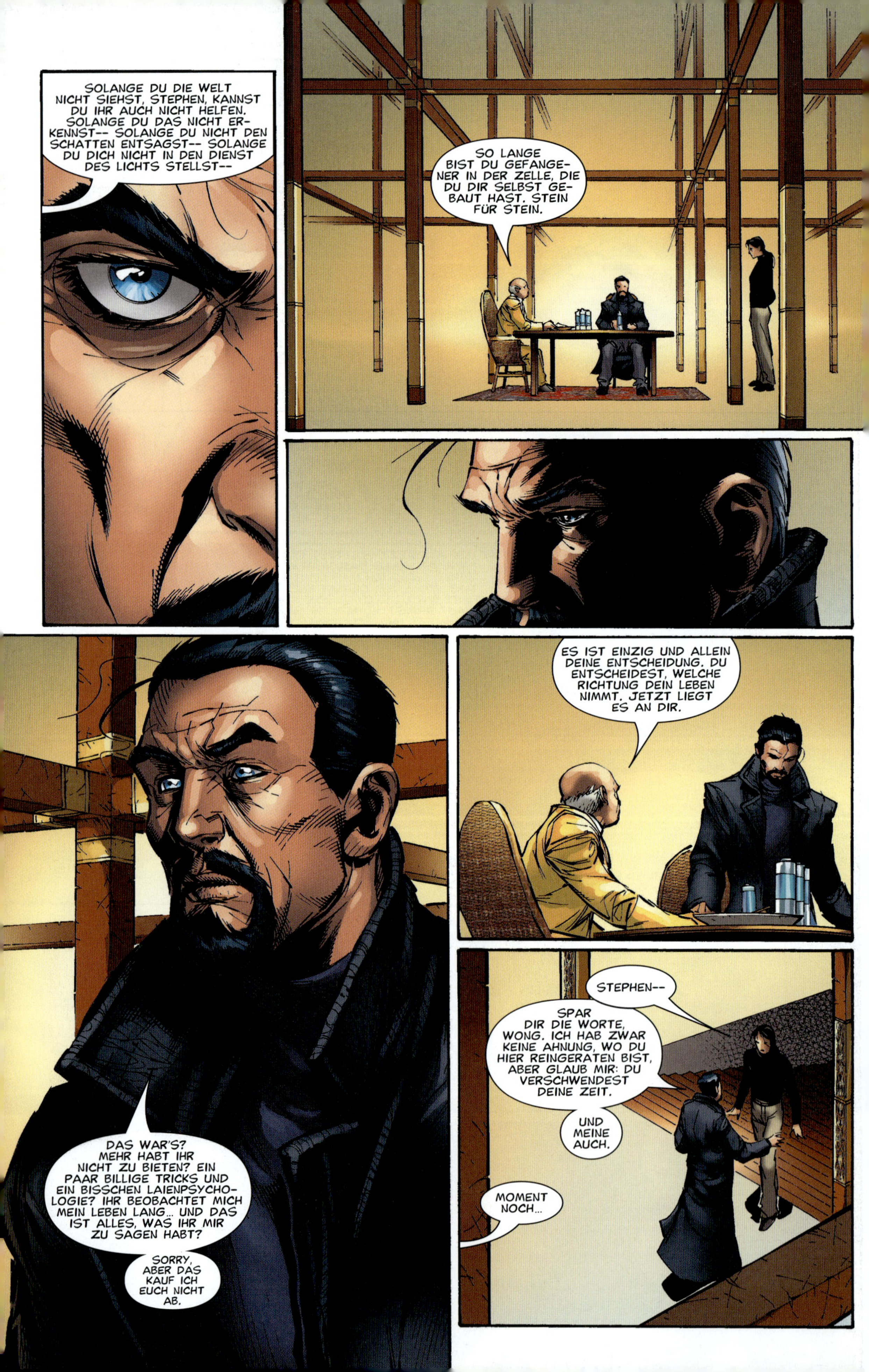

SOLANGE DU DIE WELT NICHT SIEHST, STEPHEN, KANNST DU IHR AUCH NICHT HELFEN. SOLANGE DU DAS NICHT ERKENNST-- SOLANGE DU NICHT DEN SCHATTEN ENTSAGST-- SOLANGE DU DICH NICHT IN DEN DIENST DES LICHTS STELLST--

SO LANGE BIST DU GEFANGENER IN DER ZELLE, DIE DU DIR SELBST GEBAUT HAST. STEIN FÜR STEIN.

DAS WAR'S? MEHR HABT IHR NICHT ZU BIETEN? EIN PAAR BILLIGE TRICKS UND EIN BISSCHEN LAIENPSYCHOLOGIE? IHR BEOBACHTET MICH MEIN LEBEN LANG... UND DAS IST ALLES, WAS IHR MIR ZU SAGEN HABT?

SORRY, ABER DAS KAUF ICH EUCH NICHT AB.

ES IST EINZIG UND ALLEIN DEINE ENTSCHEIDUNG. DU ENTSCHEIDEST, WELCHE RICHTUNG DEIN LEBEN NIMMT. JETZT LIEGT ES AN DIR.

STEPHEN--

SPAR DIR DIE WORTE, WONG. ICH HAB ZWAR KEINE AHNUNG, WO DU HIER REINGERATEN BIST, ABER GLAUB MIR: DU VERSCHWENDEST DEINE ZEIT.

UND MEINE AUCH.

MOMENT NOCH...

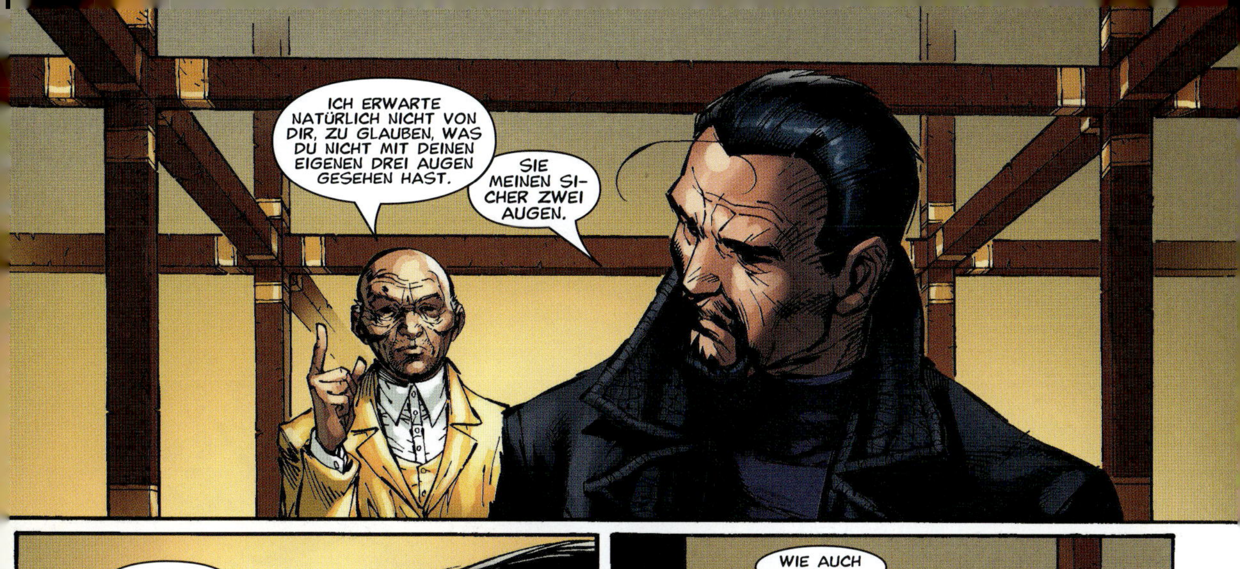
ICH ERWARTE NATÜRLICH NICHT VON DIR, ZU GLAUBEN, WAS DU NICHT MIT DEINEN EIGENEN DREI AUGEN GESEHEN HAST.
SIE MEINEN SICHER ZWEI AUGEN.

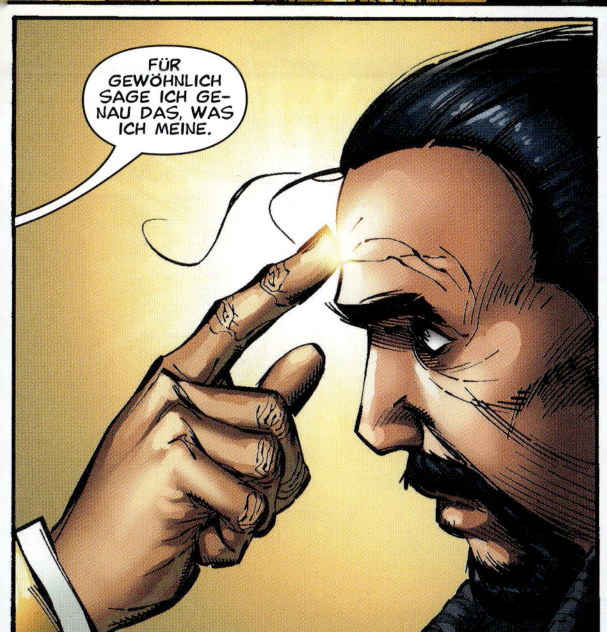
FÜR GEWÖHNLICH SAGE ICH GENAU DAS, WAS ICH MEINE.

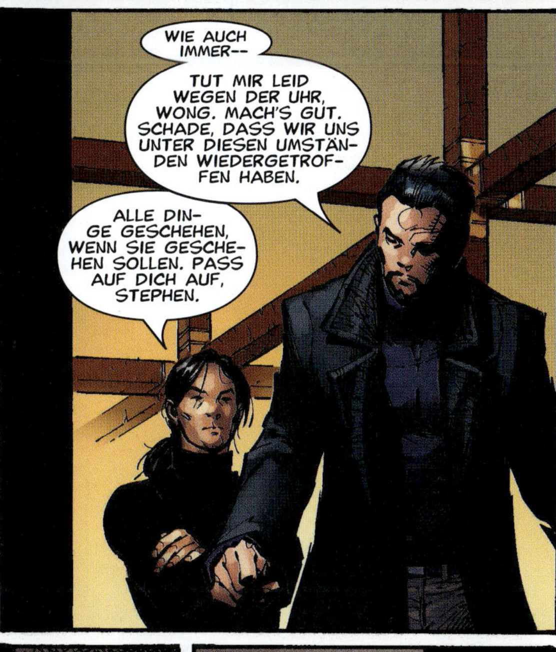
WIE AUCH IMMER--
TUT MIR LEID WEGEN DER UHR, WONG. MACH'S GUT. SCHADE, DASS WIR UNS UNTER DIESEN UMSTÄNDEN WIEDERGETROFFEN HABEN.
ALLE DINGE GESCHEHEN, WENN SIE GESCHEHEN SOLLEN. PASS AUF DICH AUF, STEPHEN.

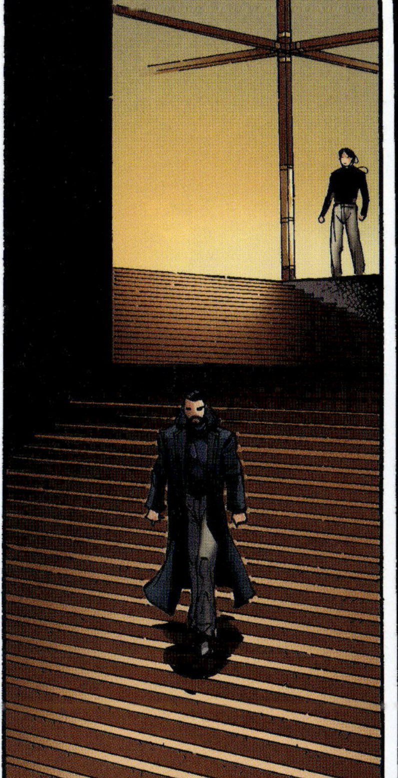

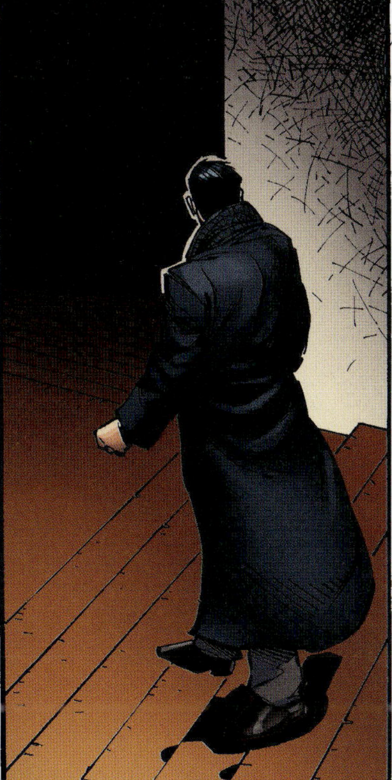

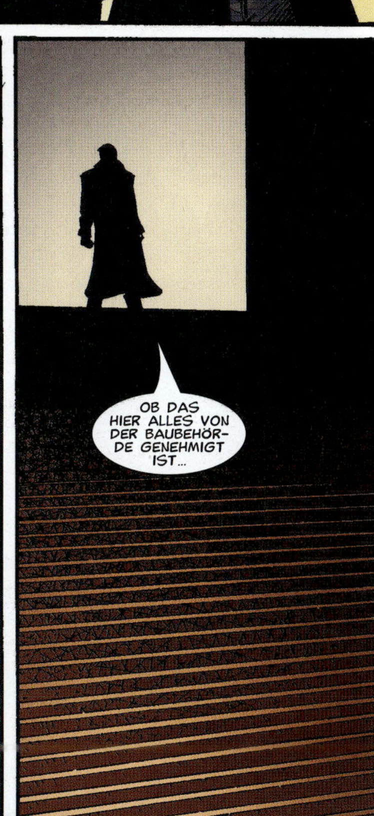
OB DAS HIER ALLES VON DER BAUBEHÖRDE GENEHMIGT IST...

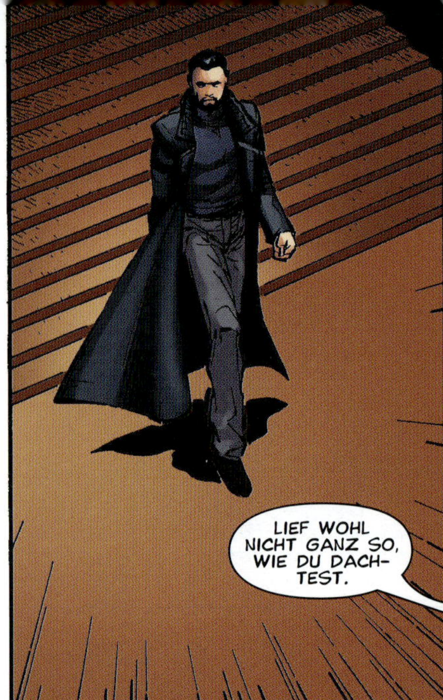
LIEF WOHL NICHT GANZ SO, WIE DU DACHTEST.

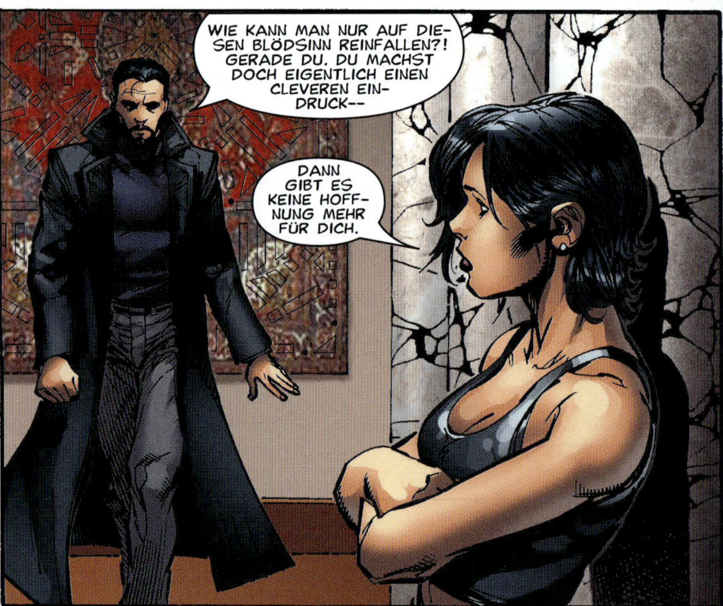
WIE KANN MAN NUR AUF DIESEN BLÖDSINN REINFALLEN?! GERADE DU. DU MACHST DOCH EIGENTLICH EINEN CLEVEREN EINDRUCK--
DANN GIBT ES KEINE HOFFNUNG MEHR FÜR DICH.

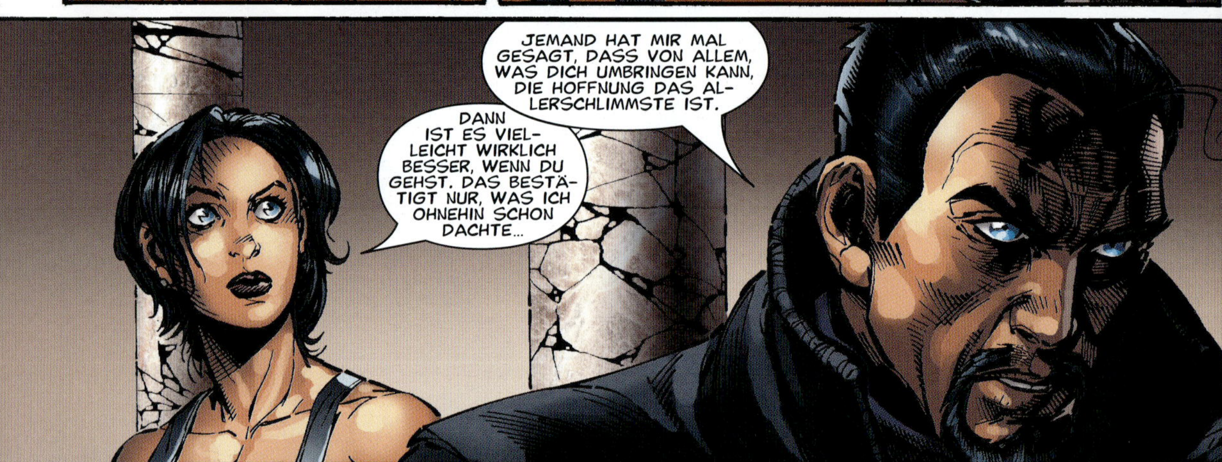
JEMAND HAT MIR MAL GESAGT, DASS VON ALLEM, WAS DICH UMBRINGEN KANN, DIE HOFFNUNG DAS ALLERSCHLIMMSTE IST.
DANN IST ES VIELLEICHT WIRKLICH BESSER, WENN DU GEHST. DAS BESTÄTIGT NUR, WAS ICH OHNEHIN SCHON DACHTE...

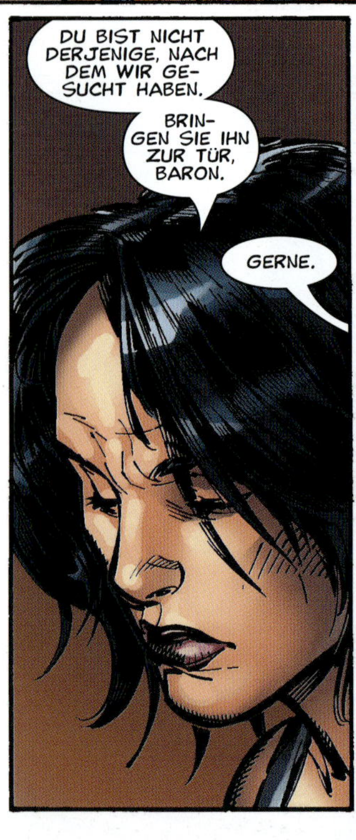
DU BIST NICHT DERJENIGE, NACH DEM WIR GESUCHT HABEN.
BRINGEN SIE IHN ZUR TÜR, BARON.
GERNE.

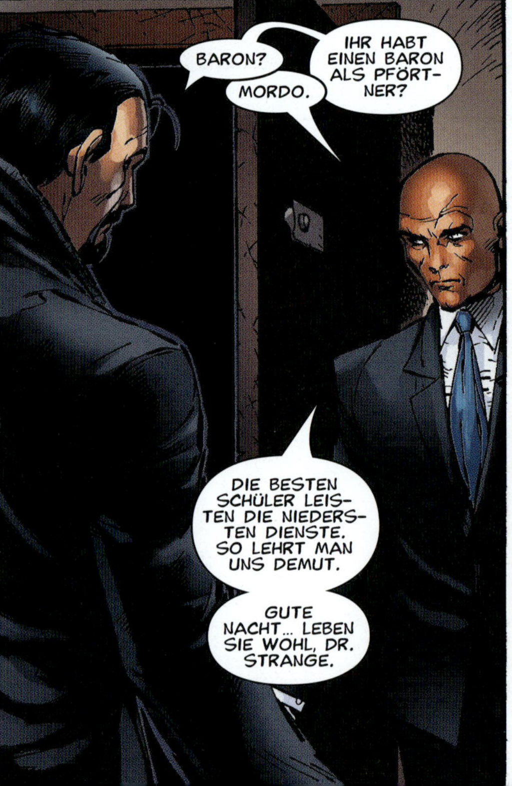
BARON?
IHR HABT EINEN BARON ALS PFÖRTNER?
MORDO.
DIE BESTEN SCHÜLER LEISTEN DIE NIEDERSTEN DIENSTE. SO LEHRT MAN UNS DEMUT.
GUTE NACHT... LEBEN SIE WOHL, DR. STRANGE.

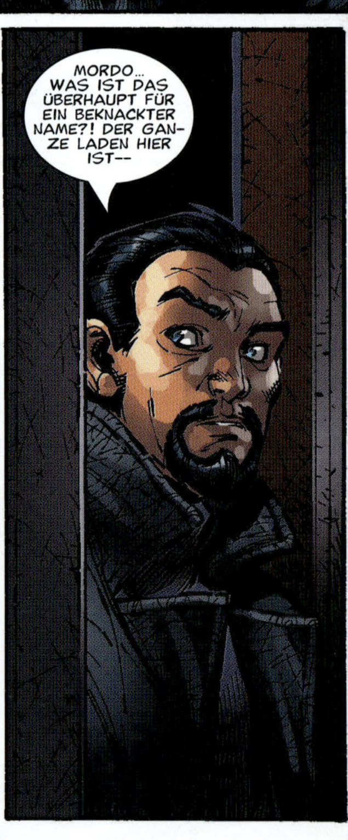
MORDO... WAS IST DAS ÜBERHAUPT FÜR EIN BEKNACKTER NAME?! DER GANZE LADEN HIER IST--

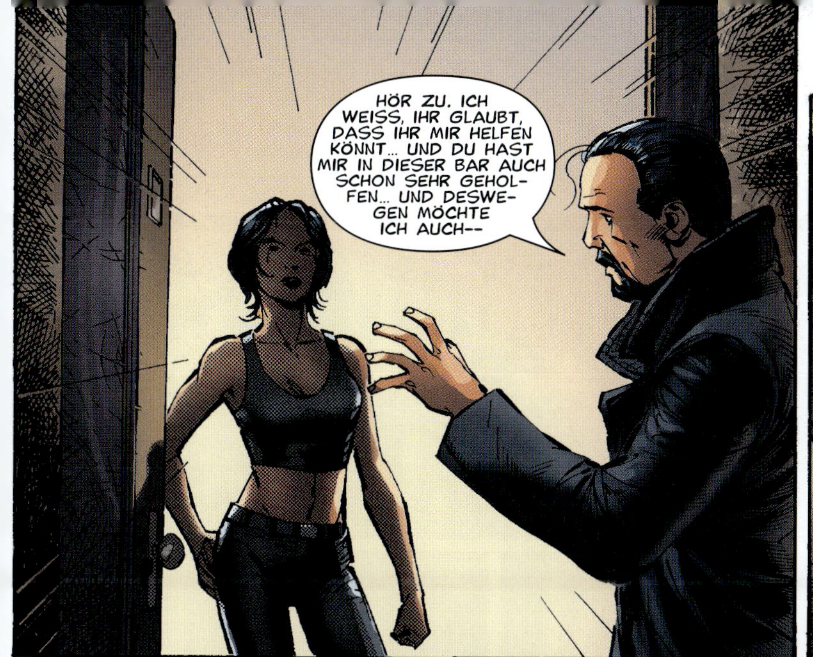
HÖR ZU. ICH WEISS, IHR GLAUBT, DASS IHR MIR HELFEN KÖNNT... UND DU HAST MIR IN DIESER BAR AUCH SCHON SEHR GEHOL-FEN... UND DESWE-GEN MÖCHTE ICH AUCH--

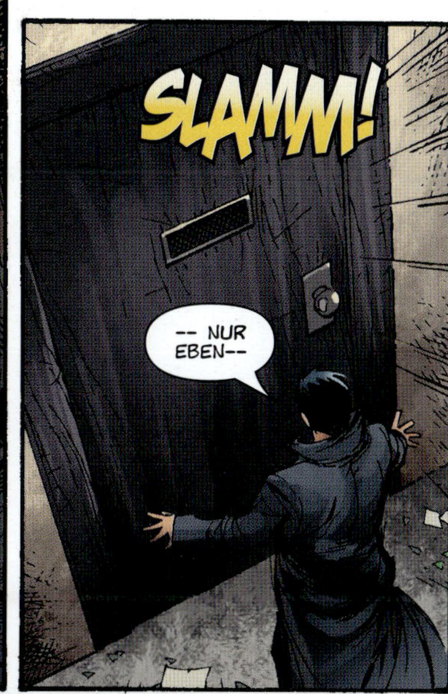
SLAMM!
-- NUR EBEN--

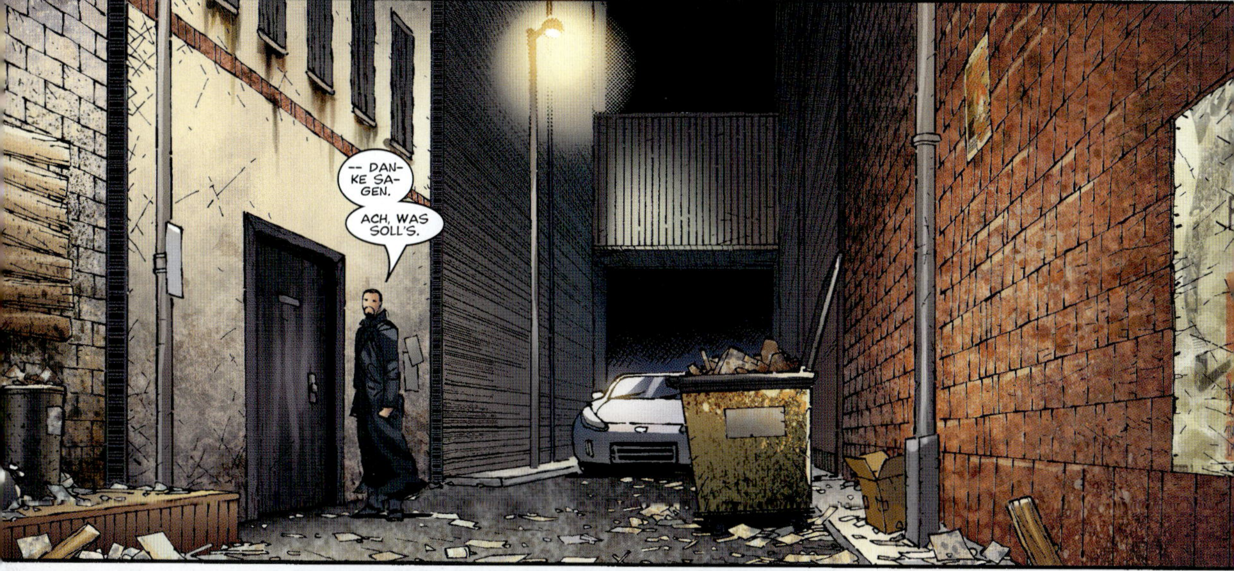
-- DAN-KE SA-GEN.
ACH, WAS SOLL'S.

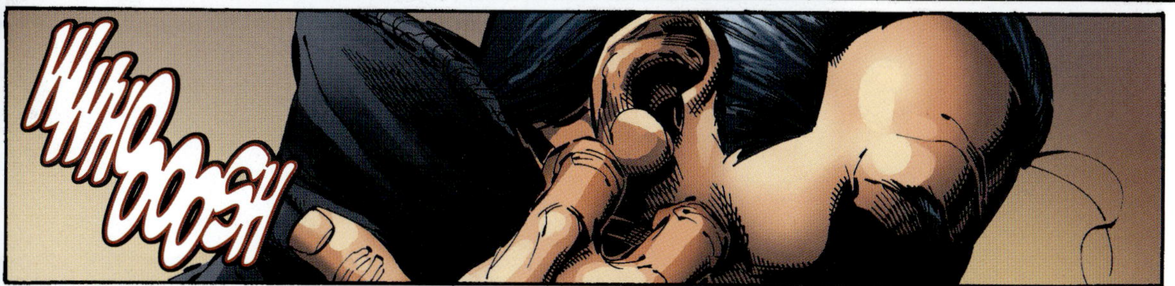
WHOOOOSH

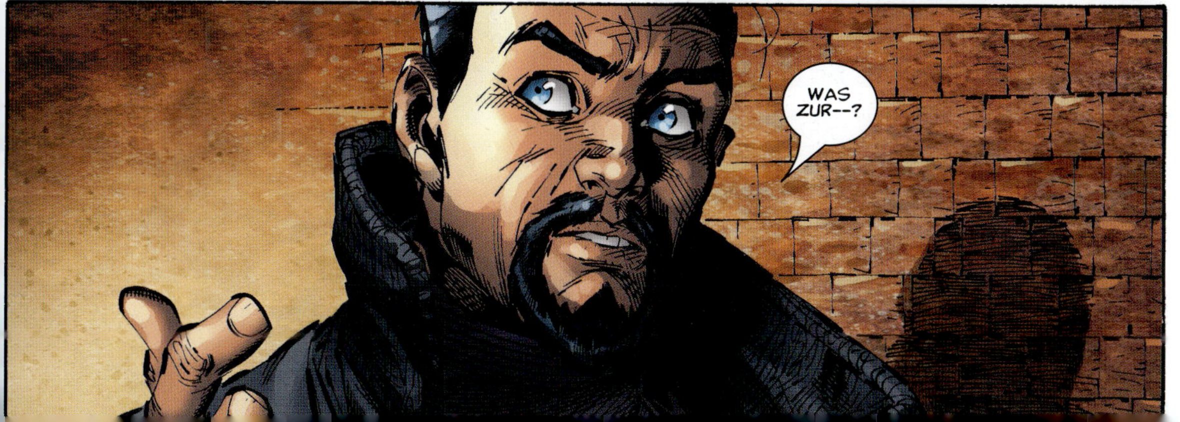
WAS ZUR--?

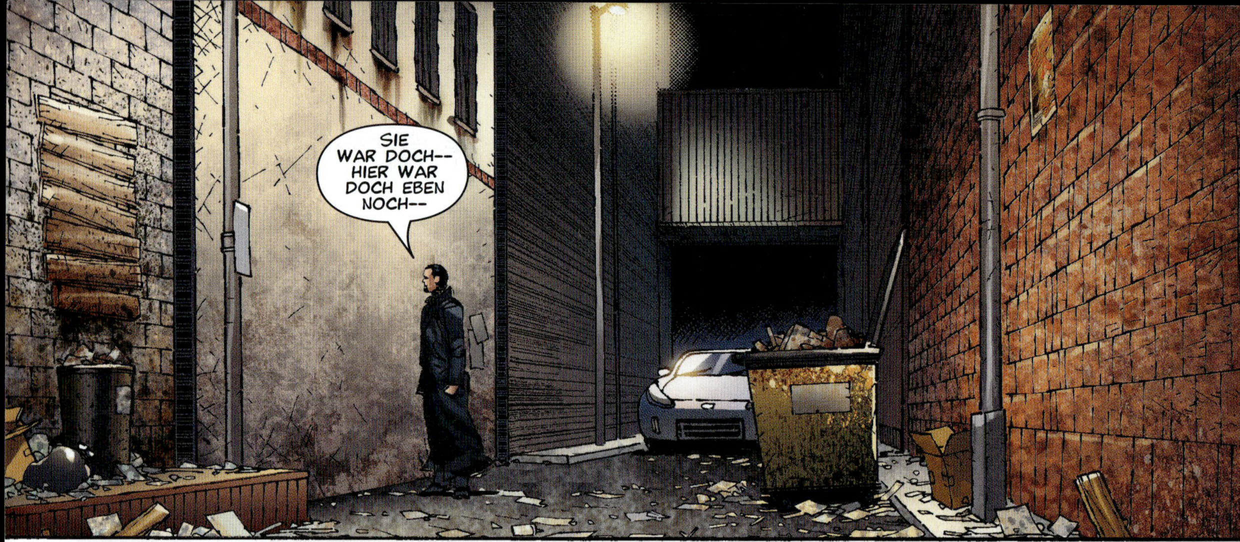
SIE WAR DOCH-- HIER WAR DOCH EBEN NOCH--

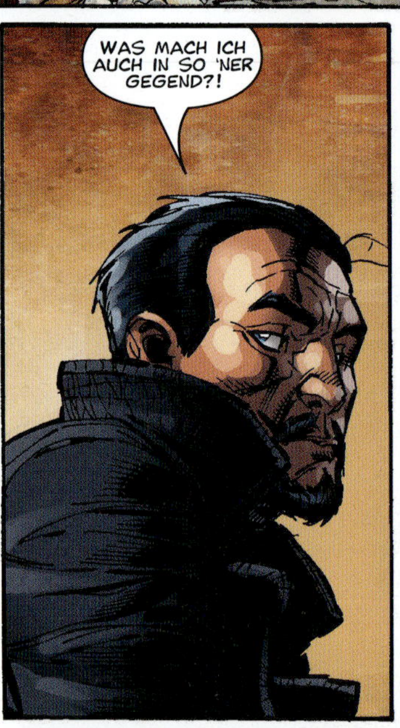
WAS MACH ICH AUCH IN SO 'NER GEGEND?!

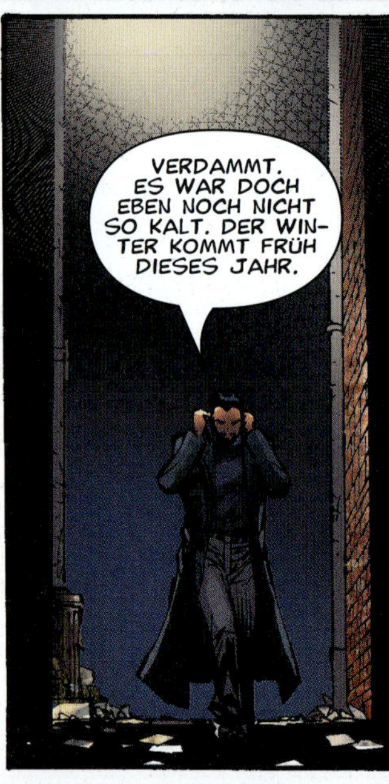
VERDAMMT. ES WAR DOCH EBEN NOCH NICHT SO KALT. DER WINTER KOMMT FRÜH DIESES JAHR.

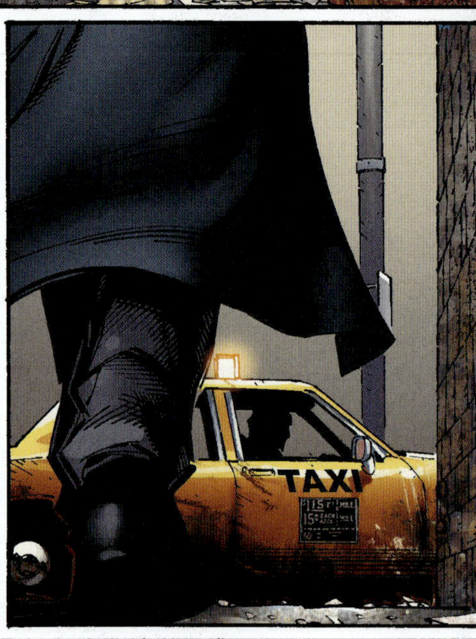
TAXI

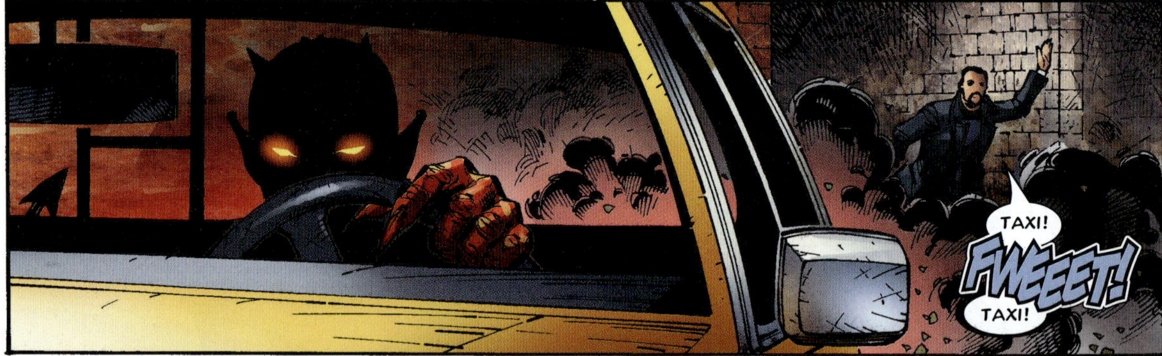
TAXI!
FWEEET!
TAXI!

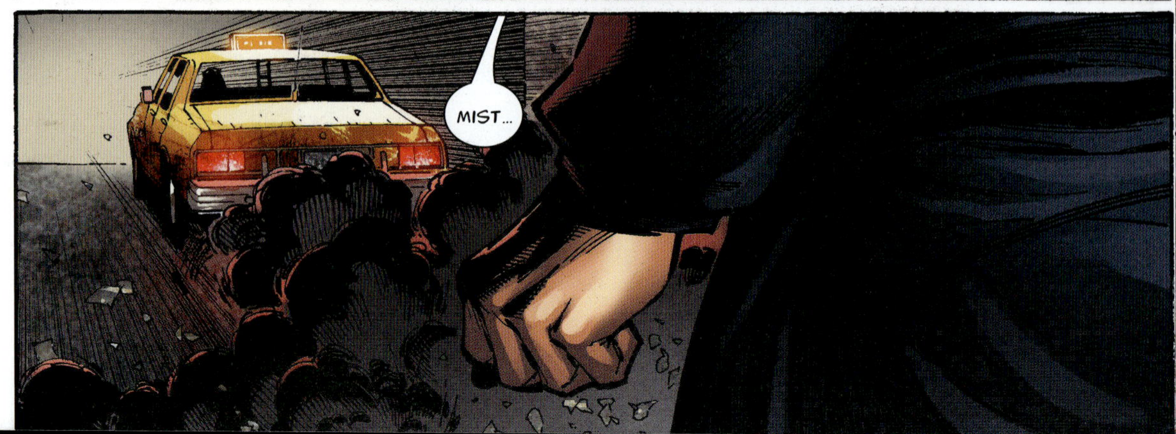
MIST...

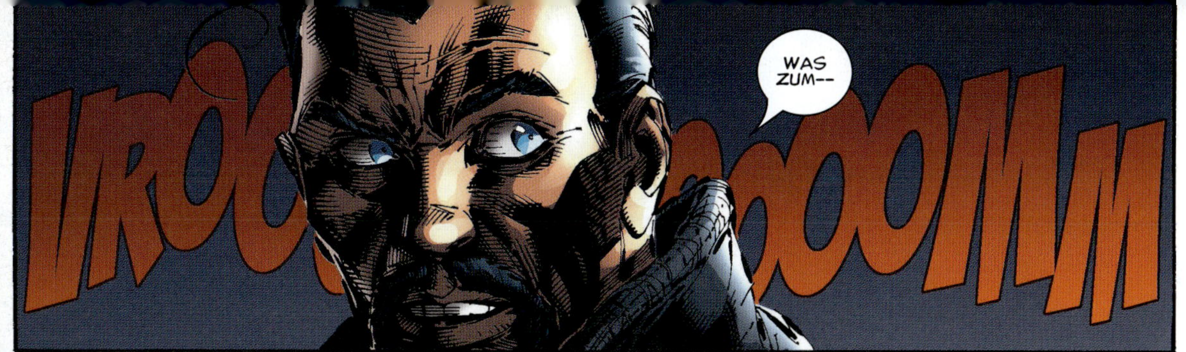
VROOO
OOOOMM
WAS ZUM--

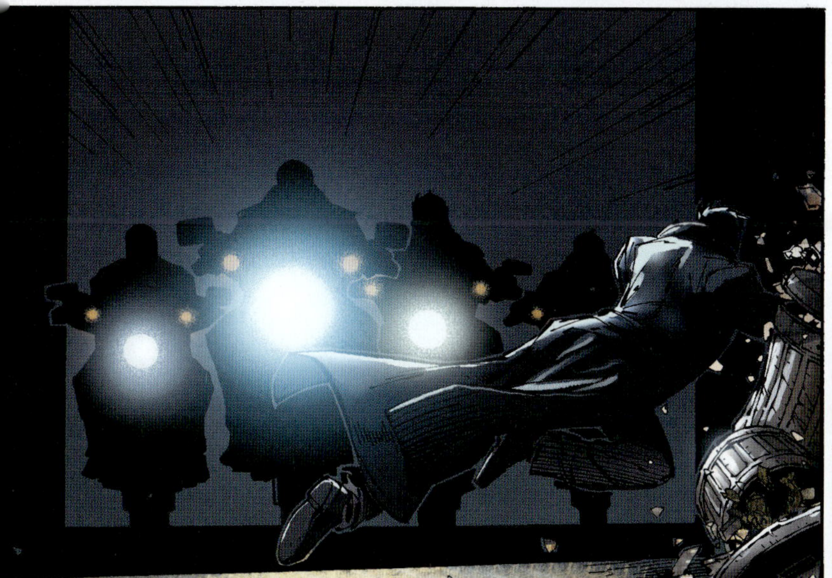

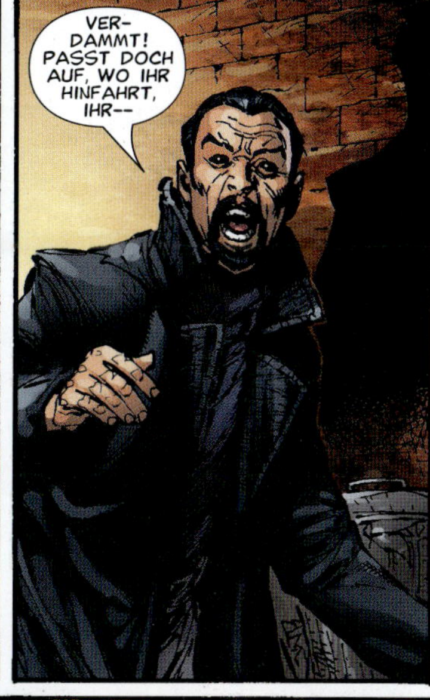
VER-DAMMT! PASST DOCH AUF, WO IHR HINFAHRT, IHR--

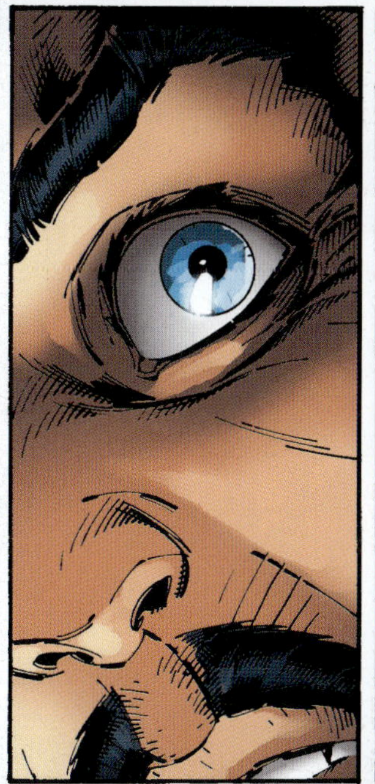

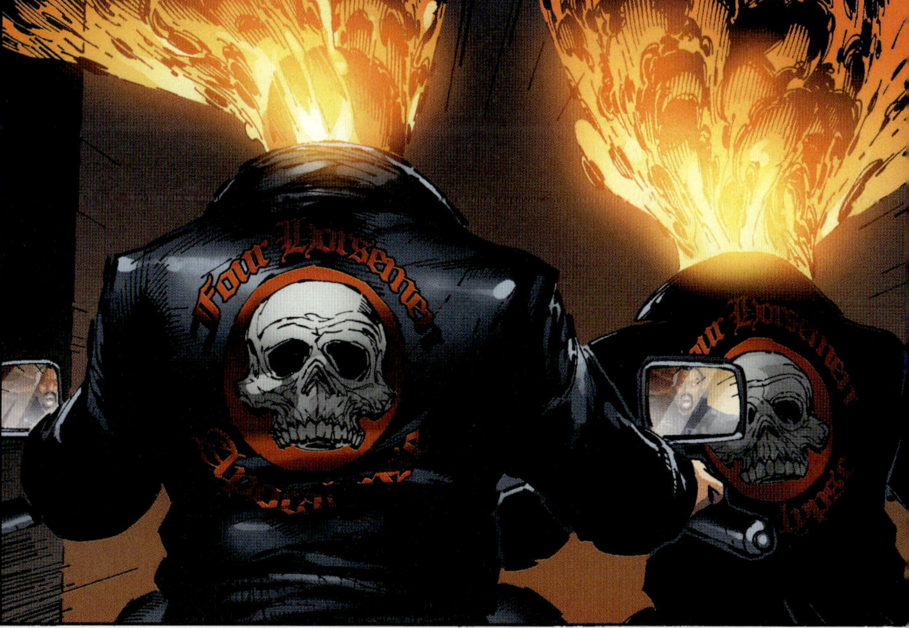
Four Horsemen

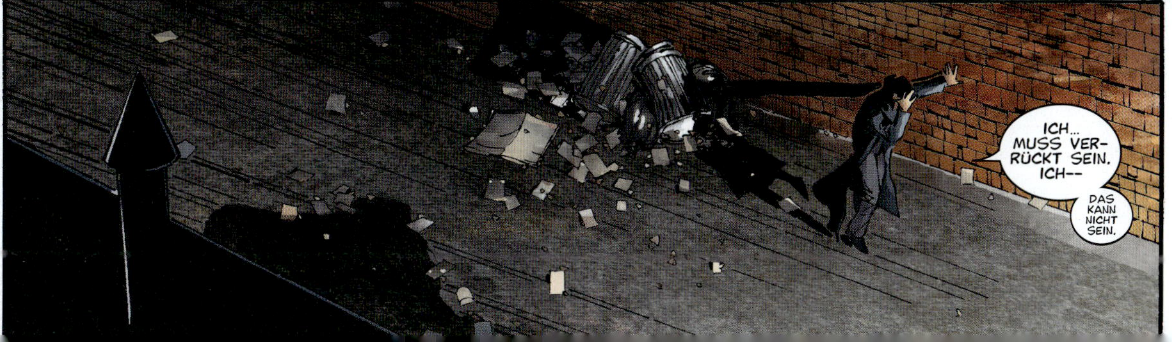
ICH... MUSS VER-RÜCKT SEIN. ICH--
DAS KANN NICHT SEIN.

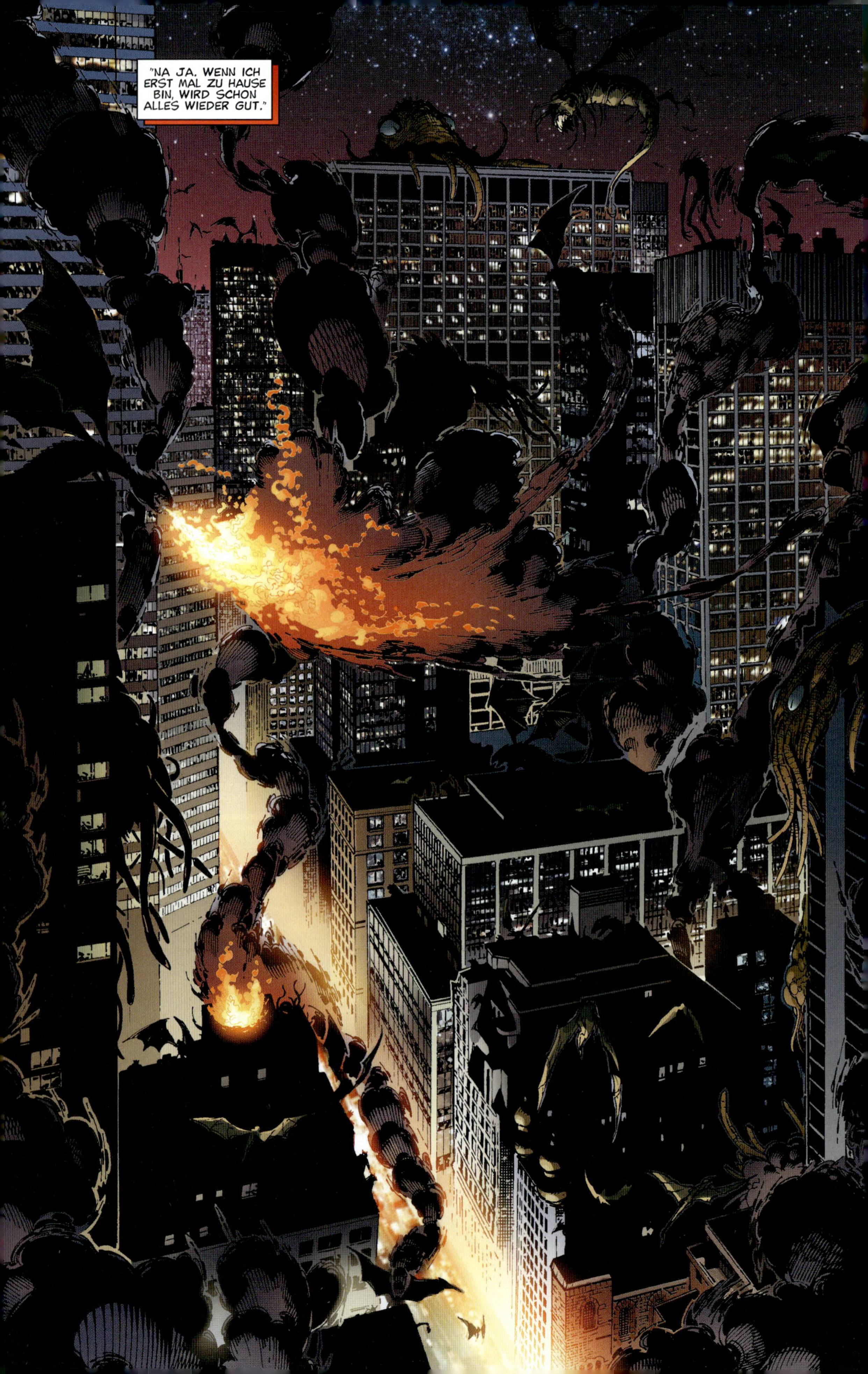
"NA JA. WENN ICH ERST MAL ZU HAUSE BIN, WIRD SCHON ALLES WIEDER GUT."

ANFANG UND ENDE, TEIL 4

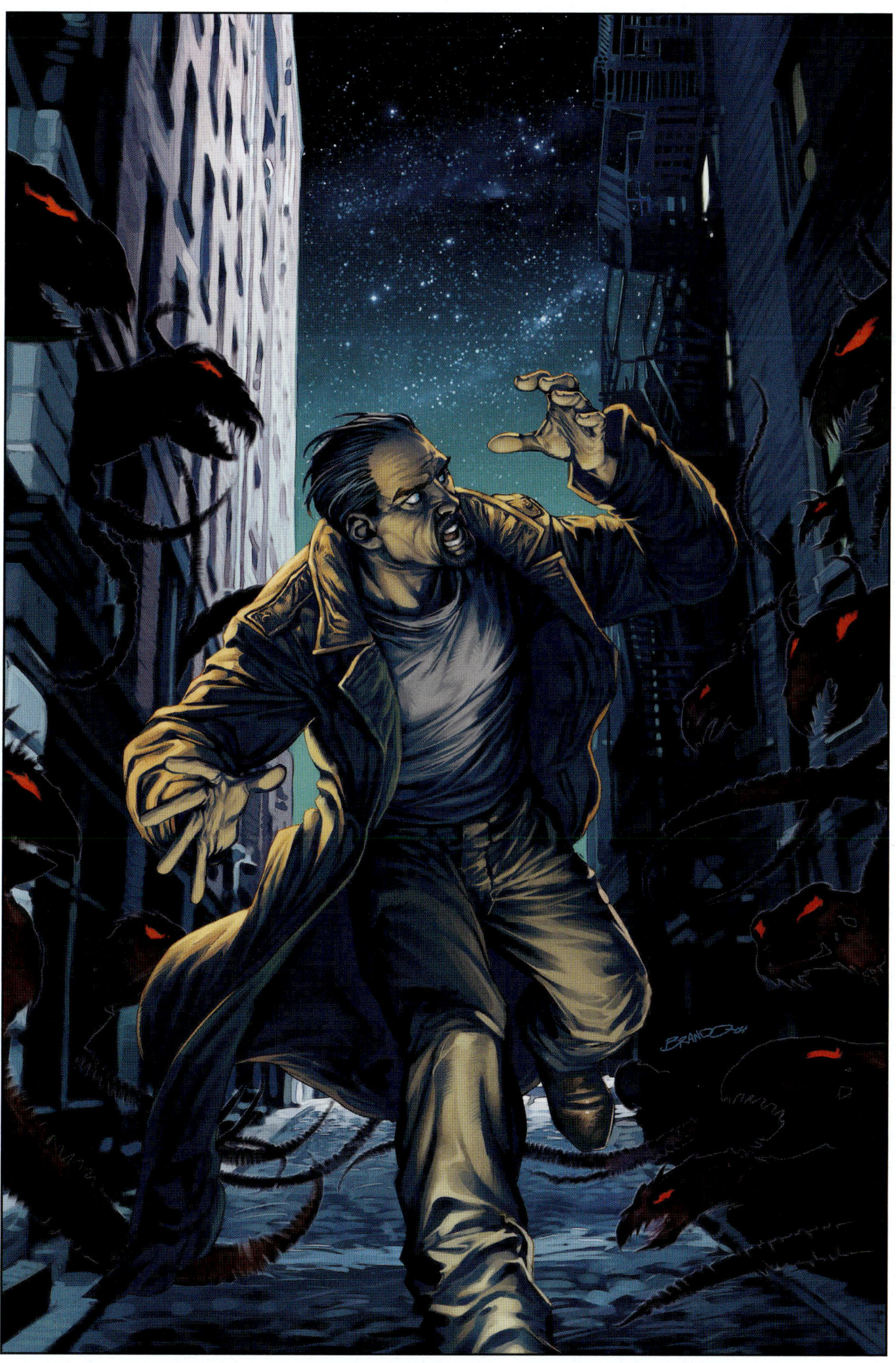

Strange (2004) 4
Cover von **BRANDON PETERSON**

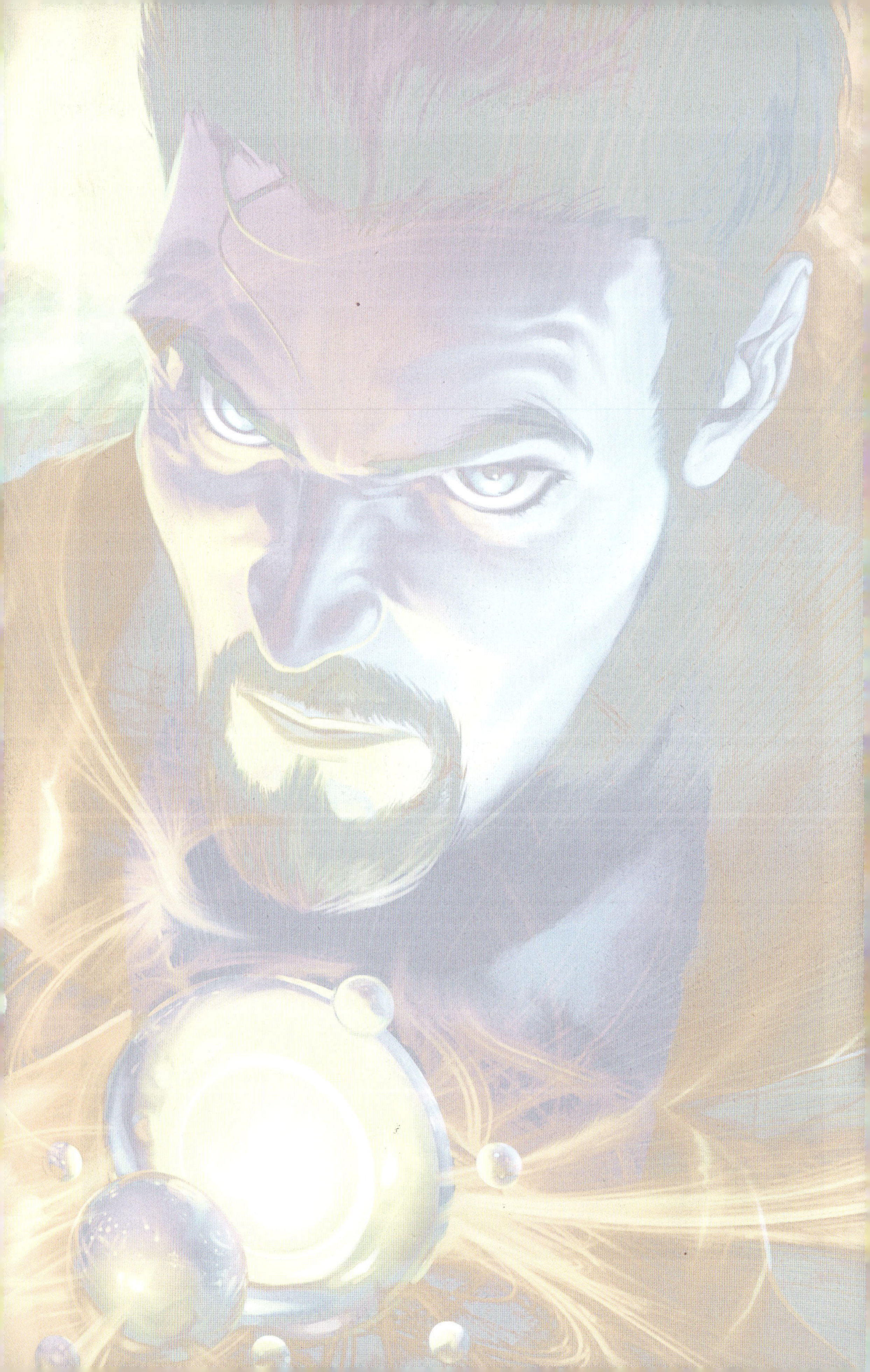

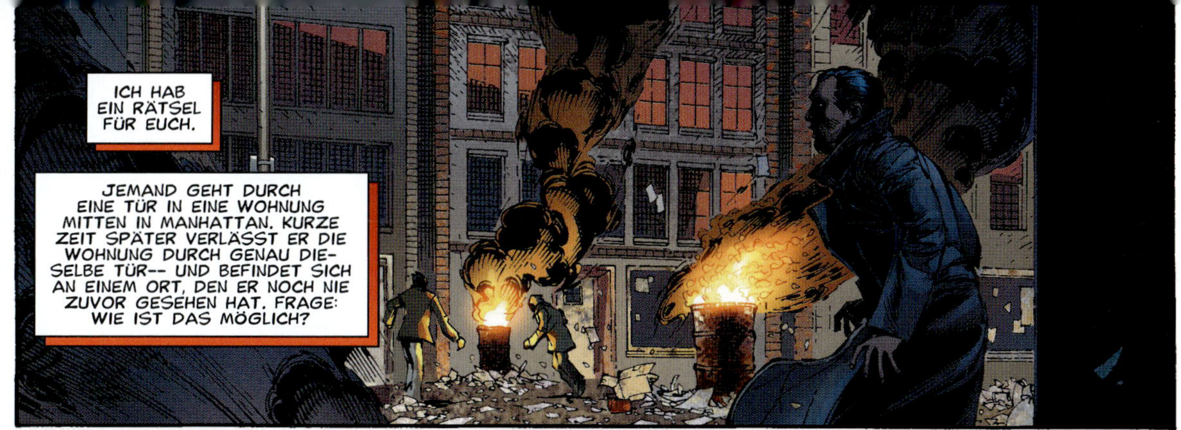
ICH HAB EIN RÄTSEL FÜR EUCH.
JEMAND GEHT DURCH EINE TÜR IN EINE WOHNUNG MITTEN IN MANHATTAN. KURZE ZEIT SPÄTER VERLÄSST ER DIE WOHNUNG DURCH GENAU DIE-SELBE TÜR-- UND BEFINDET SICH AN EINEM ORT, DEN ER NOCH NIE ZUVOR GESEHEN HAT. FRAGE: WIE IST DAS MÖGLICH?

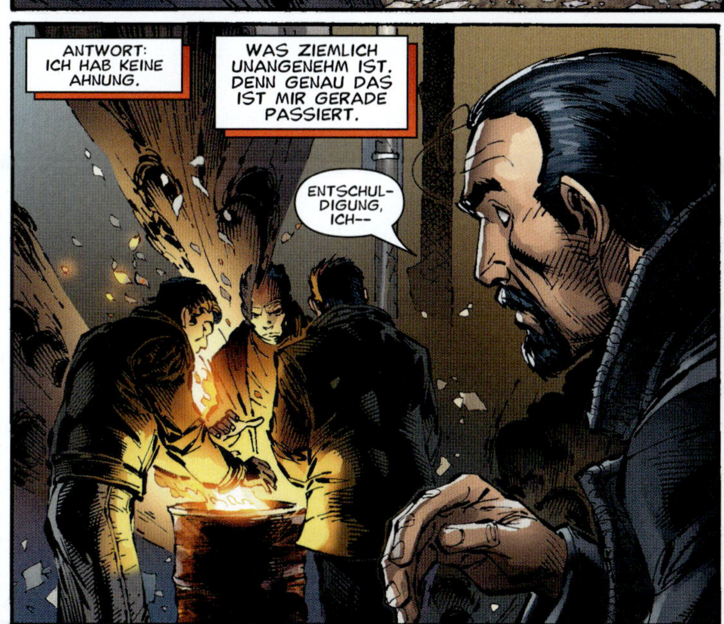
ANTWORT: ICH HAB KEINE AHNUNG.
WAS ZIEMLICH UNANGENEHM IST. DENN GENAU DAS IST MIR GERADE PASSIERT.
ENTSCHUL-DIGUNG, ICH--

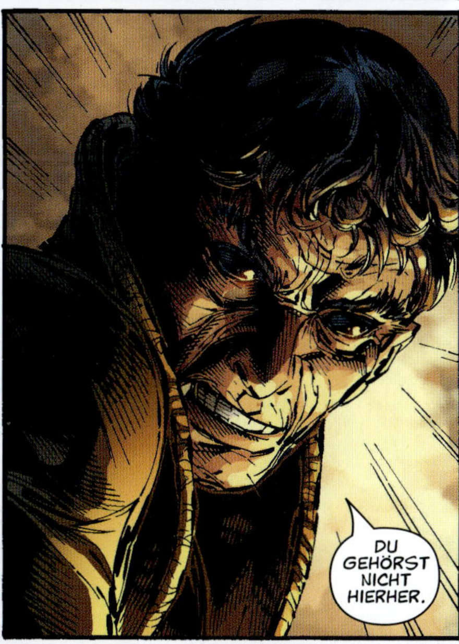
DU GEHÖRST NICHT HIERHER.

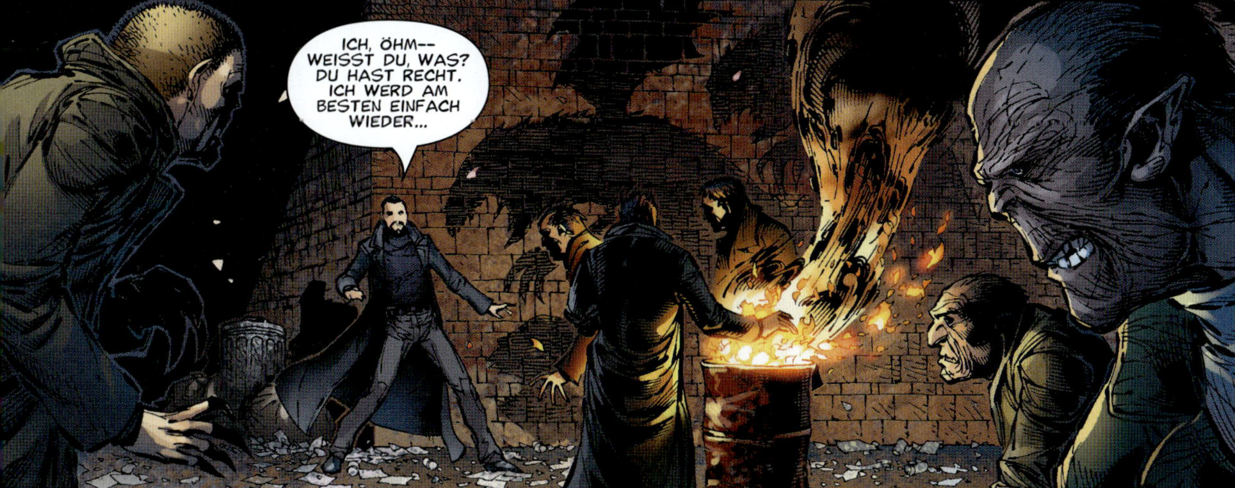
ICH, ÖHM-- WEISST DU, WAS? DU HAST RECHT. ICH WERD AM BESTEN EINFACH WIEDER...

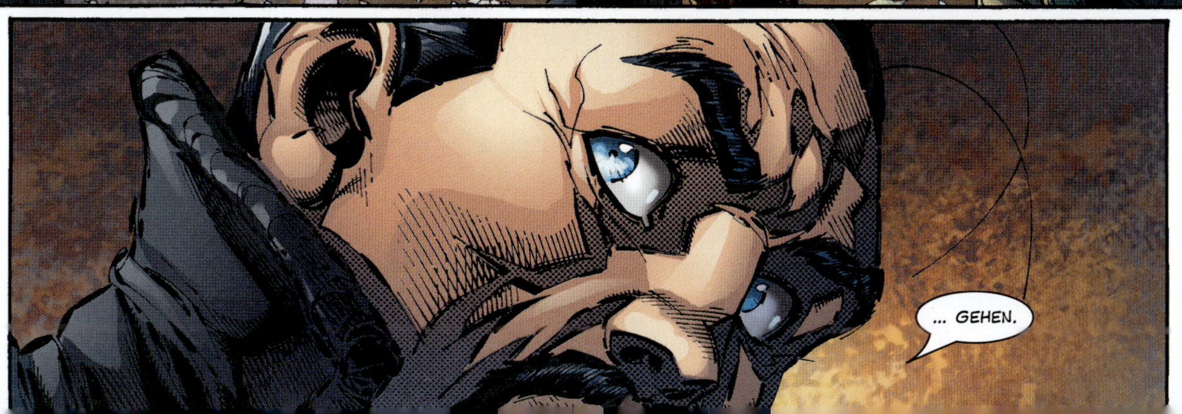
... GEHEN.

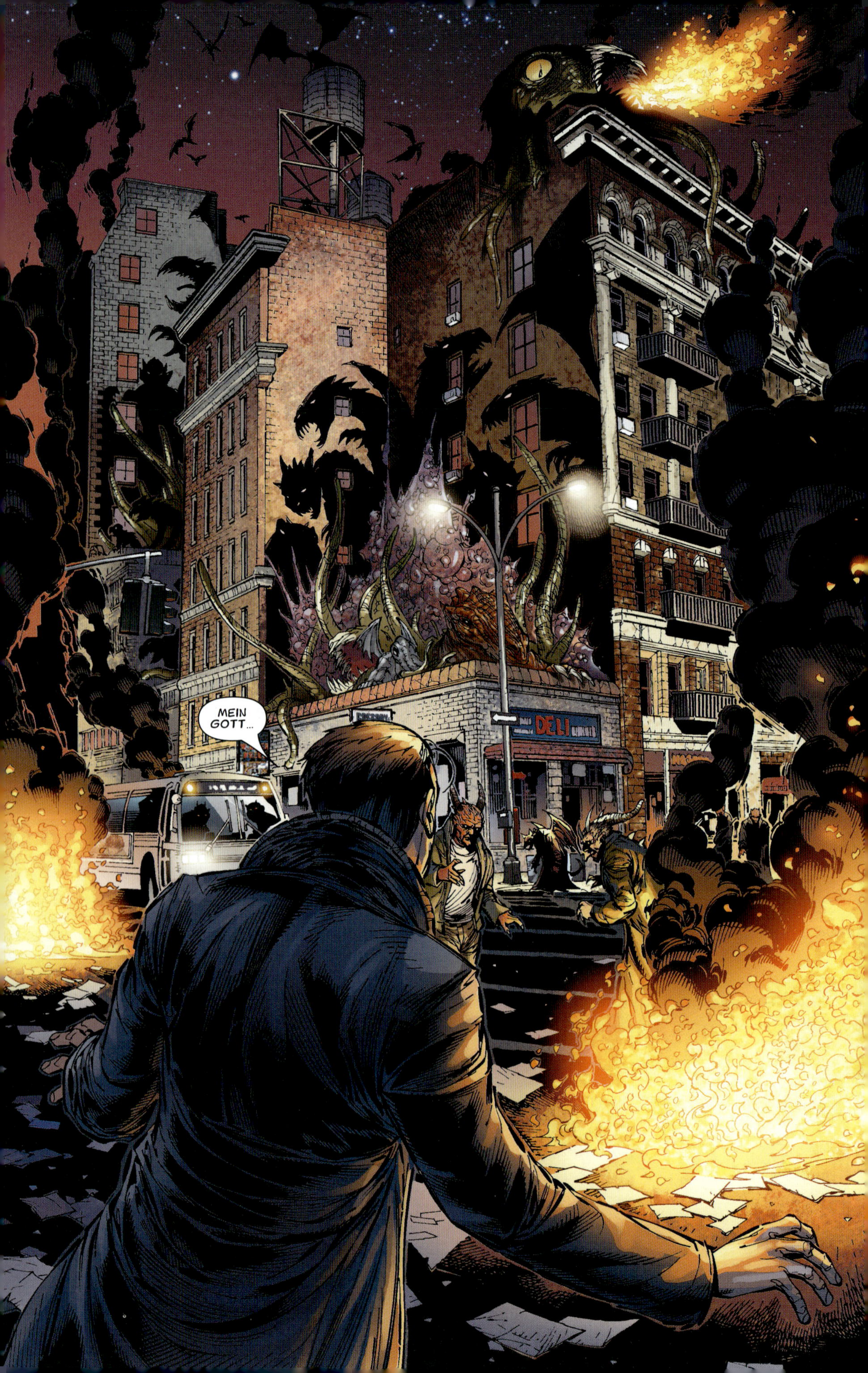
MEIN GOTT...
DELI

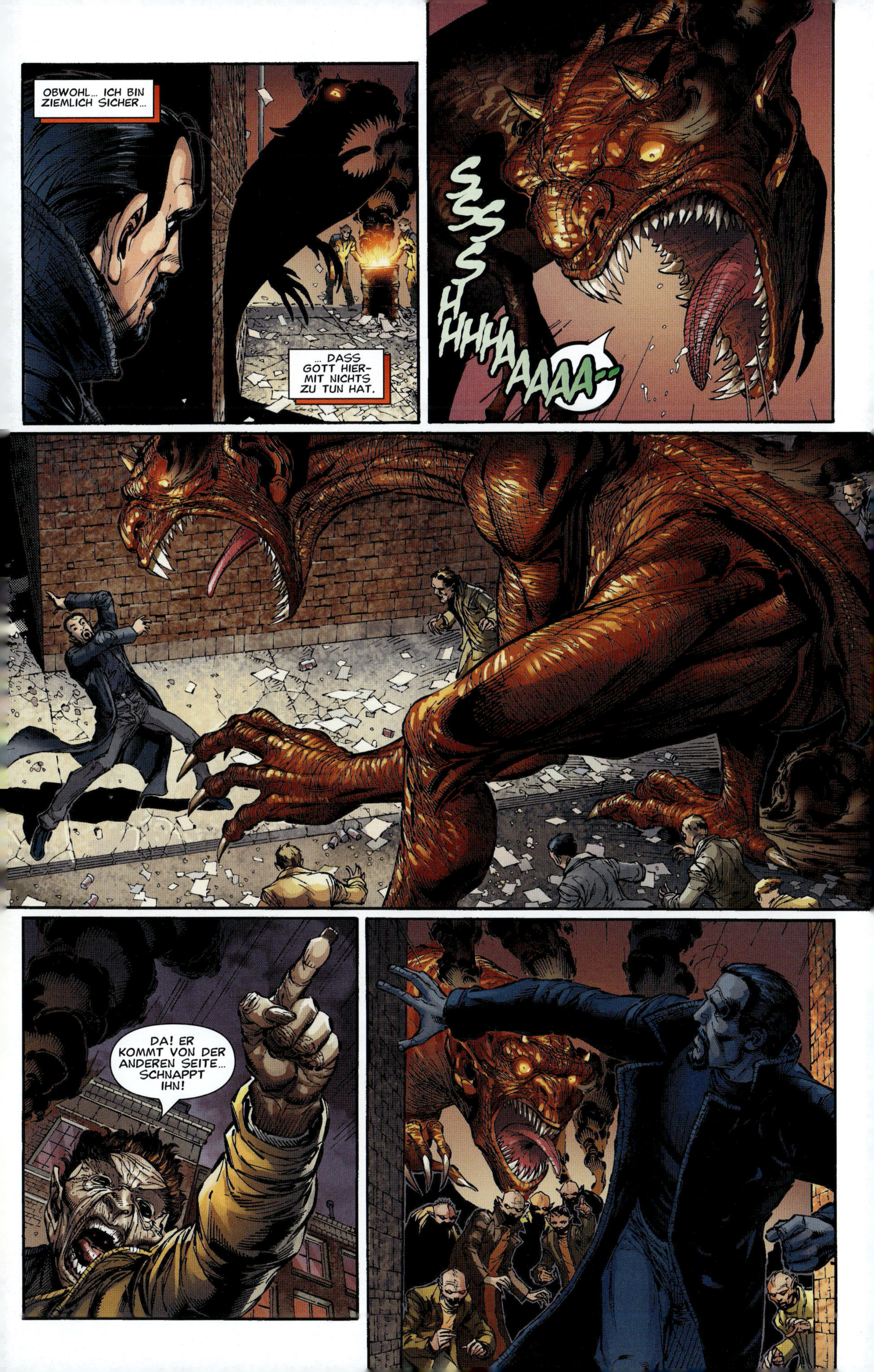

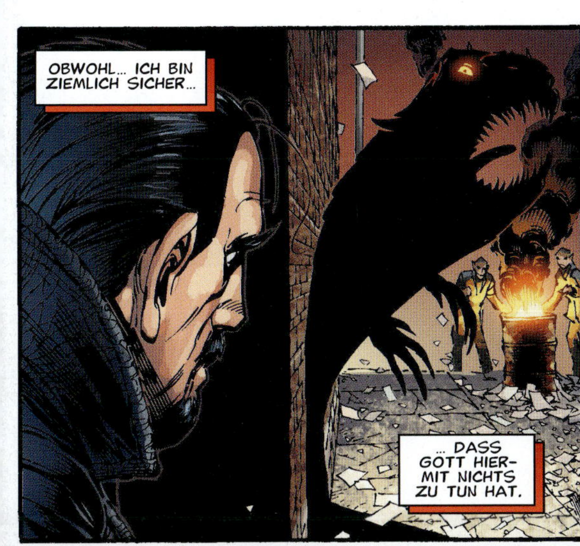
OBWOHL... ICH BIN ZIEMLICH SICHER...
... DASS GOTT HIER-MIT NICHTS ZU TUN HAT.

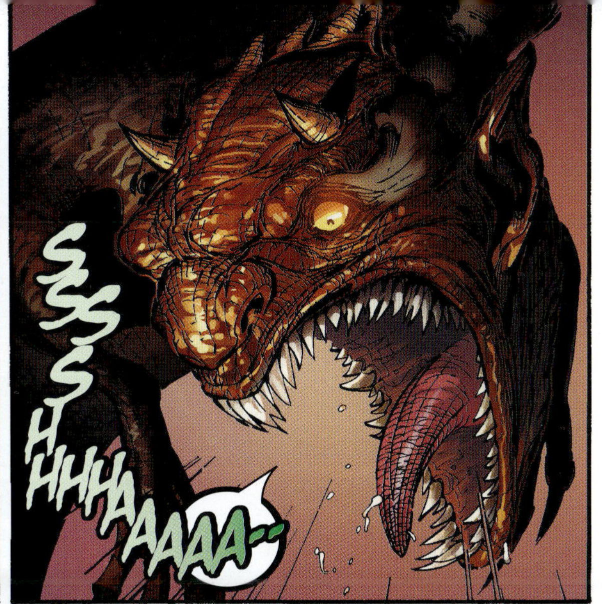
SSSSHHHHAAAAA--

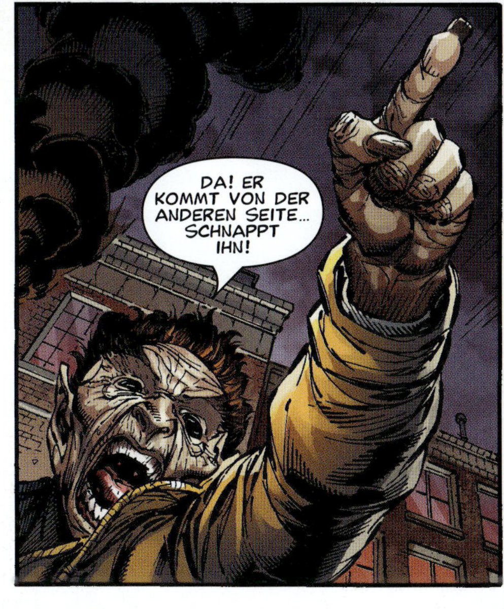
DA! ER KOMMT VON DER ANDEREN SEITE... SCHNAPPT IHN!

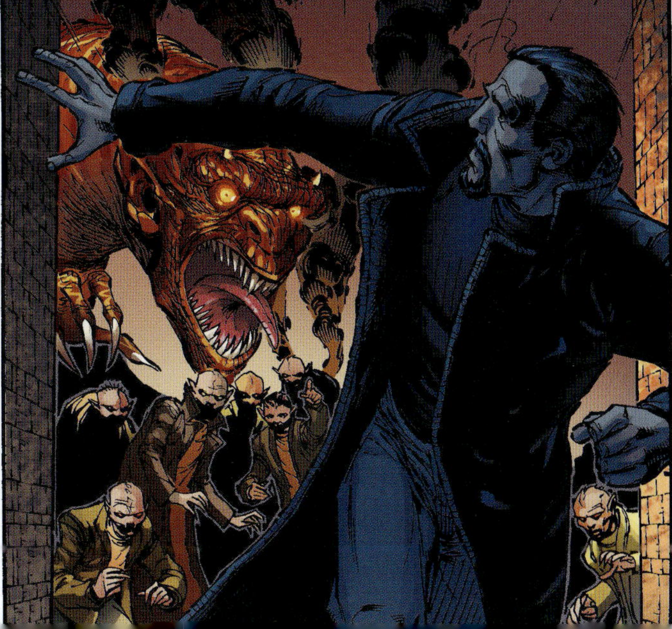

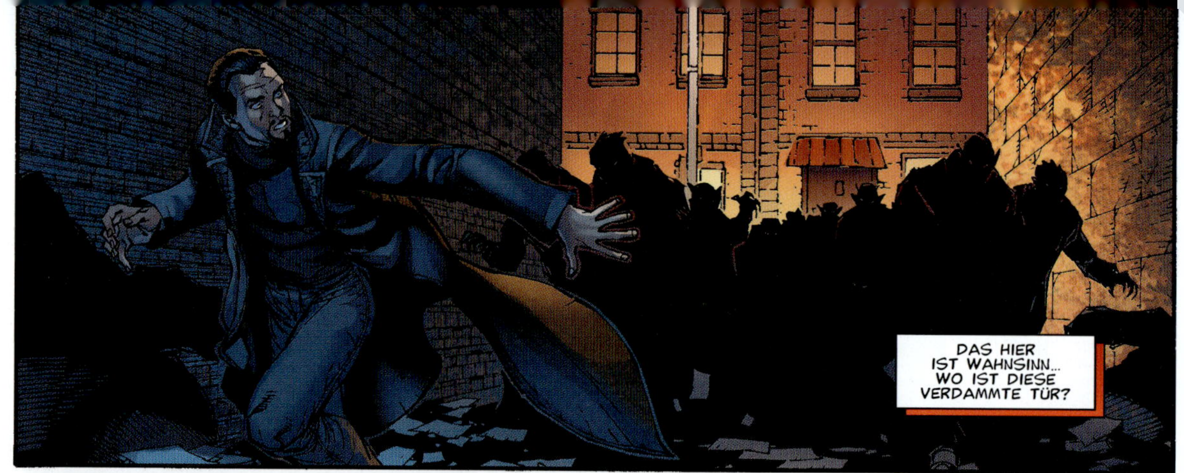
DAS HIER
IST WAHNSINN...
WO IST DIESE
VERDAMMTE TÜR?

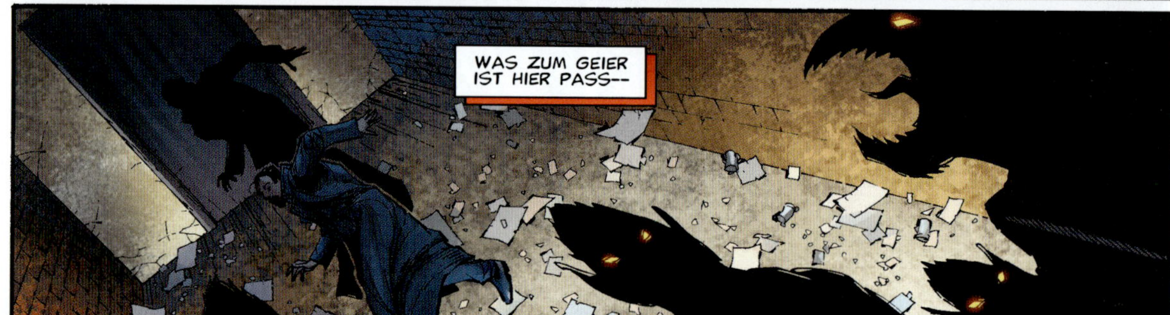
WAS ZUM GEIER
IST HIER PASS--

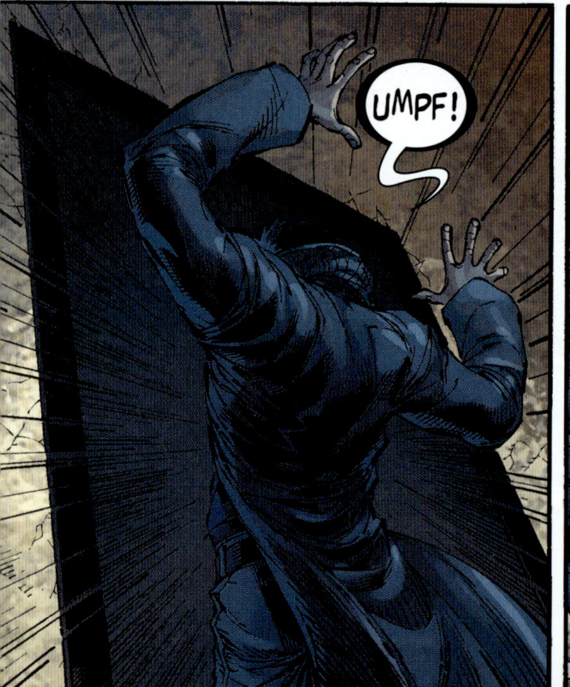
UMPF!

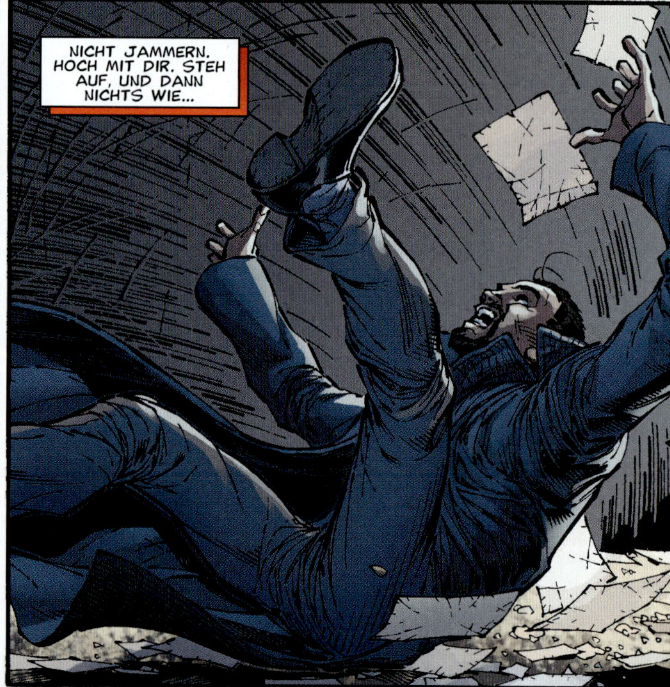
NICHT JAMMERN.
HOCH MIT DIR. STEH
AUF, UND DANN
NICHTS WIE...

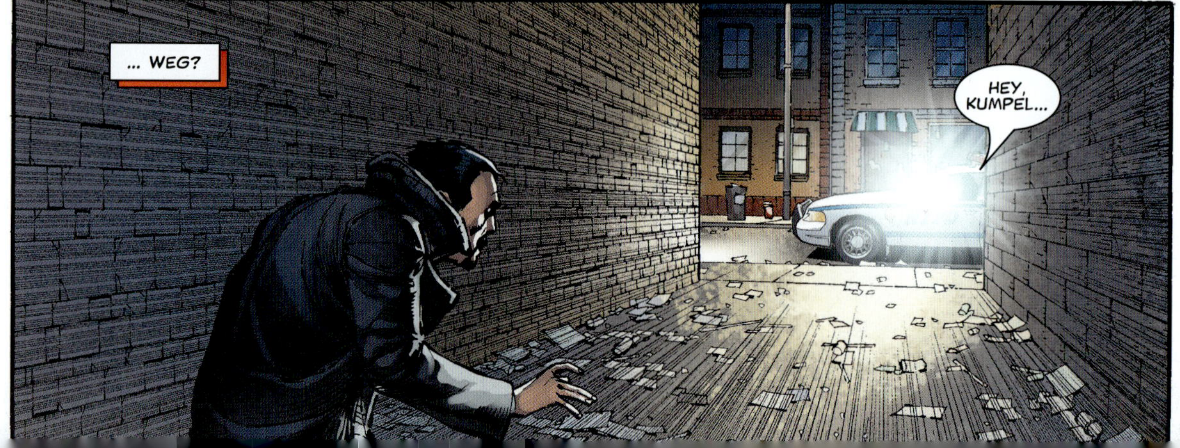
... WEG?
HEY,
KUMPEL...

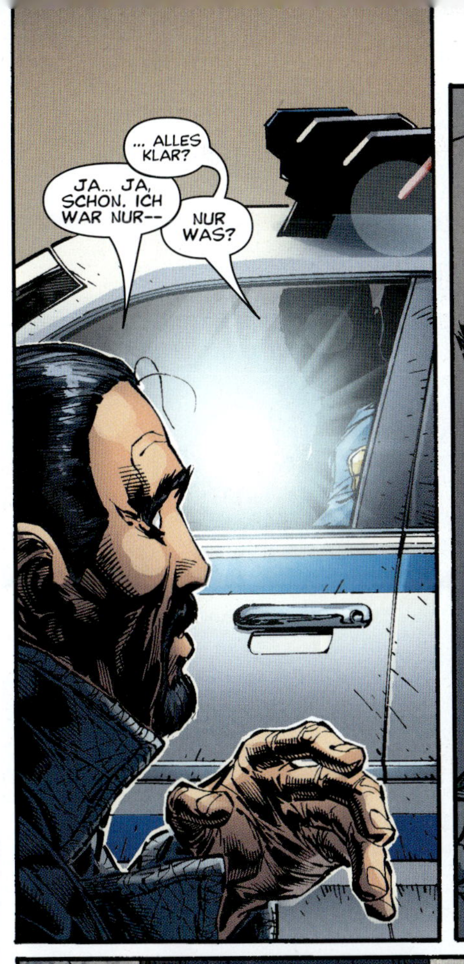
... ALLES KLAR?
JA... JA, SCHON. ICH WAR NUR--
NUR WAS?

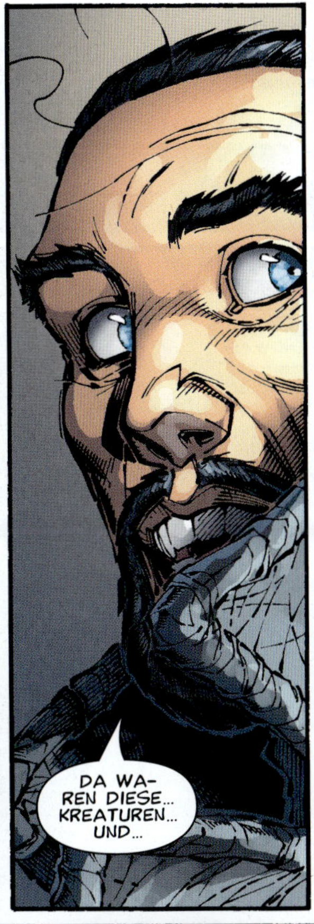
DA WAREN DIESE... KREATUREN... UND...

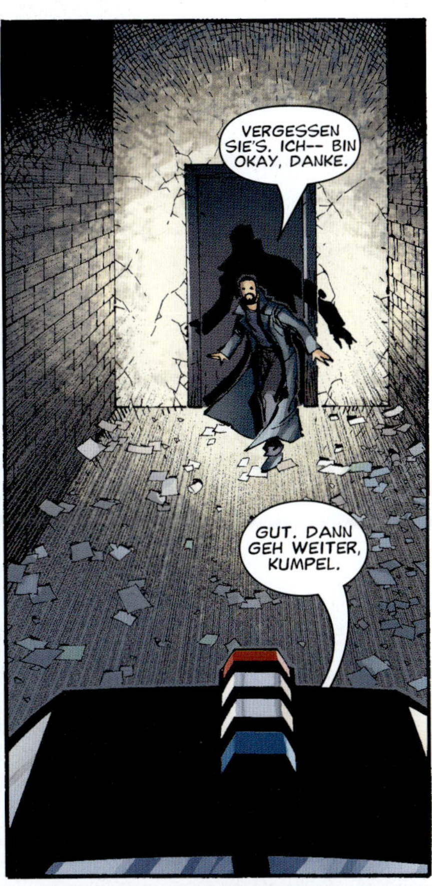
VERGESSEN SIE'S. ICH-- BIN OKAY, DANKE.
GUT. DANN GEH WEITER, KUMPEL.

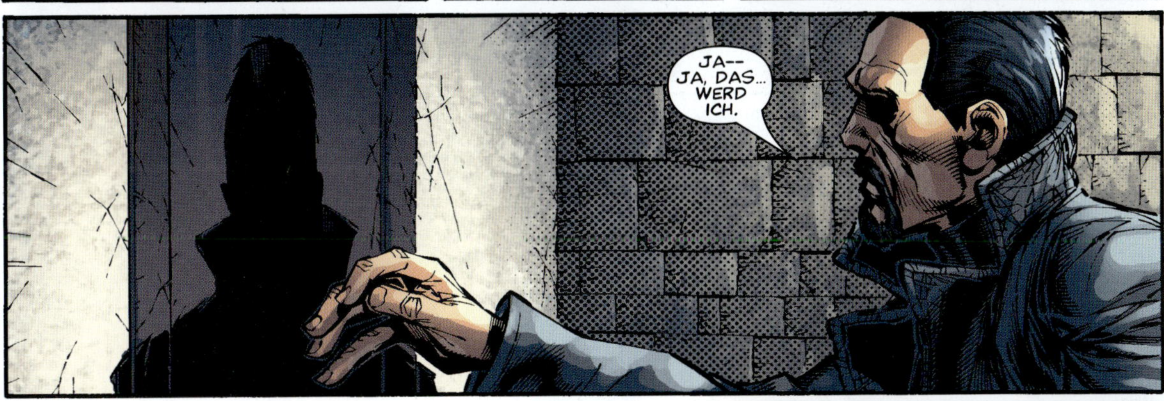
JA-- JA, DAS... WERD ICH.

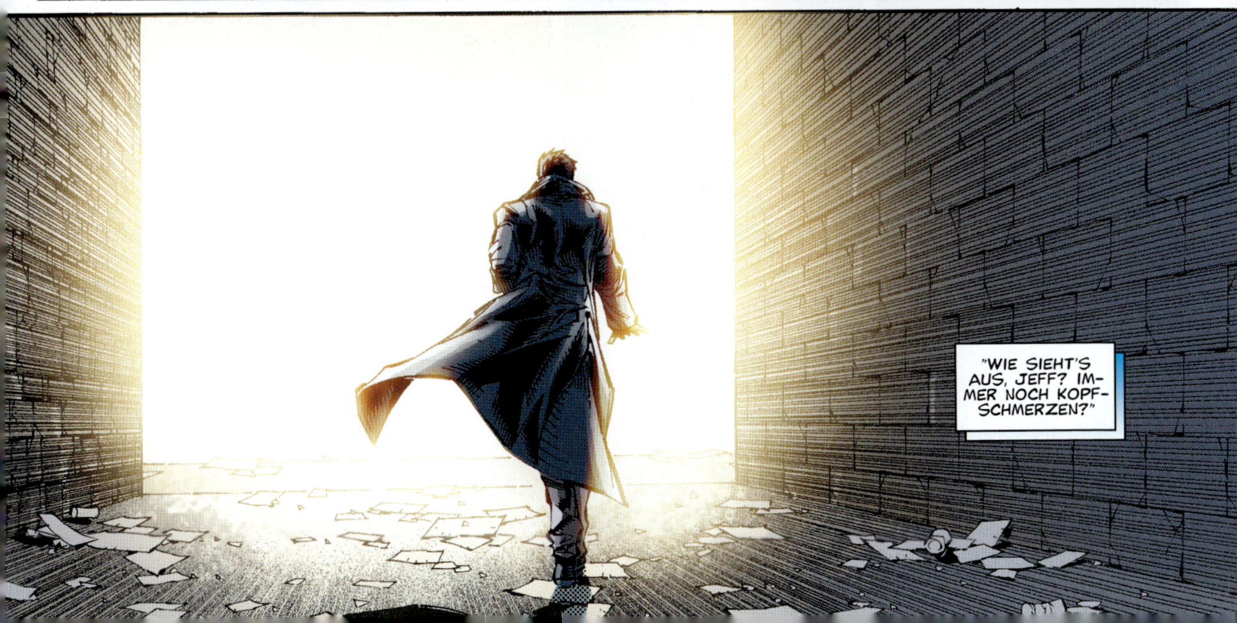
"WIE SIEHT'S AUS, JEFF? IMMER NOCH KOPFSCHMERZEN?"

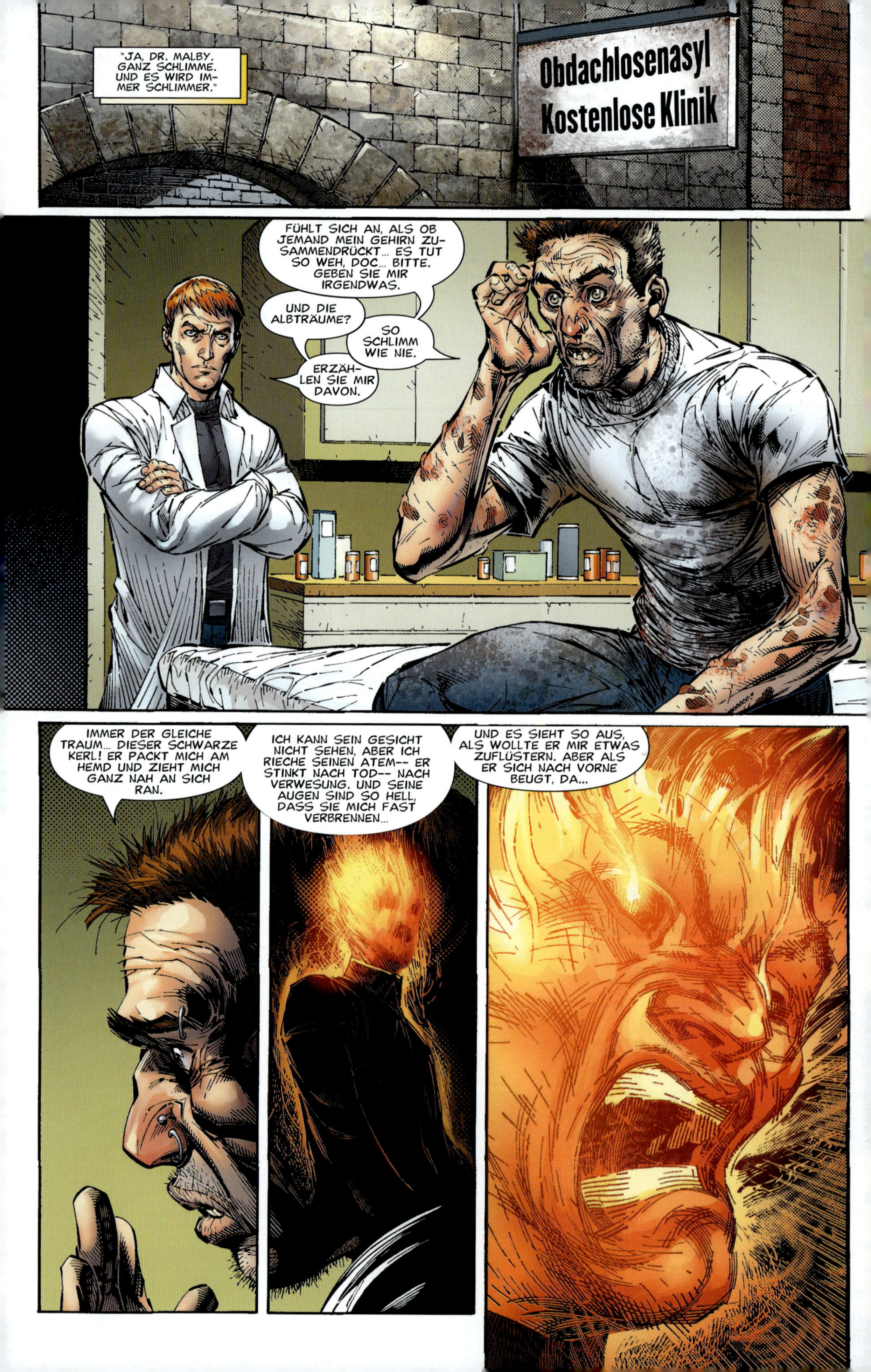

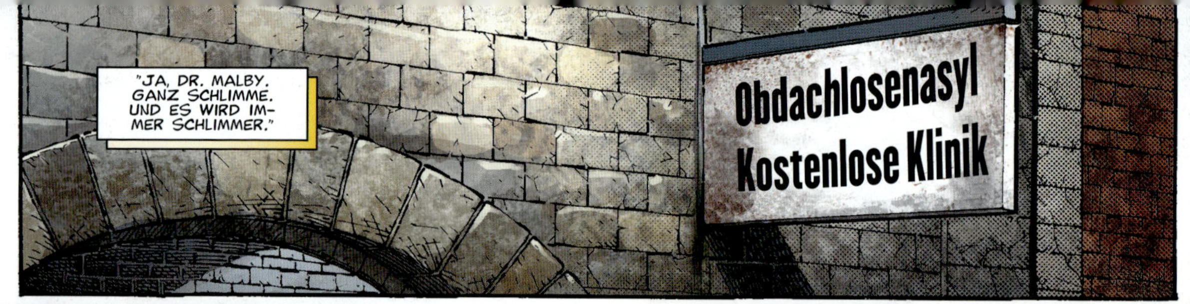

FÜHLT SICH AN, ALS OB JEMAND MEIN GEHIRN ZUSAMMENDRÜCKT... ES TUT SO WEH, DOC... BITTE. GEBEN SIE MIR IRGENDWAS.
UND DIE ALBTRÄUME?
SO SCHLIMM WIE NIE.
ERZÄHLEN SIE MIR DAVON.

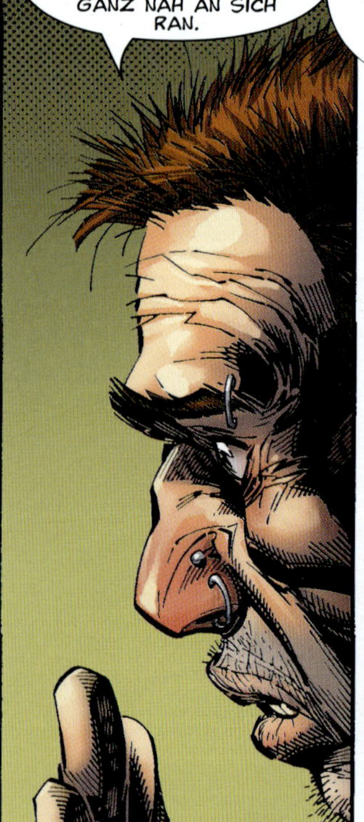

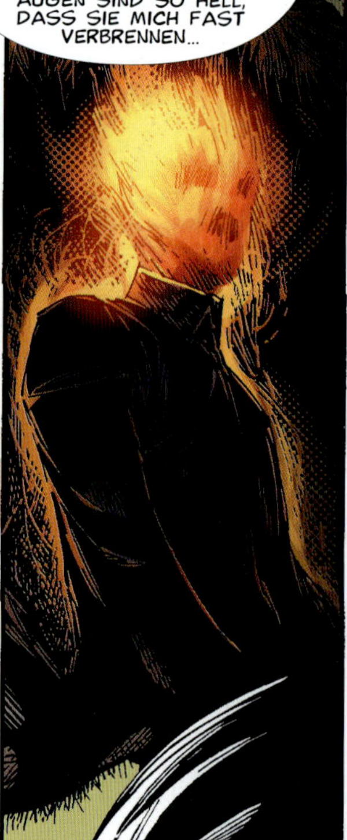

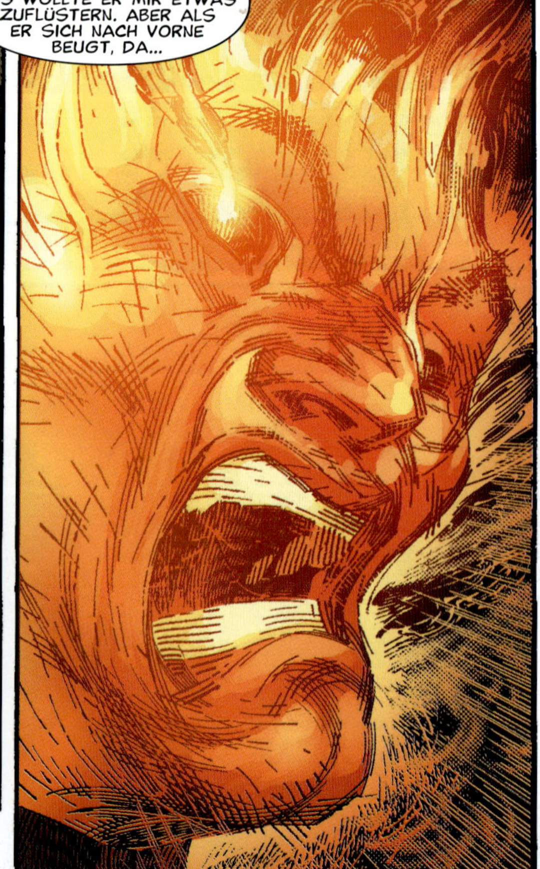

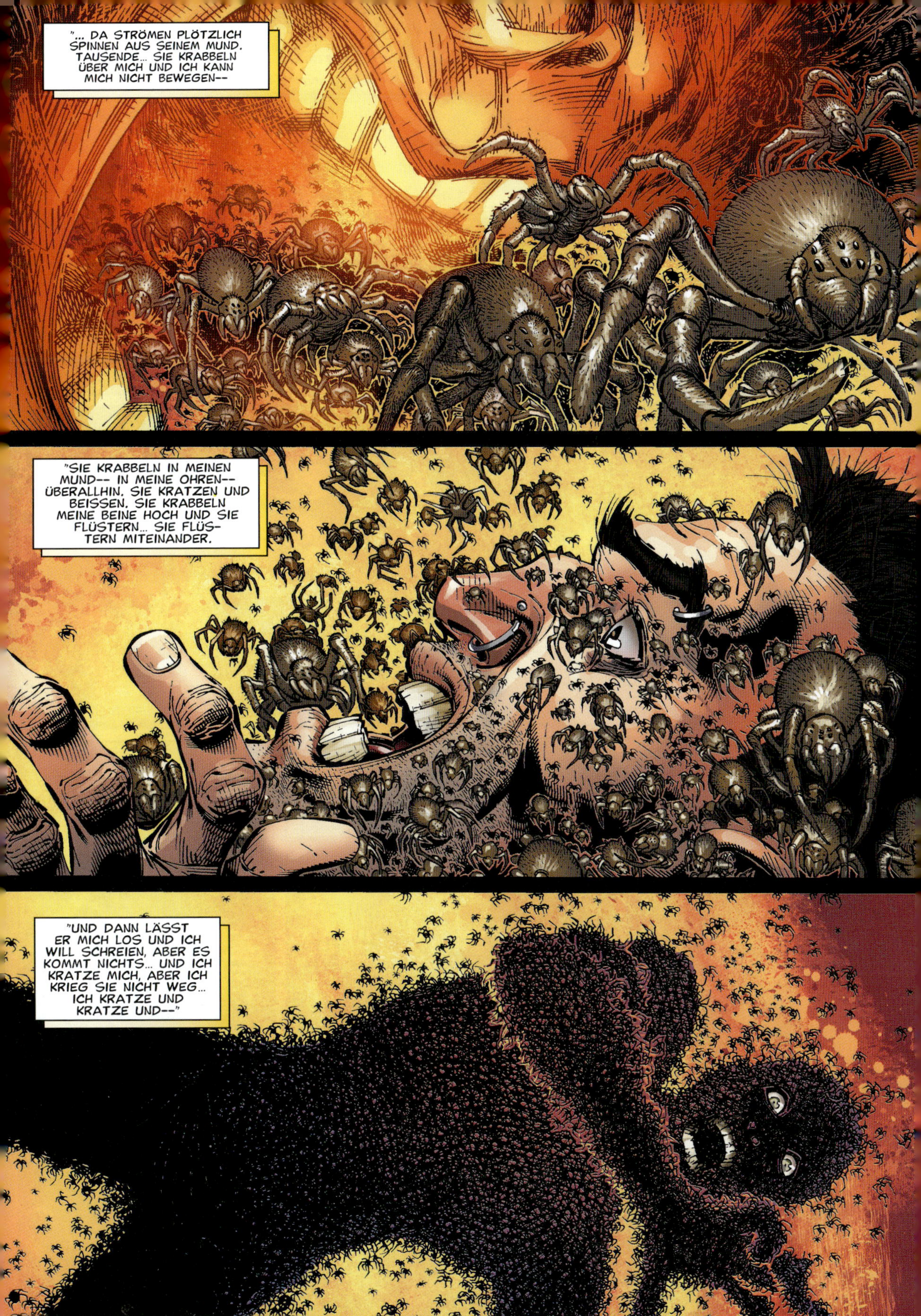
"... DA STRÖMEN PLÖTZLICH SPINNEN AUS SEINEM MUND. TAUSENDE... SIE KRABBELN ÜBER MICH UND ICH KANN MICH NICHT BEWEGEN--
"SIE KRABBELN IN MEINEN MUND-- IN MEINE OHREN-- ÜBERALLHIN. SIE KRATZEN UND BEISSEN. SIE KRABBELN MEINE BEINE HOCH UND SIE FLÜSTERN... SIE FLÜS-TERN MITEINANDER.
"UND DANN LÄSST ER MICH LOS UND ICH WILL SCHREIEN, ABER ES KOMMT NICHTS... UND ICH KRATZE MICH, ABER ICH KRIEG SIE NICHT WEG... ICH KRATZE UND KRATZE UND--"

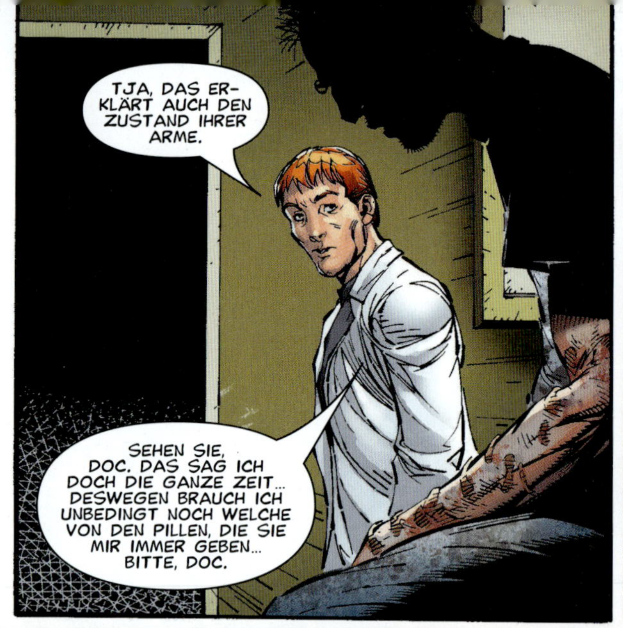
TJA, DAS ERKLÄRT AUCH DEN ZUSTAND IHRER ARME.
SEHEN SIE, DOC. DAS SAG ICH DOCH DIE GANZE ZEIT... DESWEGEN BRAUCH ICH UNBEDINGT NOCH WELCHE VON DEN PILLEN, DIE SIE MIR IMMER GEBEN... BITTE, DOC.
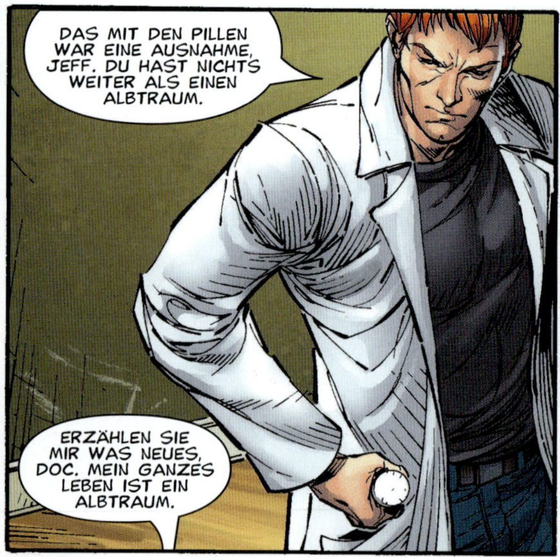
DAS MIT DEN PILLEN WAR EINE AUSNAHME, JEFF. DU HAST NICHTS WEITER ALS EINEN ALBTRAUM.
ERZÄHLEN SIE MIR WAS NEUES, DOC. MEIN GANZES LEBEN IST EIN ALBTRAUM.
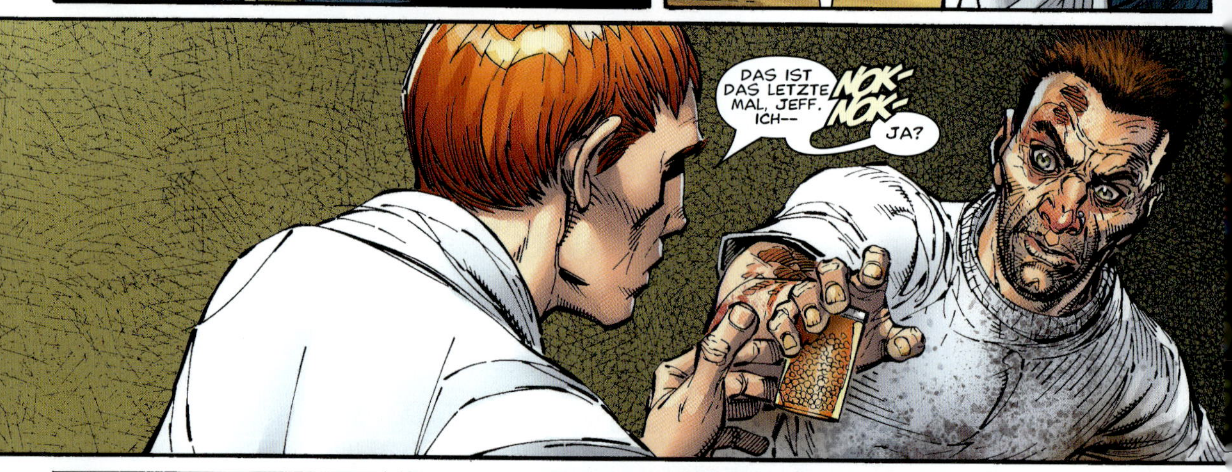
DAS IST DAS LETZTE MAL, JEFF. ICH--
NOK-NOK-
JA?
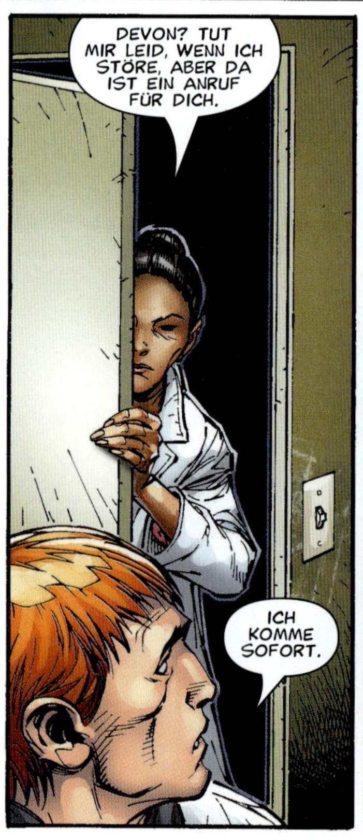
DEVON? TUT MIR LEID, WENN ICH STÖRE, ABER DA IST EIN ANRUF FÜR DICH.
ICH KOMME SOFORT.
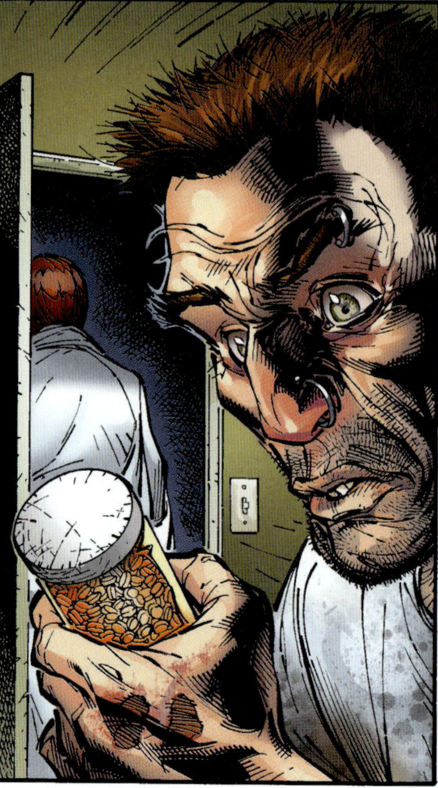
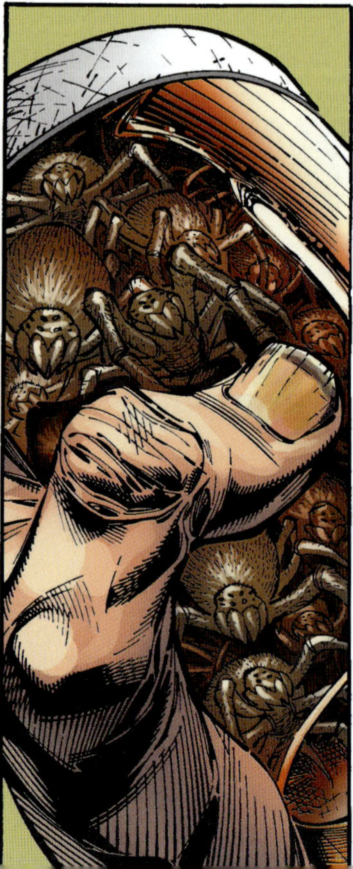

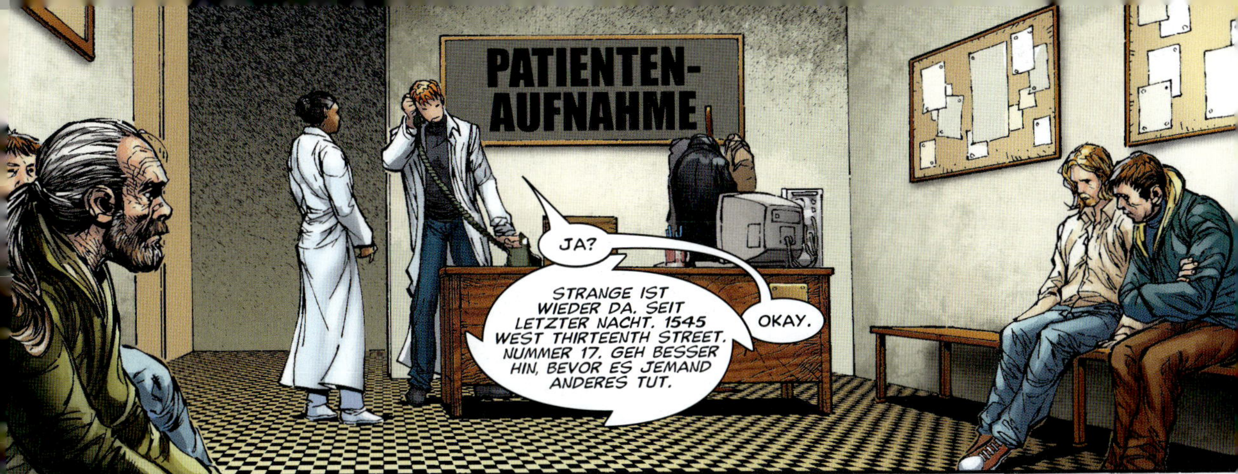
PATIENTEN-
AUFNAHME
JA?
STRANGE IST WIEDER DA. SEIT LETZTER NACHT. 1545 WEST THIRTEENTH STREET. NUMMER 17. GEH BESSER HIN, BEVOR ES JEMAND ANDERES TUT.
OKAY.

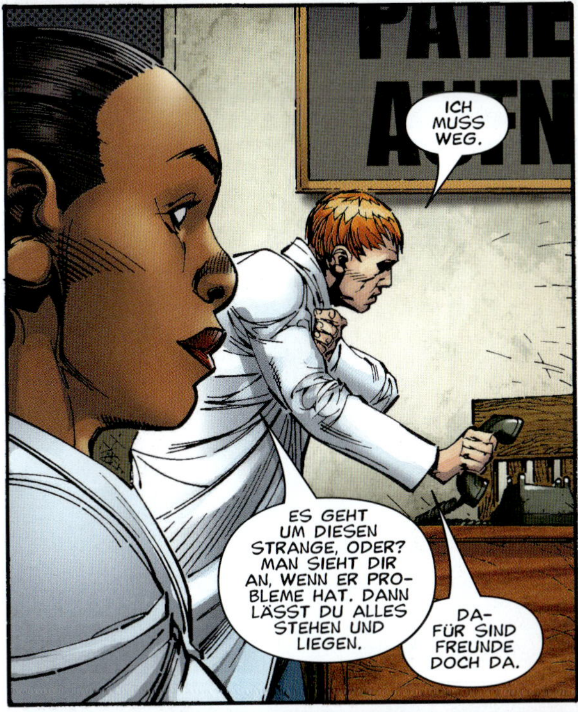
ICH MUSS WEG.
ES GEHT UM DIESEN STRANGE, ODER? MAN SIEHT DIR AN, WENN ER PROBLEME HAT. DANN LÄSST DU ALLES STEHEN UND LIEGEN.
DAFÜR SIND FREUNDE DOCH DA.

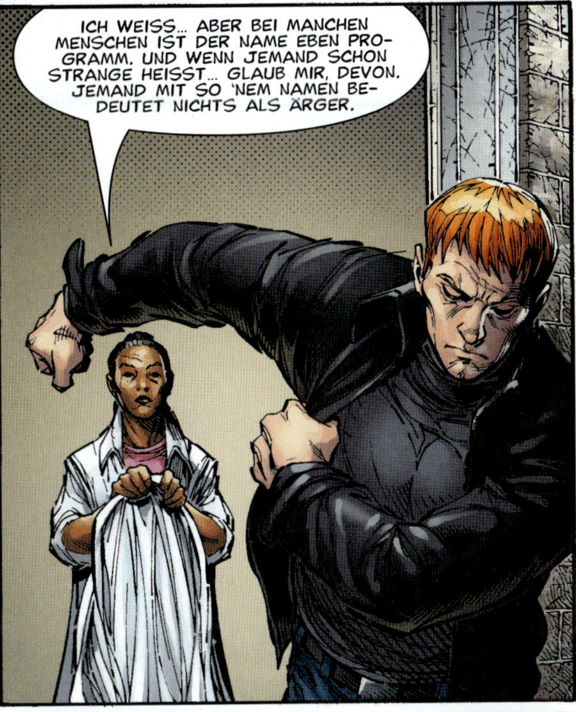
ICH WEISS... ABER BEI MANCHEN MENSCHEN IST DER NAME EBEN PROGRAMM. UND WENN JEMAND SCHON STRANGE HEISST... GLAUB MIR, DEVON. JEMAND MIT SO 'NEM NAMEN BEDEUTET NICHTS ALS ÄRGER.

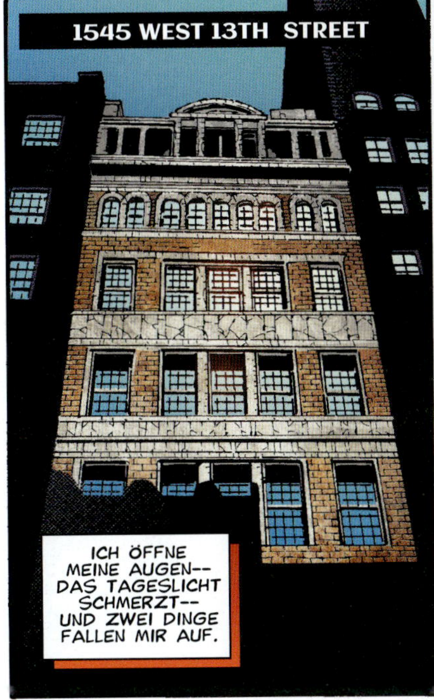
1545 WEST 13TH STREET
ICH ÖFFNE MEINE AUGEN-- DAS TAGESLICHT SCHMERZT-- UND ZWEI DINGE FALLEN MIR AUF.

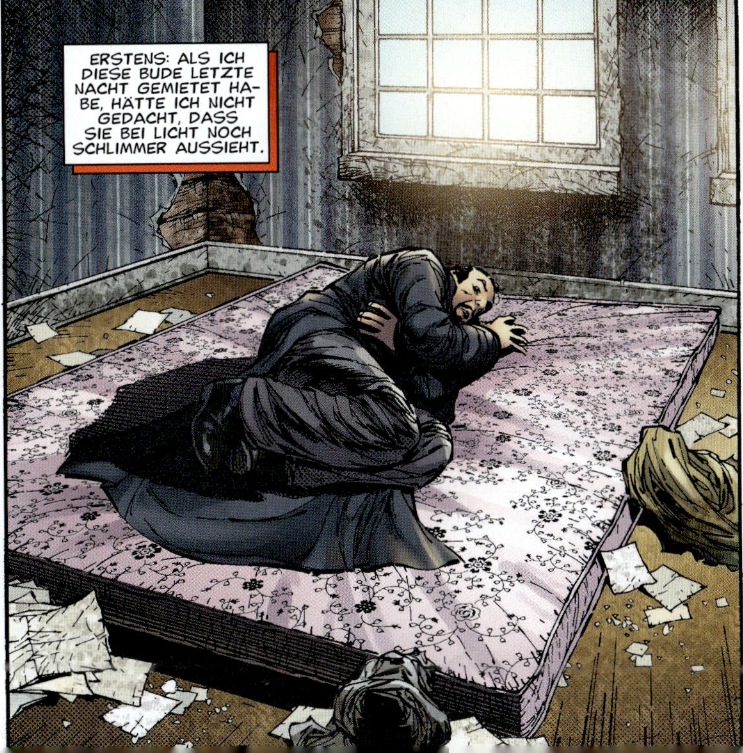
ERSTENS: ALS ICH DIESE BUDE LETZTE NACHT GEMIETET HABE, HÄTTE ICH NICHT GEDACHT, DASS SIE BEI LICHT NOCH SCHLIMMER AUSSIEHT.

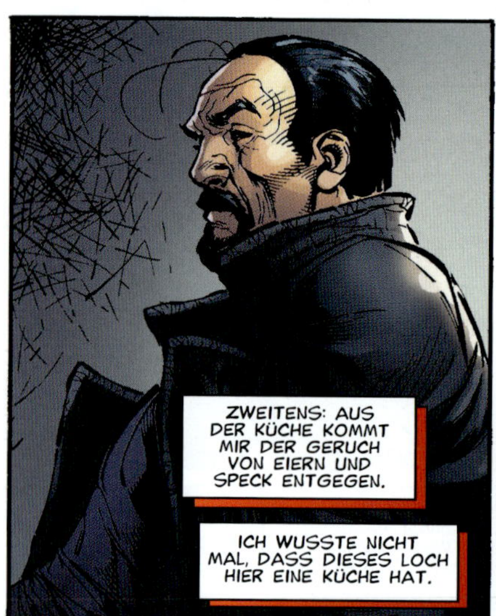
ZWEITENS: AUS DER KÜCHE KOMMT MIR DER GERUCH VON EIERN UND SPECK ENTGEGEN.
ICH WUSSTE NICHT MAL, DASS DIESES LOCH HIER EINE KÜCHE HAT.

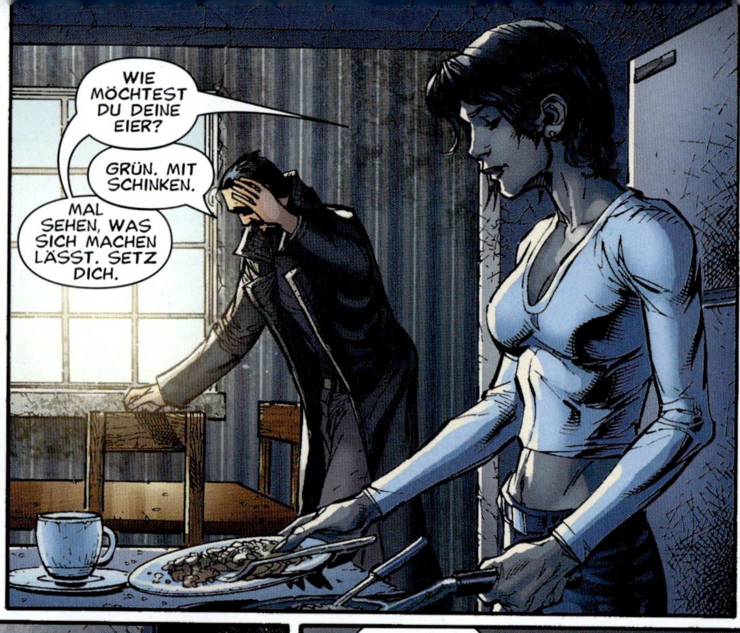
WIE MÖCHTEST DU DEINE EIER?
GRÜN. MIT SCHINKEN.
MAL SEHEN, WAS SICH MACHEN LÄSST. SETZ DICH.

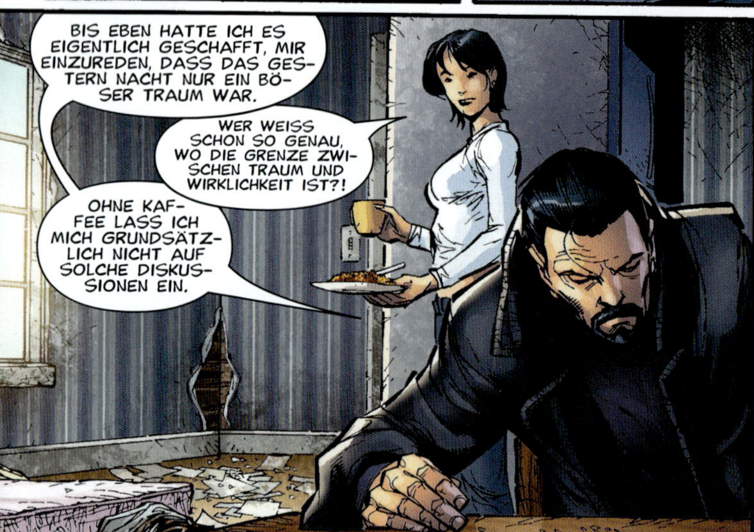
BIS EBEN HATTE ICH ES EIGENTLICH GESCHAFFT, MIR EINZUREDEN, DASS DAS GESTERN NACHT NUR EIN BÖSER TRAUM WAR.
WER WEISS SCHON SO GENAU, WO DIE GRENZE ZWISCHEN TRAUM UND WIRKLICHKEIT IST?!
OHNE KAFFEE LASS ICH MICH GRUNDSÄTZLICH NICHT AUF SOLCHE DISKUSSIONEN EIN.

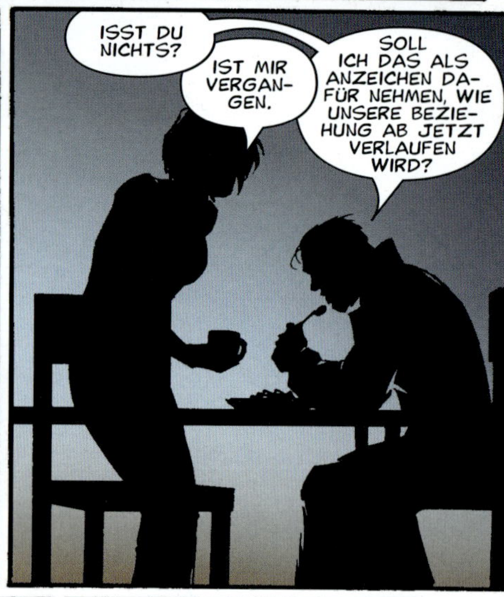
ISST DU NICHTS?
IST MIR VERGANGEN.
SOLL ICH DAS ALS ANZEICHEN DAFÜR NEHMEN, WIE UNSERE BEZIEHUNG AB JETZT VERLAUFEN WIRD?

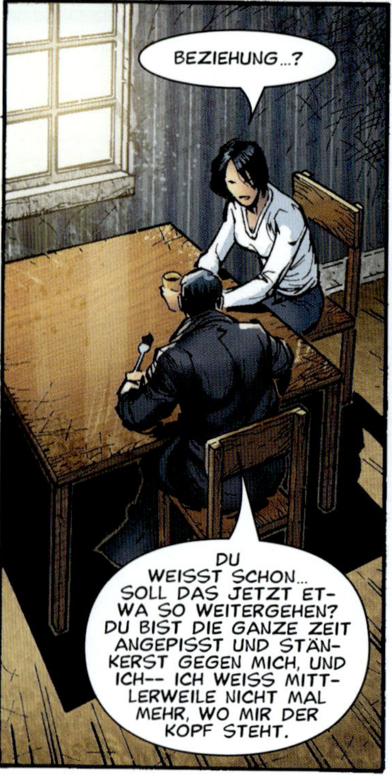
BEZIEHUNG...?
DU WEISST SCHON... SOLL DAS JETZT ETWA SO WEITERGEHEN? DU BIST DIE GANZE ZEIT ANGEPISST UND STÄNKERST GEGEN MICH, UND ICH-- ICH WEISS MITTLERWEILE NICHT MAL MEHR, WO MIR DER KOPF STEHT.

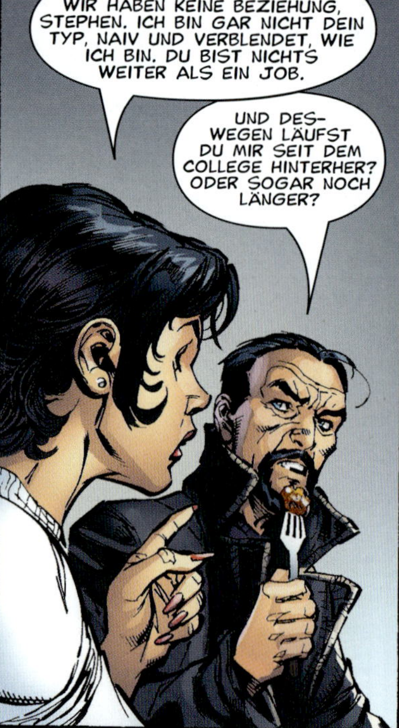
WIR HABEN KEINE BEZIEHUNG, STEPHEN. ICH BIN GAR NICHT DEIN TYP, NAIV UND VERBLENDET, WIE ICH BIN. DU BIST NICHTS WEITER ALS EIN JOB.
UND DESWEGEN LÄUFST DU MIR SEIT DEM COLLEGE HINTERHER? ODER SOGAR NOCH LÄNGER?

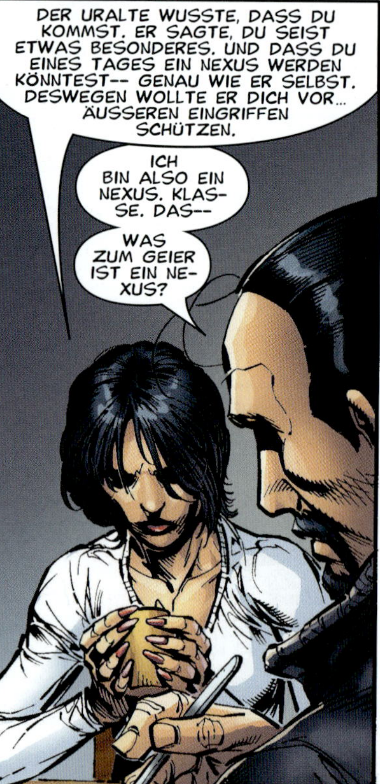
DER URALTE WUSSTE, DASS DU KOMMST. ER SAGTE, DU SEIST ETWAS BESONDERES. UND DASS DU EINES TAGES EIN NEXUS WERDEN KÖNNTEST-- GENAU WIE ER SELBST. DESWEGEN WOLLTE ER DICH VOR... ÄUSSEREN EINGRIFFEN SCHÜTZEN.
ICH BIN ALSO EIN NEXUS. KLASSE. DAS--
WAS ZUM GEIER IST EIN NEXUS?

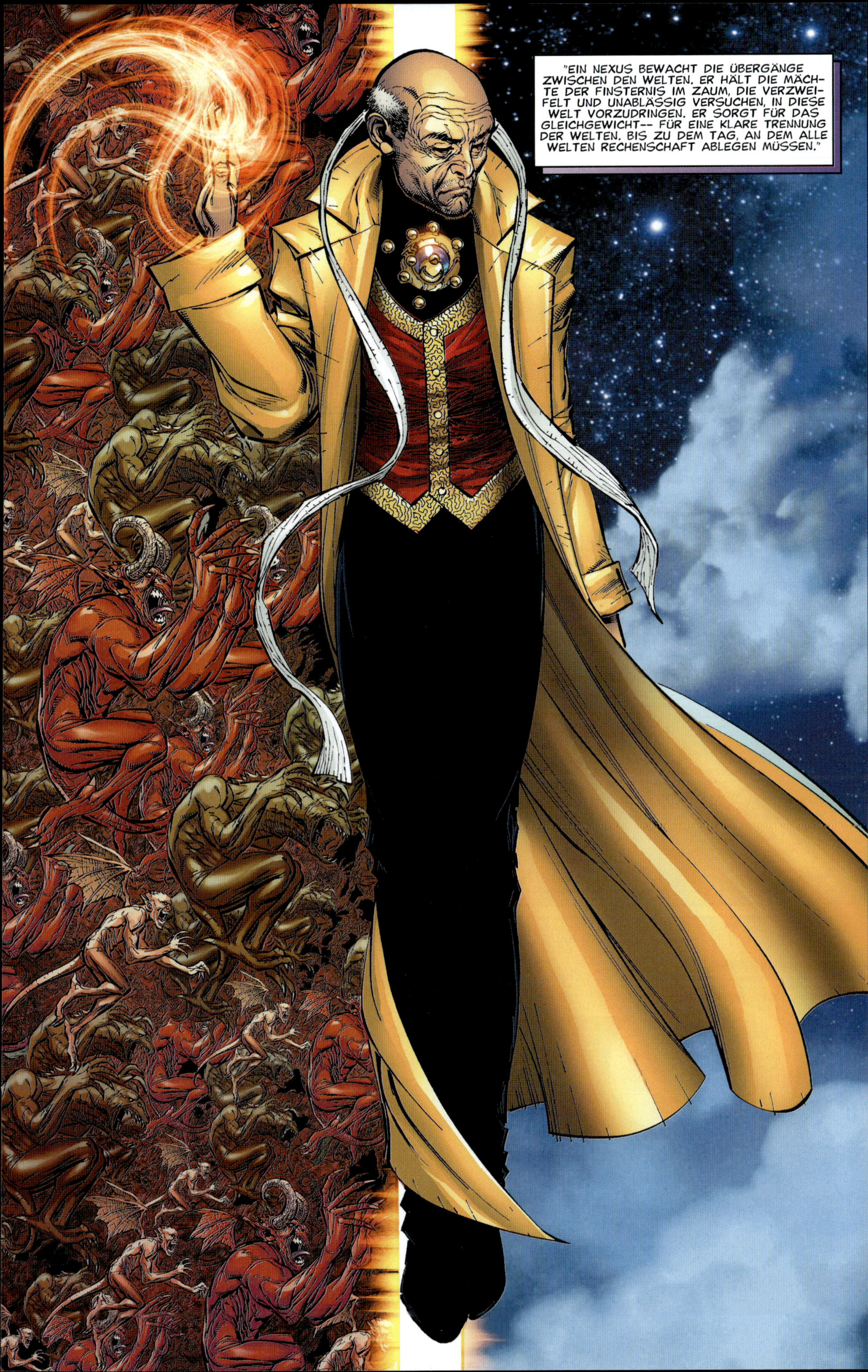
"EIN NEXUS BEWACHT DIE ÜBERGÄNGE ZWISCHEN DEN WELTEN. ER HÄLT DIE MÄCHTE DER FINSTERNIS IM ZAUM, DIE VERZWEIFELT UND UNABLÄSSIG VERSUCHEN, IN DIESE WELT VORZUDRINGEN. ER SORGT FÜR DAS GLEICHGEWICHT-- FÜR EINE KLARE TRENNUNG DER WELTEN. BIS ZU DEM TAG, AN DEM ALLE WELTEN RECHENSCHAFT ABLEGEN MÜSSEN."

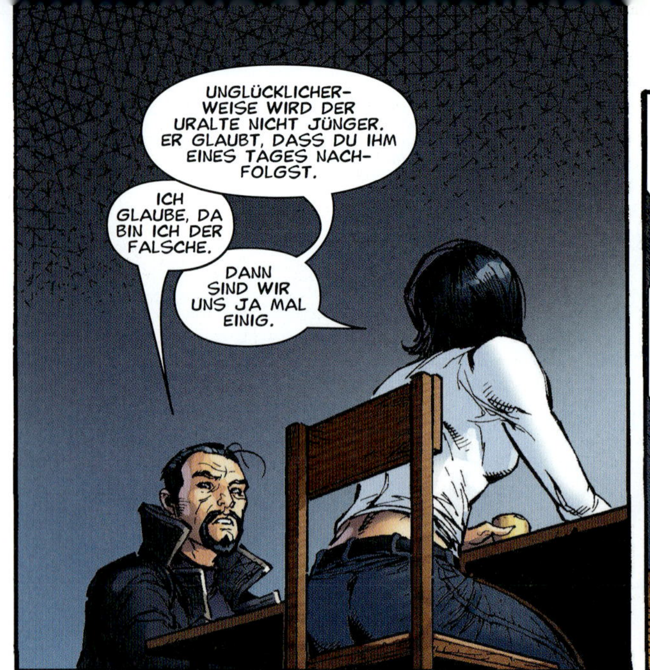
UNGLÜCKLICHERWEISE WIRD DER URALTE NICHT JÜNGER. ER GLAUBT, DASS DU IHM EINES TAGES NACHFOLGST.
ICH GLAUBE, DA BIN ICH DER FALSCHE.
DANN SIND WIR UNS JA MAL EINIG.

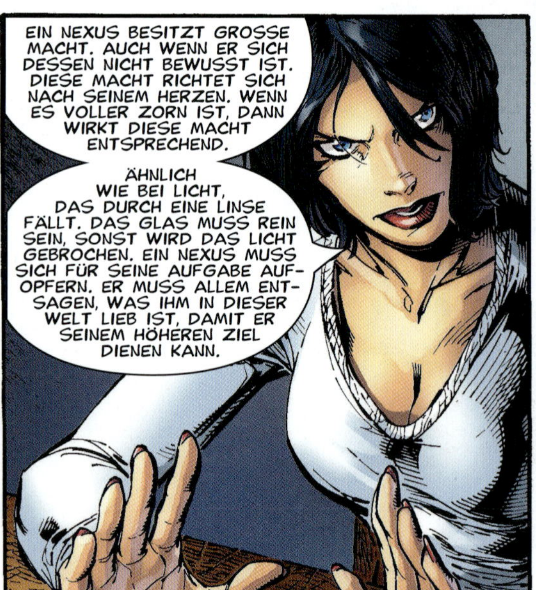
EIN NEXUS BESITZT GROSSE MACHT. AUCH WENN ER SICH DESSEN NICHT BEWUSST IST. DIESE MACHT RICHTET SICH NACH SEINEM HERZEN. WENN ES VOLLER ZORN IST, DANN WIRKT DIESE MACHT ENTSPRECHEND.
ÄHNLICH WIE BEI LICHT, DAS DURCH EINE LINSE FÄLLT. DAS GLAS MUSS REIN SEIN, SONST WIRD DAS LICHT GEBROCHEN. EIN NEXUS MUSS SICH FÜR SEINE AUFGABE AUFOPFERN. ER MUSS ALLEM ENTSAGEN, WAS IHM IN DIESER WELT LIEB IST, DAMIT ER SEINEM HÖHEREN ZIEL DIENEN KANN.

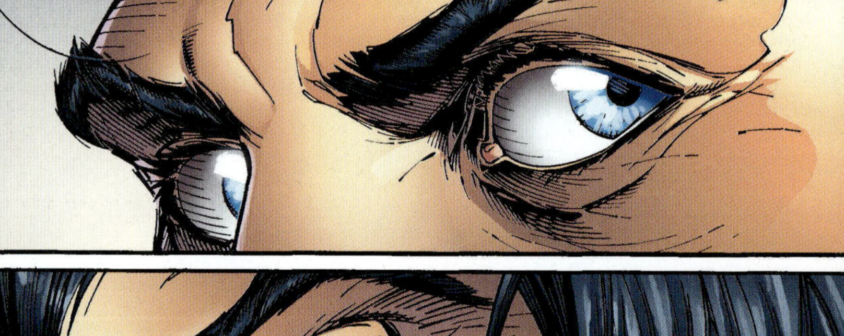
ER MUSS BEREIT SEIN, DAS RICHTIGE ZU TUN. EGAL WIE SCHWER ES ERSCHEINT. VIELE WÜRDEN DIESE MACHT GERNE BESITZEN, ABER WENIGE ERKENNEN DIE VERANTWORTUNG DAHINTER. UND KAUM EINER IST BEREIT, SICH FÜR DIESE AUFGABE ZU OPFERN.
ER GLAUBT, DASS DU SO JEMAND BIST.

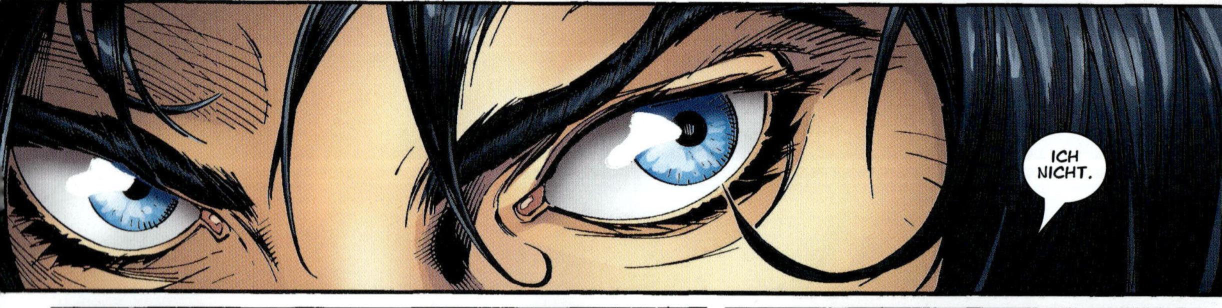
ICH NICHT.

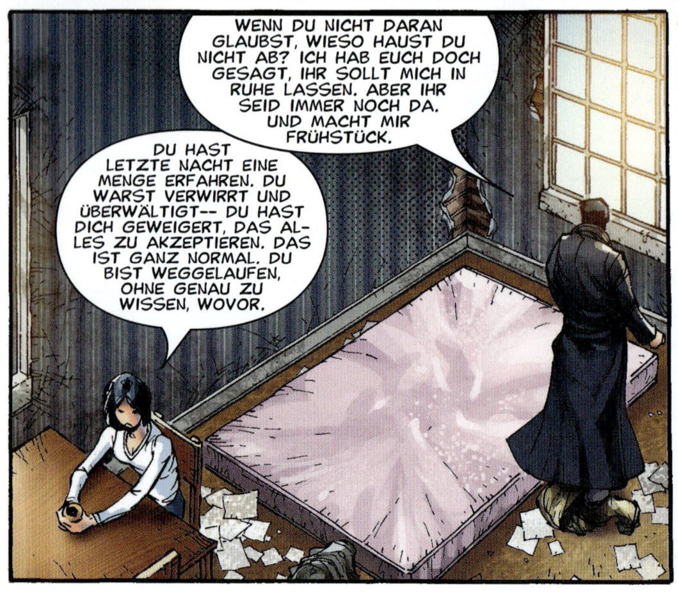
WENN DU NICHT DARAN GLAUBST, WIESO HAUST DU NICHT AB? ICH HAB EUCH DOCH GESAGT, IHR SOLLT MICH IN RUHE LASSEN. ABER IHR SEID IMMER NOCH DA. UND MACHT MIR FRÜHSTÜCK.
DU HAST LETZTE NACHT EINE MENGE ERFAHREN. DU WARST VERWIRRT UND ÜBERWÄLTIGT-- DU HAST DICH GEWEIGERT, DAS ALLES ZU AKZEPTIEREN. DAS IST GANZ NORMAL. DU BIST WEGGELAUFEN, OHNE GENAU ZU WISSEN, WOVOR.

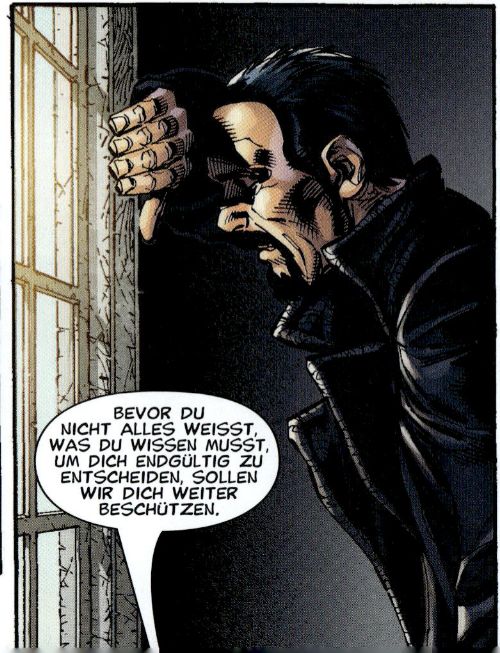
BEVOR DU NICHT ALLES WEISST, WAS DU WISSEN MUSST, UM DICH ENDGÜLTIG ZU ENTSCHEIDEN, SOLLEN WIR DICH WEITER BESCHÜTZEN.

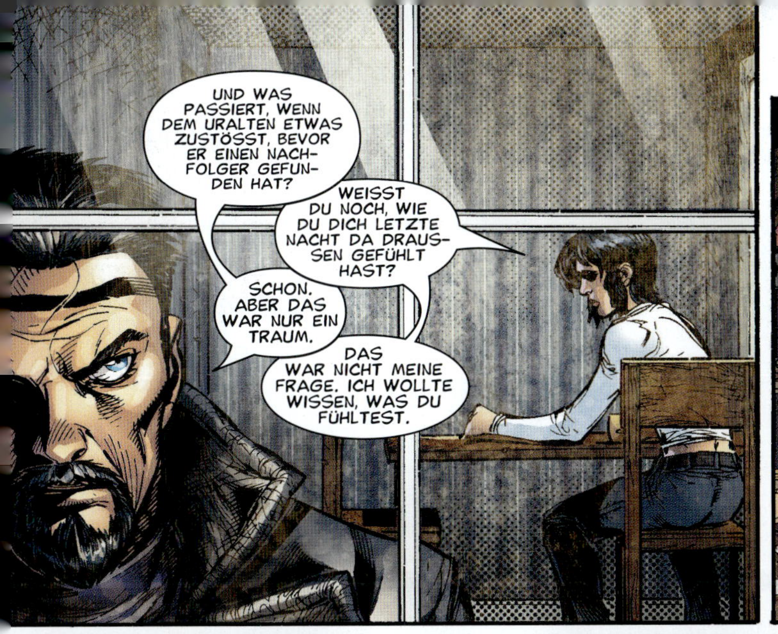
UND WAS PASSIERT, WENN DEM URALTEN ETWAS ZUSTÖSST, BEVOR ER EINEN NACHFOLGER GEFUNDEN HAT?
WEISST DU NOCH, WIE DU DICH LETZTE NACHT DA DRAUSSEN GEFÜHLT HAST?
SCHON. ABER DAS WAR NUR EIN TRAUM.
DAS WAR NICHT MEINE FRAGE. ICH WOLLTE WISSEN, WAS DU FÜHLTEST.

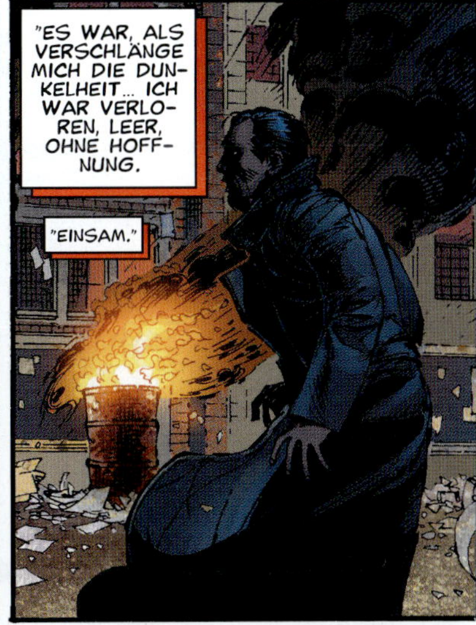
"ES WAR, ALS VERSCHLÄNGE MICH DIE DUNKELHEIT... ICH WAR VERLOREN, LEER, OHNE HOFFNUNG.
"EINSAM."

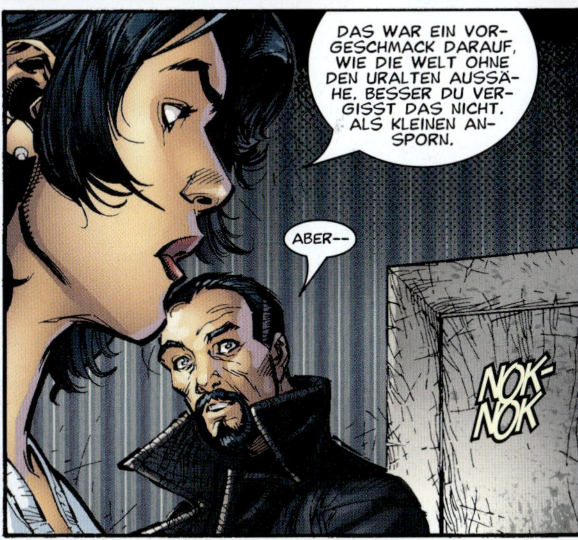
DAS WAR EIN VORGESCHMACK DARAUF, WIE DIE WELT OHNE DEN URALTEN AUSSÄHE. BESSER DU VERGISST DAS NICHT. ALS KLEINEN ANSPORN.
ABER--
NOK-NOK

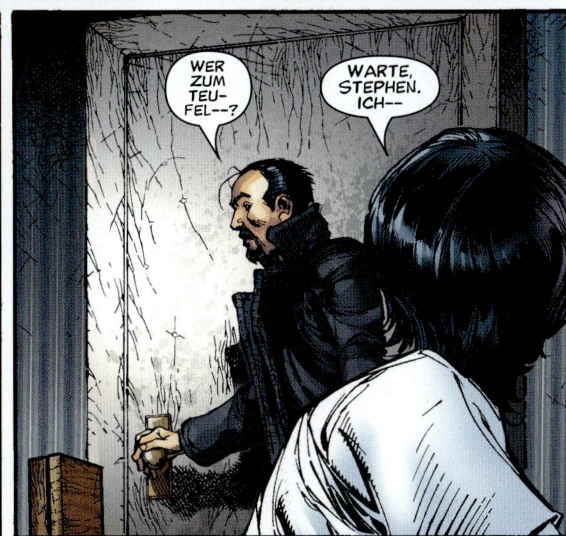
WER ZUM TEUFEL--?
WARTE, STEPHEN. ICH--

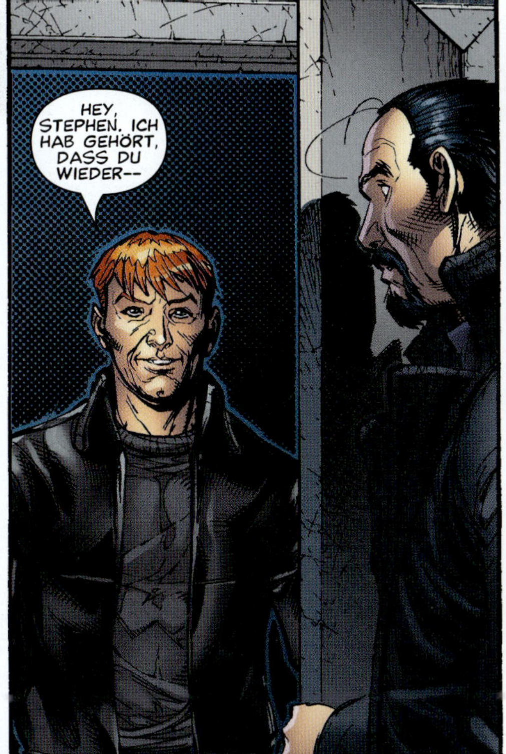
HEY, STEPHEN. ICH HAB GEHÖRT, DASS DU WIEDER--

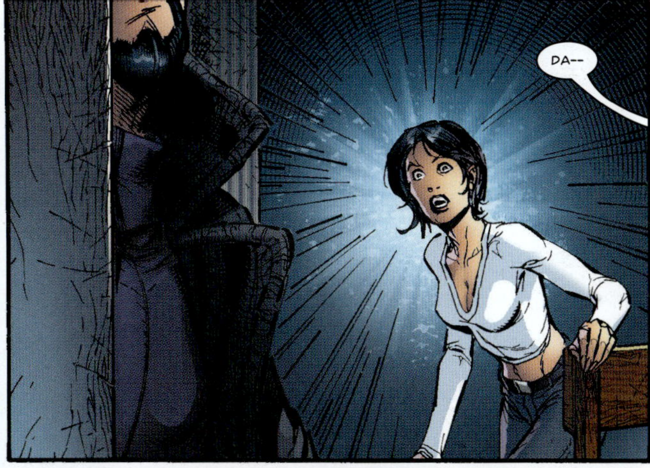
DA--

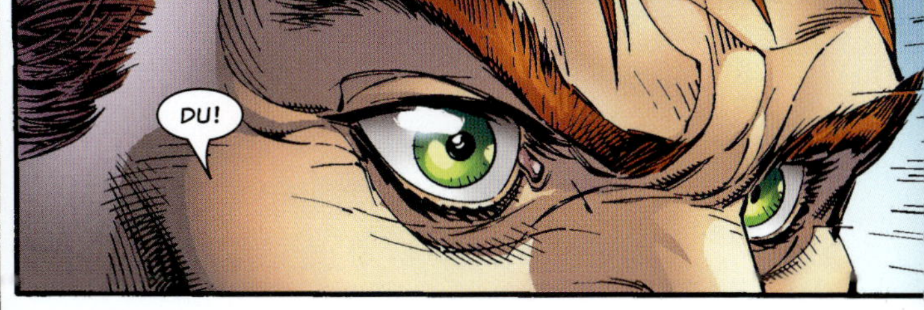
DU!

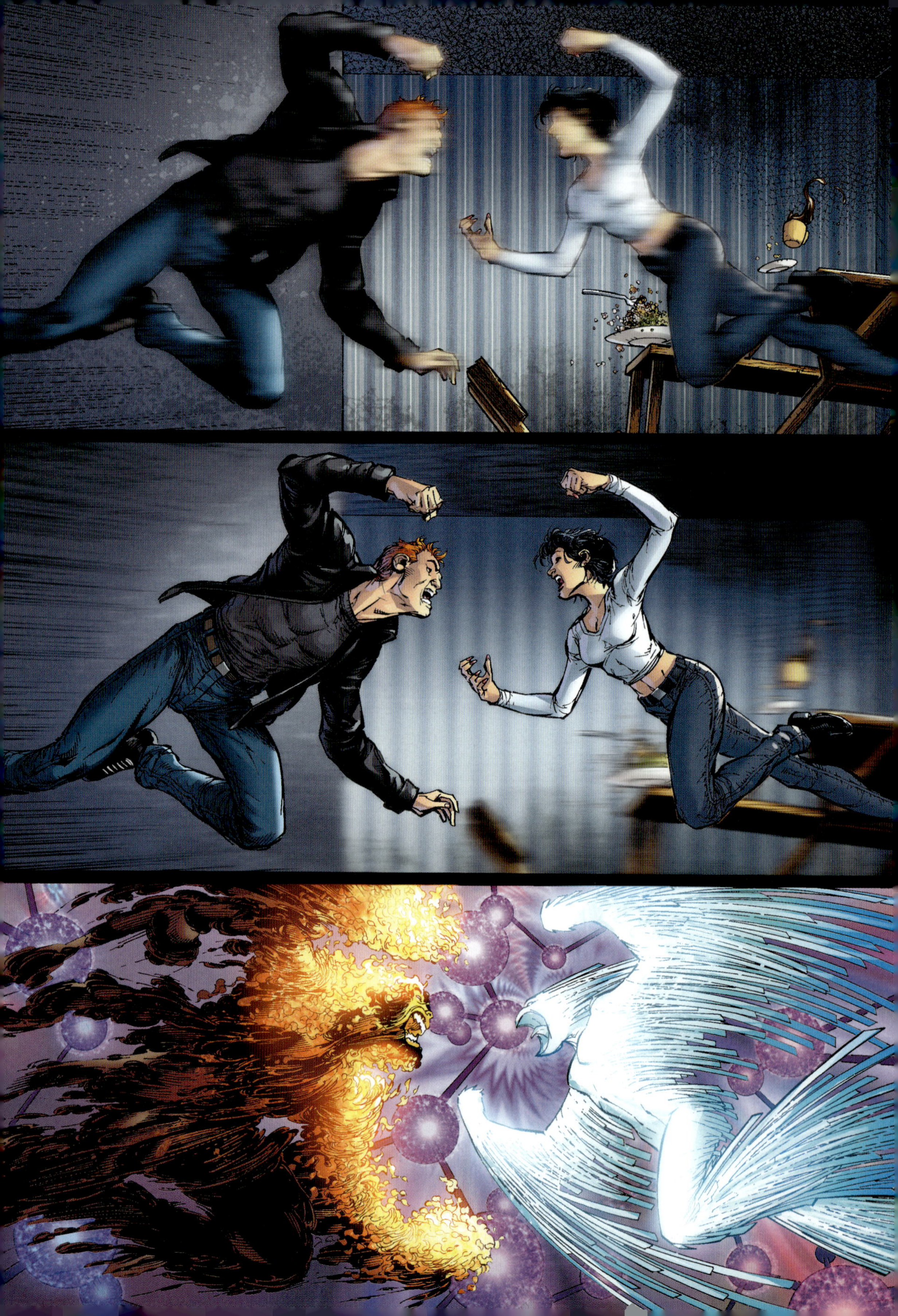

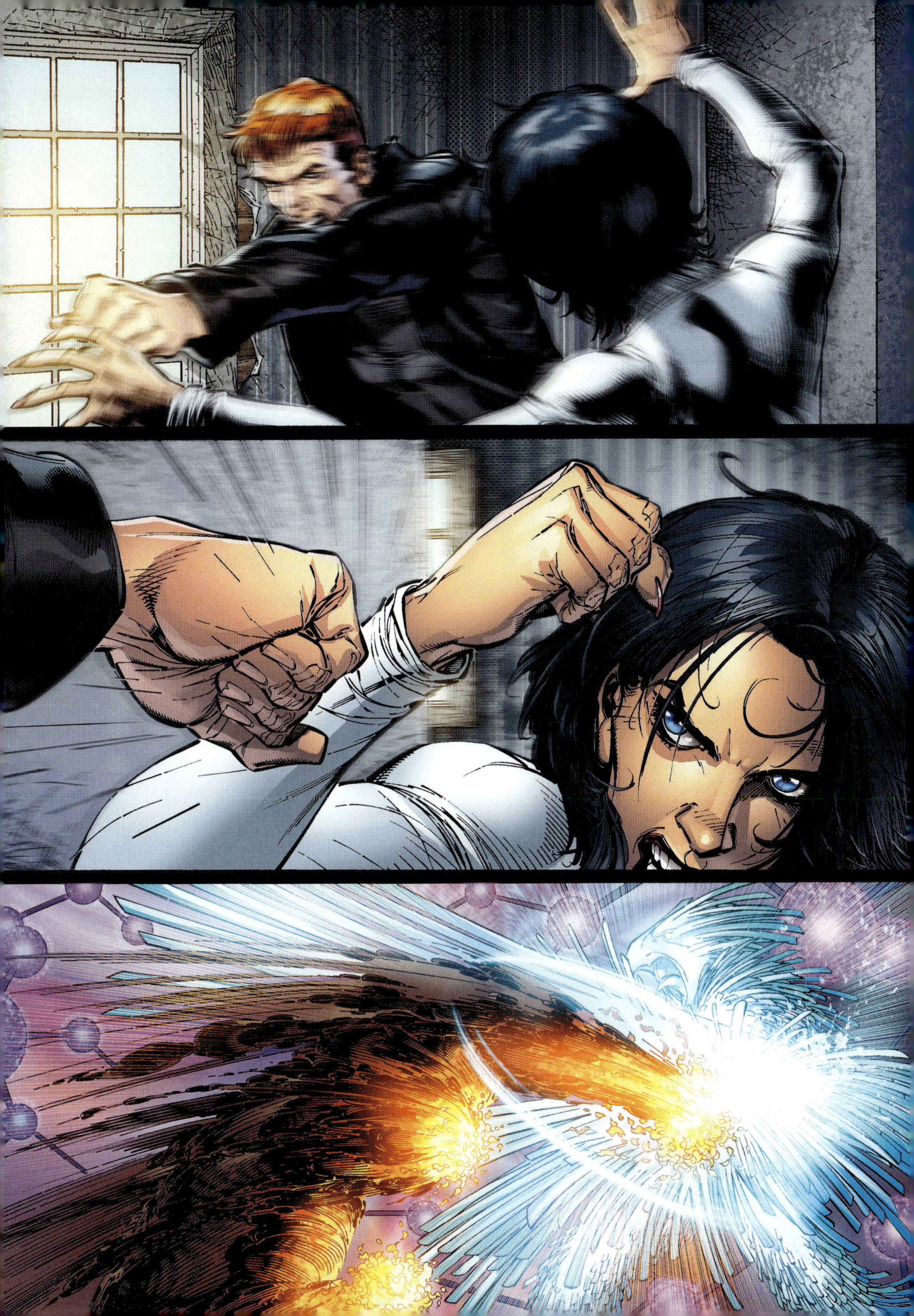

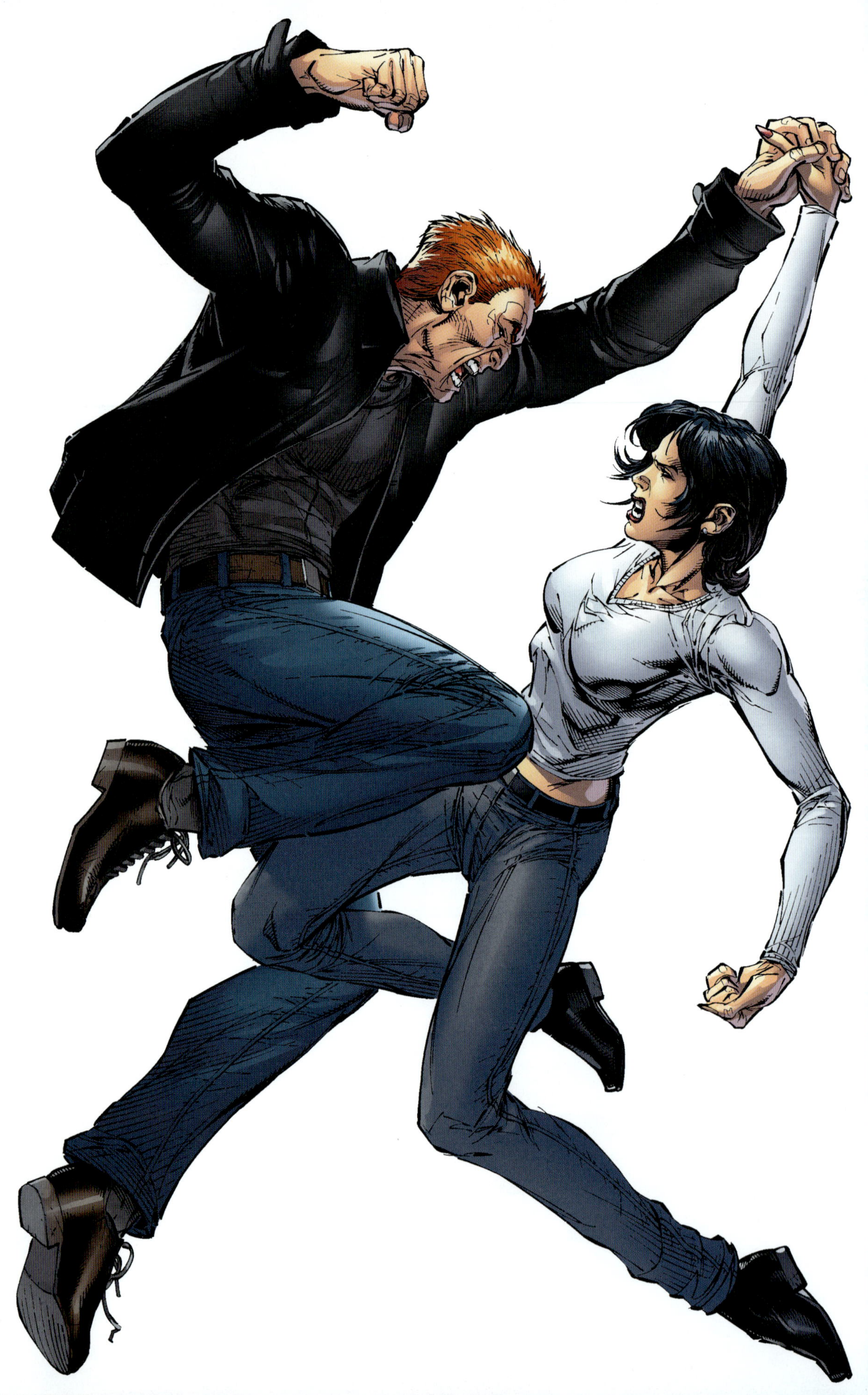

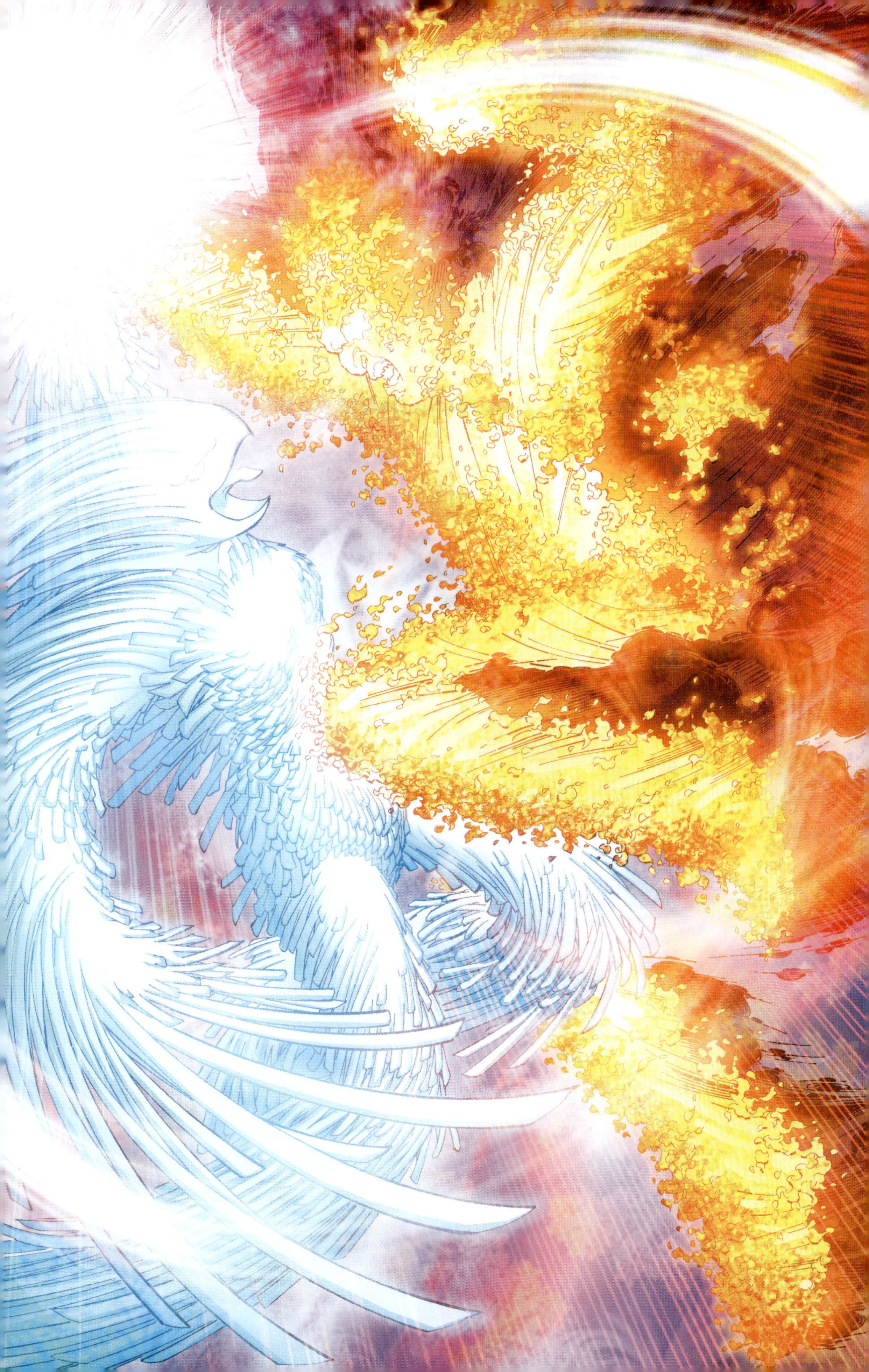

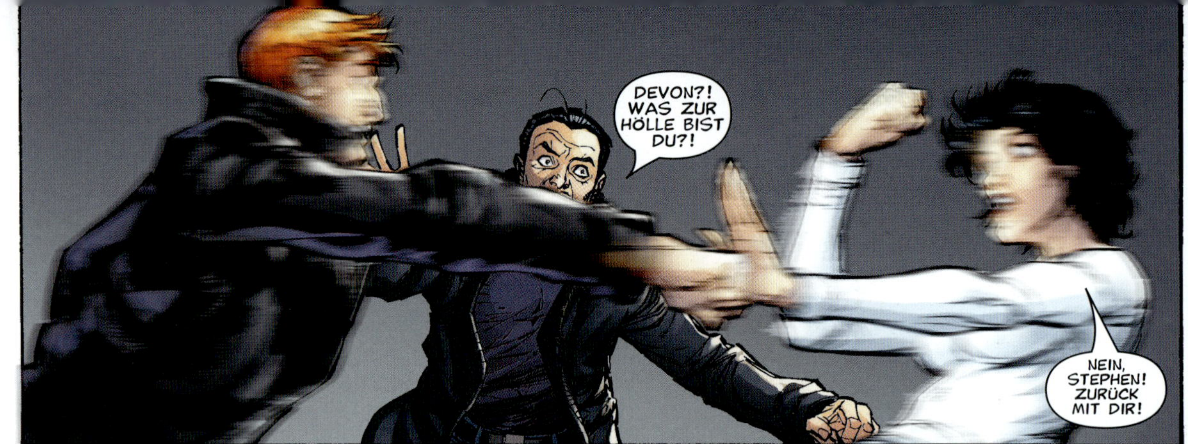
DEVON?! WAS ZUR HÖLLE BIST DU?!
NEIN, STEPHEN! ZURÜCK MIT DIR!

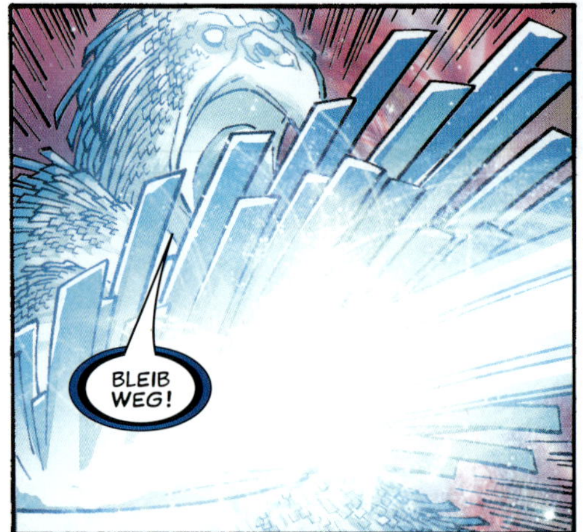
BLEIB WEG!

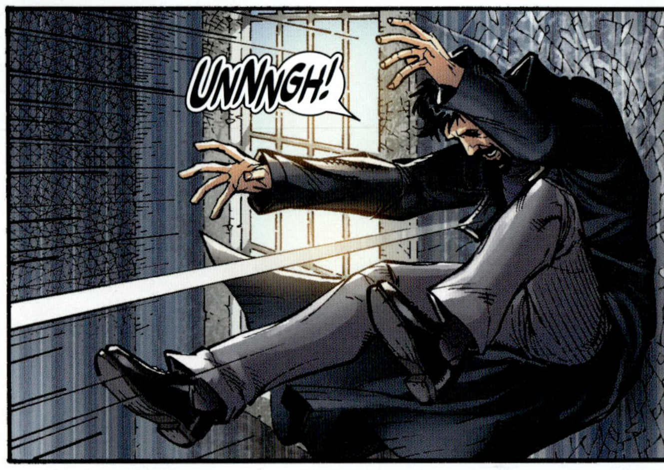
UNNNGH!

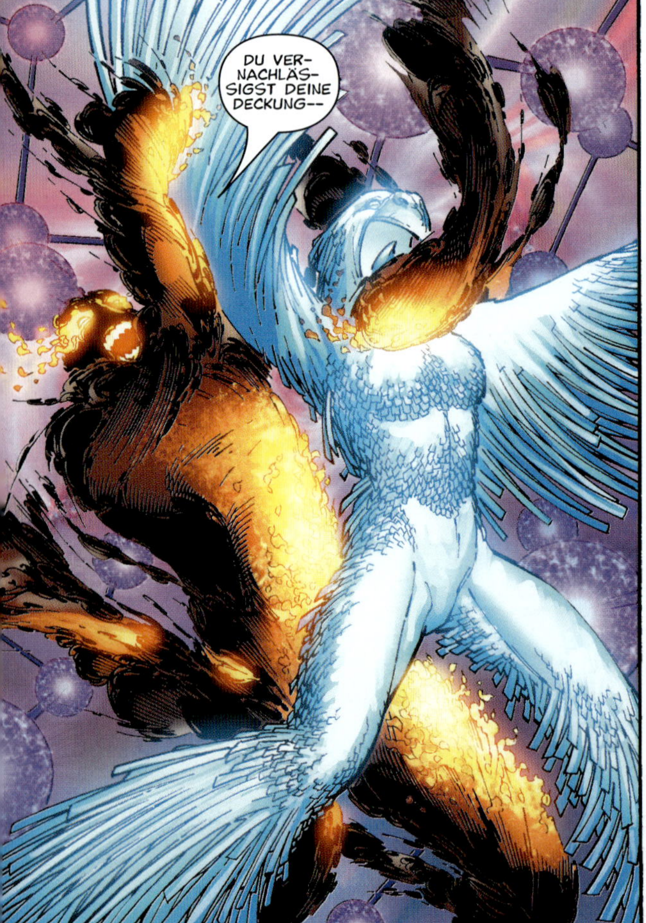
DU VERNACHLÄSSIGST DEINE DECKUNG--

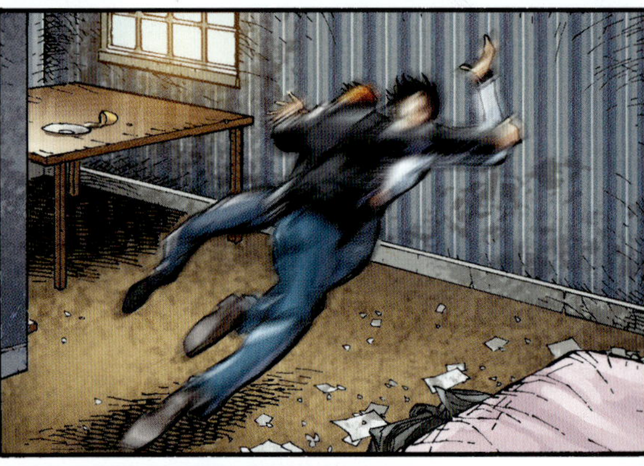

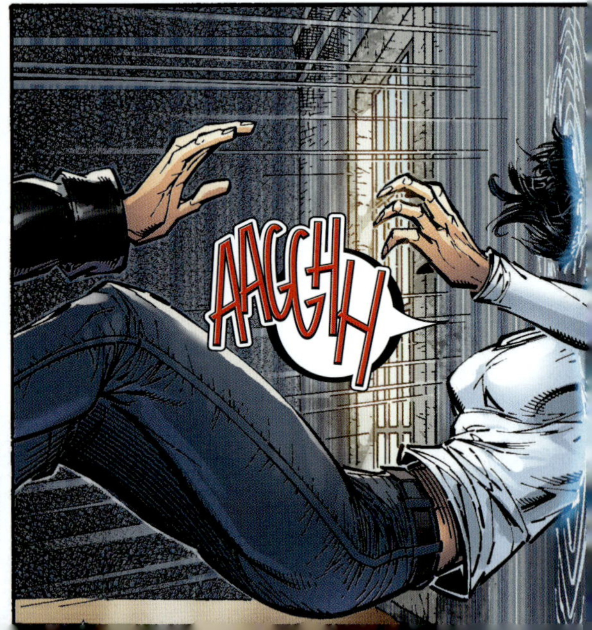
AAGGHH

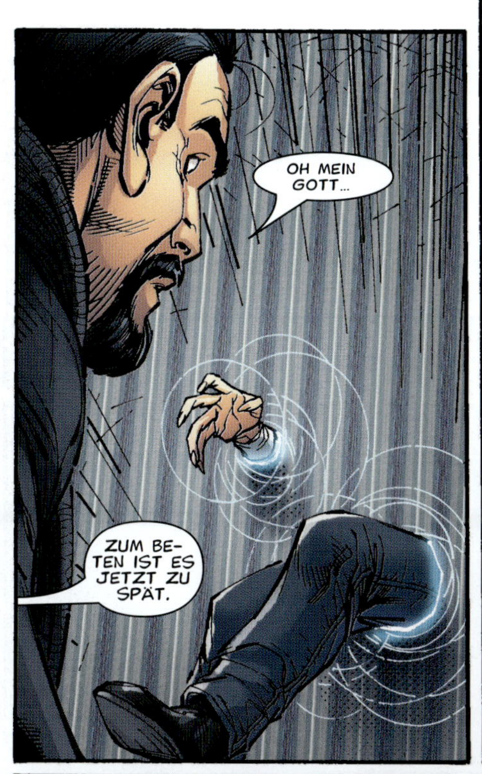
OH MEIN GOTT...
ZUM BETEN IST ES JETZT ZU SPÄT.

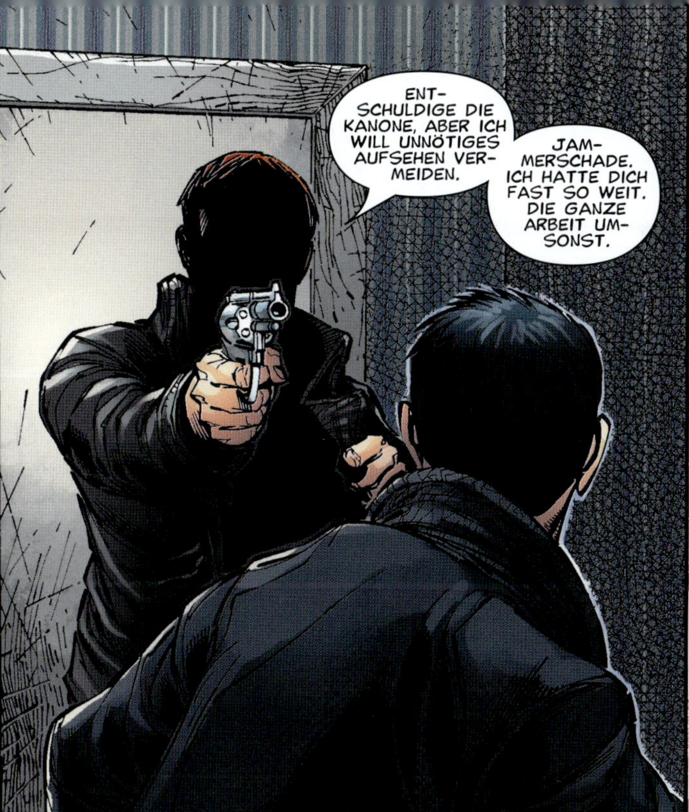
ENTSCHULDIGE DIE KANONE, ABER ICH WILL UNNÖTIGES AUFSEHEN VERMEIDEN.
JAMMERSCHADE. ICH HATTE DICH FAST SO WEIT. DIE GANZE ARBEIT UMSONST.

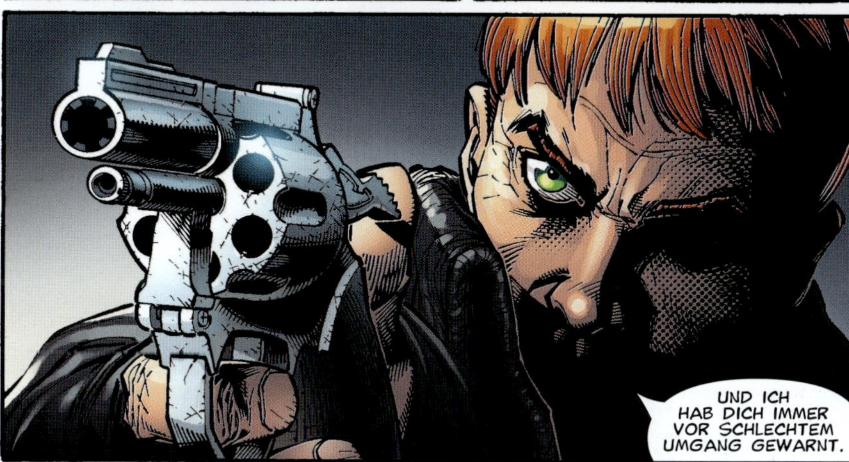
UND ICH HAB DICH IMMER VOR SCHLECHTEM UMGANG GEWARNT.

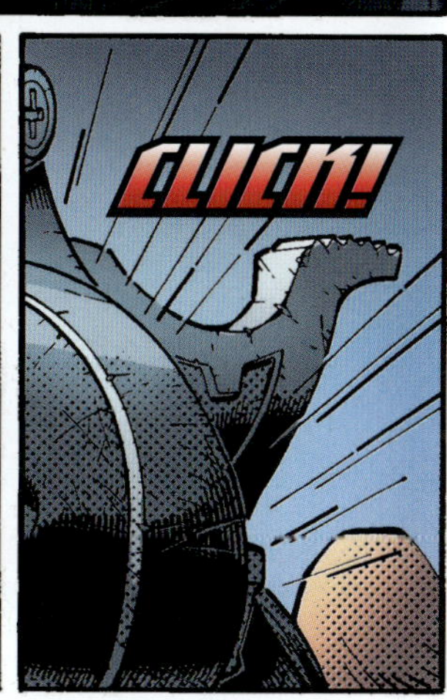
CLICK!

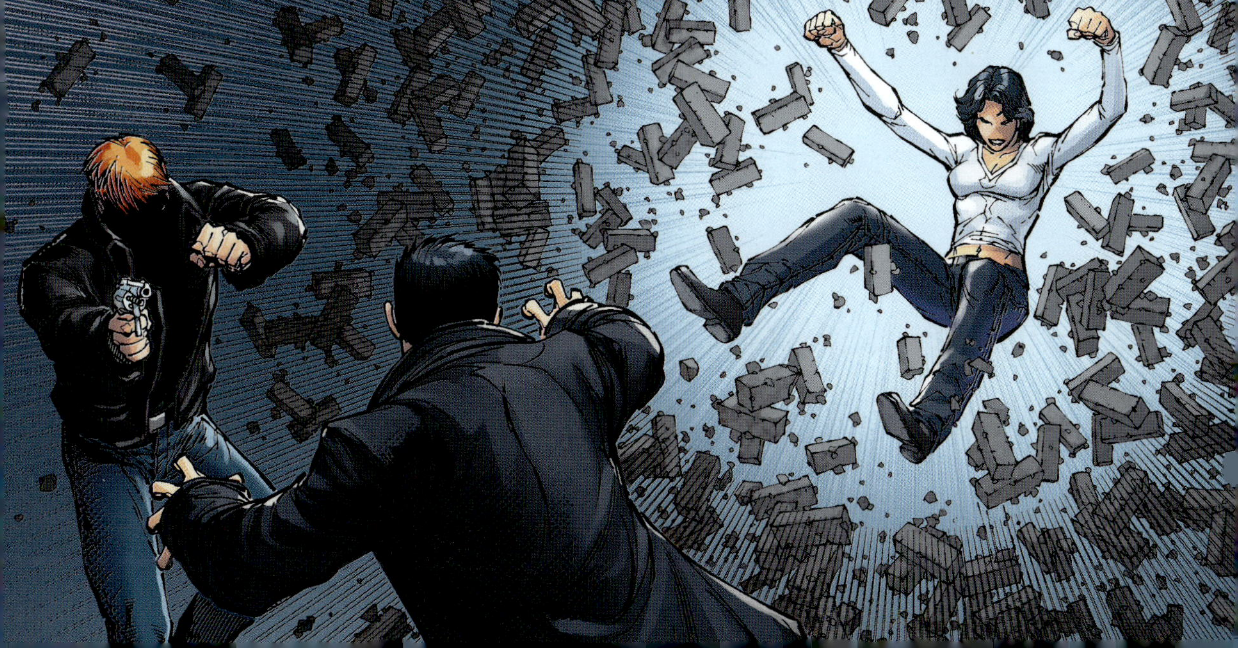

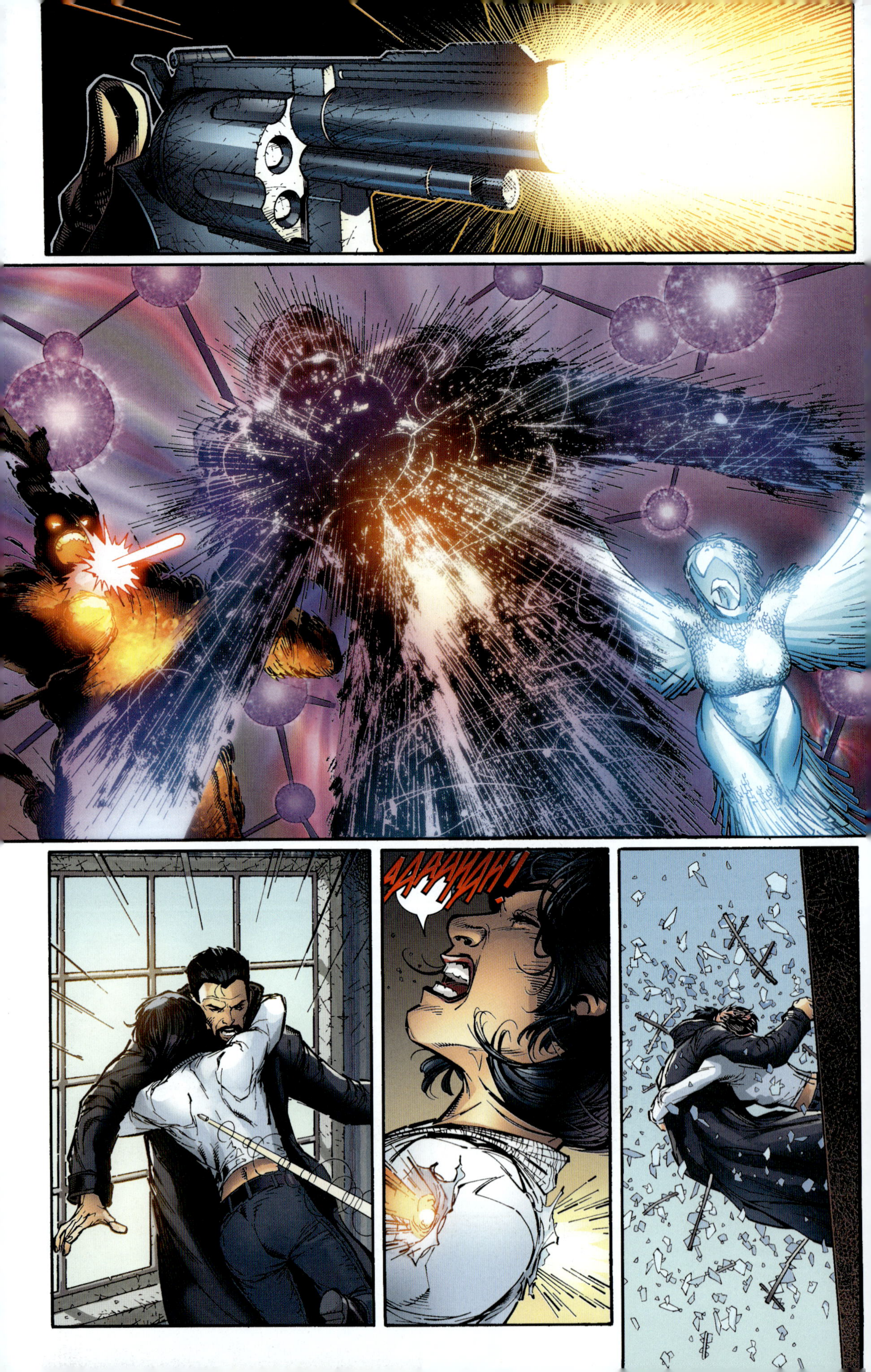

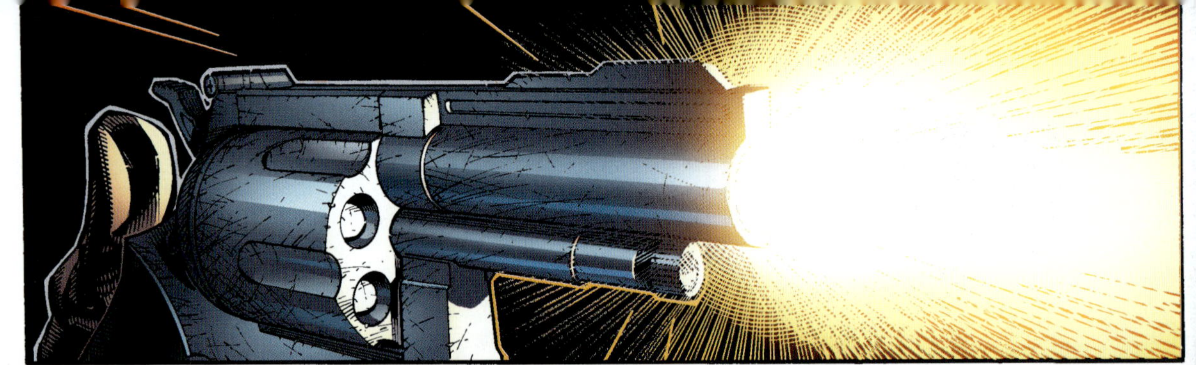

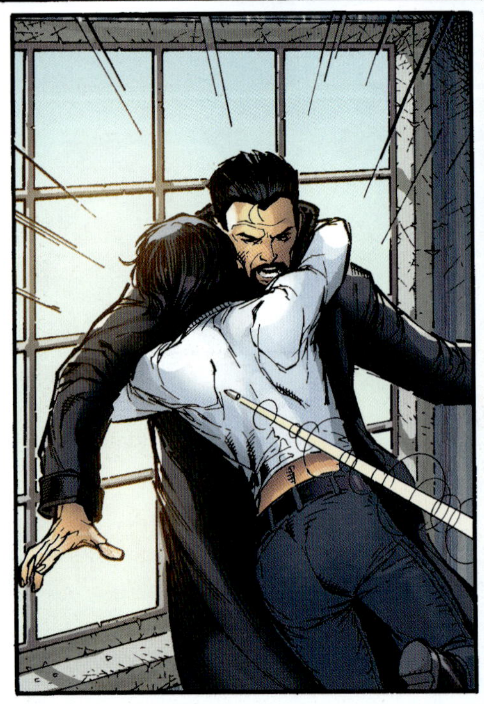

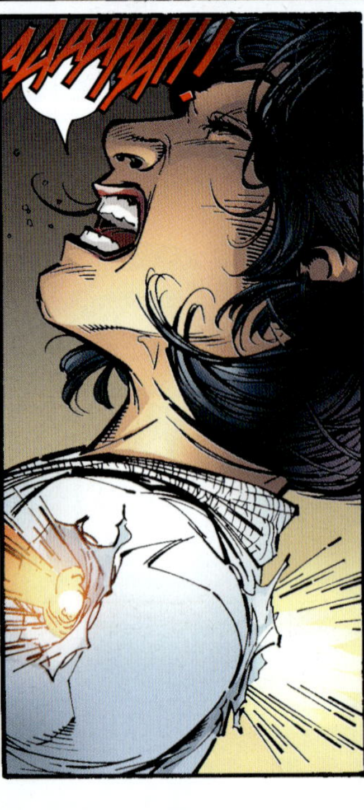

AAAAHHH!

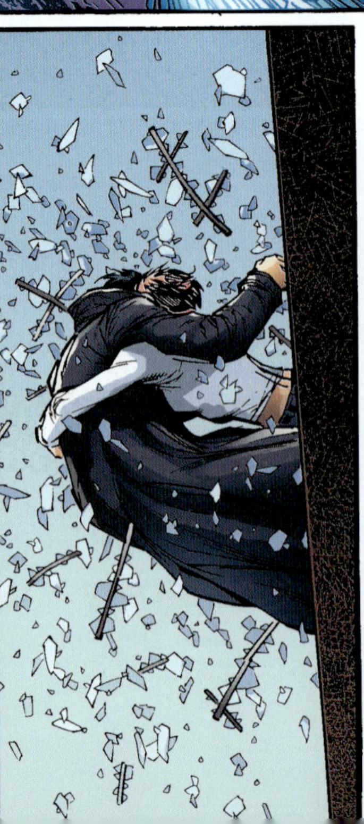

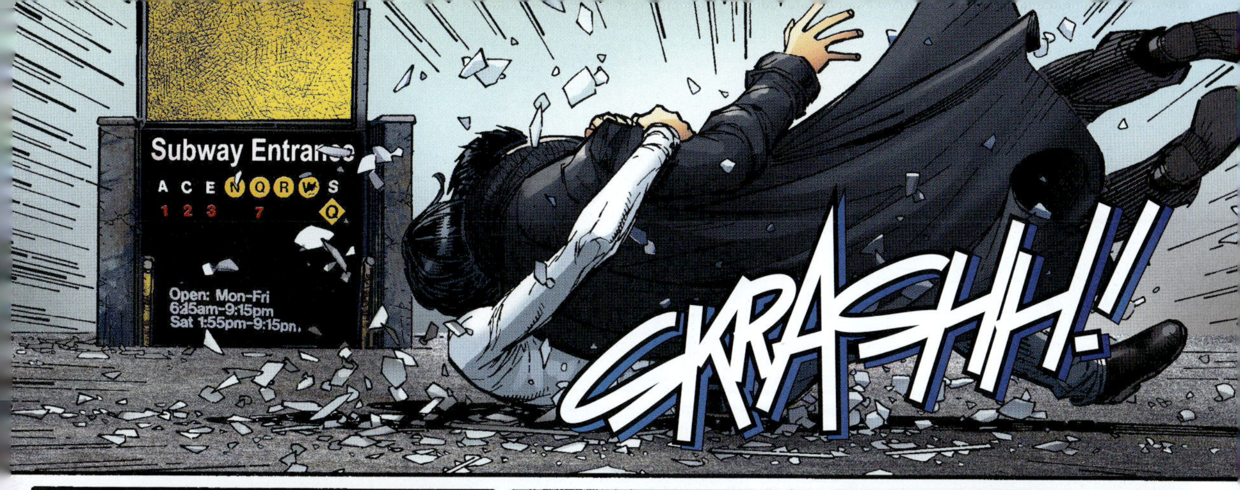

Subway Entrance
ACENQRWS
1 2 3 7 Q
Open: Mon-Fri
6:15am-9:15pm
Sat 1:55pm-9:15pm
SKRASHH!!

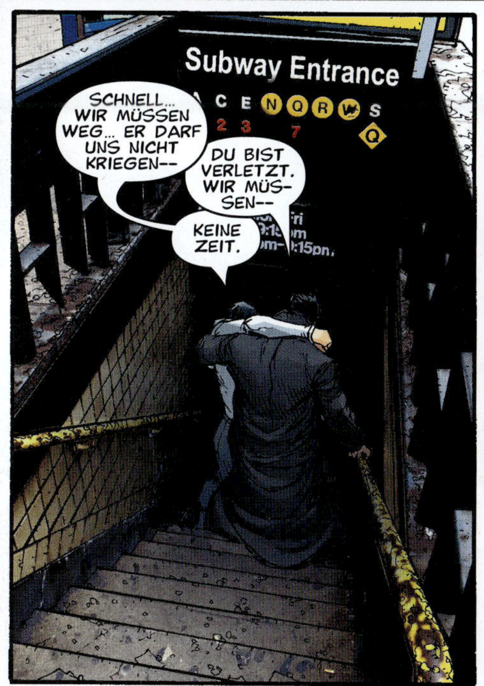

Subway Entrance
SCHNELL... WIR MÜSSEN WEG... ER DARF UNS NICHT KRIEGEN--
DU BIST VERLETZT. WIR MÜS-SEN--
KEINE ZEIT.

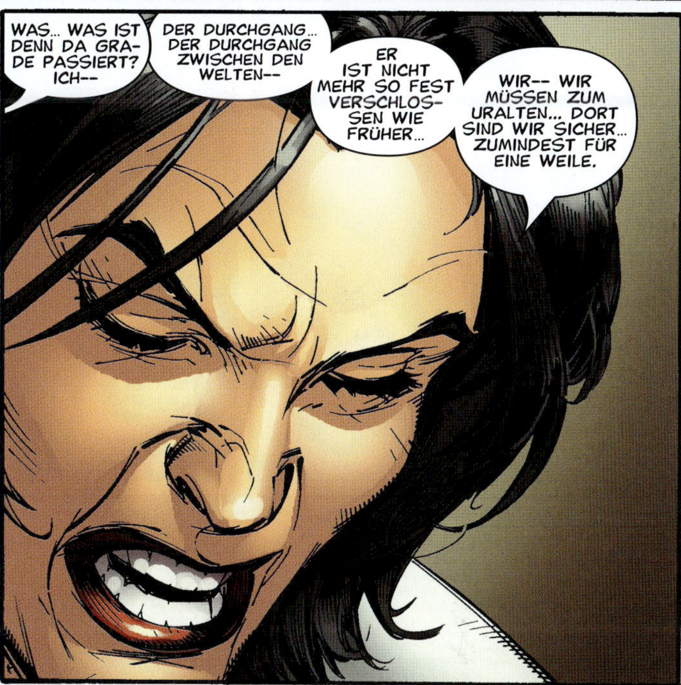

WAS... WAS IST DENN DA GRA-DE PASSIERT? ICH--
DER DURCHGANG... DER DURCHGANG ZWISCHEN DEN WELTEN--
ER IST NICHT MEHR SO FEST VERSCHLOS-SEN WIE FRÜHER...
WIR-- WIR MÜSSEN ZUM URALTEN... DORT SIND WIR SICHER... ZUMINDEST FÜR EINE WEILE.

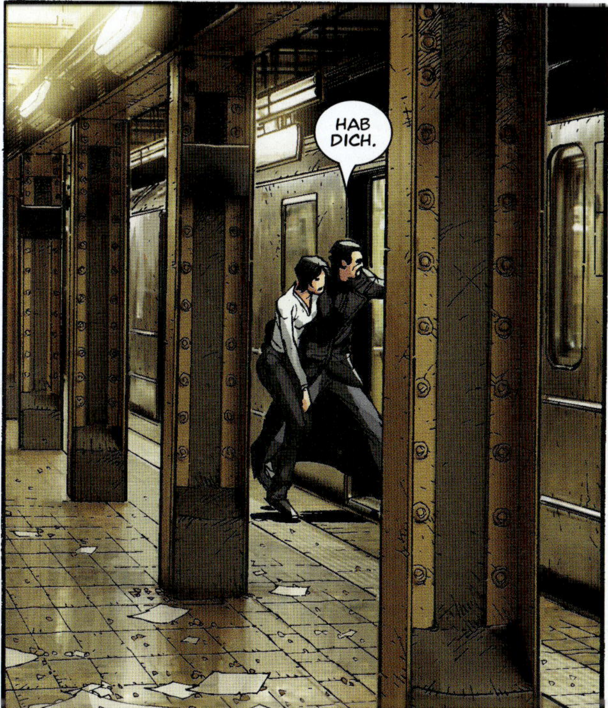

HAB DICH.

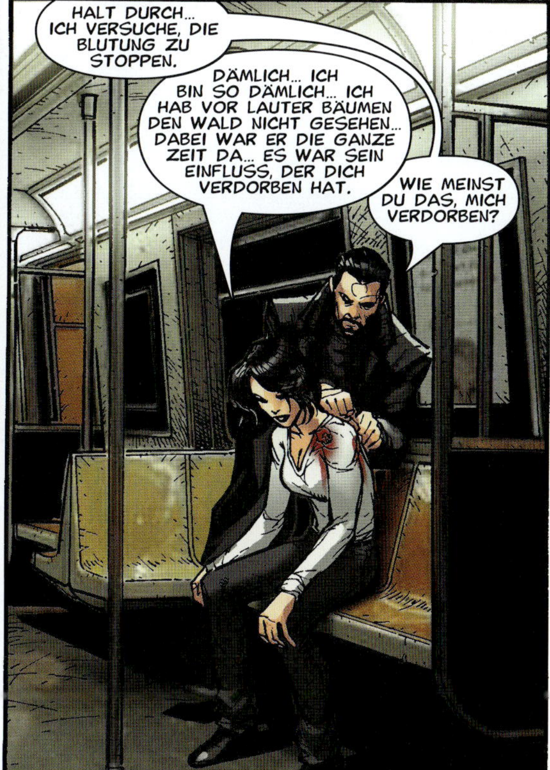

HALT DURCH... ICH VERSUCHE, DIE BLUTUNG ZU STOPPEN.
DÄMLICH... ICH BIN SO DÄMLICH... ICH HAB VOR LAUTER BÄUMEN DEN WALD NICHT GESEHEN... DABEI WAR ER DIE GANZE ZEIT DA... ES WAR SEIN EINFLUSS, DER DICH VERDORBEN HAT.
WIE MEINST DU DAS, MICH VERDORBEN?

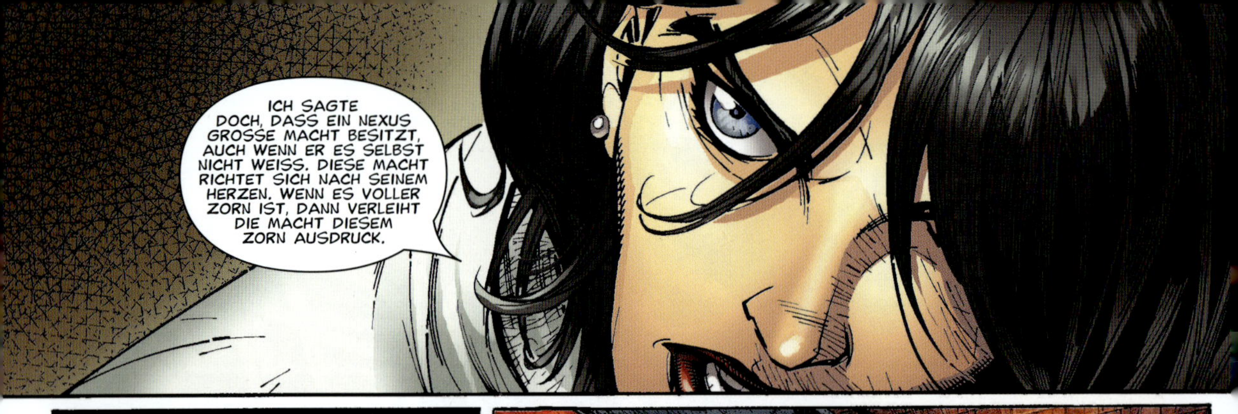
ICH SAGTE DOCH, DASS EIN NEXUS GROSSE MACHT BESITZT, AUCH WENN ER ES SELBST NICHT WEISS. DIESE MACHT RICHTET SICH NACH SEINEM HERZEN. WENN ES VOLLER ZORN IST, DANN VERLEIHT DIE MACHT DIESEM ZORN AUSDRUCK.

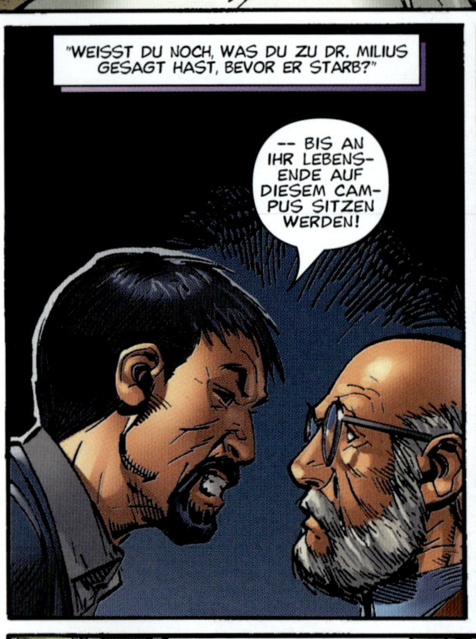
"WEISST DU NOCH, WAS DU ZU DR. MILIUS GESAGT HAST, BEVOR ER STARB?"
-- BIS AN IHR LEBENSENDE AUF DIESEM CAMPUS SITZEN WERDEN!

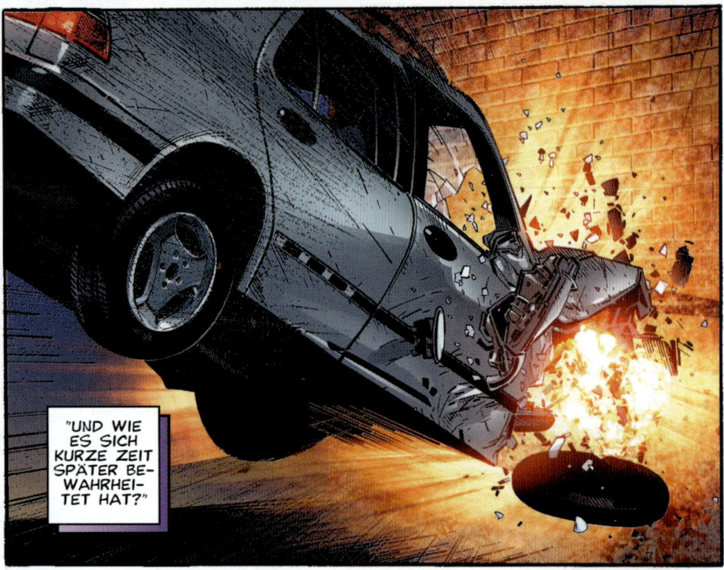
"UND WIE ES SICH KURZE ZEIT SPÄTER BEWAHRHEITET HAT?"

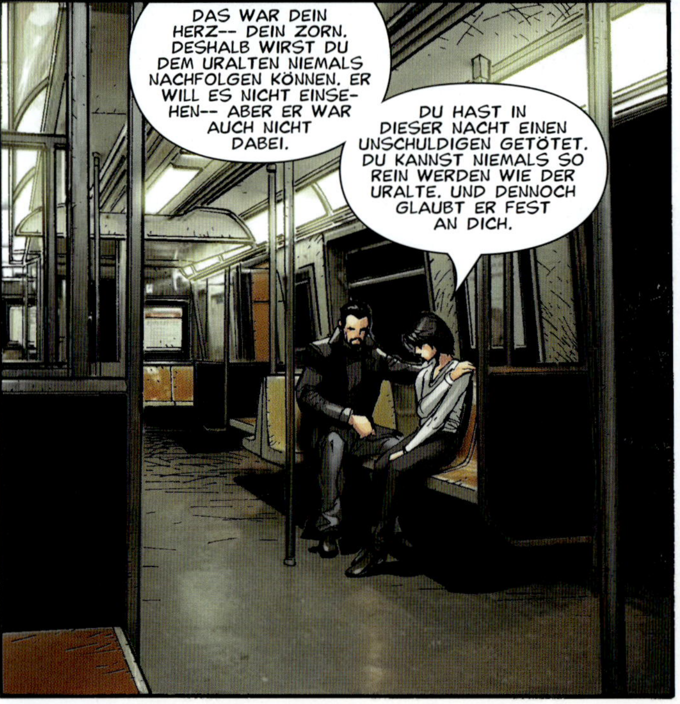
DAS WAR DEIN HERZ-- DEIN ZORN. DESHALB WIRST DU DEM URALTEN NIEMALS NACHFOLGEN KÖNNEN. ER WILL ES NICHT EINSEHEN-- ABER ER WAR AUCH NICHT DABEI.
DU HAST IN DIESER NACHT EINEN UNSCHULDIGEN GETÖTET. DU KANNST NIEMALS SO REIN WERDEN WIE DER URALTE. UND DENNOCH GLAUBT ER FEST AN DICH.

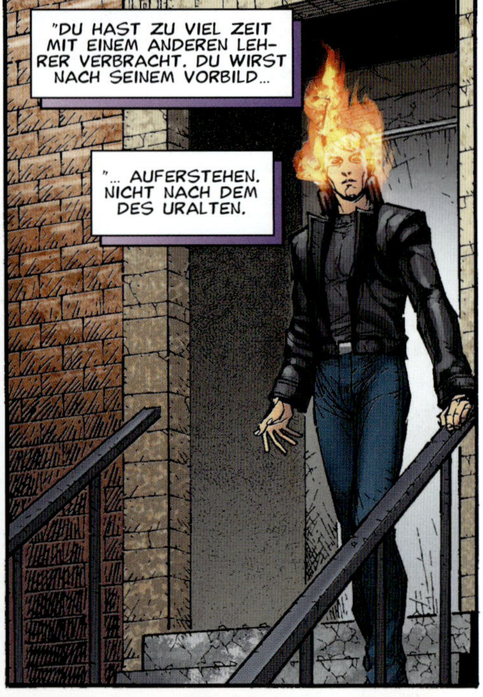
"DU HAST ZU VIEL ZEIT MIT EINEM ANDEREN LEHRER VERBRACHT. DU WIRST NACH SEINEM VORBILD...
"... AUFERSTEHEN. NICHT NACH DEM DES URALTEN.

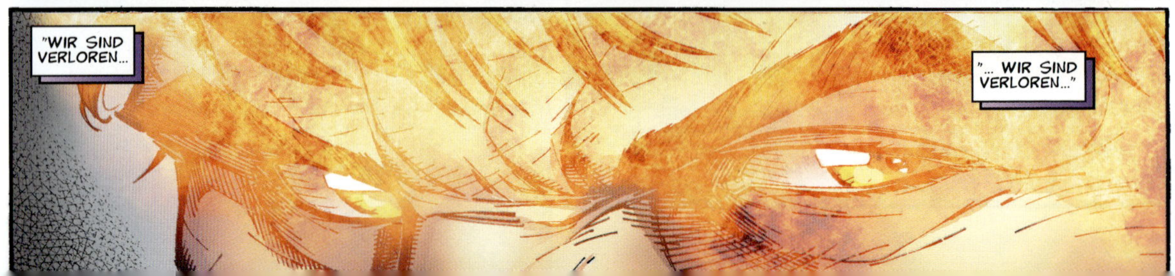
"WIR SIND VERLOREN...
"... WIR SIND VERLOREN..."

ANFANG UND ENDE, TEIL 5

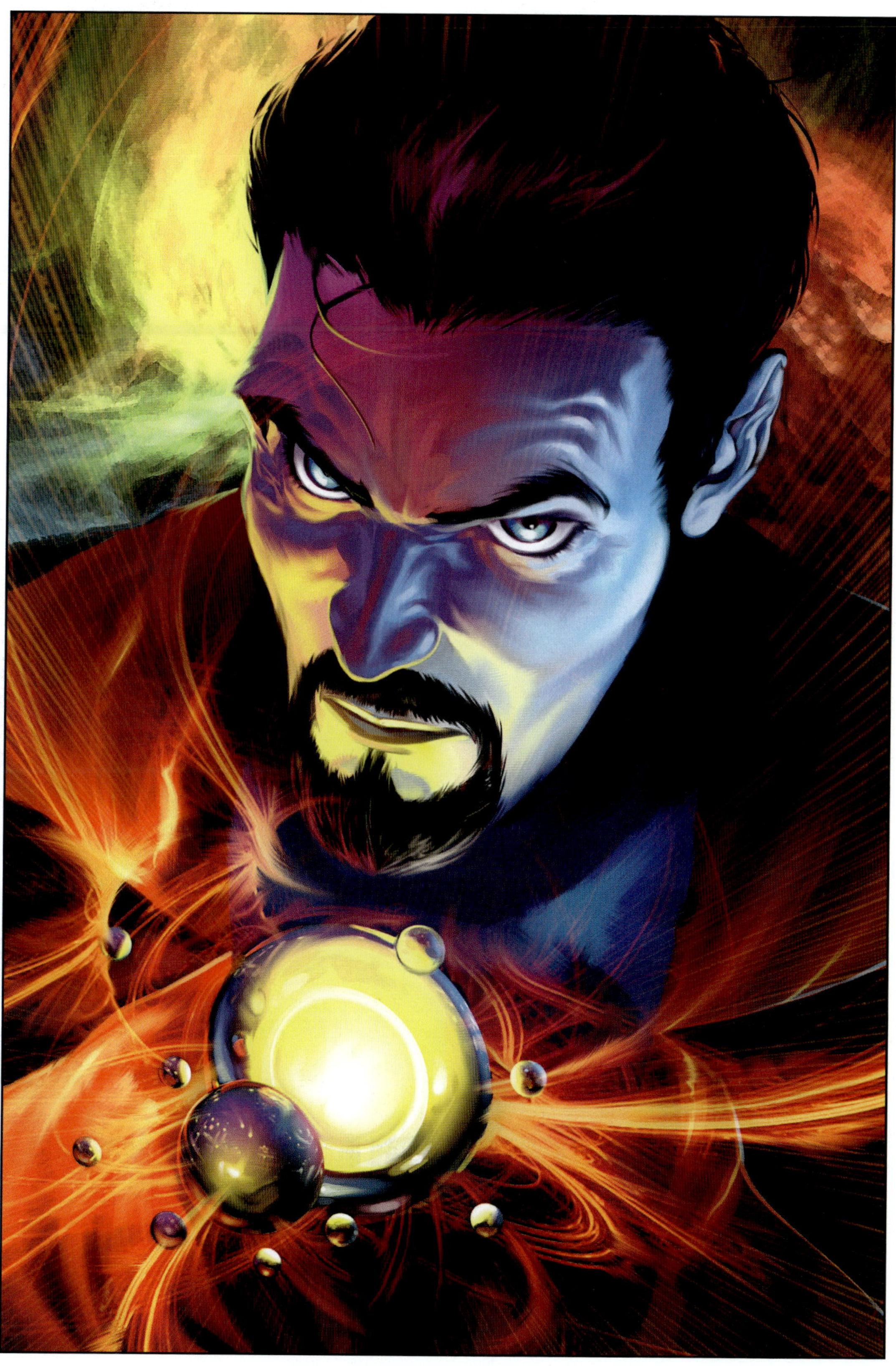

Strange (2004) 5
Cover von **BRANDON PETERSON**

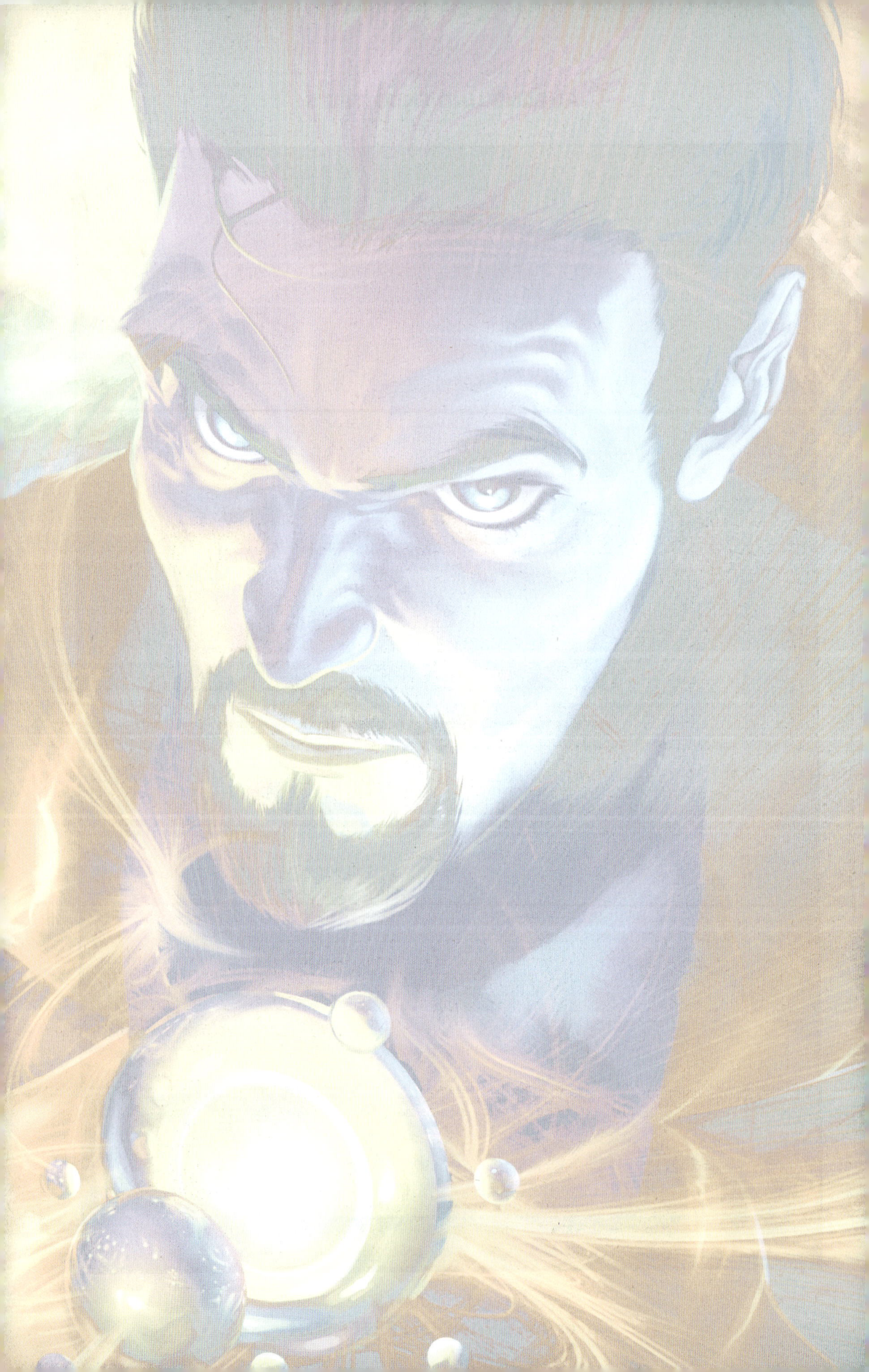

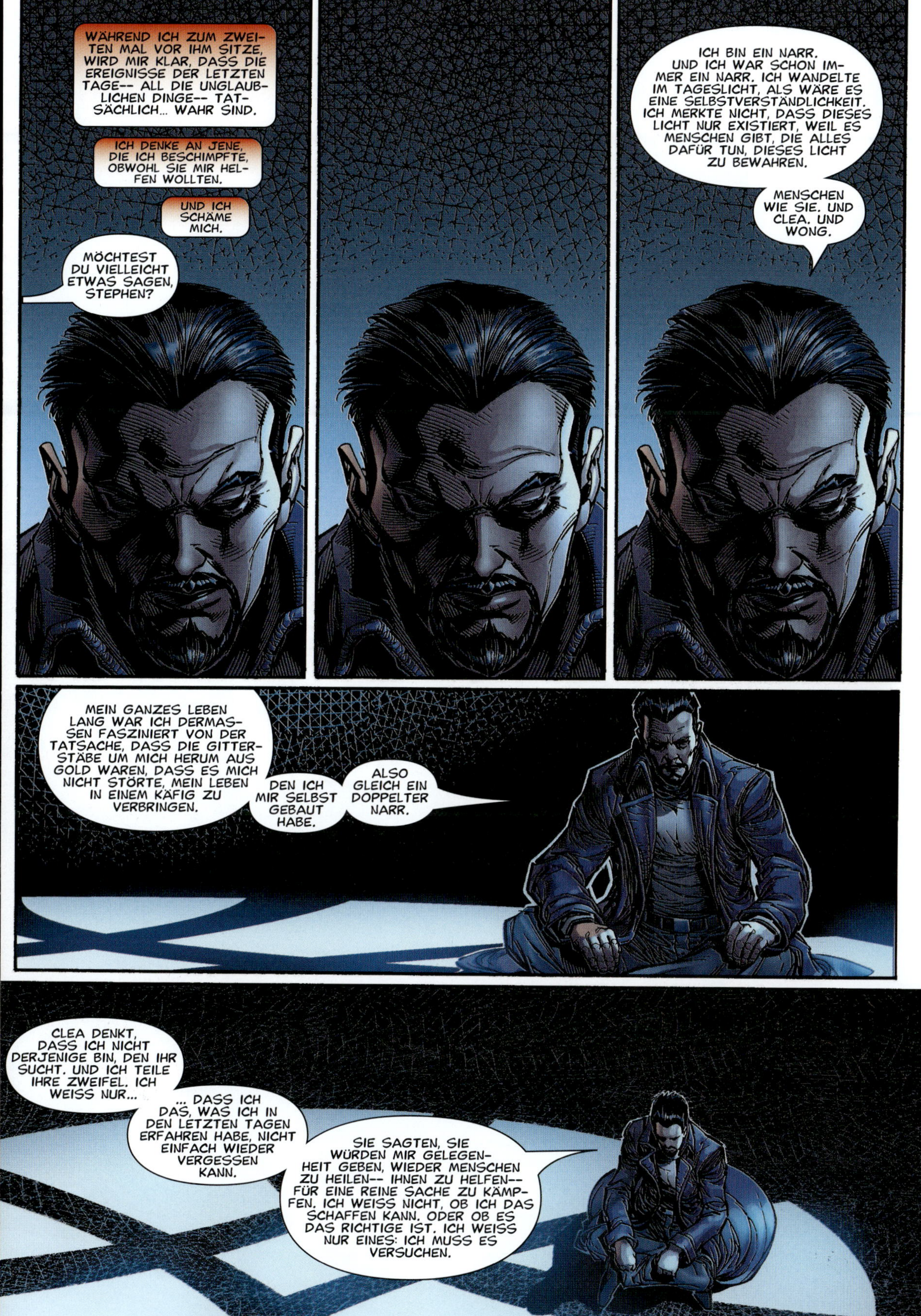
WÄHREND ICH ZUM ZWEITEN MAL VOR IHM SITZE, WIRD MIR KLAR, DASS DIE EREIGNISSE DER LETZTEN TAGE-- ALL DIE UNGLAUBLICHEN DINGE-- TATSÄCHLICH... WAHR SIND.
ICH DENKE AN JENE, DIE ICH BESCHIMPFTE, OBWOHL SIE MIR HELFEN WOLLTEN.
UND ICH SCHÄME MICH.
MÖCHTEST DU VIELLEICHT ETWAS SAGEN, STEPHEN?
ICH BIN EIN NARR. UND ICH WAR SCHON IMMER EIN NARR. ICH WANDELTE IM TAGESLICHT, ALS WÄRE ES EINE SELBSTVERSTÄNDLICHKEIT. ICH MERKTE NICHT, DASS DIESES LICHT NUR EXISTIERT, WEIL ES MENSCHEN GIBT, DIE ALLES DAFÜR TUN, DIESES LICHT ZU BEWAHREN.
MENSCHEN WIE SIE. UND CLEA. UND WONG.
MEIN GANZES LEBEN LANG WAR ICH DERMASSEN FASZINIERT VON DER TATSACHE, DASS DIE GITTERSTÄBE UM MICH HERUM AUS GOLD WAREN, DASS ES MICH NICHT STÖRTE, MEIN LEBEN IN EINEM KÄFIG ZU VERBRINGEN.
DEN ICH MIR SELBST GEBAUT HABE.
ALSO GLEICH EIN DOPPELTER NARR.
CLEA DENKT, DASS ICH NICHT DERJENIGE BIN, DEN IHR SUCHT. UND ICH TEILE IHRE ZWEIFEL. ICH WEISS NUR...
... DASS ICH DAS, WAS ICH IN DEN LETZTEN TAGEN ERFAHREN HABE, NICHT EINFACH WIEDER VERGESSEN KANN.
SIE SAGTEN, SIE WÜRDEN MIR GELEGENHEIT GEBEN, WIEDER MENSCHEN ZU HEILEN-- IHNEN ZU HELFEN-- FÜR EINE REINE SACHE ZU KÄMPFEN. ICH WEISS NICHT, OB ICH DAS SCHAFFEN KANN. ODER OB ES DAS RICHTIGE IST. ICH WEISS NUR EINES: ICH MUSS ES VERSUCHEN.

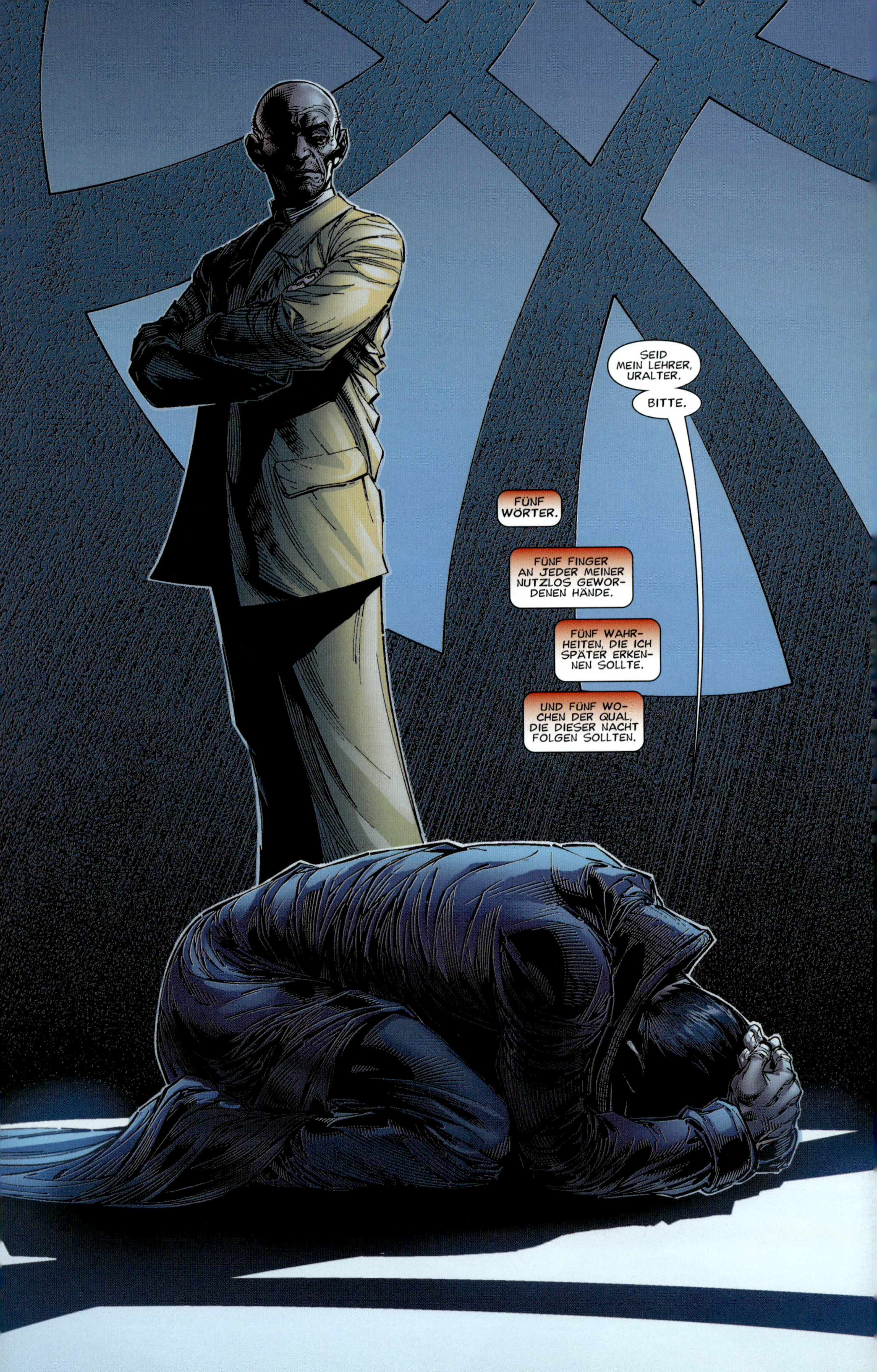
SEID MEIN LEHRER, URALTER.
BITTE.
FÜNF WÖRTER.
FÜNF FINGER AN JEDER MEINER NUTZLOS GEWORDENEN HÄNDE.
FÜNF WAHRHEITEN, DIE ICH SPÄTER ERKENNEN SOLLTE.
UND FÜNF WOCHEN DER QUAL, DIE DIESER NACHT FOLGEN SOLLTEN.

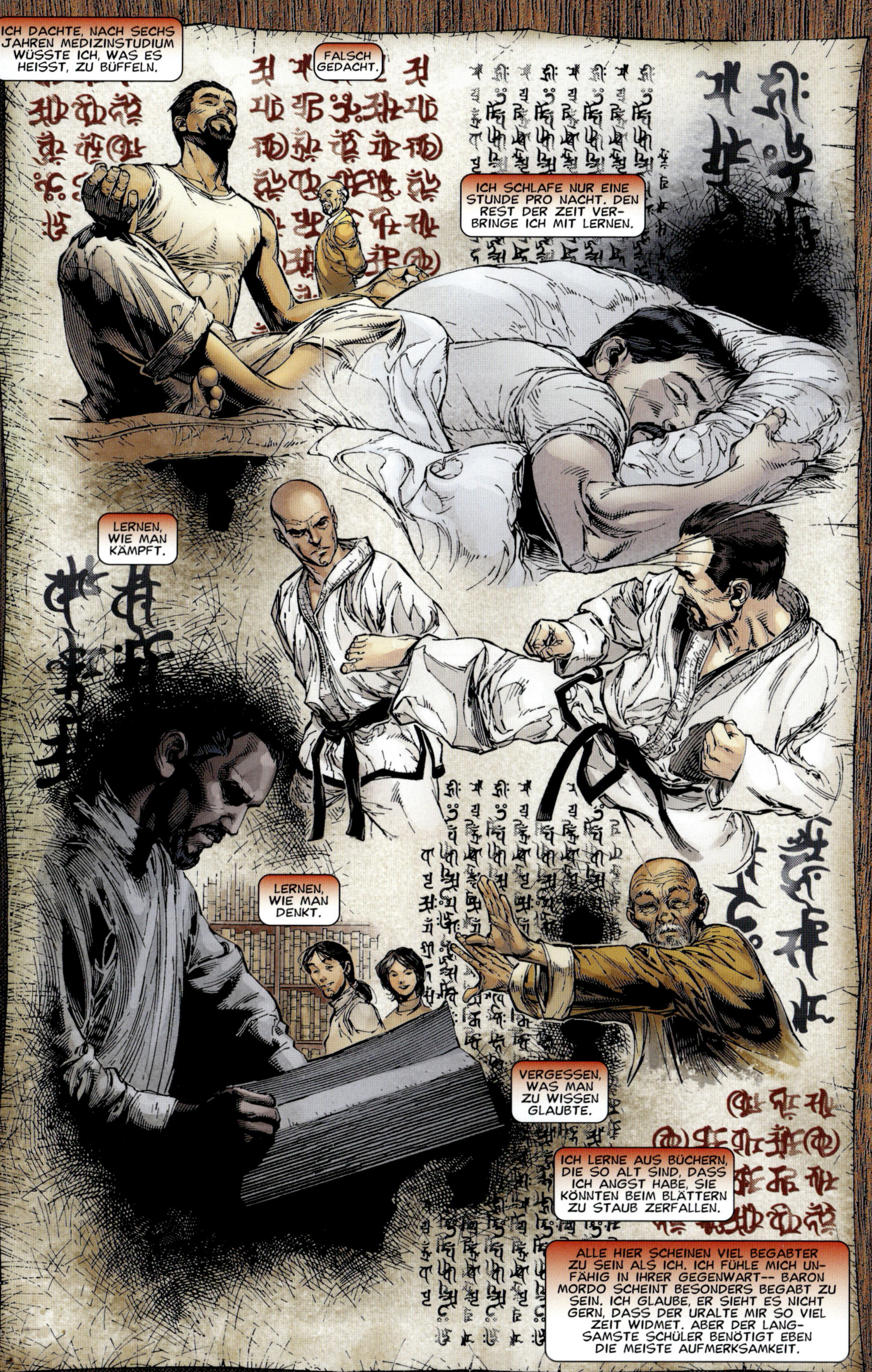
ICH DACHTE, NACH SECHS JAHREN MEDIZINSTUDIUM WÜSSTE ICH, WAS ES HEISST, ZU BÜFFELN.
FALSCH GEDACHT.
ICH SCHLAFE NUR EINE STUNDE PRO NACHT. DEN REST DER ZEIT VERBRINGE ICH MIT LERNEN.
LERNEN, WIE MAN KÄMPFT.
LERNEN, WIE MAN DENKT.
VERGESSEN, WAS MAN ZU WISSEN GLAUBTE.
ICH LERNE AUS BÜCHERN, DIE SO ALT SIND, DASS ICH ANGST HABE, SIE KÖNNTEN BEIM BLÄTTERN ZU STAUB ZERFALLEN.
ALLE HIER SCHEINEN VIEL BEGABTER ZU SEIN ALS ICH. ICH FÜHLE MICH UNFÄHIG IN IHRER GEGENWART-- BARON MORDO SCHEINT BESONDERS BEGABT ZU SEIN. ICH GLAUBE, ER SIEHT ES NICHT GERN, DASS DER URALTE MIR SO VIEL ZEIT WIDMET. ABER DER LANGSAMSTE SCHÜLER BENÖTIGT EBEN DIE MEISTE AUFMERKSAMKEIT.

MANCHMAL FÜHLE ICH MICH SO LANGSAM... SO DUMM.

ES TUT MIR LEID, ABER ICH SEHE GAR NICHTS. ICH--

SCHON GUT, STEPHEN. PROBIER ES EINFACH NOCH MAL. KONZENTRIERE DICH... FÜHLE, WIE DU ATMEST...

DEIN KÖRPER IST NUR EIN SPIEGEL DEINES GEISTES, EBENSO WIE DER LICHTSCHEIN AN DER WAND EINE PROJEKTION DIESER KERZE IST. UM AUF DIE ANDERE SEITE ZU GELANGEN...

... MUSST DU DIESEN SPIEGEL EINFACH UMDREHEN.

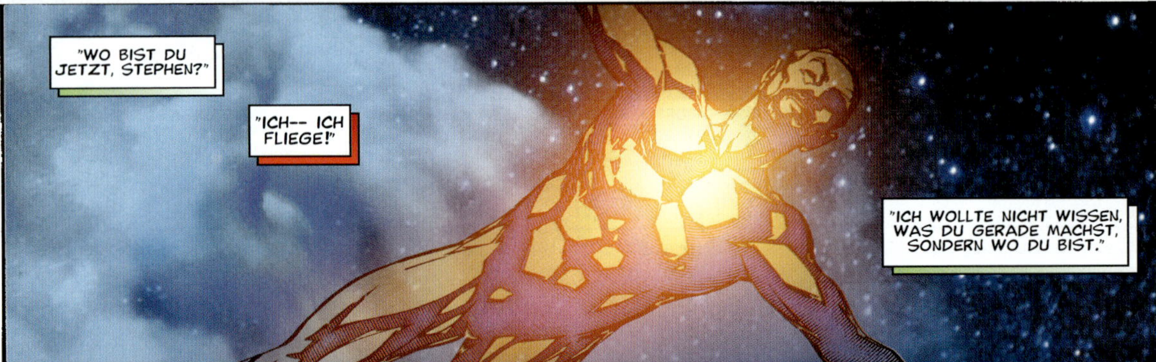

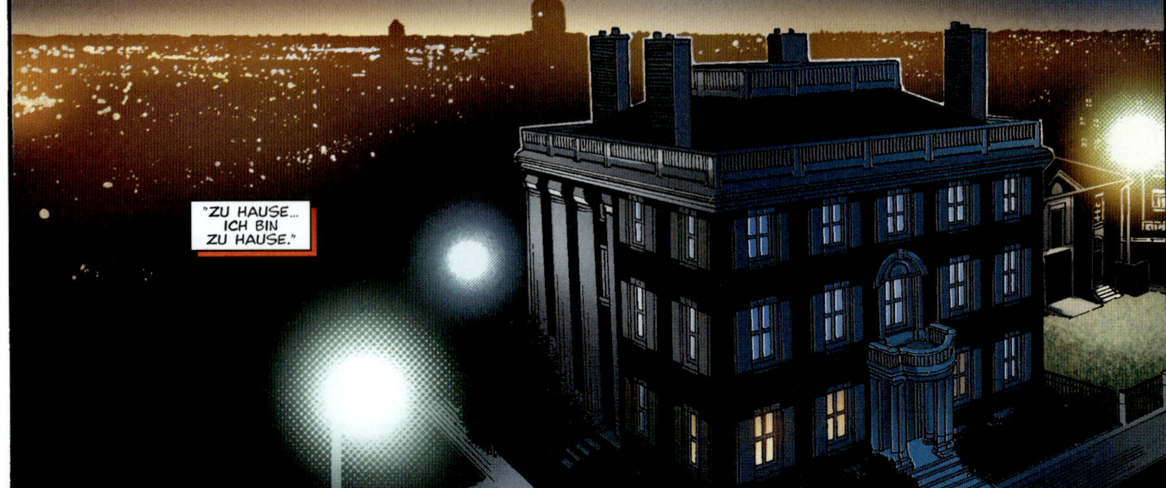

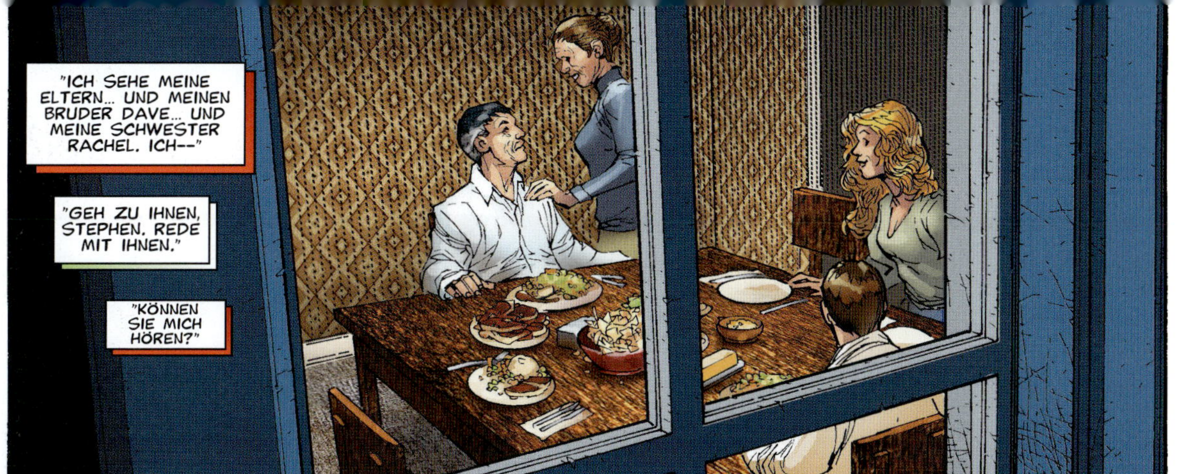
"ICH SEHE MEINE ELTERN... UND MEINEN BRUDER DAVE... UND MEINE SCHWESTER RACHEL. ICH--"
"GEH ZU IHNEN, STEPHEN. REDE MIT IHNEN."
"KÖNNEN SIE MICH HÖREN?"

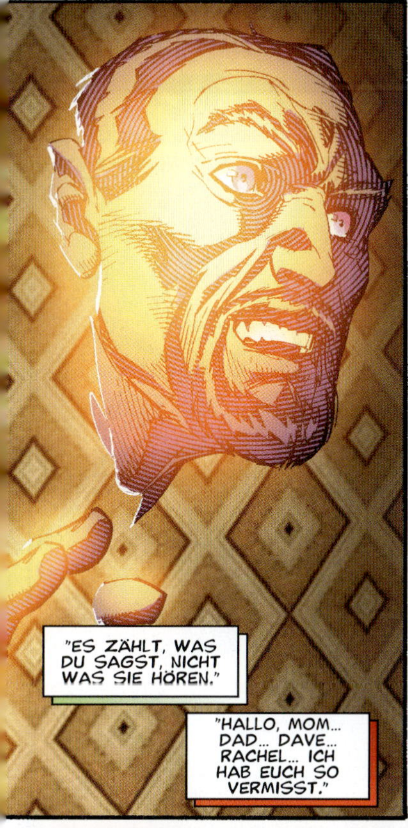
"ES ZÄHLT, WAS DU SAGST, NICHT WAS SIE HÖREN."
"HALLO, MOM... DAD... DAVE... RACHEL... ICH HAB EUCH SO VERMISST."

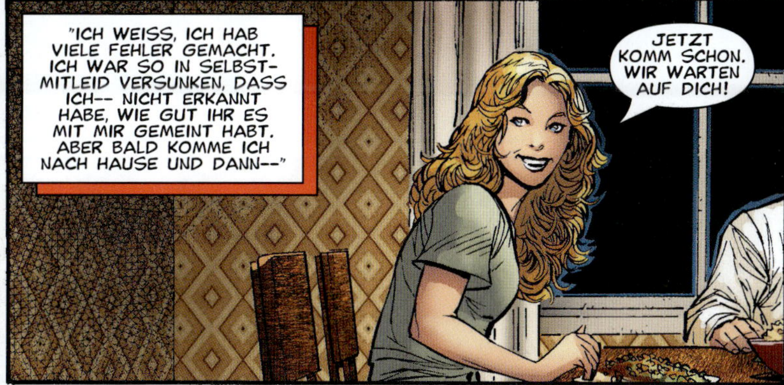
"ICH WEISS, ICH HAB VIELE FEHLER GEMACHT. ICH WAR SO IN SELBST-MITLEID VERSUNKEN, DASS ICH-- NICHT ERKANNT HABE, WIE GUT IHR ES MIT MIR GEMEINT HABT. ABER BALD KOMME ICH NACH HAUSE UND DANN--"
JETZT KOMM SCHON. WIR WARTEN AUF DICH!

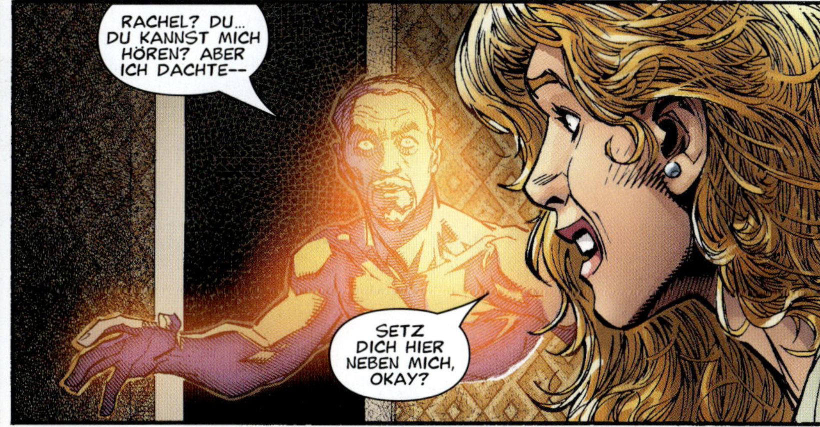
RACHEL? DU... DU KANNST MICH HÖREN? ABER ICH DACHTE--
SETZ DICH HIER NEBEN MICH, OKAY?

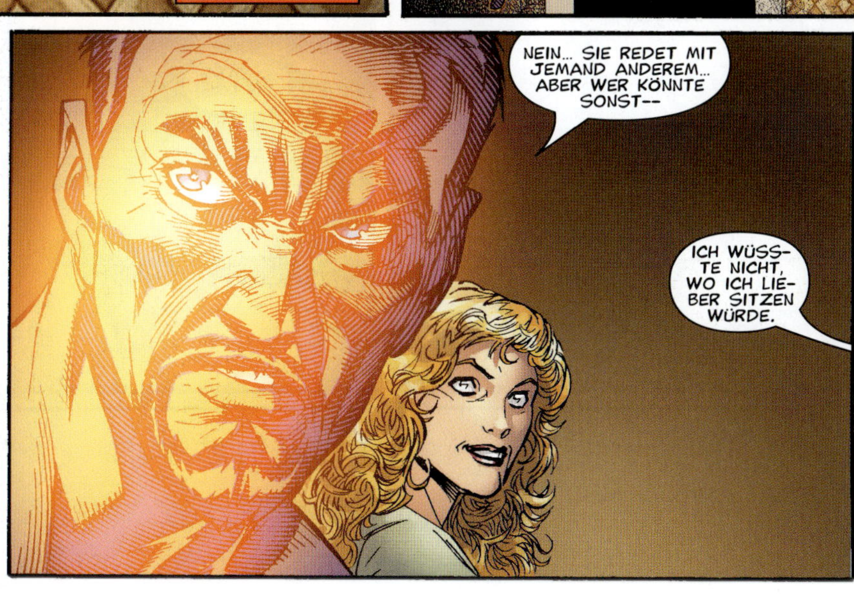
NEIN... SIE REDET MIT JEMAND ANDEREM... ABER WER KÖNNTE SONST--
ICH WÜSS-TE NICHT, WO ICH LIE-BER SITZEN WÜRDE.

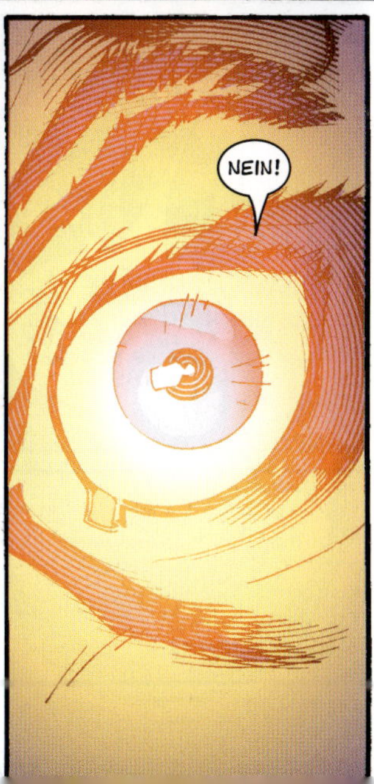
NEIN!

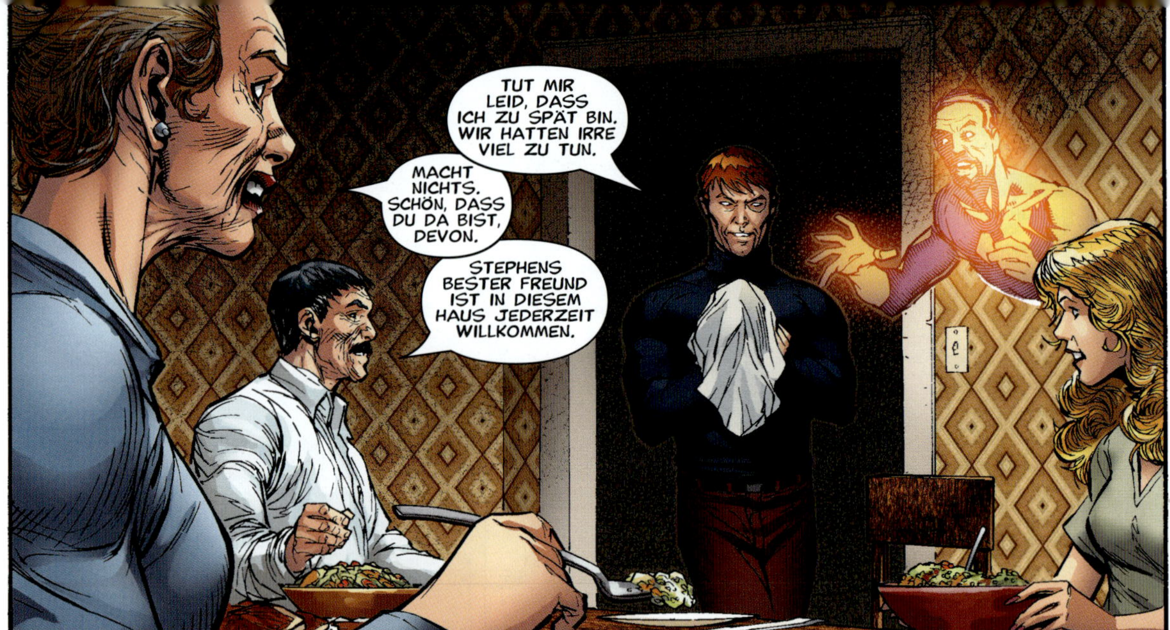

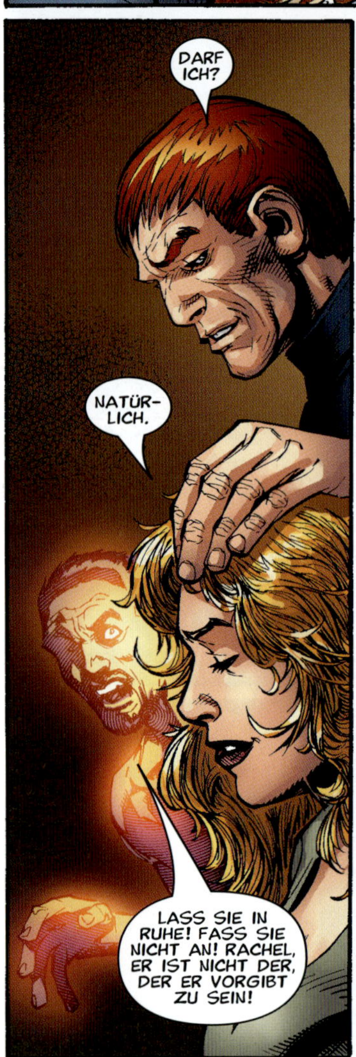

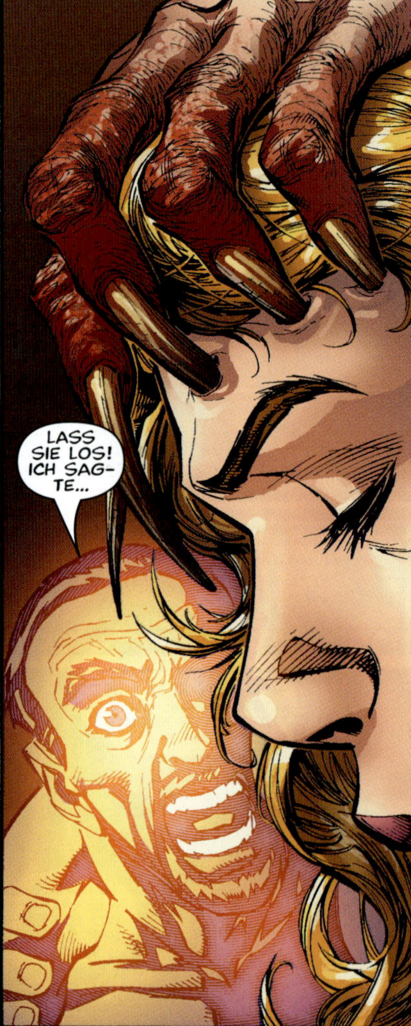

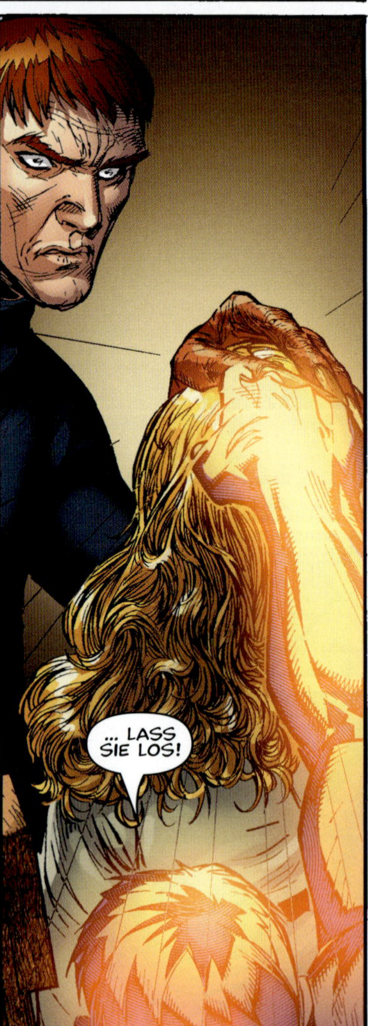

KOMM ZURÜCK, STEPHEN... KOMM ZURÜCK...

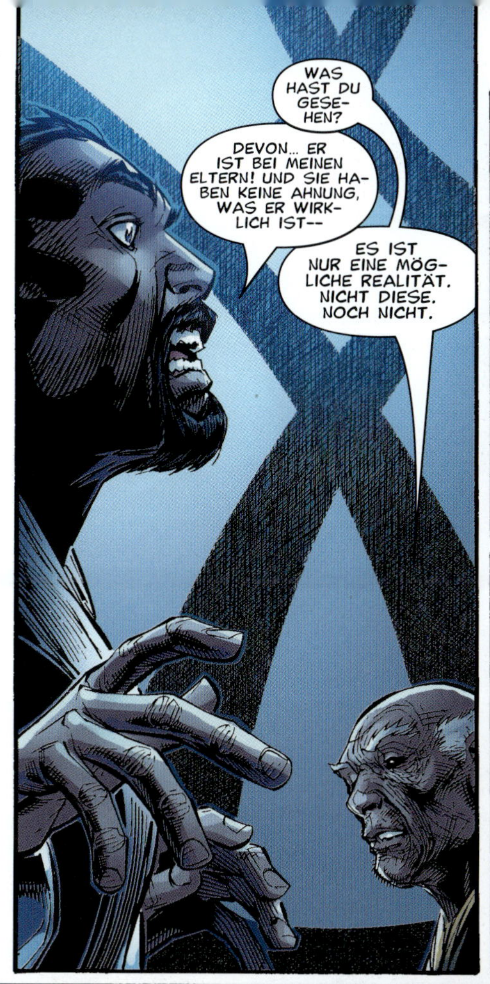
WAS HAST DU GESE- HEN?
DEVON... ER IST BEI MEINEN ELTERN! UND SIE HA- BEN KEINE AHNUNG, WAS ER WIRK- LICH IST--
ES IST NUR EINE MÖG- LICHE REALITÄT. NICHT DIESE. NOCH NICHT.

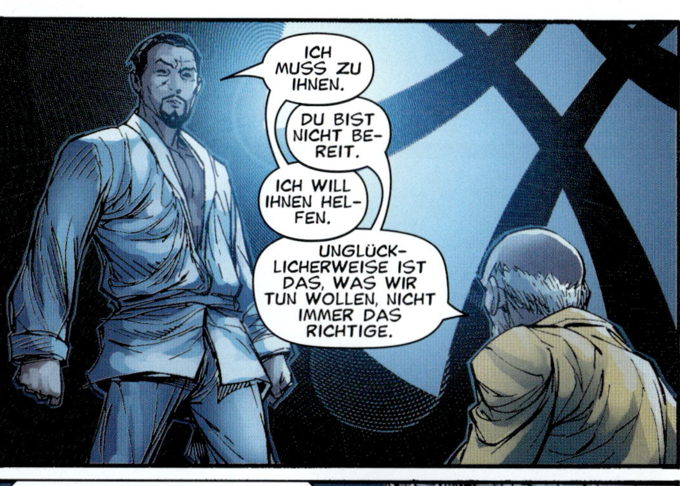
ICH MUSS ZU IHNEN.
DU BIST NICHT BE- REIT.
ICH WILL IHNEN HEL- FEN.
UNGLÜCK- LICHERWEISE IST DAS, WAS WIR TUN WOLLEN, NICHT IMMER DAS RICHTIGE.

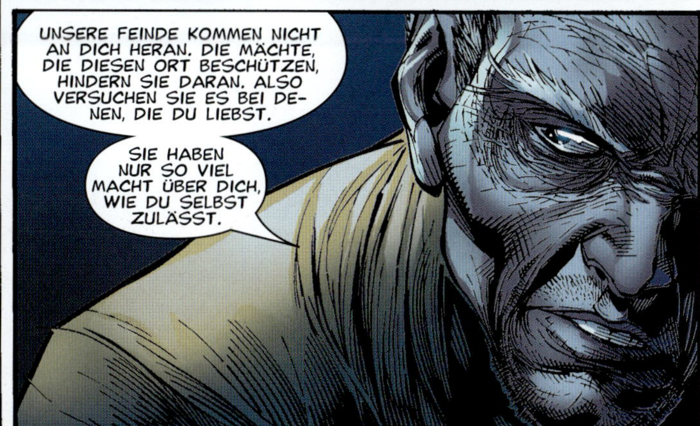
UNSERE FEINDE KOMMEN NICHT AN DICH HERAN. DIE MÄCHTE, DIE DIESEN ORT BESCHÜTZEN, HINDERN SIE DARAN. ALSO VERSUCHEN SIE ES BEI DE- NEN, DIE DU LIEBST.
SIE HABEN NUR SO VIEL MACHT ÜBER DICH, WIE DU SELBST ZULÄSST.

DIE WAHRE MACHT LIEGT BEI DIR. LASS ES ZU ODER NICHT. ALLES, WAS UNS IM LEBEN PASSIERT, KÖNNEN WIR ZULASSEN ODER UNTERBINDEN.
WAHRE MACHT BEDEU- TET, WEISE ZU ENTSCHEIDEN. UND DIESE MACHT BESITZT DU BEREITS.

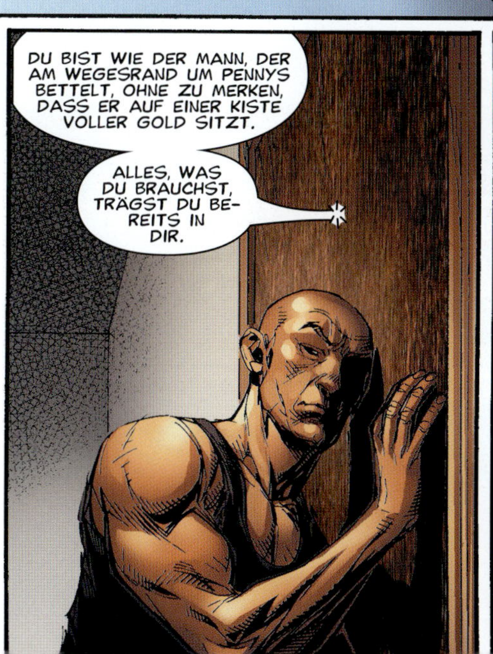
DU BIST WIE DER MANN, DER AM WEGESRAND UM PENNYS BETTELT, OHNE ZU MERKEN, DASS ER AUF EINER KISTE VOLLER GOLD SITZT.
ALLES, WAS DU BRAUCHST, TRÄGST DU BE- REITS IN DIR.

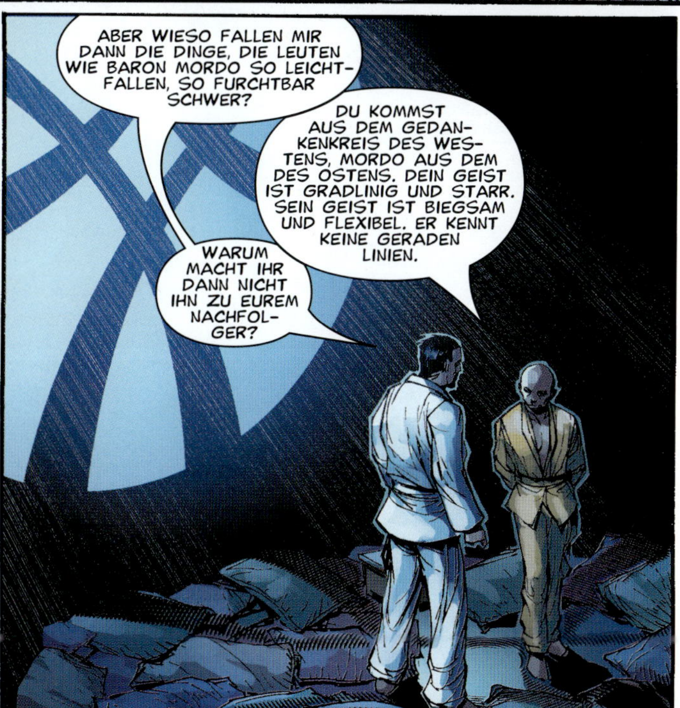
ABER WIESO FALLEN MIR DANN DIE DINGE, DIE LEUTEN WIE BARON MORDO SO LEICHT- FALLEN, SO FURCHTBAR SCHWER?
DU KOMMST AUS DEM GEDAN- KENKREIS DES WES- TENS, MORDO AUS DEM DES OSTENS. DEIN GEIST IST GRADLINIG UND STARR. SEIN GEIST IST BIEGSAM UND FLEXIBEL. ER KENNT KEINE GERADEN LINIEN.
WARUM MACHT IHR DANN NICHT IHN ZU EUREM NACHFOL- GER?

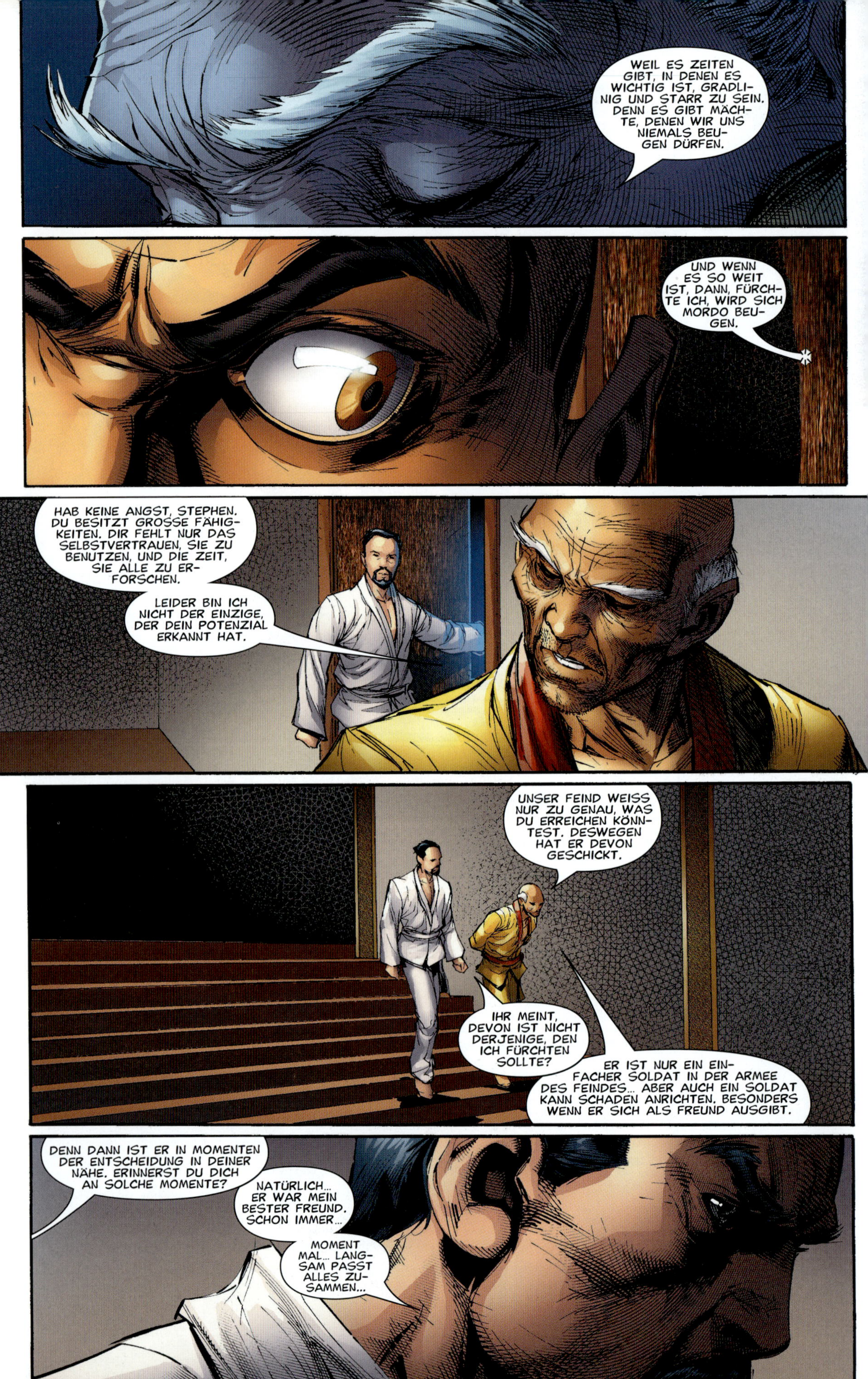
WEIL ES ZEITEN GIBT, IN DENEN ES WICHTIG IST, GRADLINIG UND STARR ZU SEIN. DENN ES GIBT MÄCHTE, DENEN WIR UNS NIEMALS BEUGEN DÜRFEN.
UND WENN ES SO WEIT IST, DANN, FÜRCHTE ICH, WIRD SICH MORDO BEUGEN.
HAB KEINE ANGST, STEPHEN. DU BESITZT GROSSE FÄHIGKEITEN. DIR FEHLT NUR DAS SELBSTVERTRAUEN, SIE ZU BENUTZEN, UND DIE ZEIT, SIE ALLE ZU ERFORSCHEN.
LEIDER BIN ICH NICHT DER EINZIGE, DER DEIN POTENZIAL ERKANNT HAT.
UNSER FEIND WEISS NUR ZU GENAU, WAS DU ERREICHEN KÖNNTEST. DESWEGEN HAT ER DEVON GESCHICKT.
IHR MEINT, DEVON IST NICHT DERJENIGE, DEN ICH FÜRCHTEN SOLLTE?
ER IST NUR EIN EINFACHER SOLDAT IN DER ARMEE DES FEINDES... ABER AUCH EIN SOLDAT KANN SCHADEN ANRICHTEN, BESONDERS WENN ER SICH ALS FREUND AUSGIBT.
DENN DANN IST ER IN MOMENTEN DER ENTSCHEIDUNG IN DEINER NÄHE. ERINNERST DU DICH AN SOLCHE MOMENTE?
NATÜRLICH... ER WAR MEIN BESTER FREUND. SCHON IMMER...
MOMENT MAL... LANGSAM PASST ALLES ZUSAMMEN...

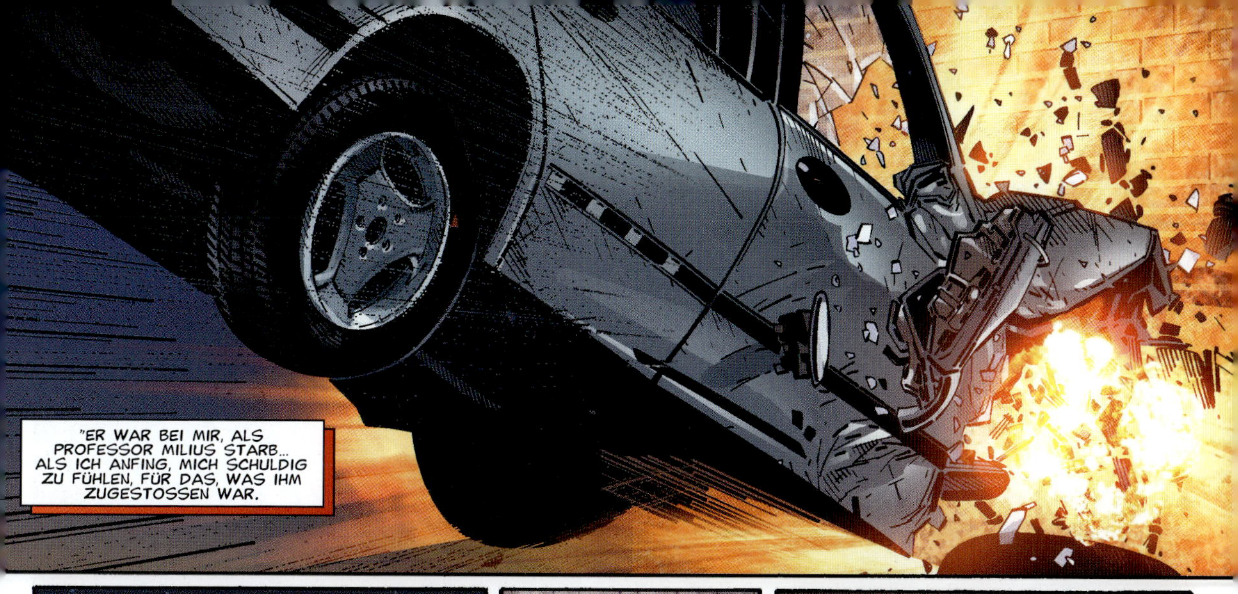
"ER WAR BEI MIR, ALS PROFESSOR MILIUS STARB... ALS ICH ANFING, MICH SCHULDIG ZU FÜHLEN, FÜR DAS, WAS IHM ZUGESTOSSEN WAR.

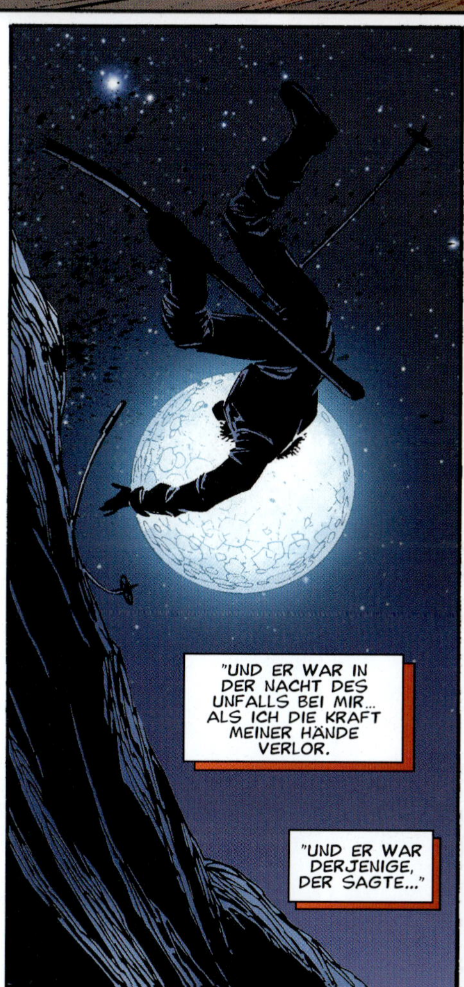
"UND ER WAR IN DER NACHT DES UNFALLS BEI MIR... ALS ICH DIE KRAFT MEINER HÄNDE VERLOR.
"UND ER WAR DERJENIGE, DER SAGTE..."

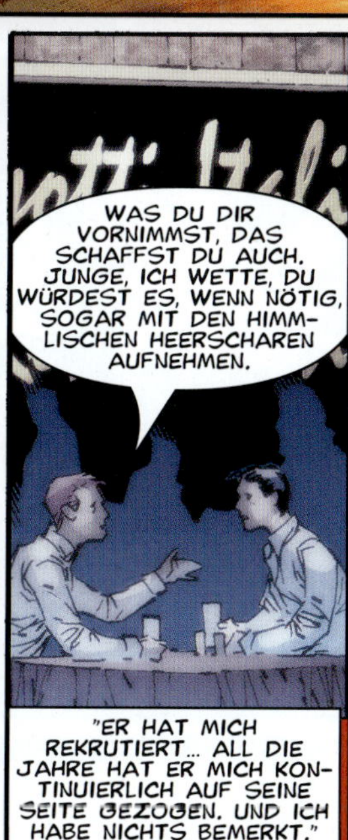
WAS DU DIR VORNIMMST, DAS SCHAFFST DU AUCH. JUNGE, ICH WETTE, DU WÜRDEST ES, WENN NÖTIG, SOGAR MIT DEN HIMMLISCHEN HEERSCHAREN AUFNEHMEN.
"ER HAT MICH REKRUTIERT... ALL DIE JAHRE HAT ER MICH KONTINUIERLICH AUF SEINE SEITE GEZOGEN. UND ICH HABE NICHTS BEMERKT."

WIE KONNTE ICH NUR SO BLIND SEIN?!
WEIL DU NUR GLAUBEN WOLLTEST, WAS DU MIT EIGENEN AUGEN GESEHEN HAST. ABER DAS VERSUCHEN WIR JA GERADE ZU ÄNDERN. ICH WÜNSCHTE NUR...

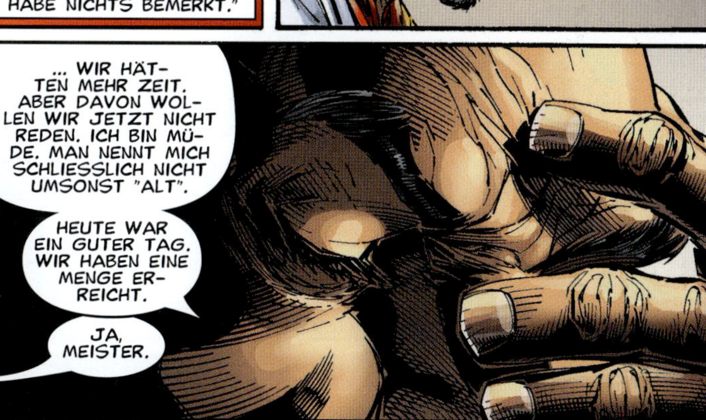
... WIR HÄTTEN MEHR ZEIT. ABER DAVON WOLLEN WIR JETZT NICHT REDEN. ICH BIN MÜDE. MAN NENNT MICH SCHLIESSLICH NICHT UMSONST "ALT".
HEUTE WAR EIN GUTER TAG. WIR HABEN EINE MENGE ERREICHT.
JA, MEISTER.

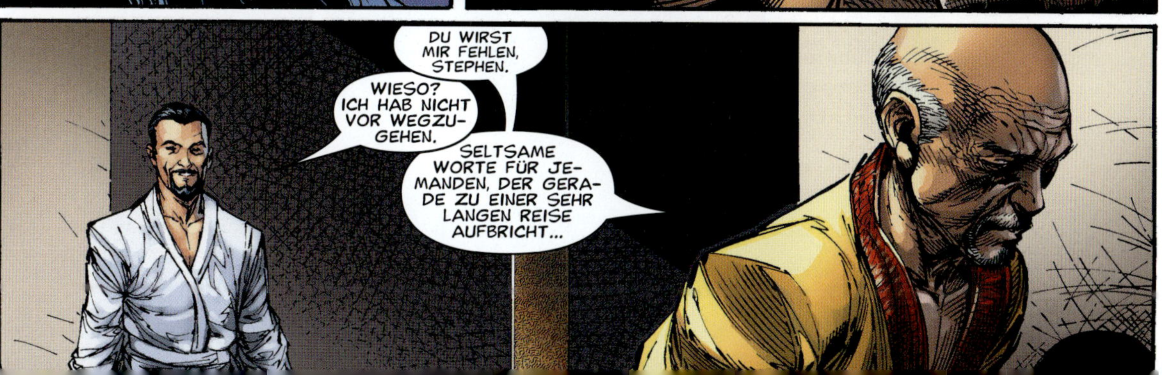
DU WIRST MIR FEHLEN, STEPHEN.
WIESO? ICH HAB NICHT VOR WEGZUGEHEN.
SELTSAME WORTE FÜR JEMANDEN, DER GERADE ZU EINER SEHR LANGEN REISE AUFBRICHT...

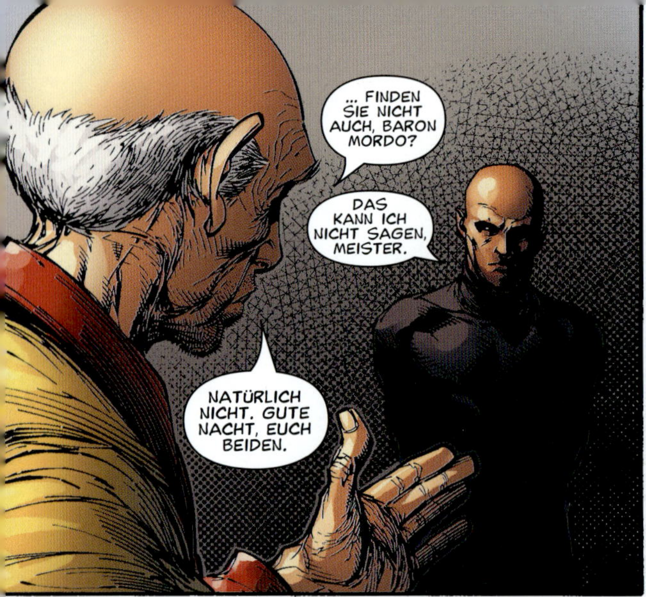
... FINDEN SIE NICHT AUCH, BARON MORDO?
DAS KANN ICH NICHT SAGEN, MEISTER.
NATÜRLICH NICHT. GUTE NACHT, EUCH BEIDEN.

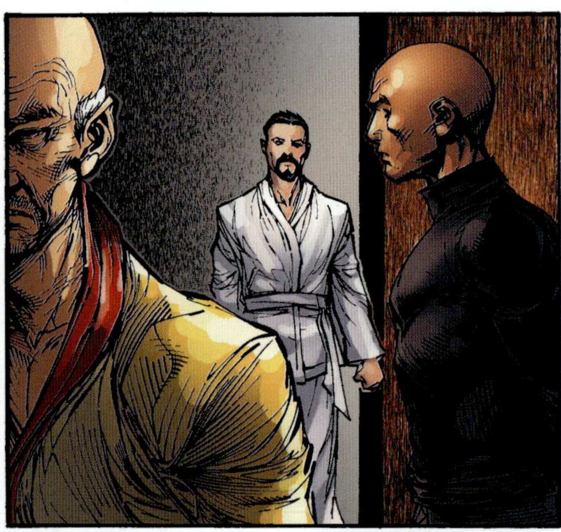

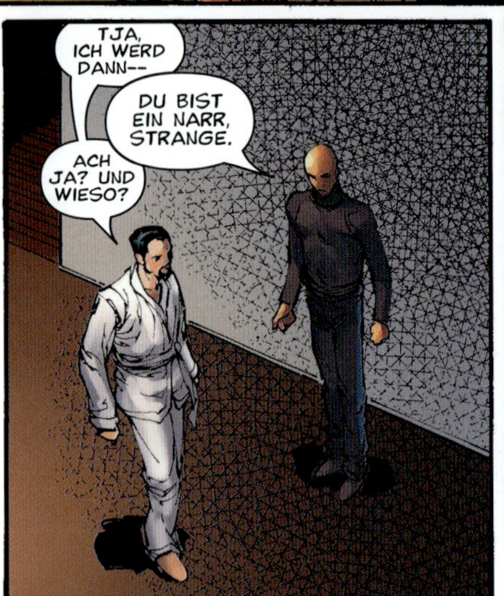
TJA, ICH WERD DANN--
DU BIST EIN NARR, STRANGE.
ACH JA? UND WIESO?

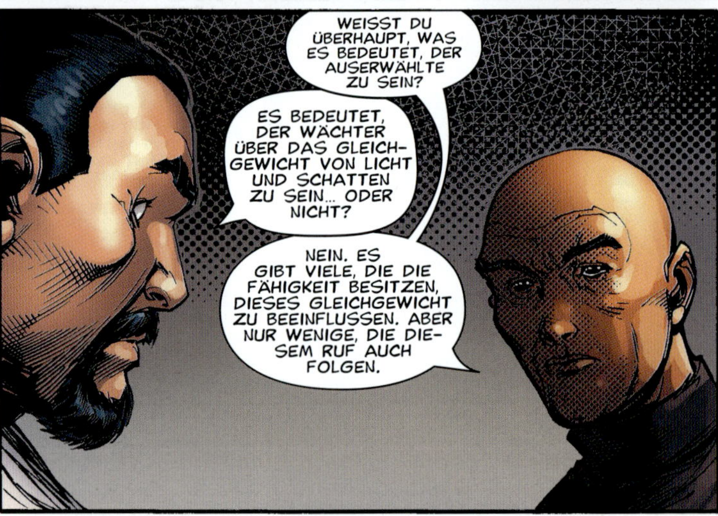
WEISST DU ÜBERHAUPT, WAS ES BEDEUTET, DER AUSERWÄHLTE ZU SEIN?
ES BEDEUTET, DER WÄCHTER ÜBER DAS GLEICH-GEWICHT VON LICHT UND SCHATTEN ZU SEIN... ODER NICHT?
NEIN. ES GIBT VIELE, DIE DIE FÄHIGKEIT BESITZEN, DIESES GLEICHGEWICHT ZU BEEINFLUSSEN. ABER NUR WENIGE, DIE DIE-SEM RUF AUCH FOLGEN.

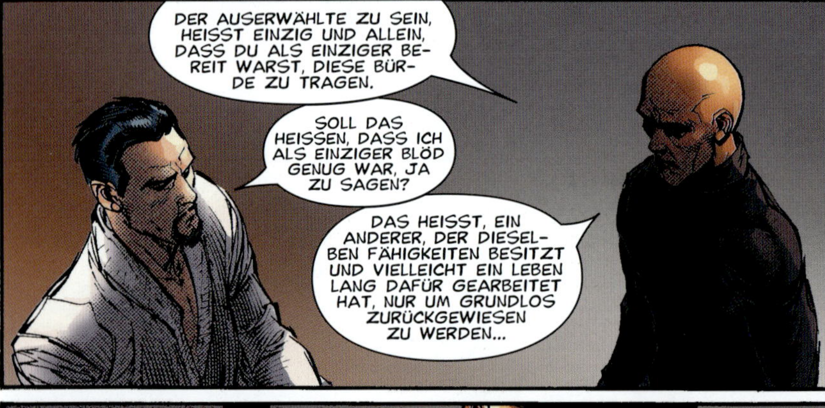
DER AUSERWÄHLTE ZU SEIN, HEISST EINZIG UND ALLEIN, DASS DU ALS EINZIGER BE-REIT WARST, DIESE BÜR-DE ZU TRAGEN.
SOLL DAS HEISSEN, DASS ICH ALS EINZIGER BLÖD GENUG WAR, JA ZU SAGEN?
DAS HEISST, EIN ANDERER, DER DIESEL-BEN FÄHIGKEITEN BESITZT UND VIELLEICHT EIN LEBEN LANG DAFÜR GEARBEITET HAT, NUR UM GRUNDLOS ZURÜCKGEWIESEN ZU WERDEN...

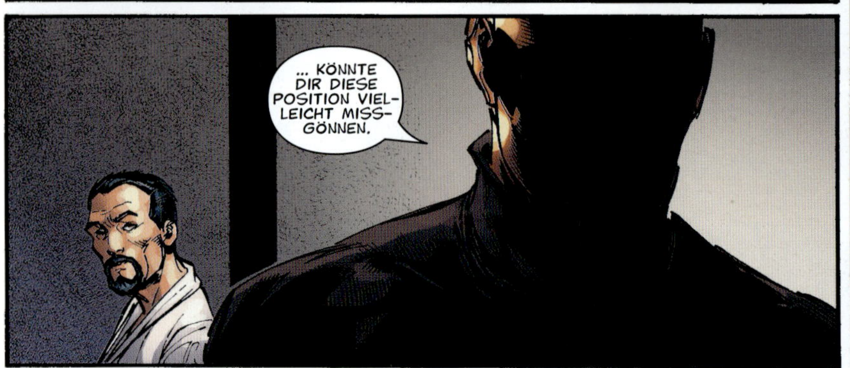
... KÖNNTE DIR DIESE POSITION VIEL-LEICHT MISS-GÖNNEN.

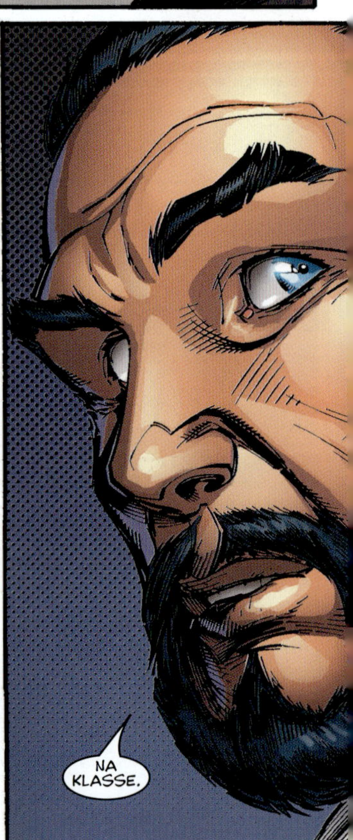
NA KLASSE.

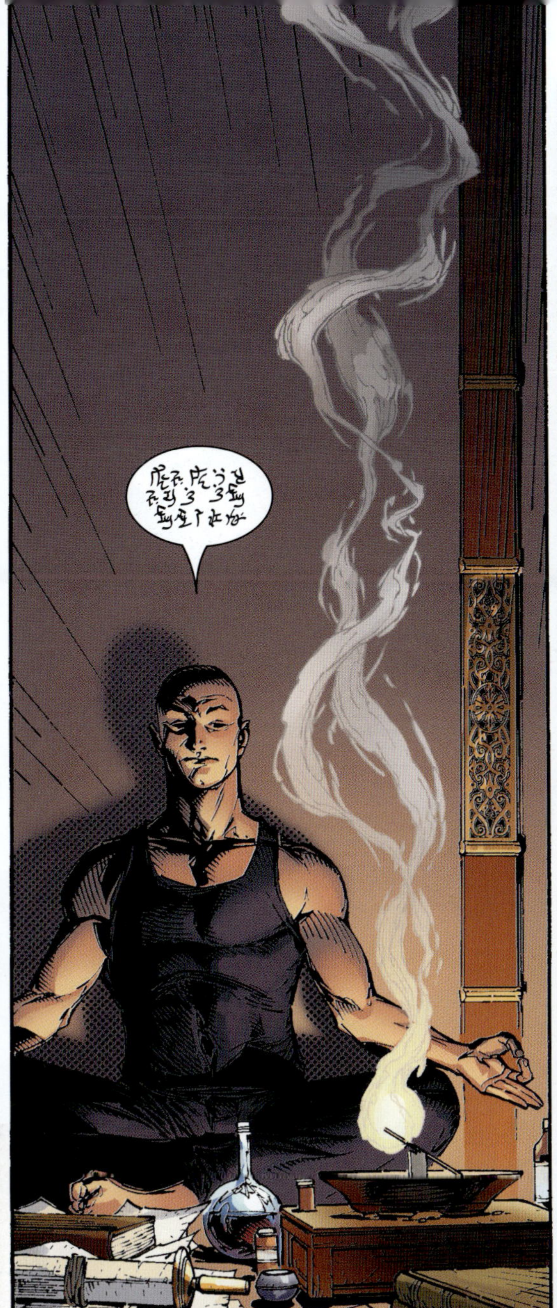

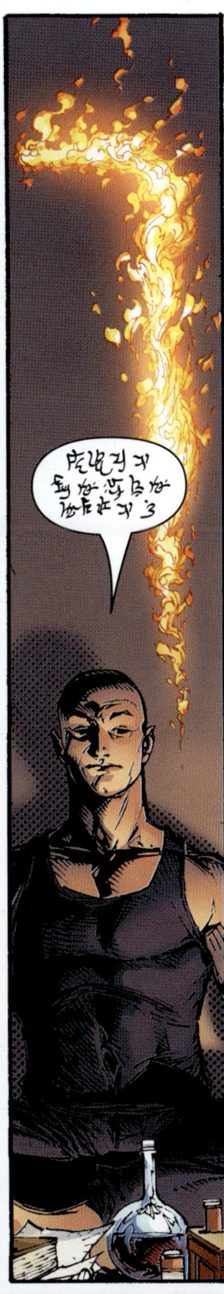

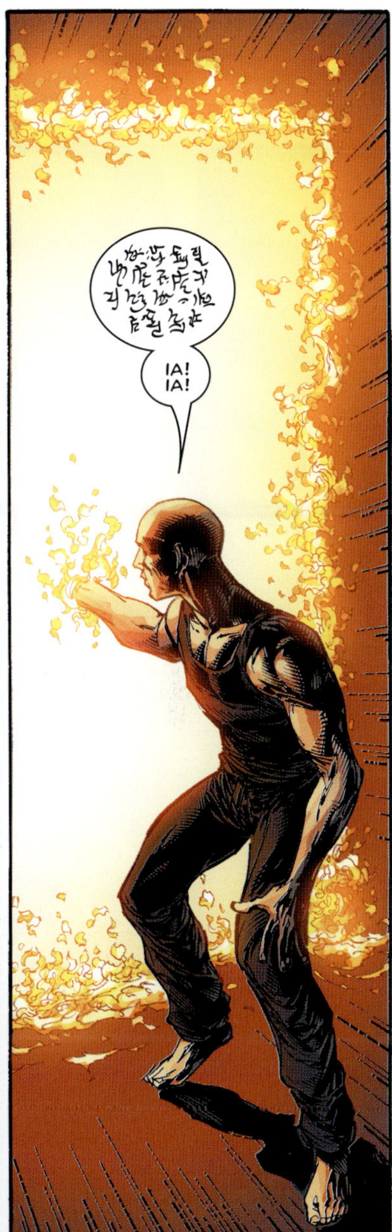

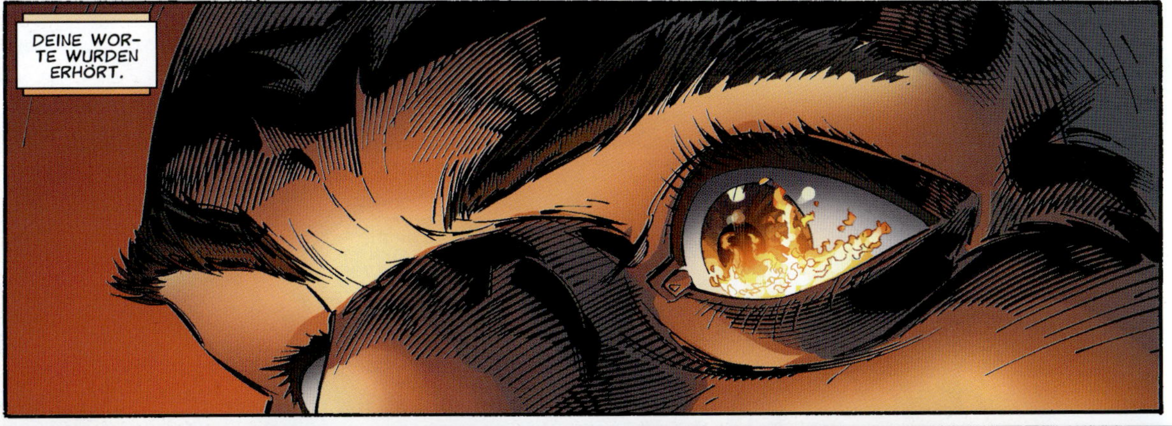

KOMM.

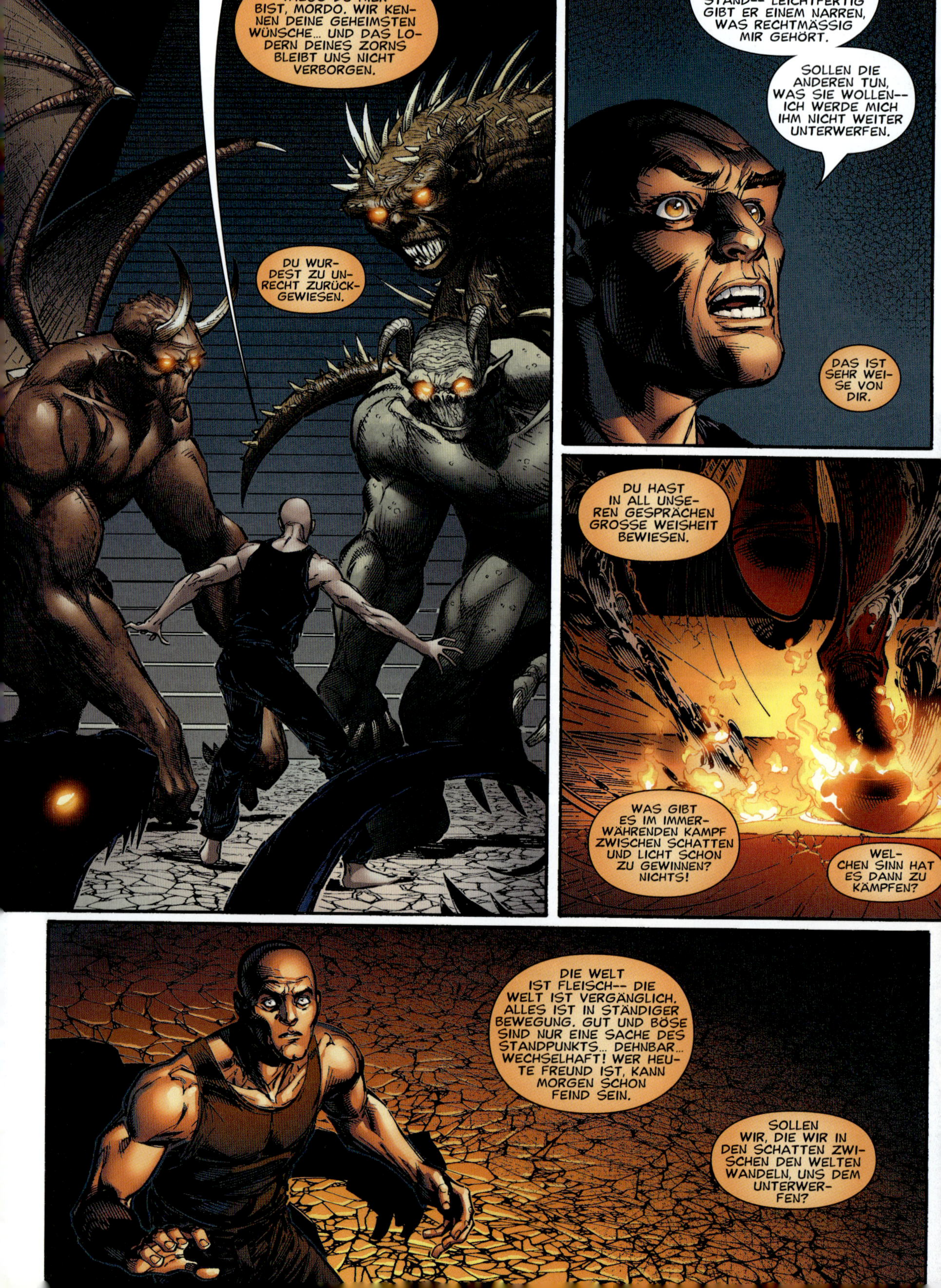

ICH BIN ZU EUCH GEKOMMEN, WEIL ICH--
WIR WISSEN, WIESO DU HIER BIST, MORDO. WIR KENNEN DEINE GEHEIMSTEN WÜNSCHE... UND DAS LODERN DEINES ZORNS BLEIBT UNS NICHT VERBORGEN.
DU WURDEST ZU UNRECHT ZURÜCKGEWIESEN.
DER URALTE ERKENNT WEDER DEINE FÄHIGKEITEN... NOCH DEINE BESTIMMUNG.
ER IST ALT UND STARRSINNIG... ER WIRD JEDEN TAG SCHWÄCHER. ER IST NICHT MEHR BEI VERSTAND-- LEICHTFERTIG GIBT ER EINEM NARREN, WAS RECHTMÄSSIG MIR GEHÖRT.
SOLLEN DIE ANDEREN TUN, WAS SIE WOLLEN-- ICH WERDE MICH IHM NICHT WEITER UNTERWERFEN.
DAS IST SEHR WEISE VON DIR.
DU HAST IN ALL UNSEREN GESPRÄCHEN GROSSE WEISHEIT BEWIESEN.
WAS GIBT ES IM IMMERWÄHRENDEN KAMPF ZWISCHEN SCHATTEN UND LICHT SCHON ZU GEWINNEN? NICHTS!
WELCHEN SINN HAT ES DANN ZU KÄMPFEN?
DIE WELT IST FLEISCH-- DIE WELT IST VERGÄNGLICH. ALLES IST IN STÄNDIGER BEWEGUNG. GUT UND BÖSE SIND NUR EINE SACHE DES STANDPUNKTS... DEHNBAR... WECHSELHAFT! WER HEUTE FREUND IST, KANN MORGEN SCHON FEIND SEIN.
SOLLEN WIR, DIE WIR IN DEN SCHATTEN ZWISCHEN DEN WELTEN WANDELN, UNS DEM UNTERWERFEN?

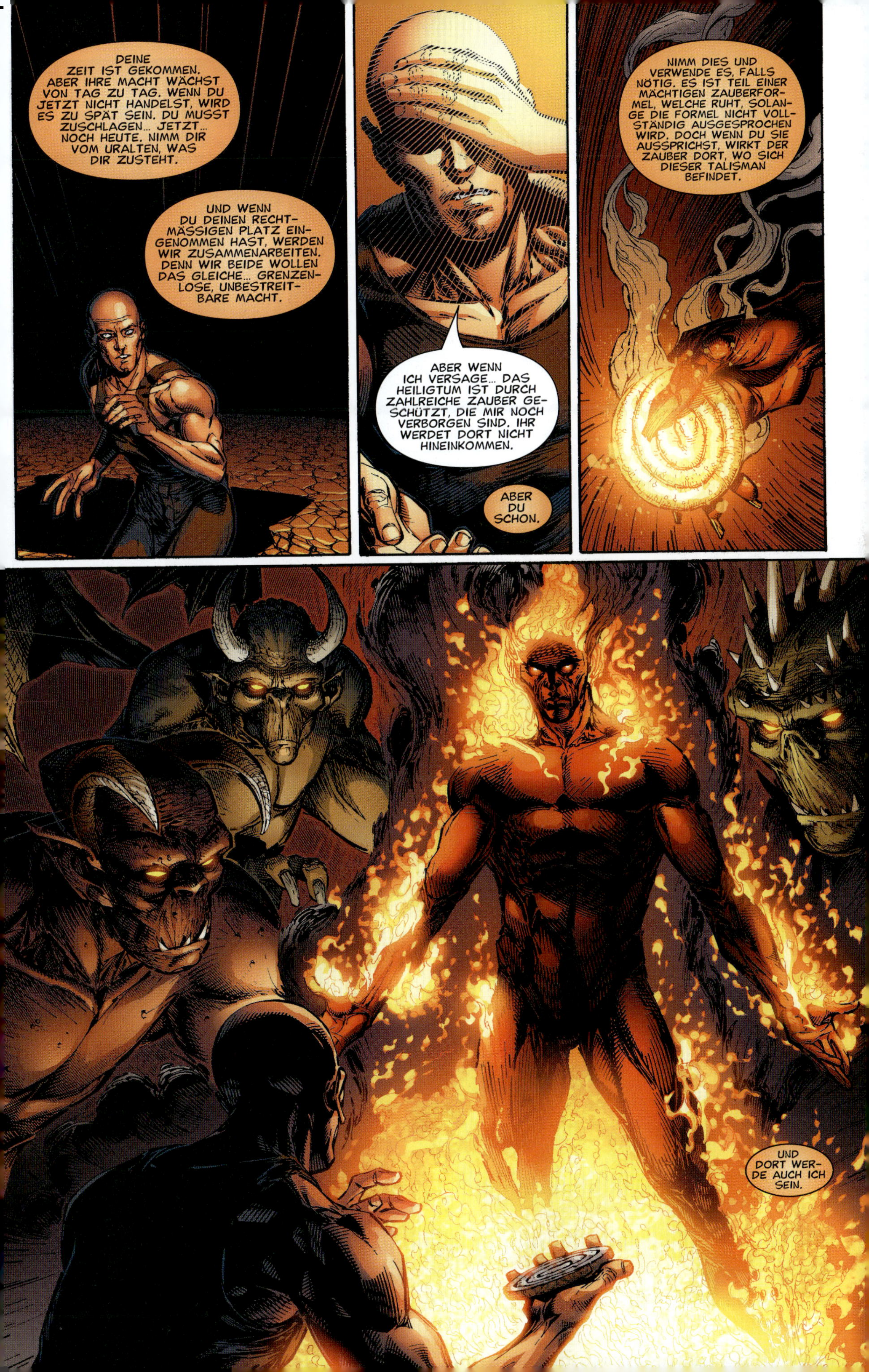

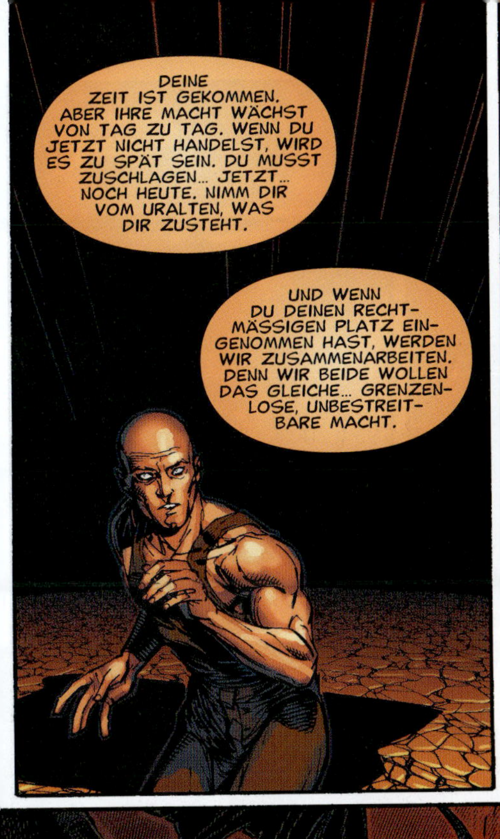
DEINE ZEIT IST GEKOMMEN. ABER IHRE MACHT WÄCHST VON TAG ZU TAG. WENN DU JETZT NICHT HANDELST, WIRD ES ZU SPÄT SEIN. DU MUSST ZUSCHLAGEN... JETZT... NOCH HEUTE. NIMM DIR VOM URALTEN, WAS DIR ZUSTEHT.
UND WENN DU DEINEN RECHTMÄSSIGEN PLATZ EINGENOMMEN HAST, WERDEN WIR ZUSAMMENARBEITEN. DENN WIR BEIDE WOLLEN DAS GLEICHE... GRENZENLOSE, UNBESTREITBARE MACHT.

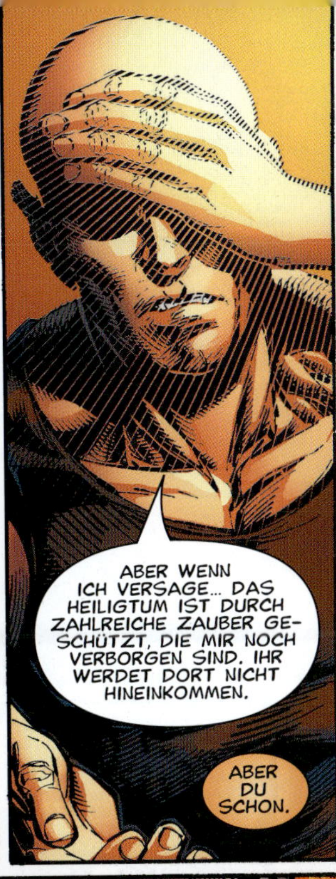
ABER WENN ICH VERSAGE... DAS HEILIGTUM IST DURCH ZAHLREICHE ZAUBER GESCHÜTZT, DIE MIR NOCH VERBORGEN SIND. IHR WERDET DORT NICHT HINEINKOMMEN.
ABER DU SCHON.

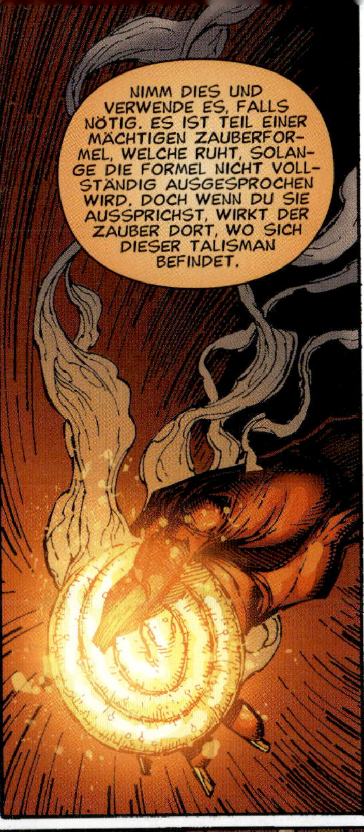
NIMM DIES UND VERWENDE ES, FALLS NÖTIG. ES IST TEIL EINER MÄCHTIGEN ZAUBERFORMEL, WELCHE RUHT, SOLANGE DIE FORMEL NICHT VOLLSTÄNDIG AUSGESPROCHEN WIRD. DOCH WENN DU SIE AUSSPRICHST, WIRKT DER ZAUBER DORT, WO SICH DIESER TALISMAN BEFINDET.

UND DORT WERDE AUCH ICH SEIN.

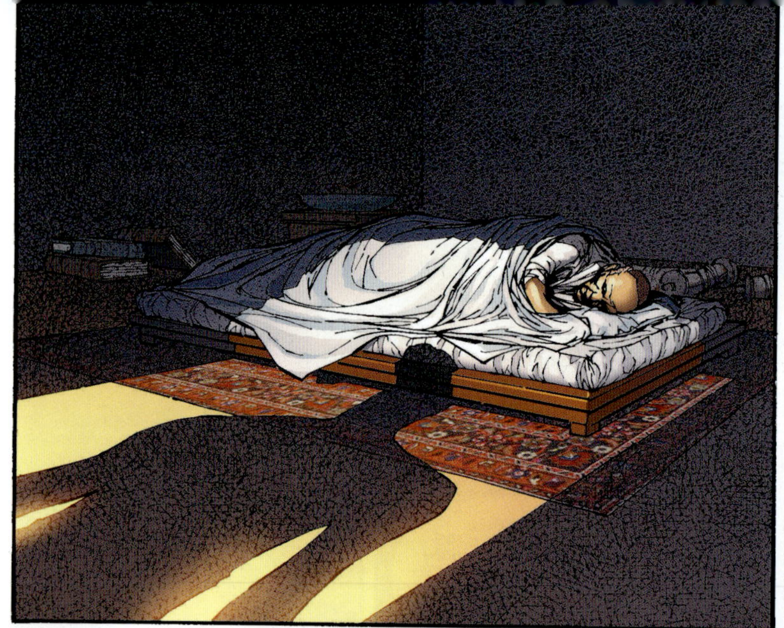

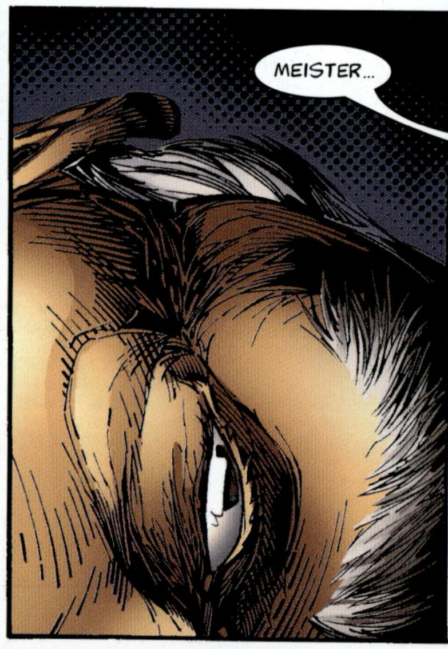
MEISTER...

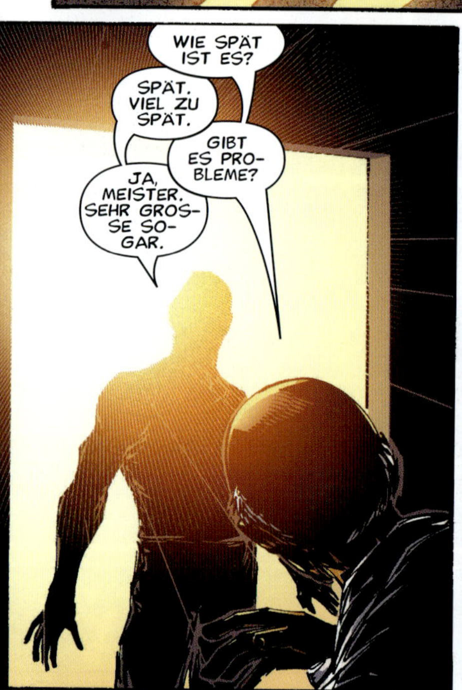
WIE SPÄT IST ES?
SPÄT. VIEL ZU SPÄT.
GIBT ES PROBLEME?
JA, MEISTER. SEHR GROSSE SOGAR.

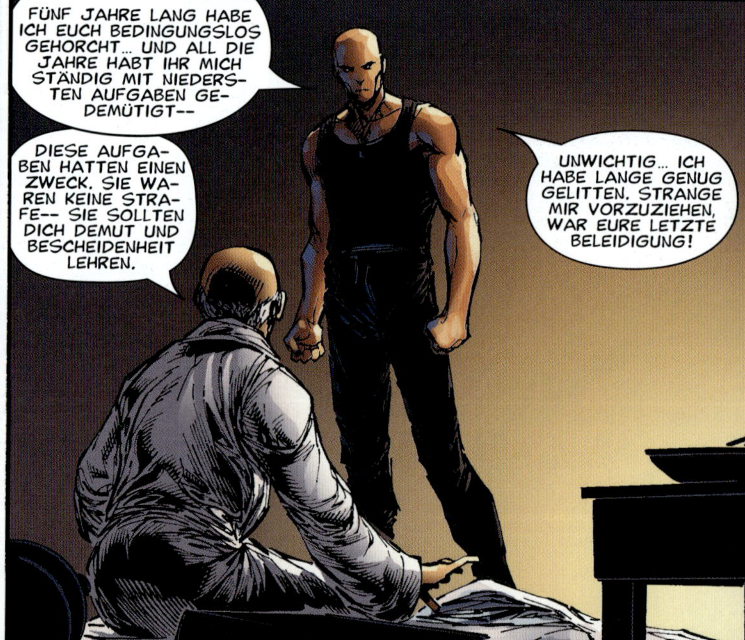
FÜNF JAHRE LANG HABE ICH EUCH BEDINGUNGSLOS GEHORCHT... UND ALL DIE JAHRE HABT IHR MICH STÄNDIG MIT NIEDERSTEN AUFGABEN GEDEMÜTIGT--
DIESE AUFGABEN HATTEN EINEN ZWECK. SIE WAREN KEINE STRAFE-- SIE SOLLTEN DICH DEMUT UND BESCHEIDENHEIT LEHREN.
UNWICHTIG... ICH HABE LANGE GENUG GELITTEN. STRANGE MIR VORZUZIEHEN, WAR EURE LETZTE BELEIDIGUNG!

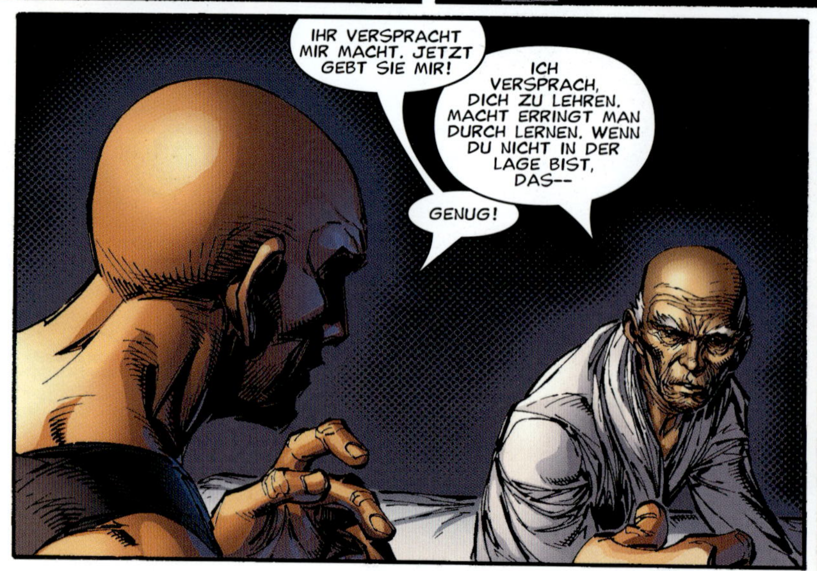
IHR VERSPRACHT MIR MACHT. JETZT GEBT SIE MIR!
ICH VERSPRACH, DICH ZU LEHREN. MACHT ERRINGT MAN DURCH LERNEN. WENN DU NICHT IN DER LAGE BIST, DAS--
GENUG!

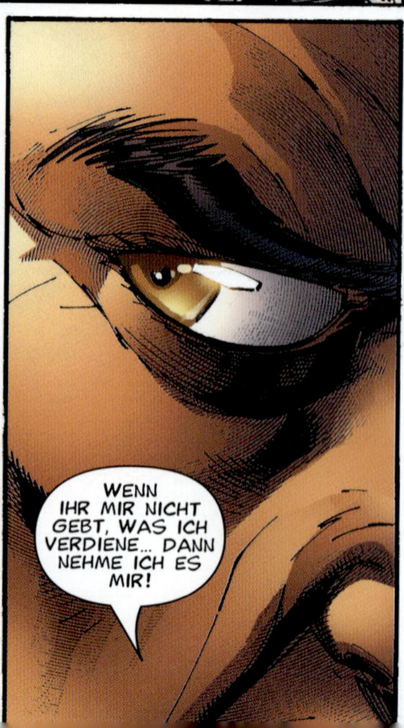
WENN IHR MIR NICHT GEBT, WAS ICH VERDIENE... DANN NEHME ICH ES MIR!

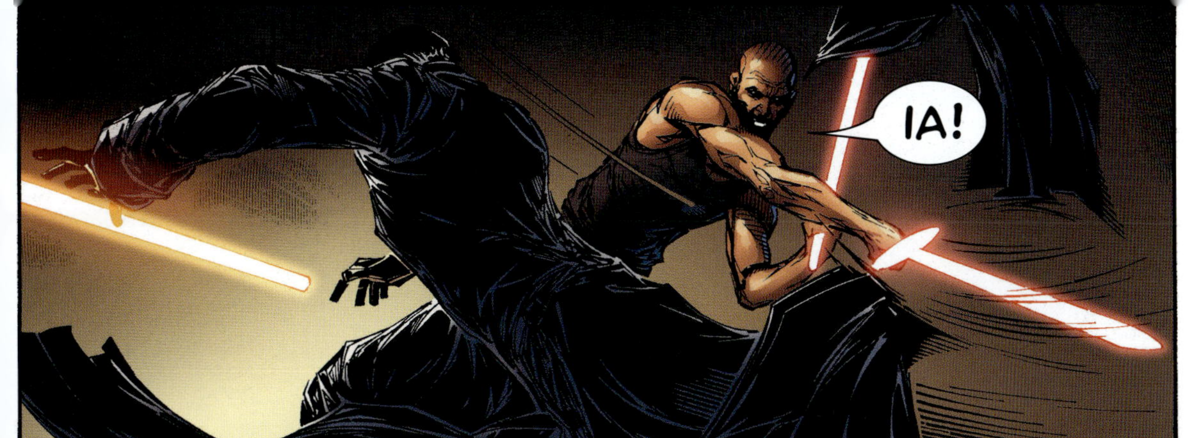
IA!
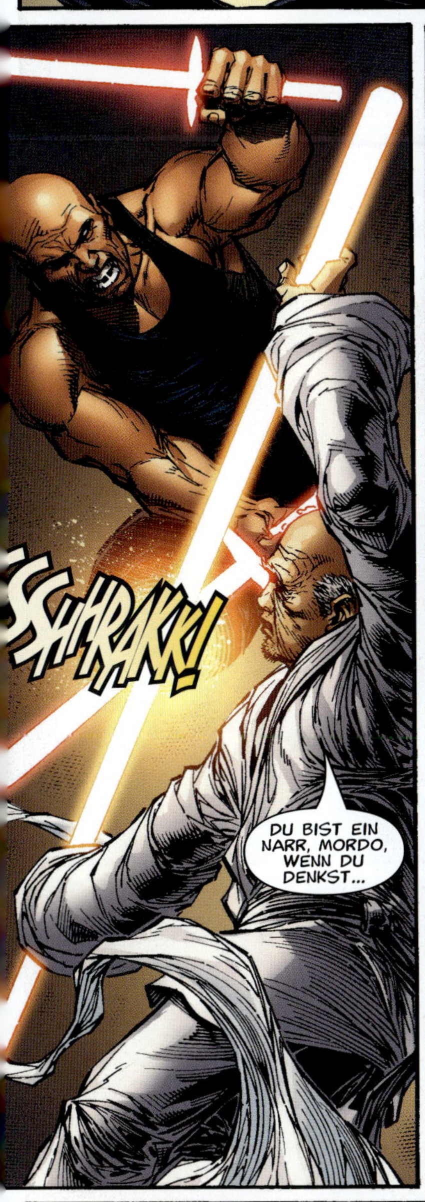
SSHRAKK!
DU BIST EIN NARR, MORDO, WENN DU DENKST...
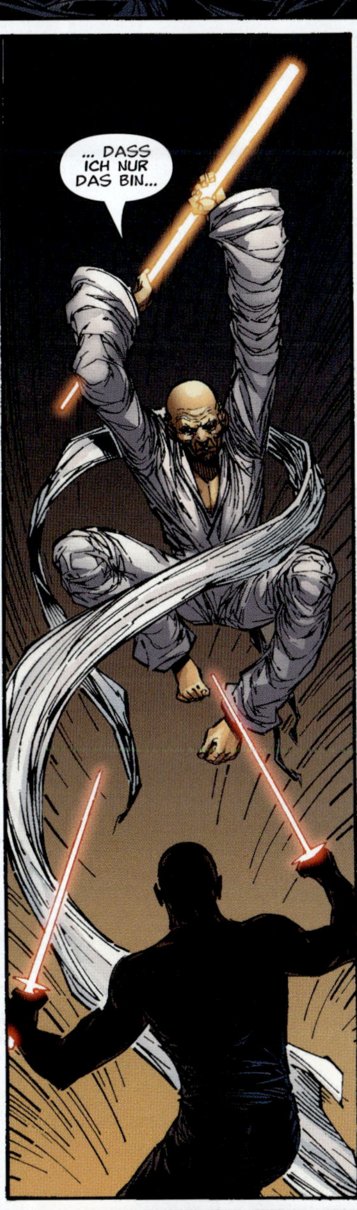
... DASS ICH NUR DAS BIN...
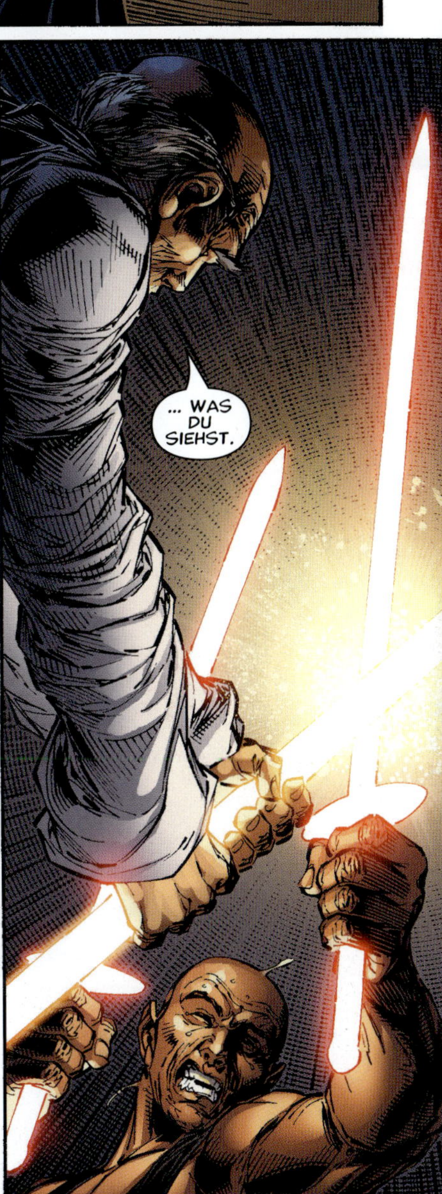
... WAS DU SIEHST.
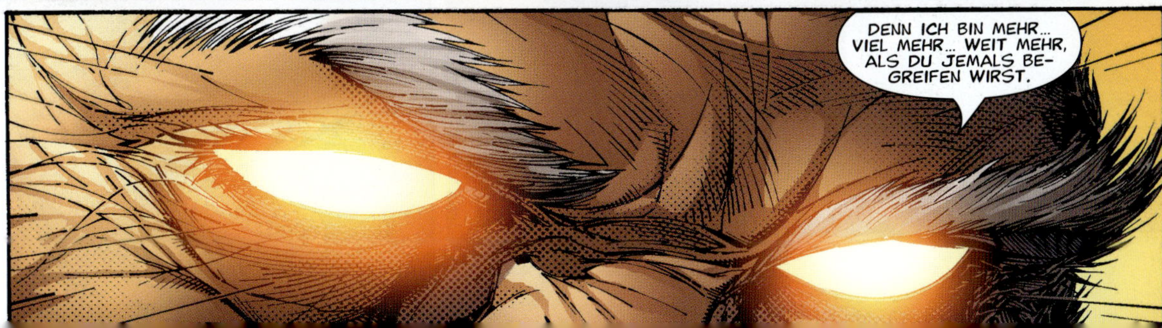
DENN ICH BIN MEHR... VIEL MEHR... WEIT MEHR, ALS DU JEMALS BEGREIFEN WIRST.

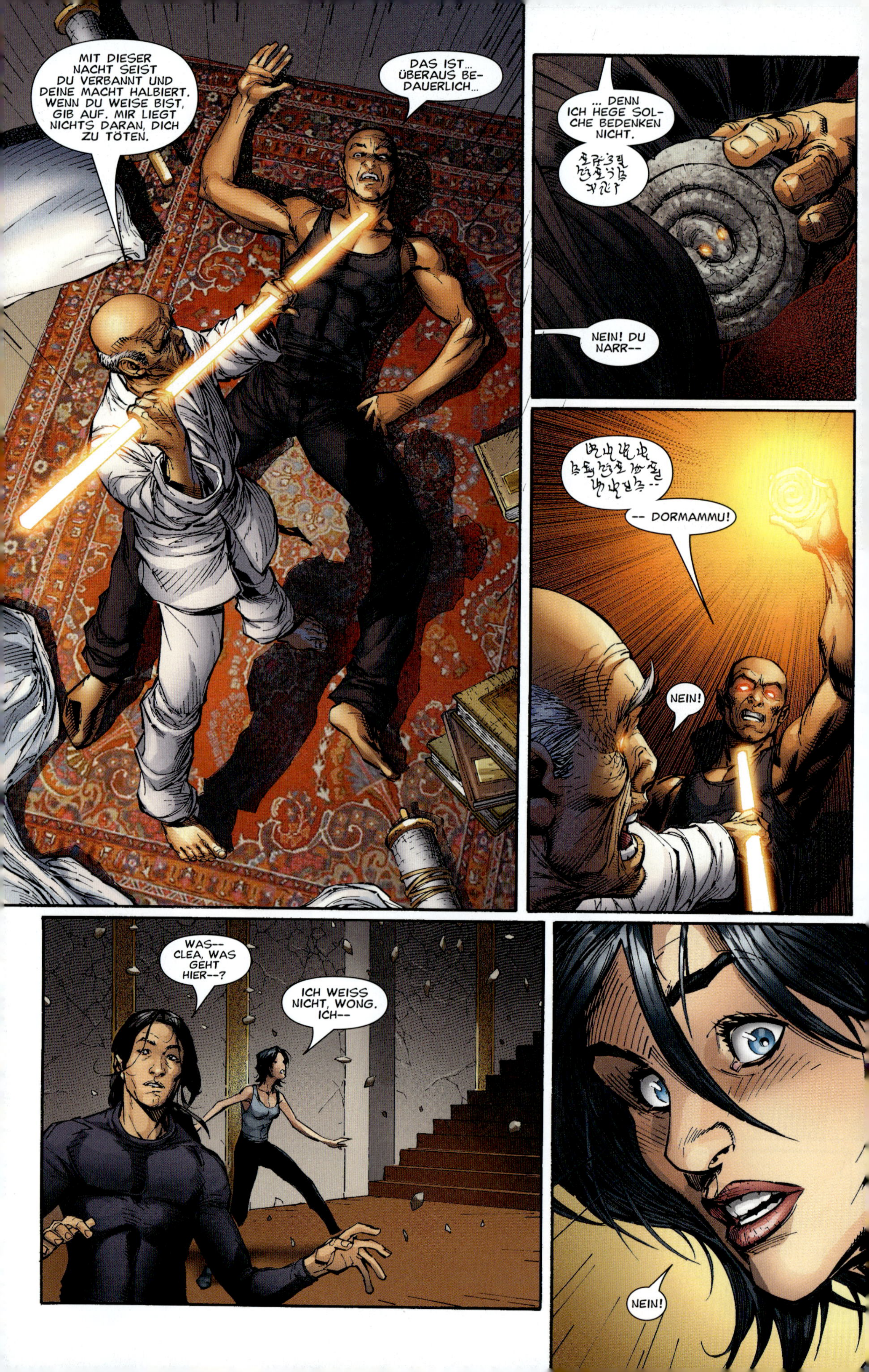

MIT DIESER NACHT SEIST DU VERBANNT UND DEINE MACHT HALBIERT. WENN DU WEISE BIST, GIB AUF. MIR LIEGT NICHTS DARAN, DICH ZU TÖTEN.

DAS IST... ÜBERAUS BEDAUERLICH...

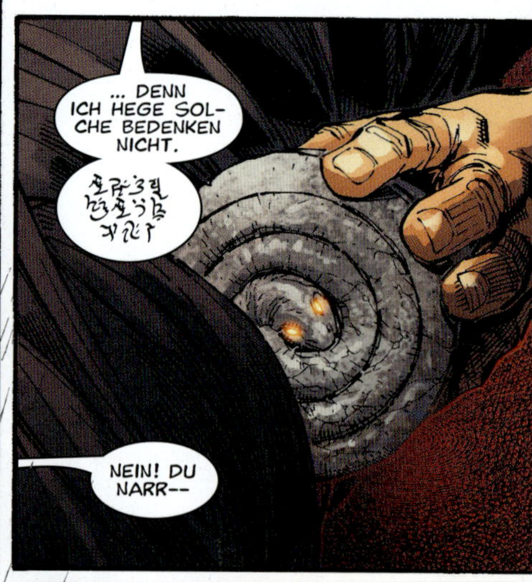

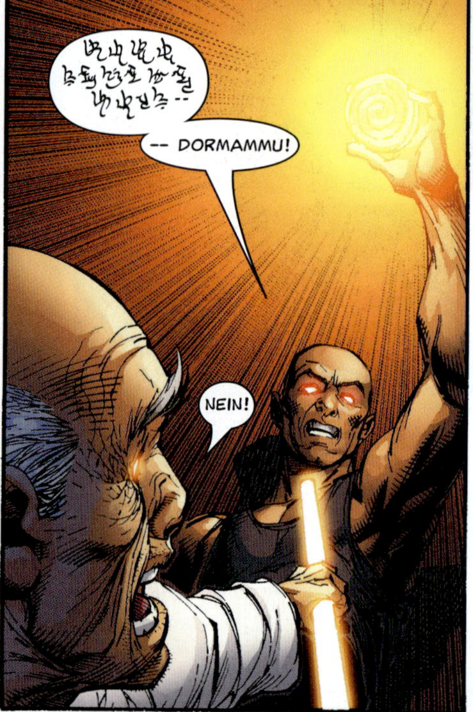

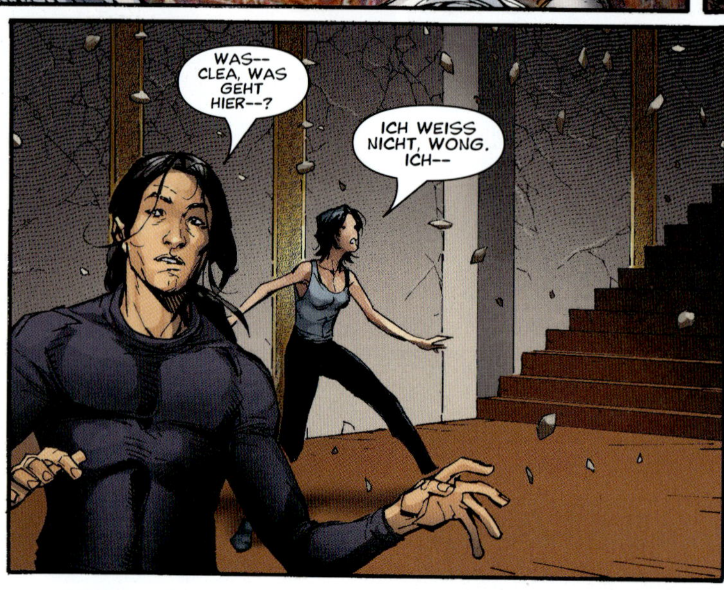

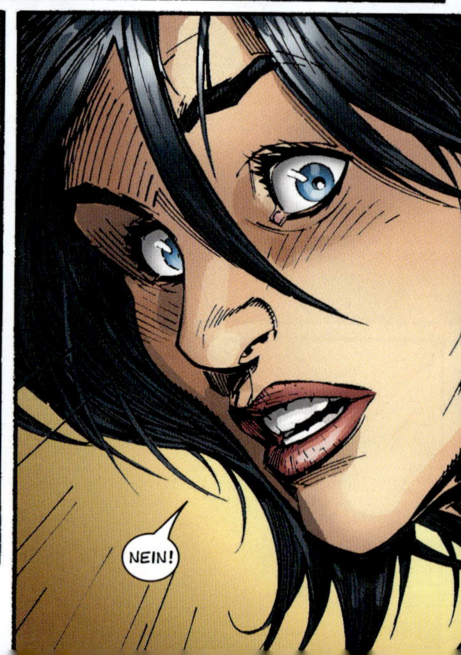

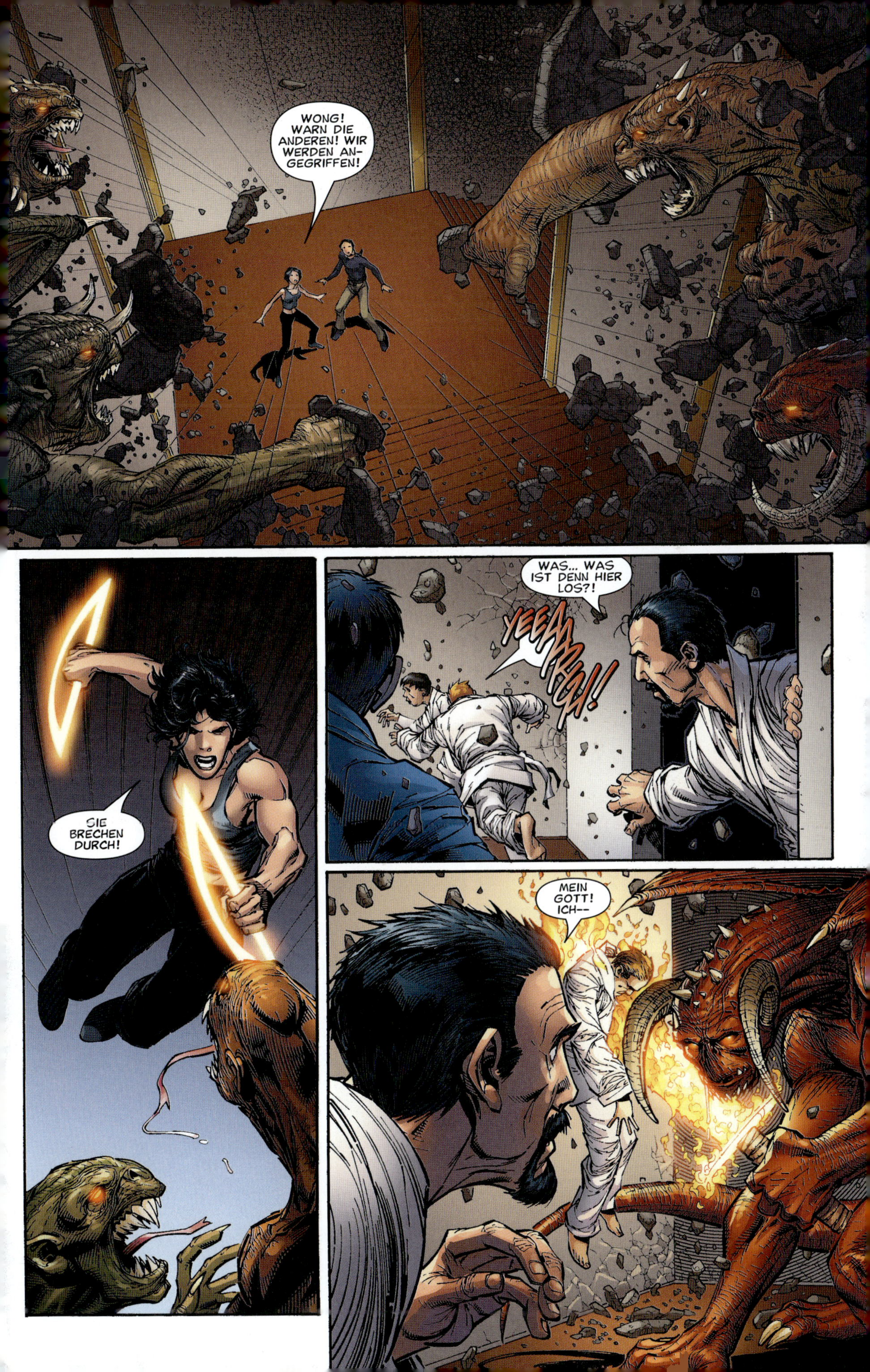

WONG! WARN DIE ANDEREN! WIR WERDEN ANGEGRIFFEN!

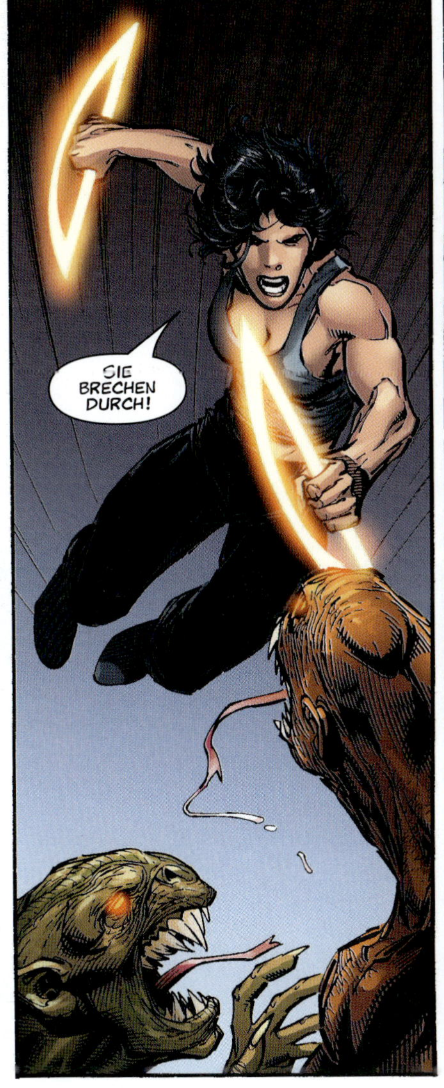

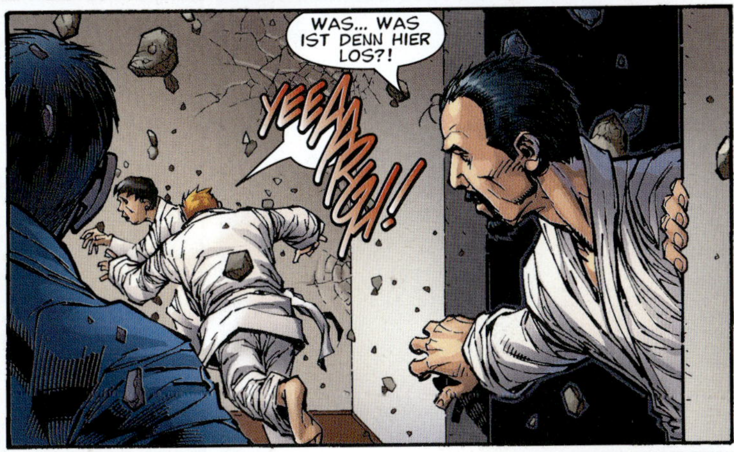

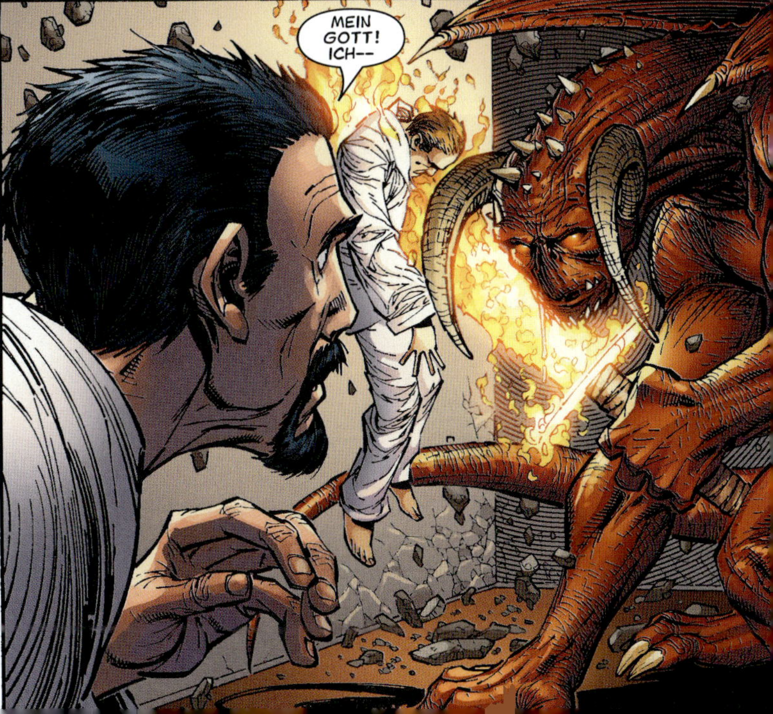

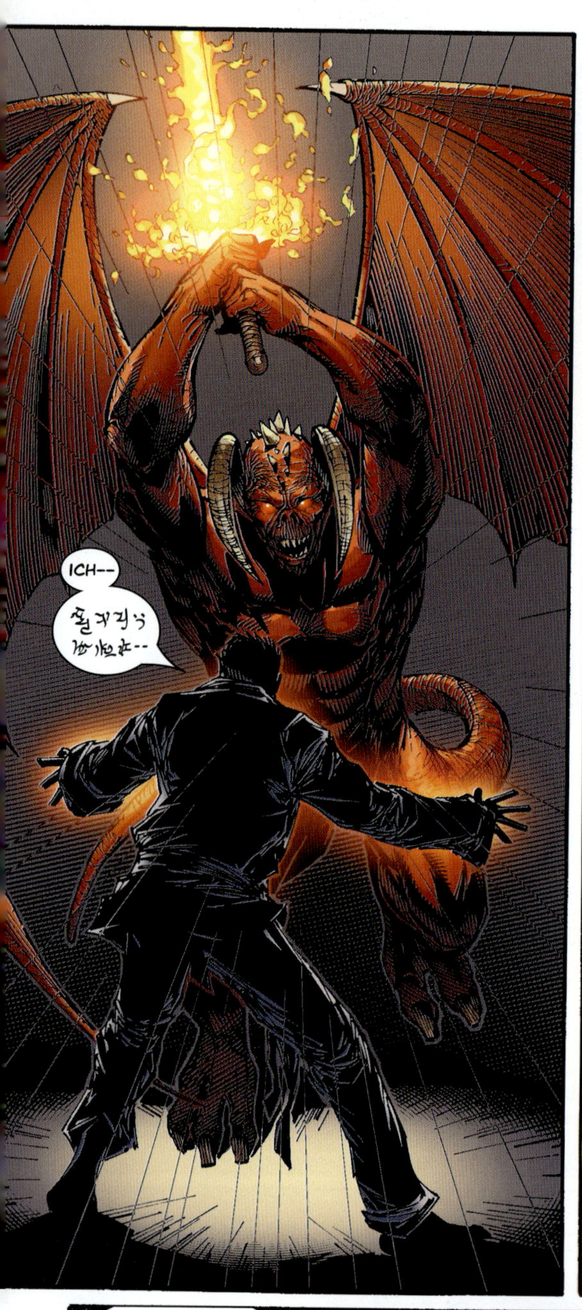
ICH--

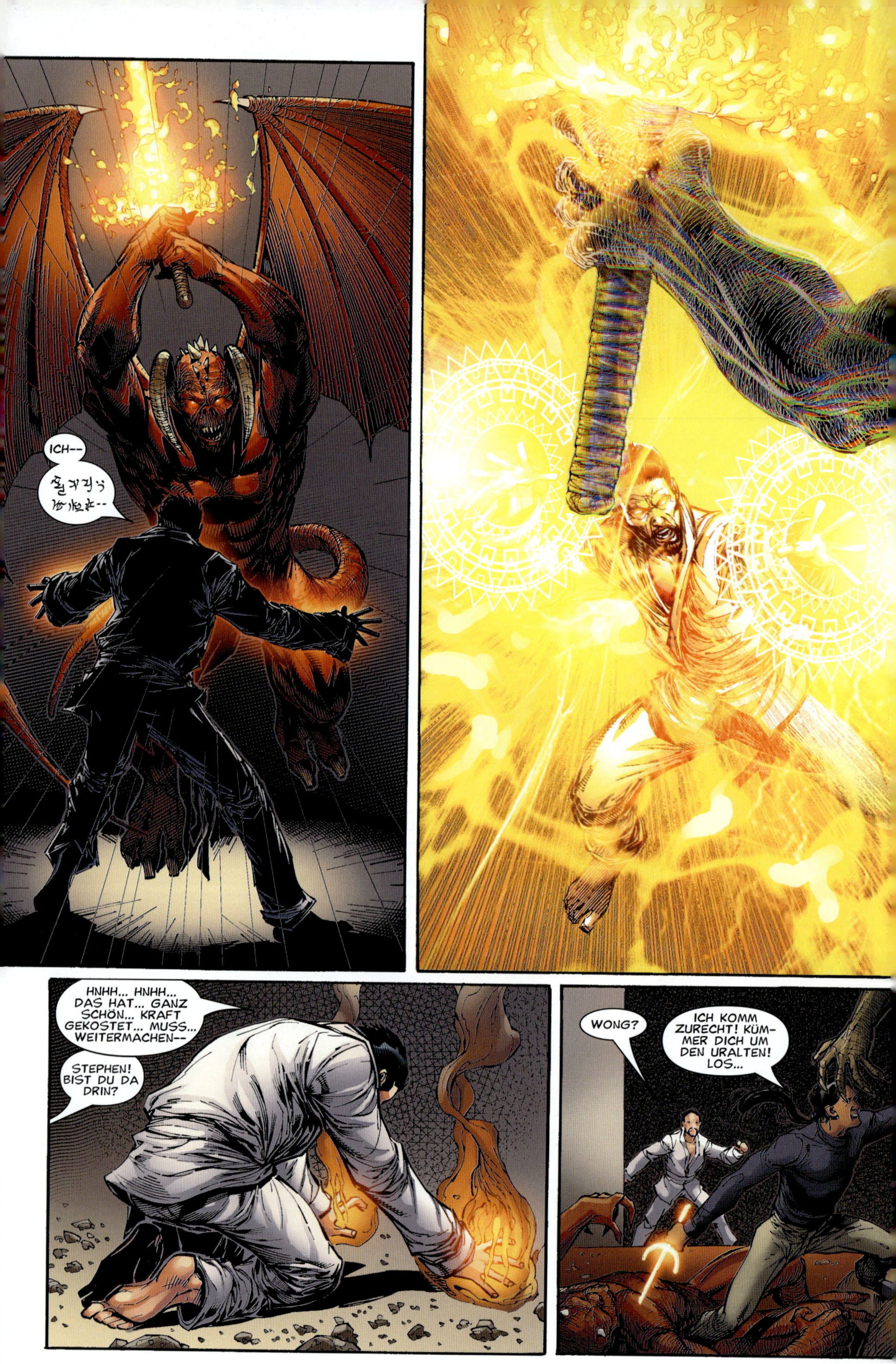

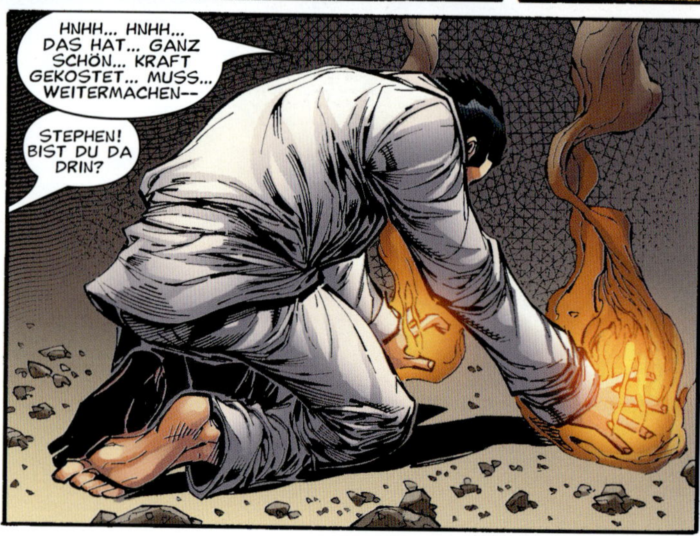
HNHH... HNHH... DAS HAT... GANZ SCHÖN... KRAFT GEKOSTET... MUSS... WEITERMACHEN--
STEPHEN! BIST DU DA DRIN?

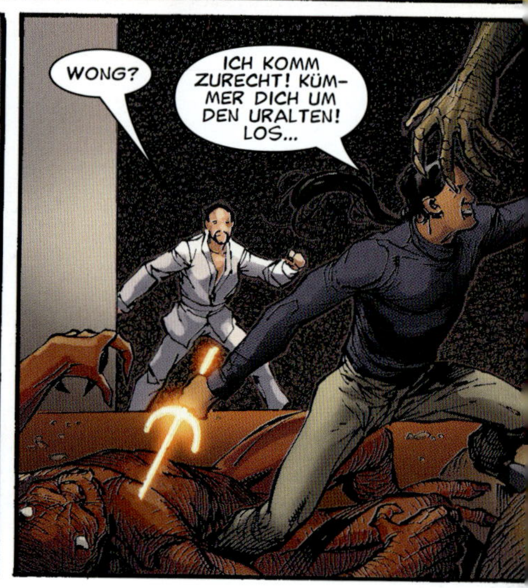
WONG?
ICH KOMM ZURECHT! KÜM-MER DICH UM DEN URALTEN! LOS...

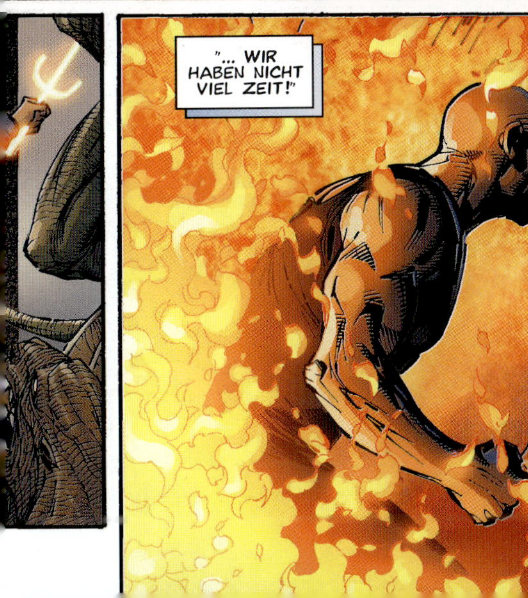

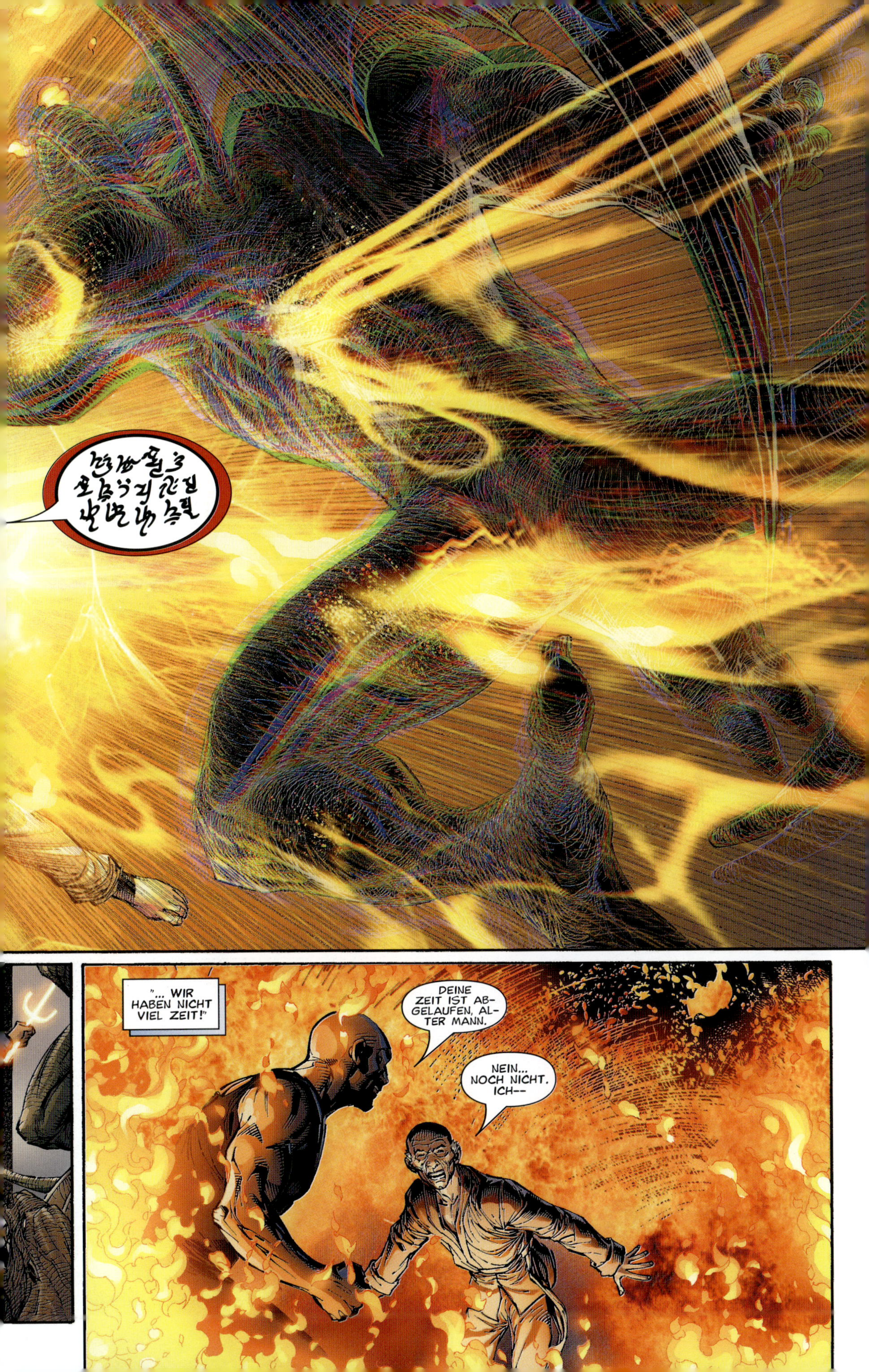

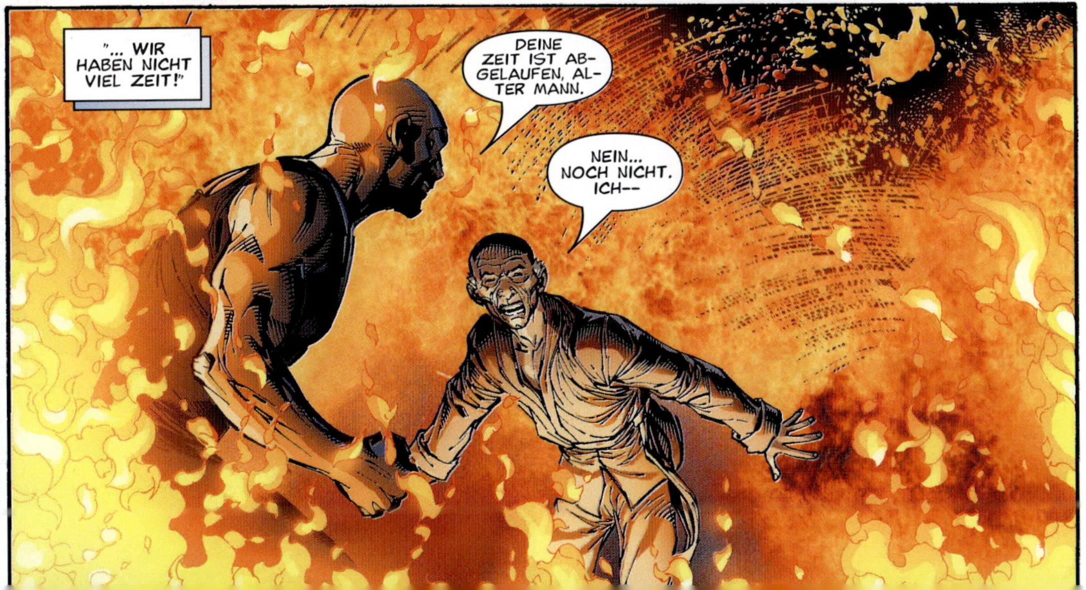
"... WIR HABEN NICHT VIEL ZEIT!"
DEINE ZEIT IST AB-GELAUFEN, AL-TER MANN.
NEIN... NOCH NICHT. ICH--

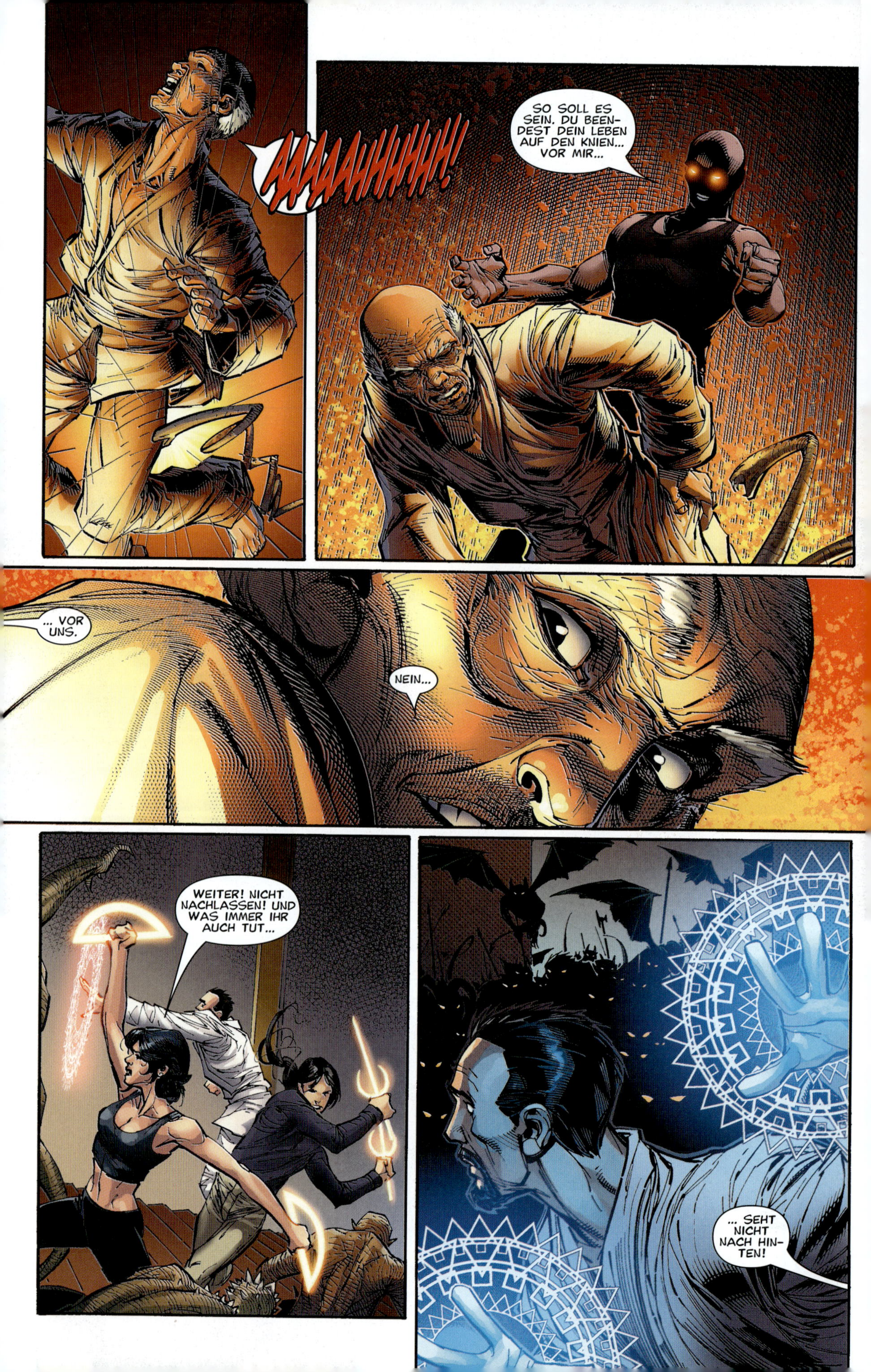

AAAAAHHHHHH!
SO SOLL ES SEIN. DU BEENDEST DEIN LEBEN AUF DEN KNIEN... VOR MIR...

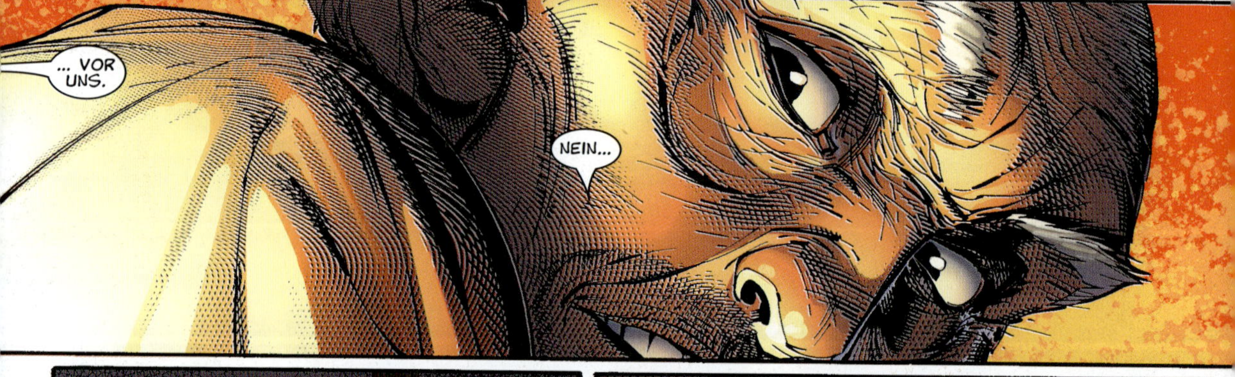
... VOR UNS.
NEIN...

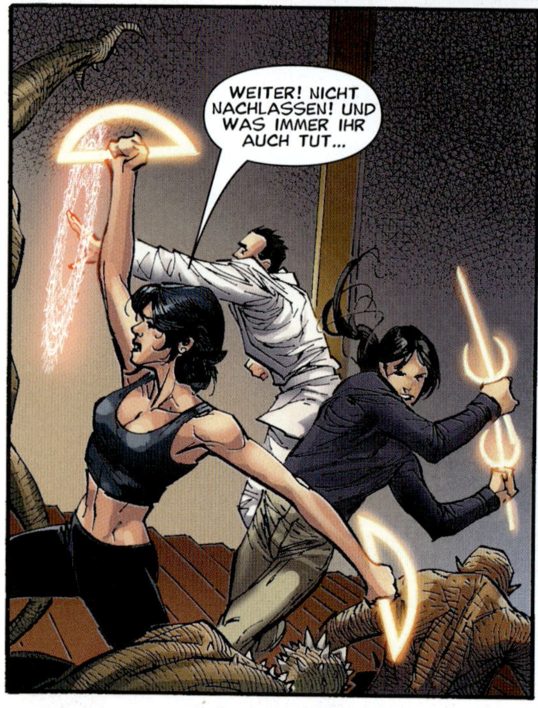
WEITER! NICHT NACHLASSEN! UND WAS IMMER IHR AUCH TUT...

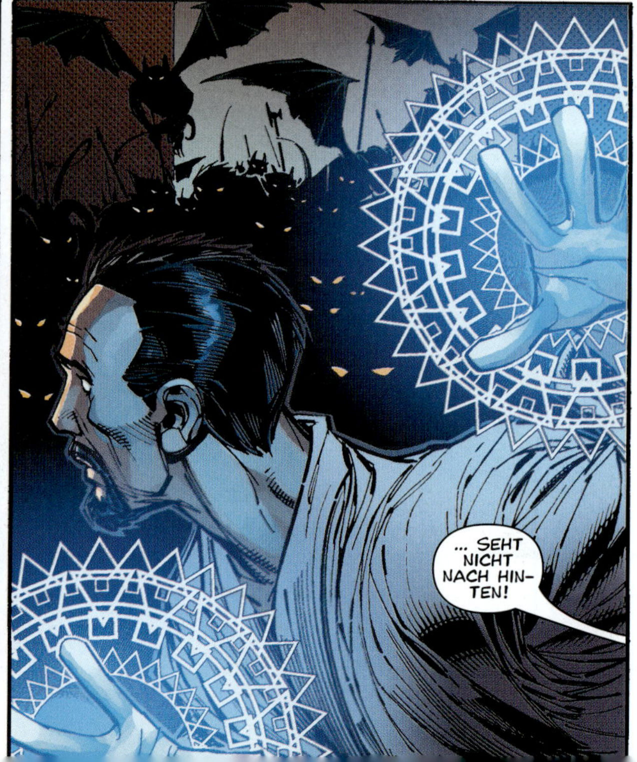
... SEHT NICHT NACH HINTEN!

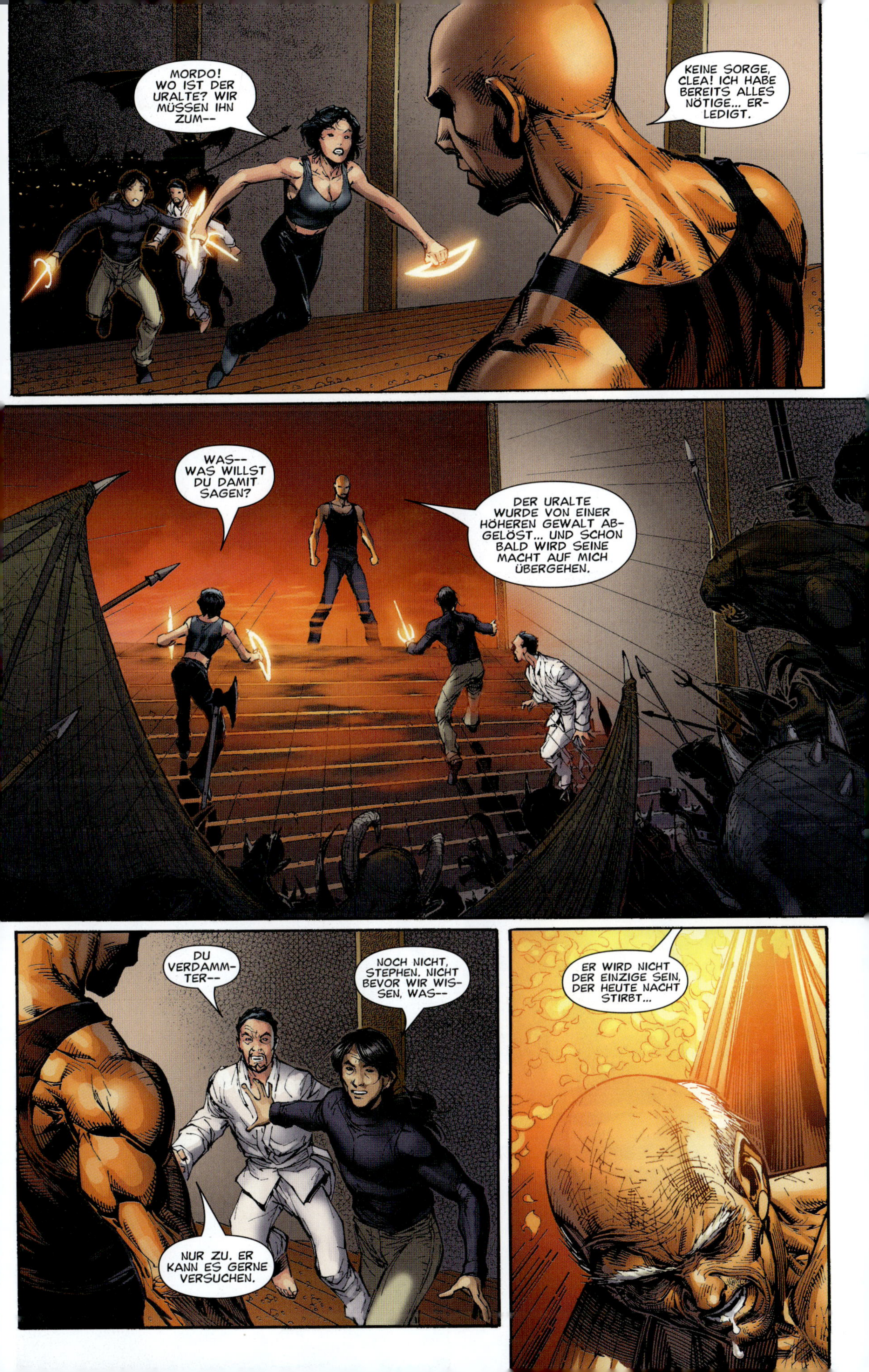

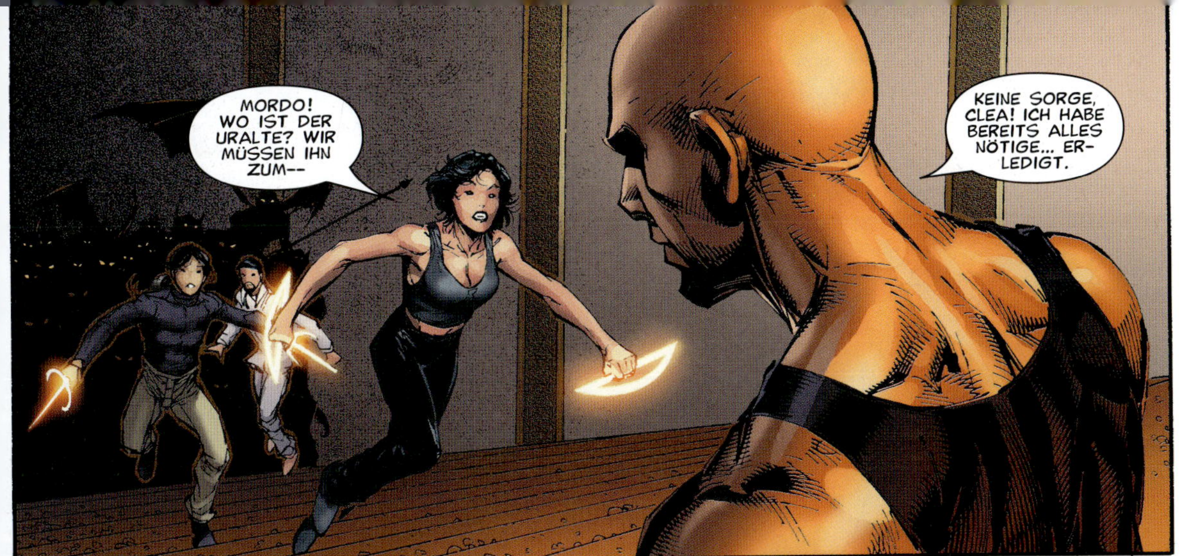

WAS-- WAS WILLST DU DAMIT SAGEN?

DER URALTE WURDE VON EINER HÖHEREN GEWALT ABGELÖST... UND SCHON BALD WIRD SEINE MACHT AUF MICH ÜBERGEHEN.

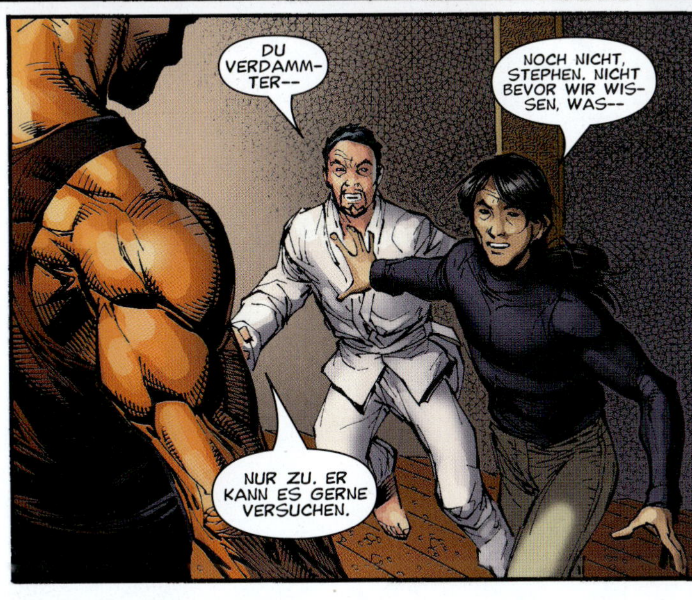

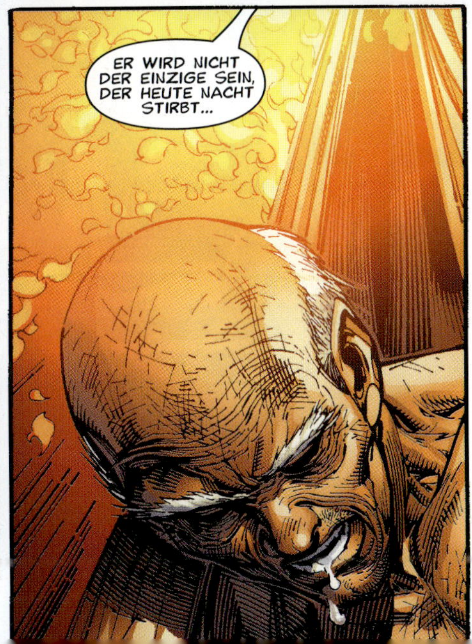

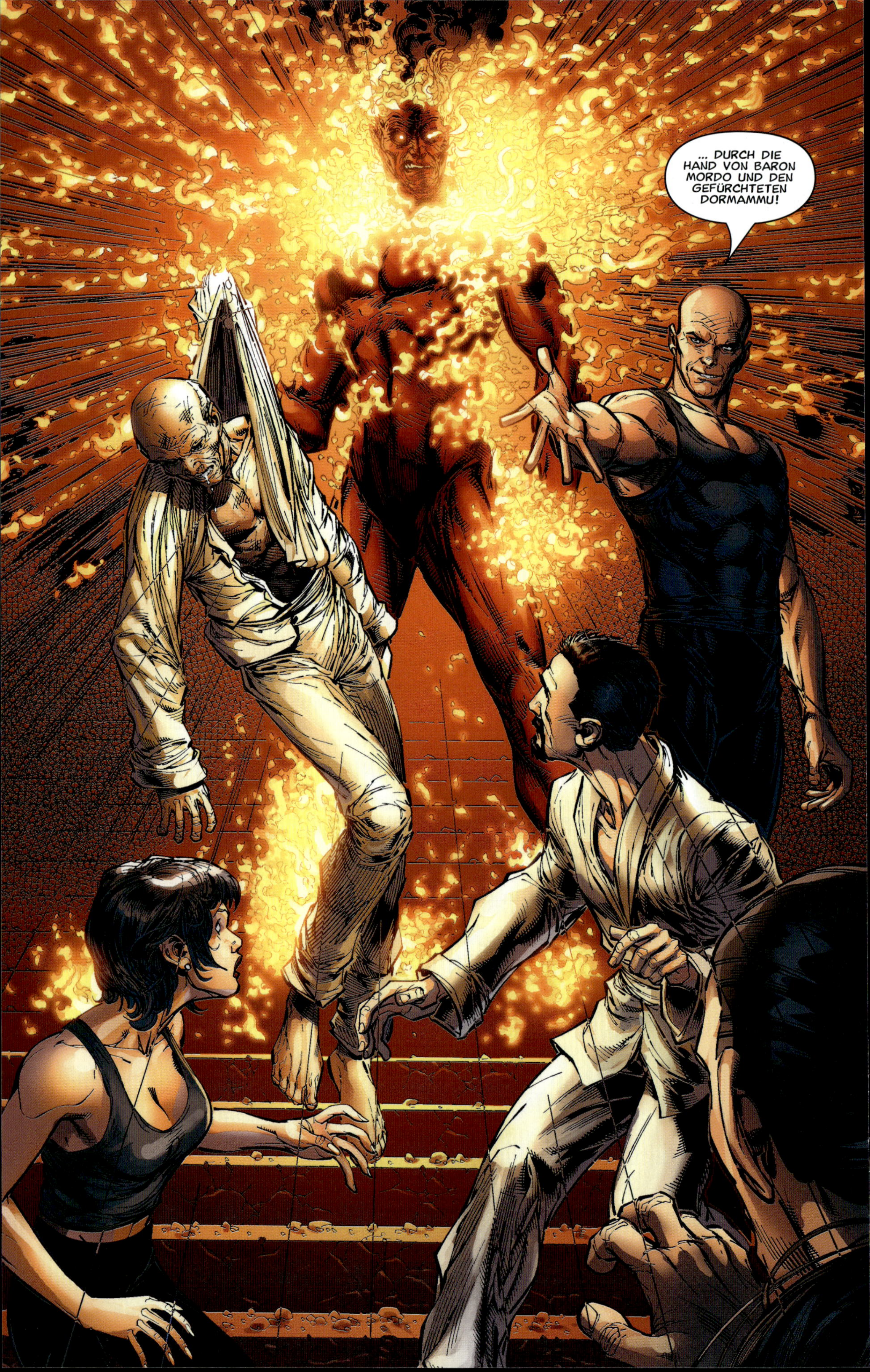
... DURCH DIE HAND VON BARON MORDO UND DEN GEFÜRCHTETEN DORMAMMU!

ANFANG UND ENDE, TEIL 6

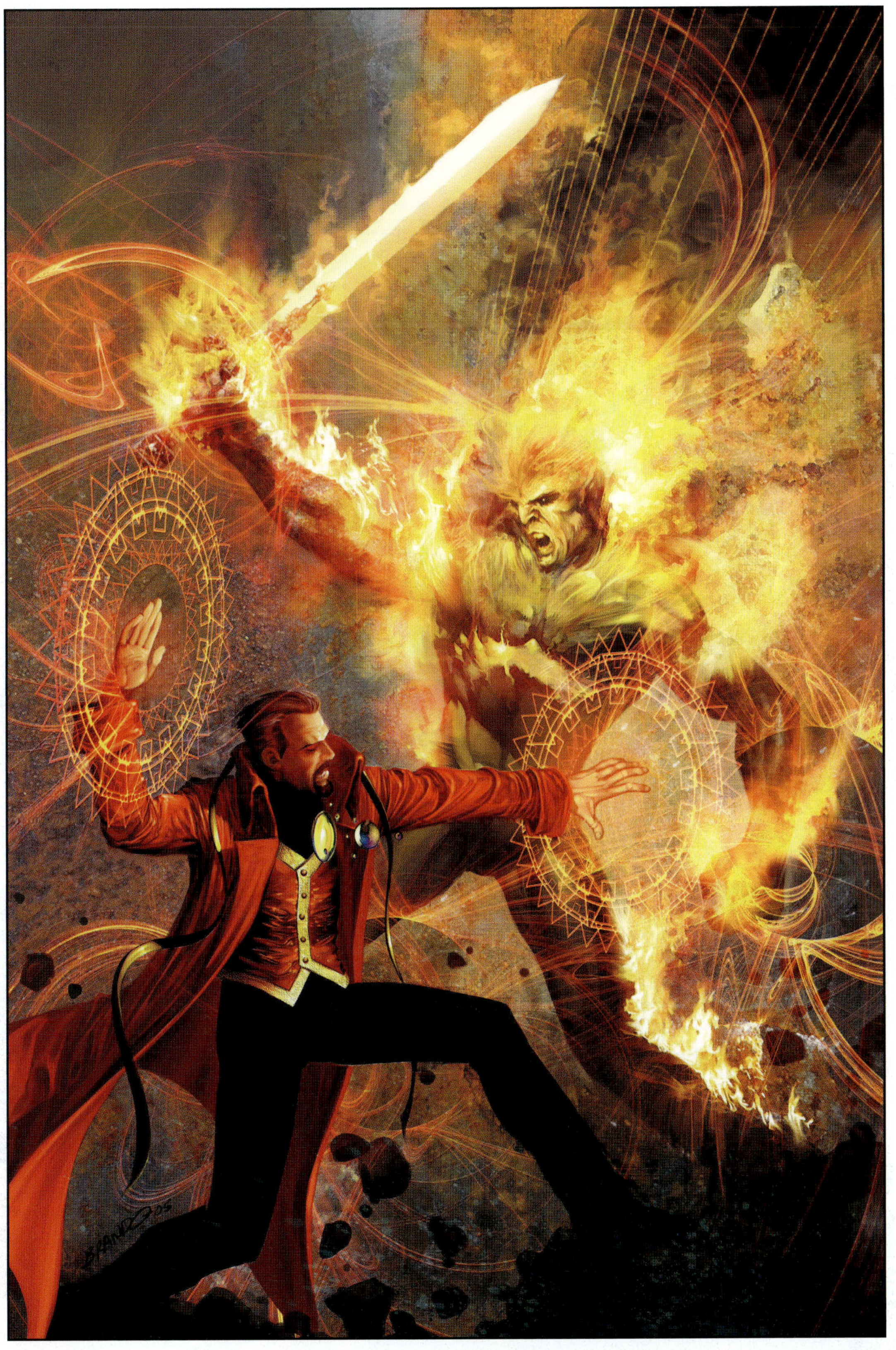

Strange (2004) 6
Cover von **BRANDON PETERSON**

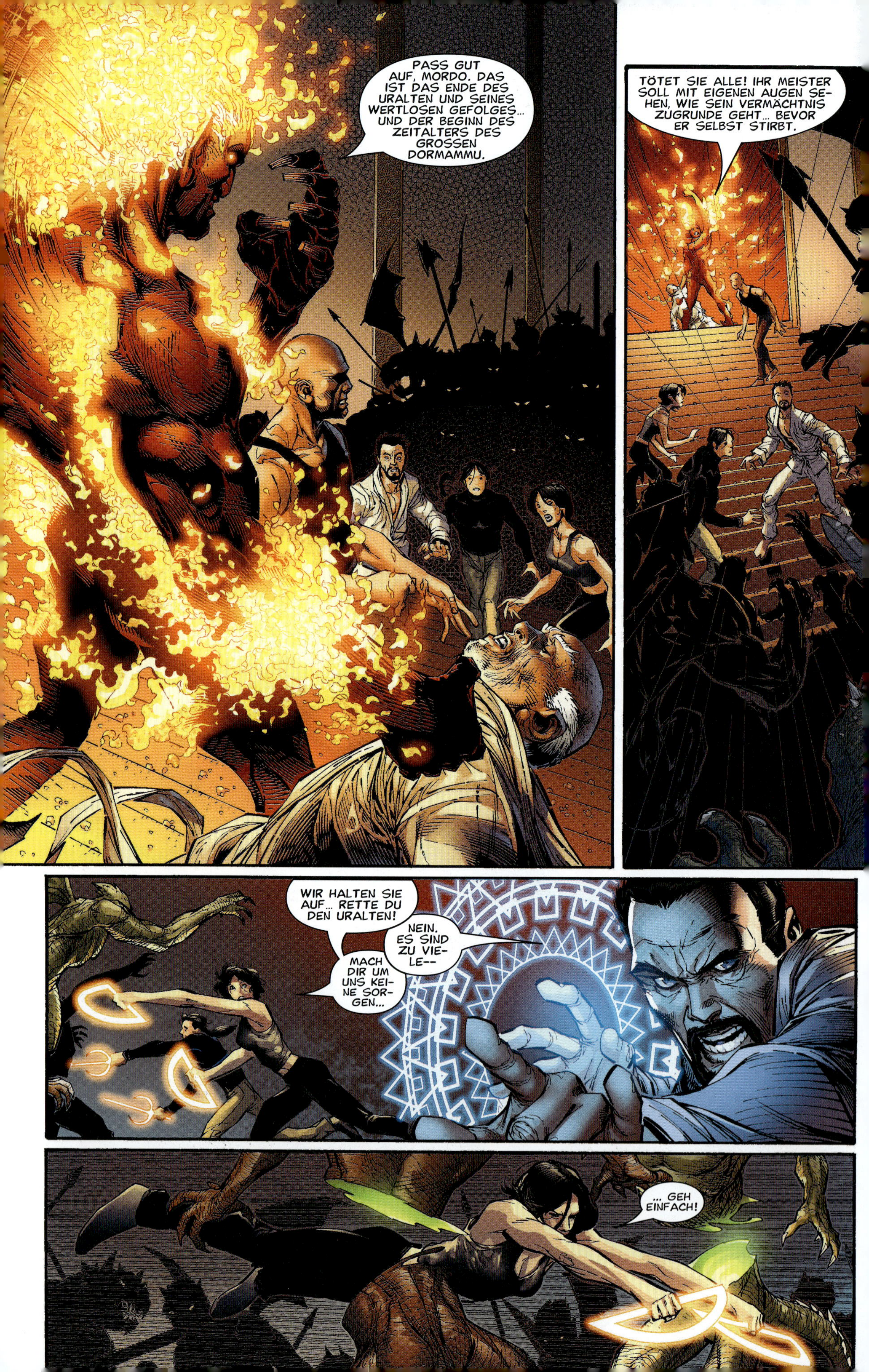

PASS GUT AUF, MORDO. DAS IST DAS ENDE DES URALTEN UND SEINES WERTLOSEN GEFOLGES... UND DER BEGINN DES ZEITALTERS DES GROSSEN DORMAMMU.

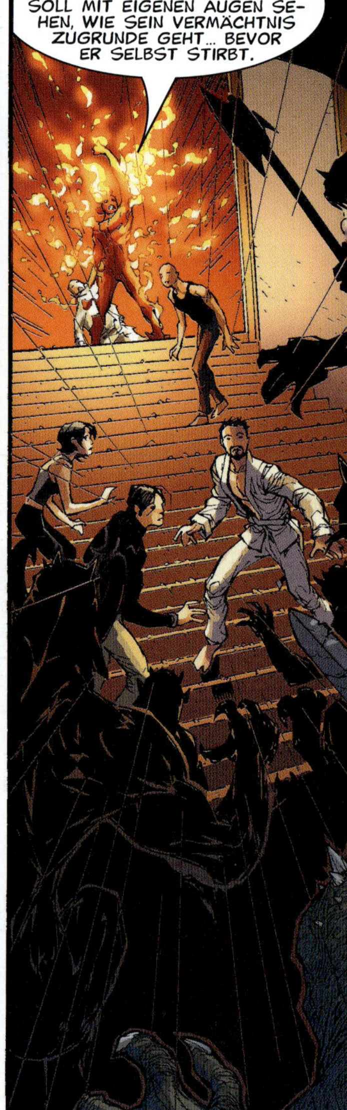

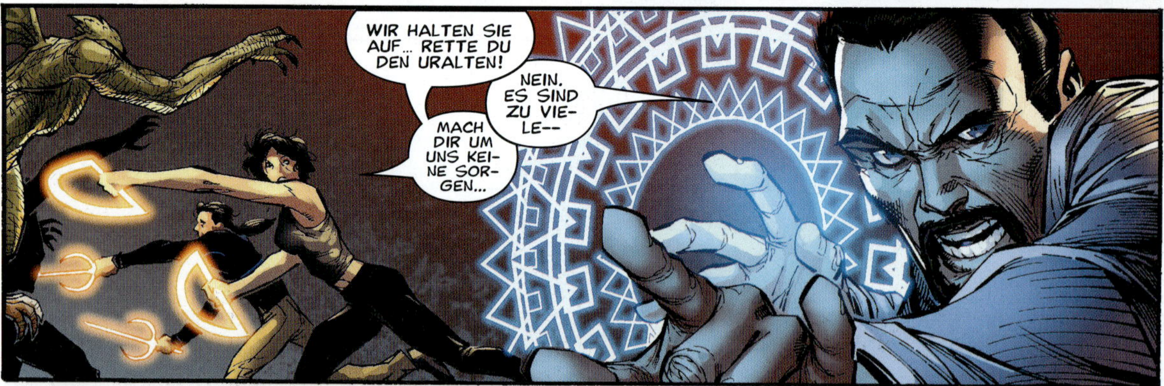

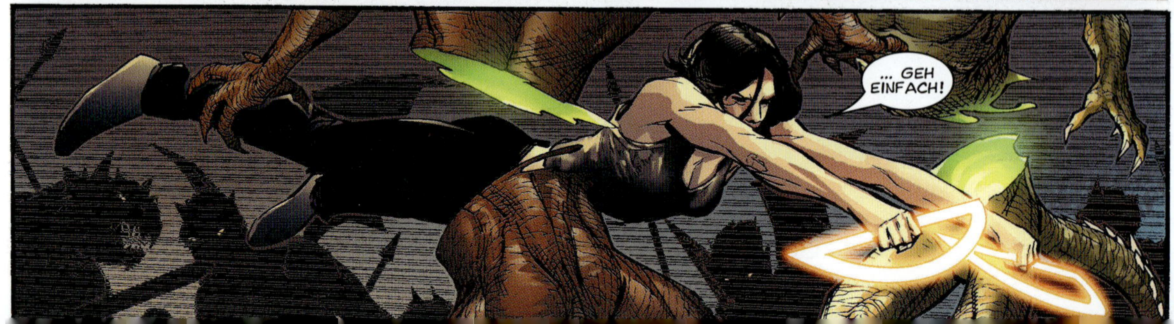

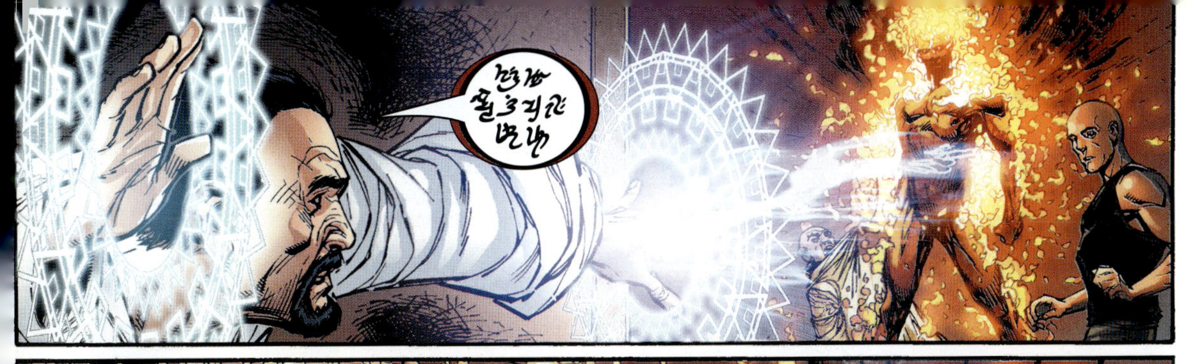
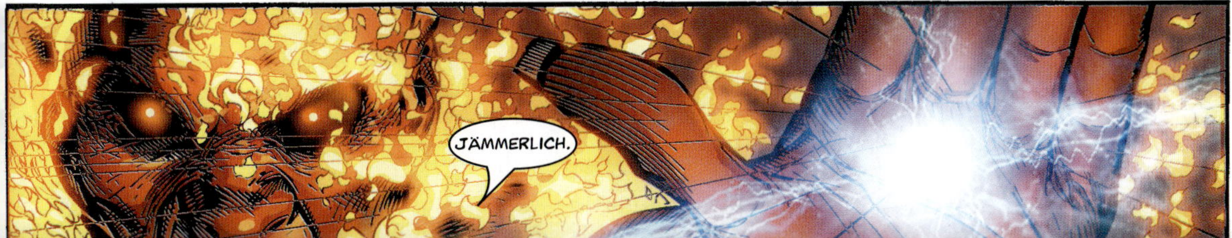
JÄMMERLICH.
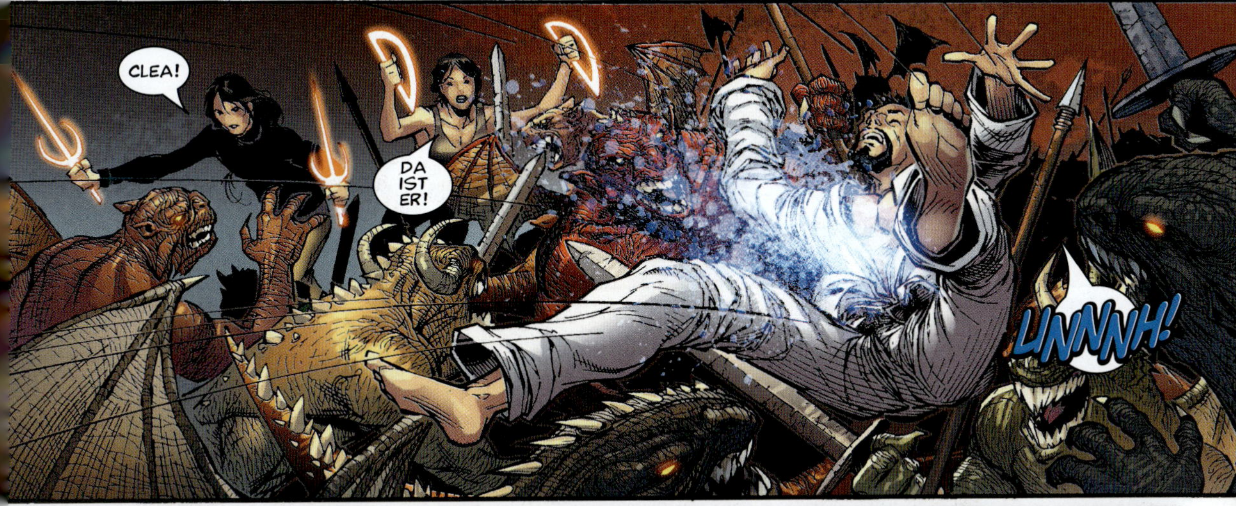
CLEA!
DA IST ER!
UNNNH!
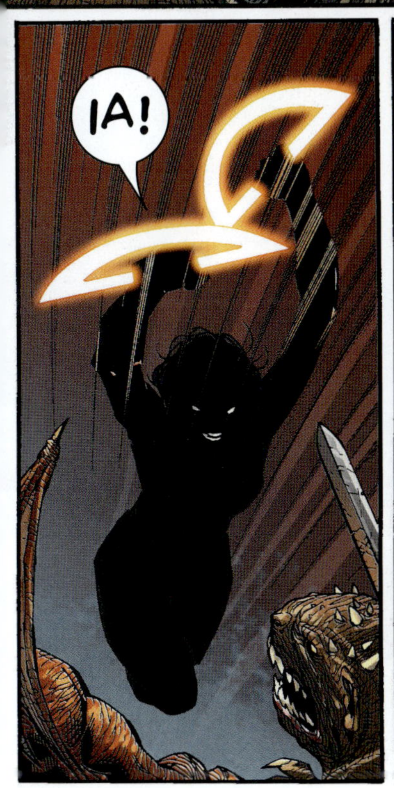
IA!
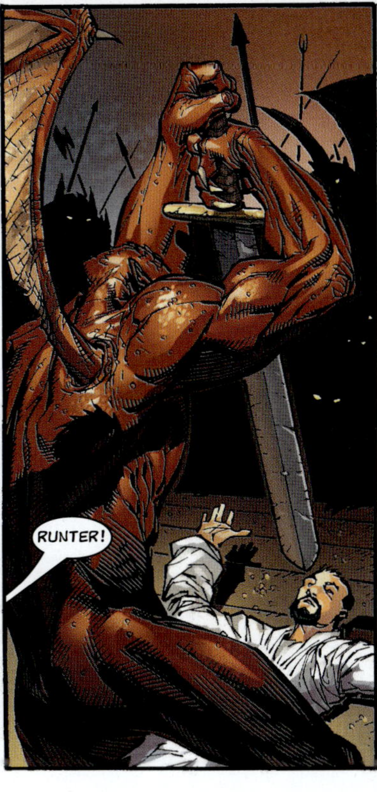
RUNTER!
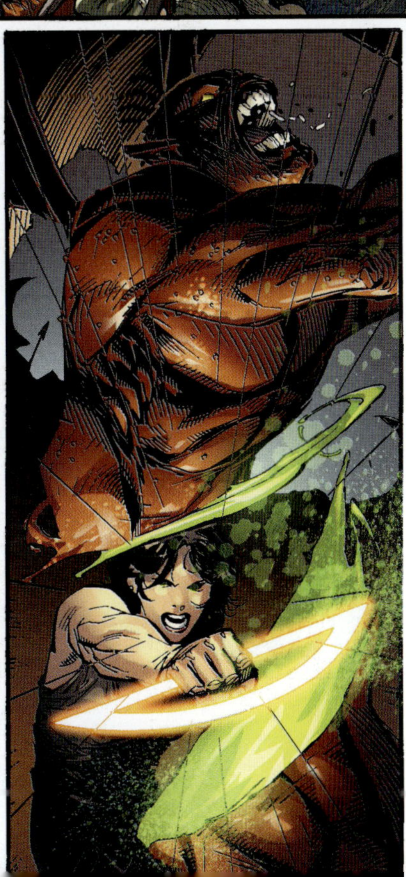

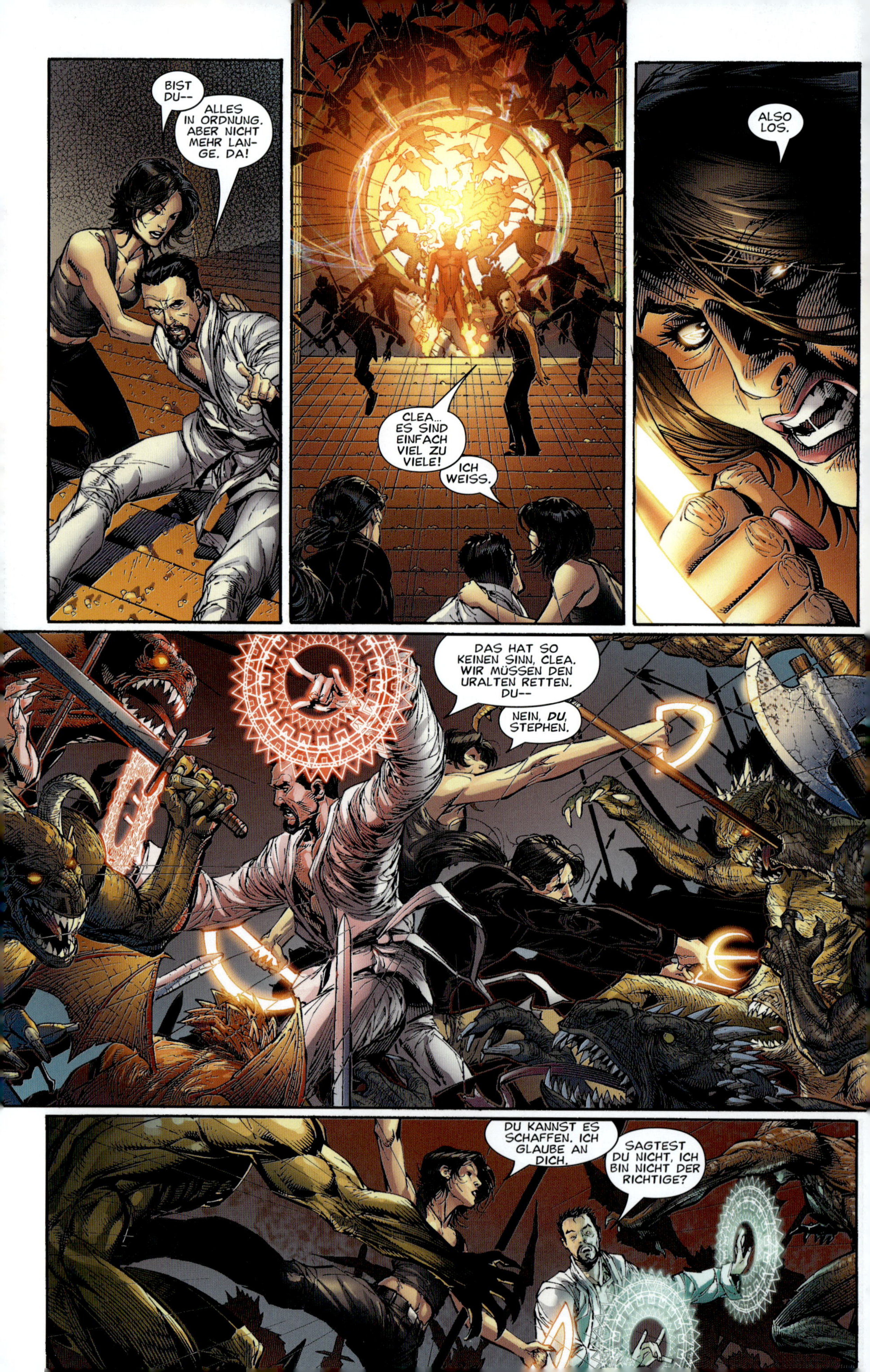

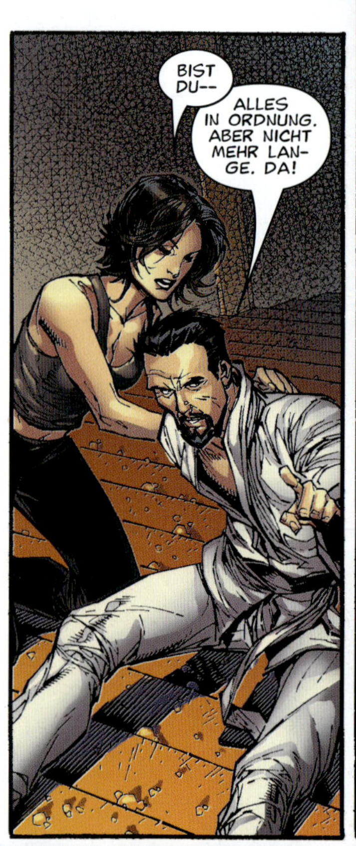
BIST DU--
ALLES IN ORDNUNG. ABER NICHT MEHR LANGE. DA!

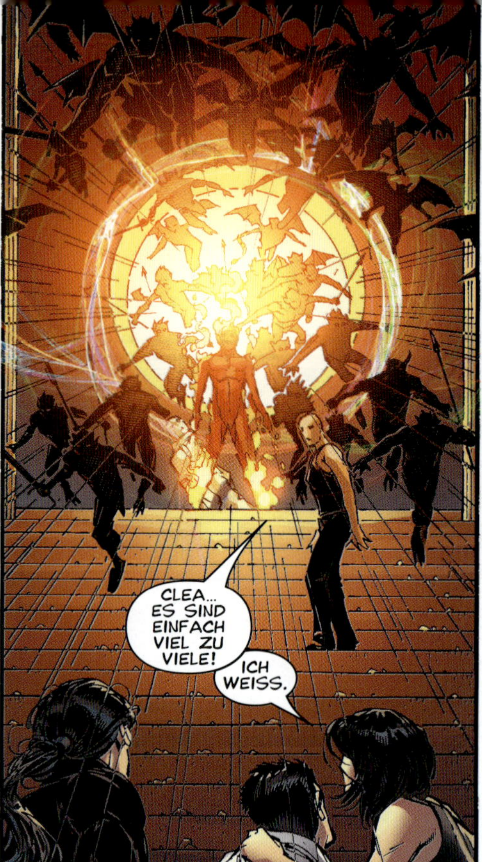
CLEA... ES SIND EINFACH VIEL ZU VIELE!
ICH WEISS.

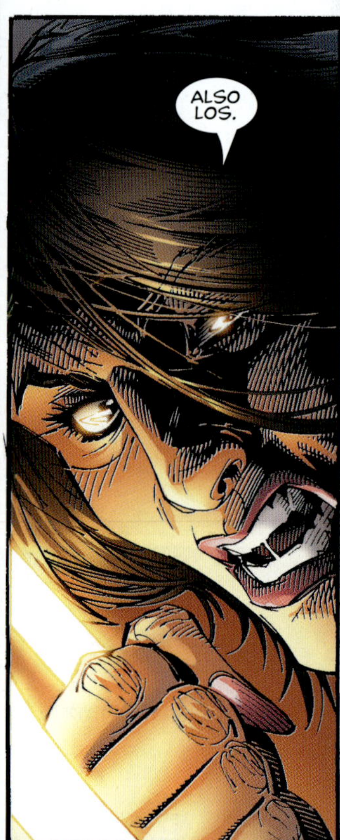
ALSO LOS.

DAS HAT SO KEINEN SINN, CLEA. WIR MÜSSEN DEN URALTEN RETTEN. DU--
NEIN, DU, STEPHEN.

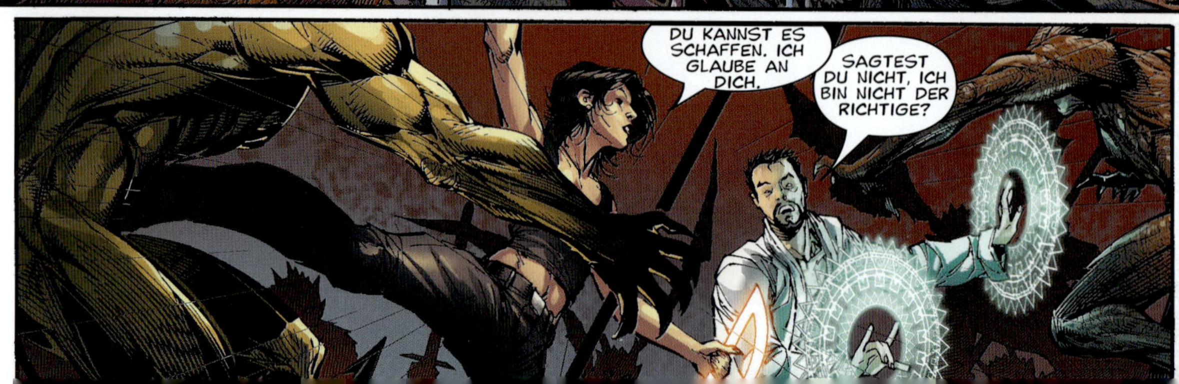
DU KANNST ES SCHAFFEN. ICH GLAUBE AN DICH.
SAGTEST DU NICHT, ICH BIN NICHT DER RICHTIGE?

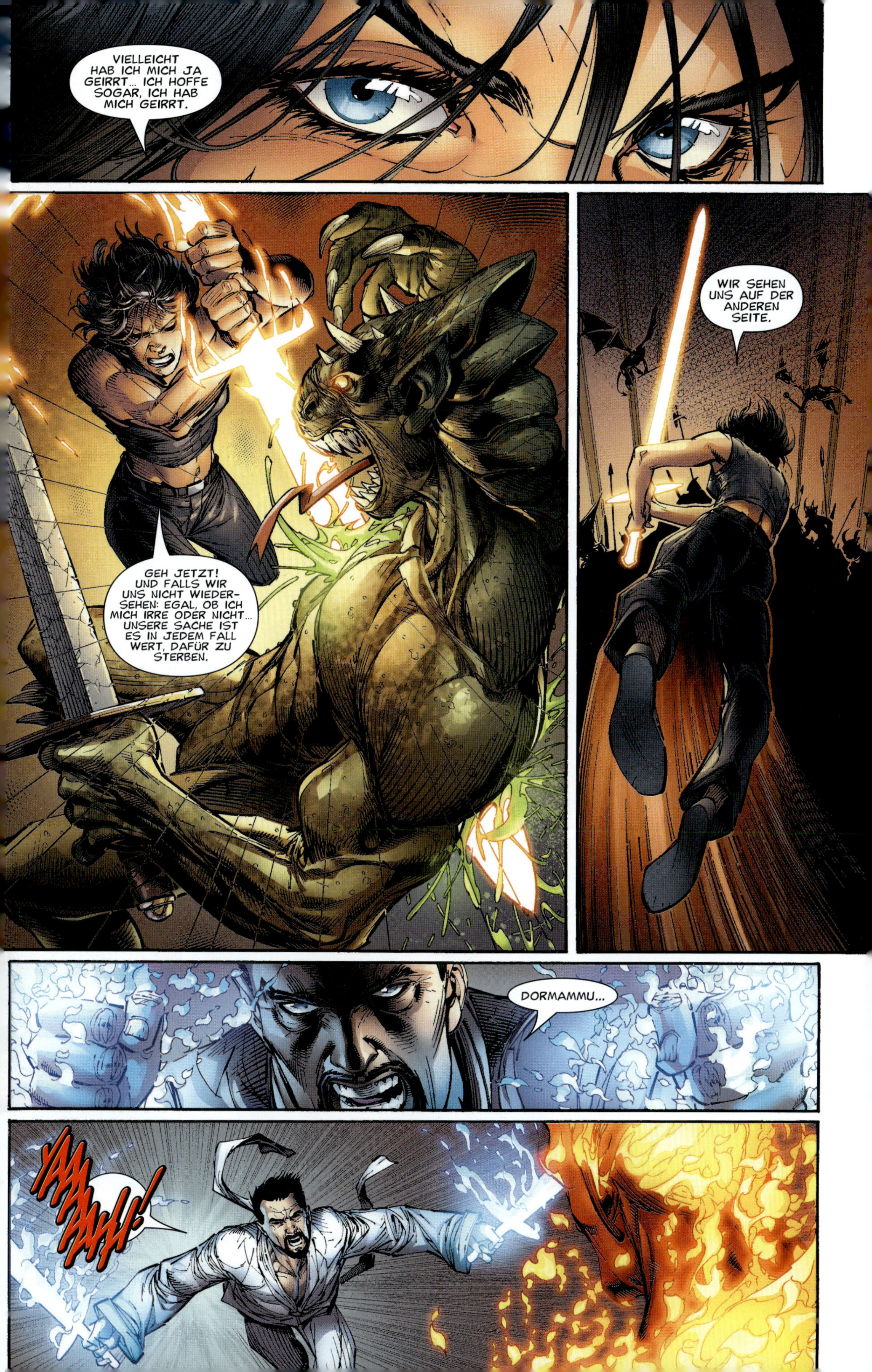

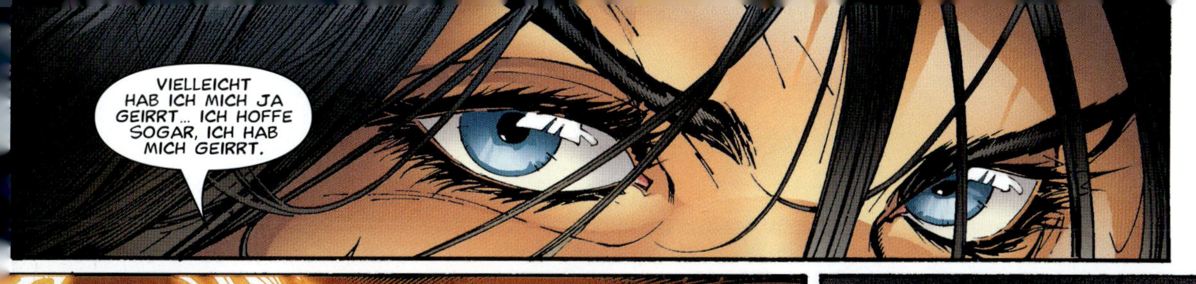

GEH JETZT! UND FALLS WIR UNS NICHT WIEDER-SEHEN: EGAL, OB ICH MICH IRRE ODER NICHT... UNSERE SACHE IST ES IN JEDEM FALL WERT, DAFÜR ZU STERBEN.

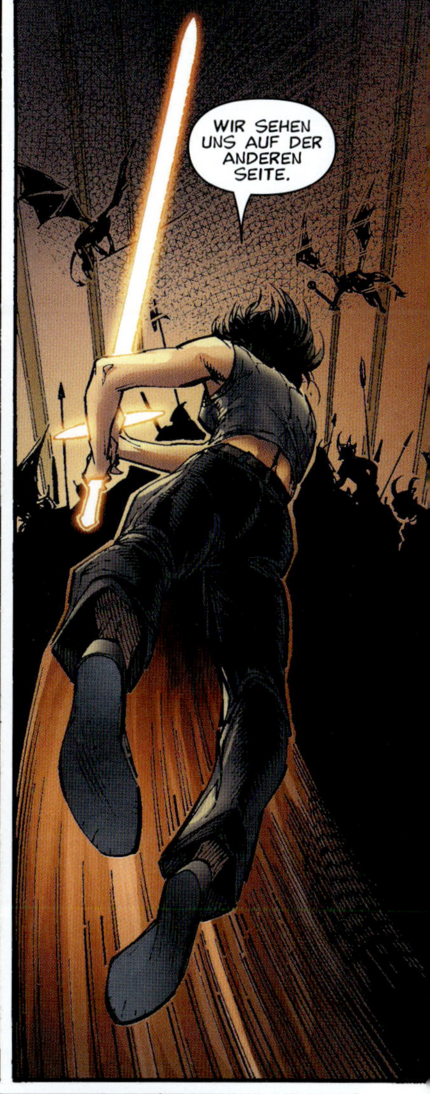

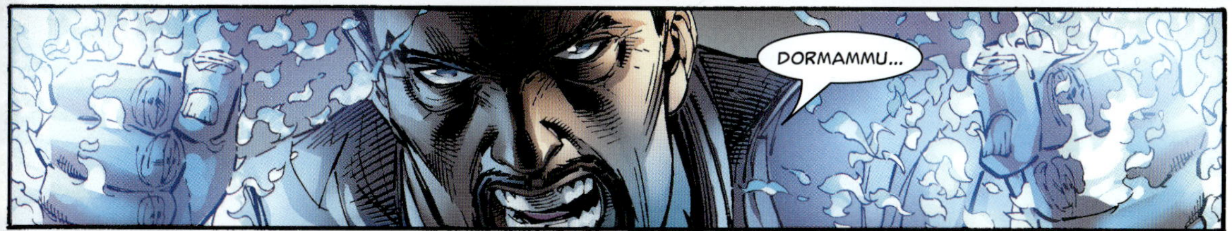

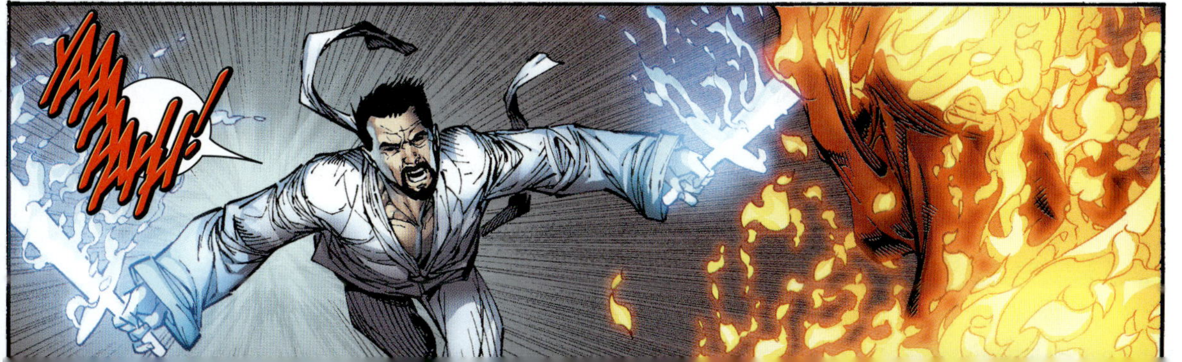

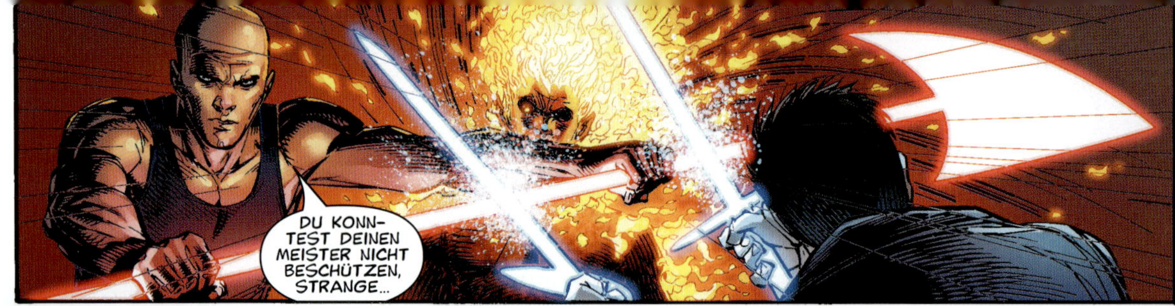
DU KONNTEST DEINEN MEISTER NICHT BESCHÜTZEN, STRANGE...

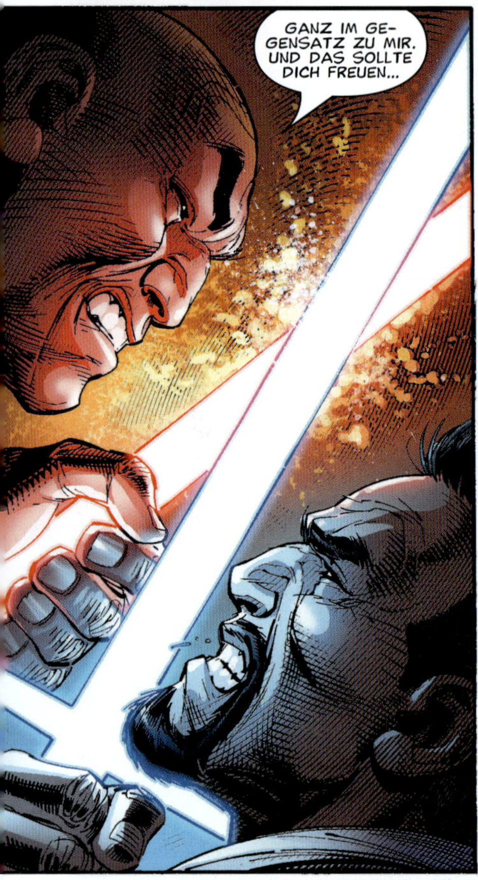
GANZ IM GEGENSATZ ZU MIR. UND DAS SOLLTE DICH FREUEN...

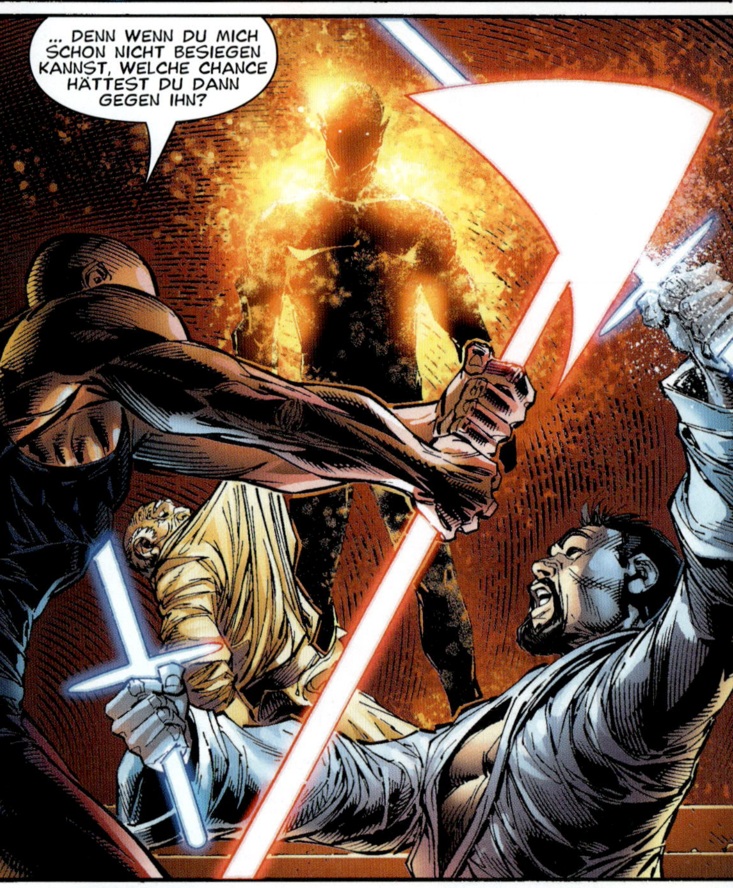
... DENN WENN DU MICH SCHON NICHT BESIEGEN KANNST, WELCHE CHANCE HÄTTEST DU DANN GEGEN IHN?

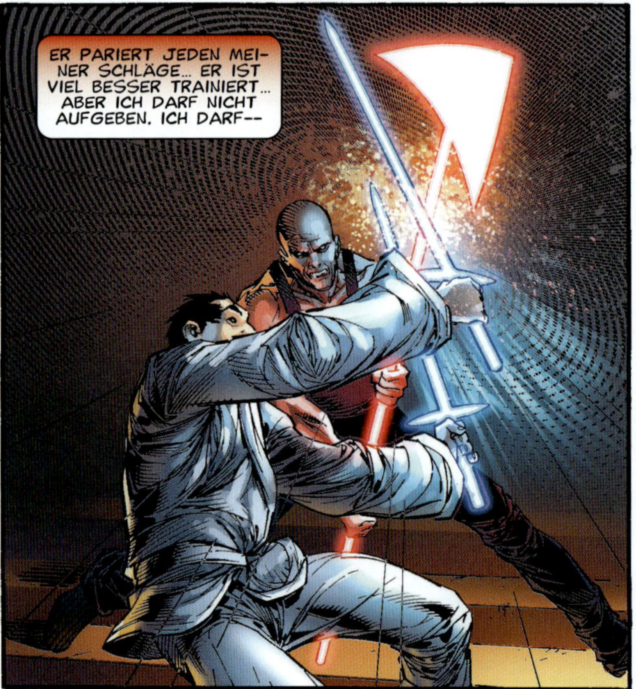
ER PARIERT JEDEN MEINER SCHLÄGE... ER IST VIEL BESSER TRAINIERT... ABER ICH DARF NICHT AUFGEBEN. ICH DARF--

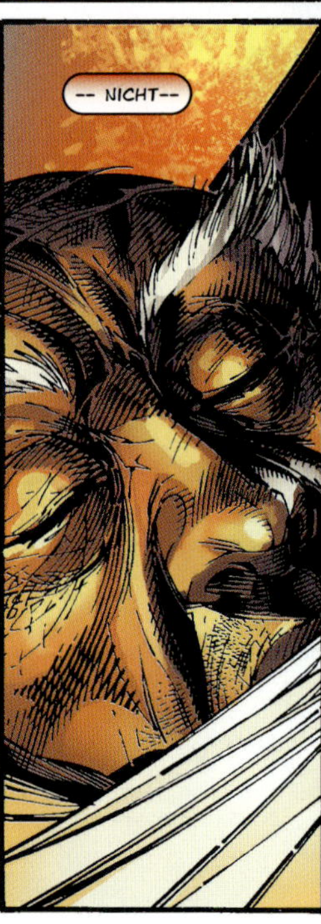
-- NICHT--

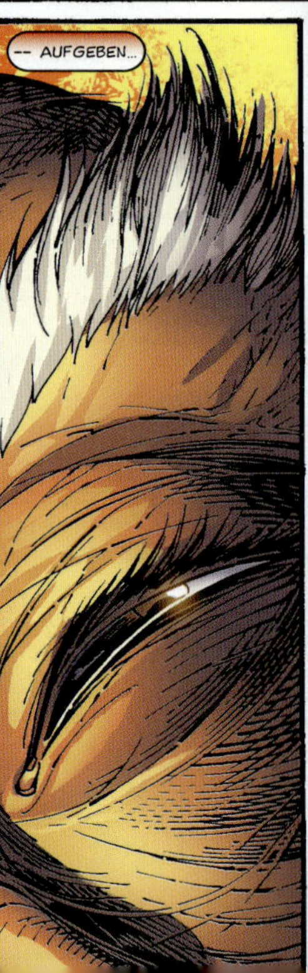
-- AUFGEBEN...

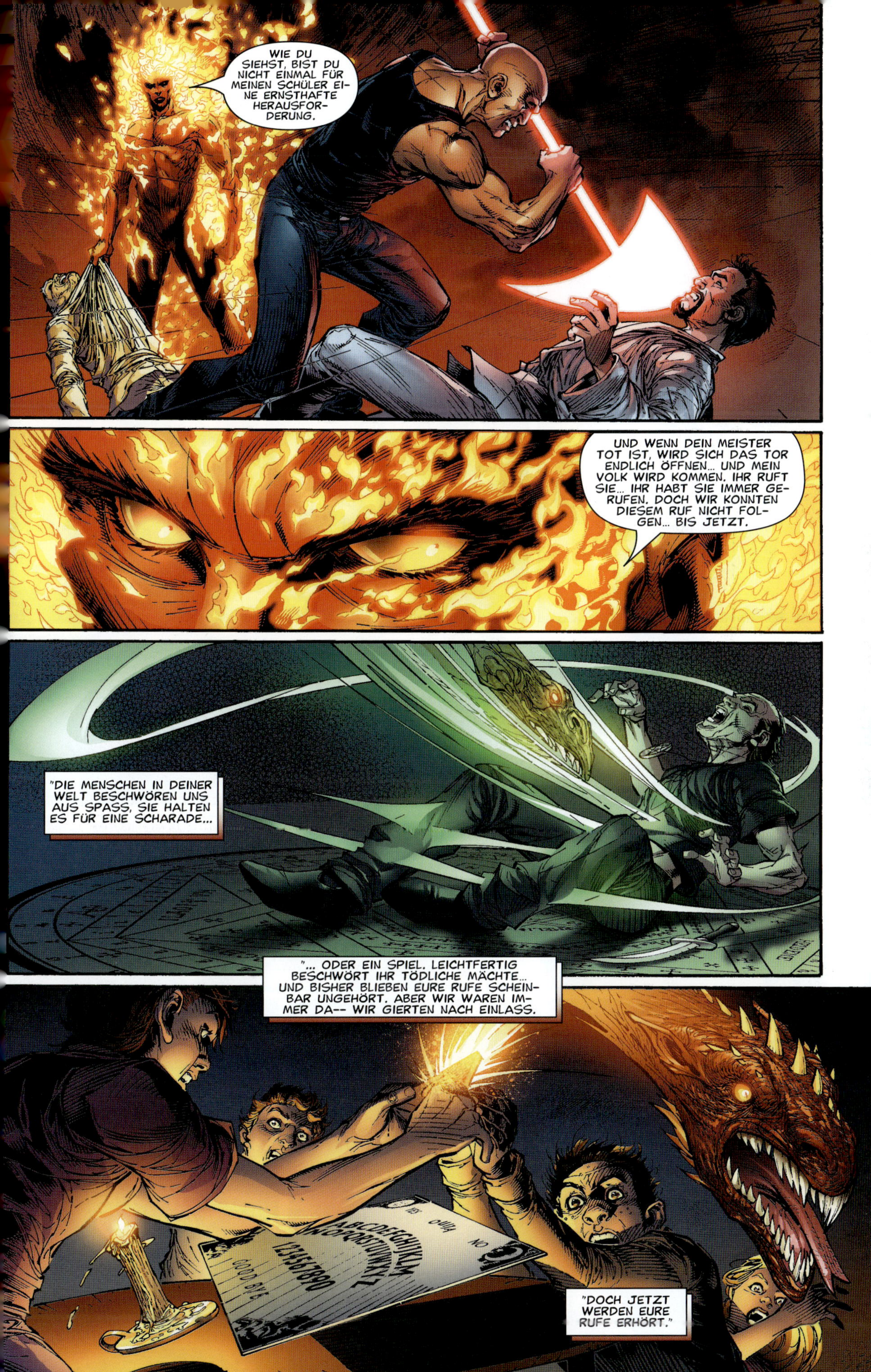
WIE DU SIEHST, BIST DU NICHT EINMAL FÜR MEINEN SCHÜLER EINE ERNSTHAFTE HERAUSFORDERUNG.
UND WENN DEIN MEISTER TOT IST, WIRD SICH DAS TOR ENDLICH ÖFFNEN... UND MEIN VOLK WIRD KOMMEN. IHR RUFT SIE... IHR HABT SIE IMMER GERUFEN. DOCH WIR KONNTEN DIESEM RUF NICHT FOLGEN... BIS JETZT.
"DIE MENSCHEN IN DEINER WELT BESCHWÖREN UNS AUS SPASS, SIE HALTEN ES FÜR EINE SCHARADE...
"... ODER EIN SPIEL. LEICHTFERTIG BESCHWÖRT IHR TÖDLICHE MÄCHTE... UND BISHER BLIEBEN EURE RUFE SCHEINBAR UNGEHÖRT. ABER WIR WAREN IMMER DA-- WIR GIERTEN NACH EINLASS.
"DOCH JETZT WERDEN EURE RUFE ERHÖRT."

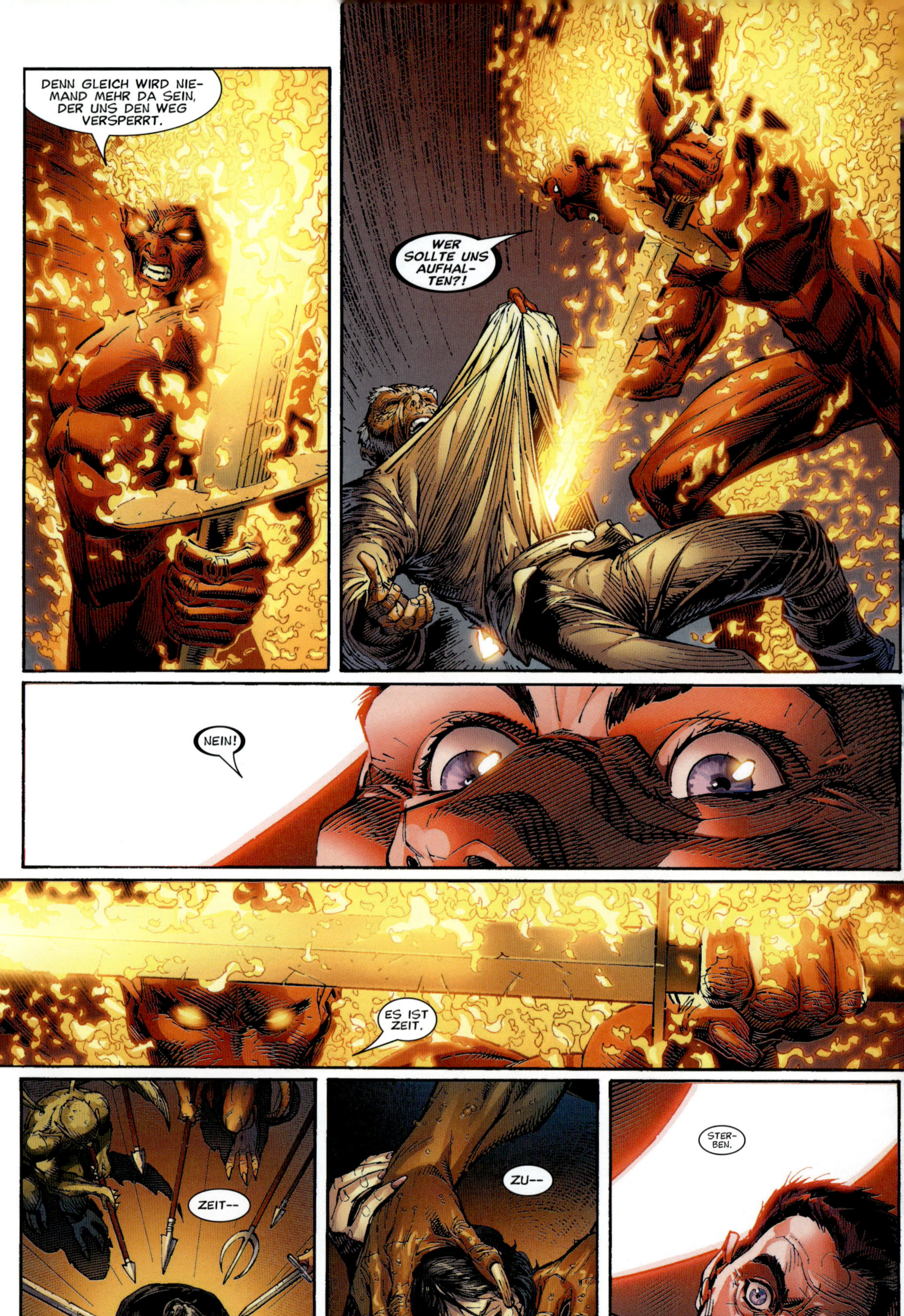
DENN GLEICH WIRD NIEMAND MEHR DA SEIN, DER UNS DEN WEG VERSPERRT.
WER SOLLTE UNS AUFHALTEN?!
NEIN!
ES IST ZEIT.
ZEIT--
ZU--
STERBEN.

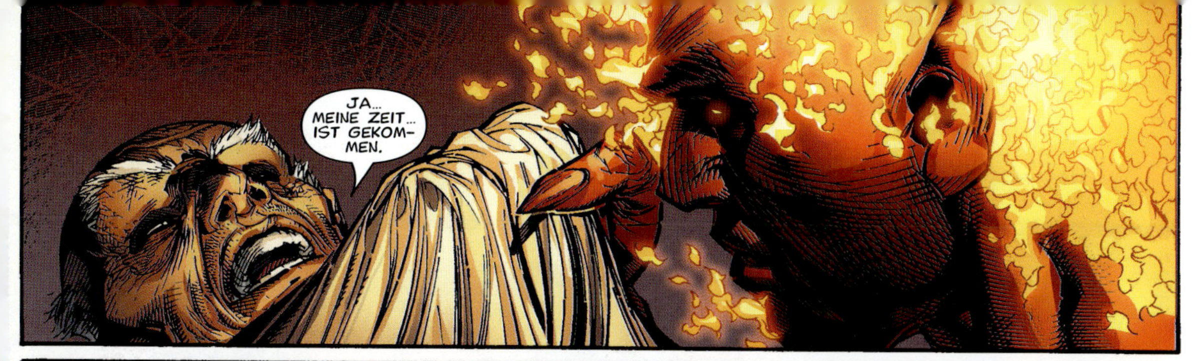
JA... MEINE ZEIT... IST GEKOMMEN.

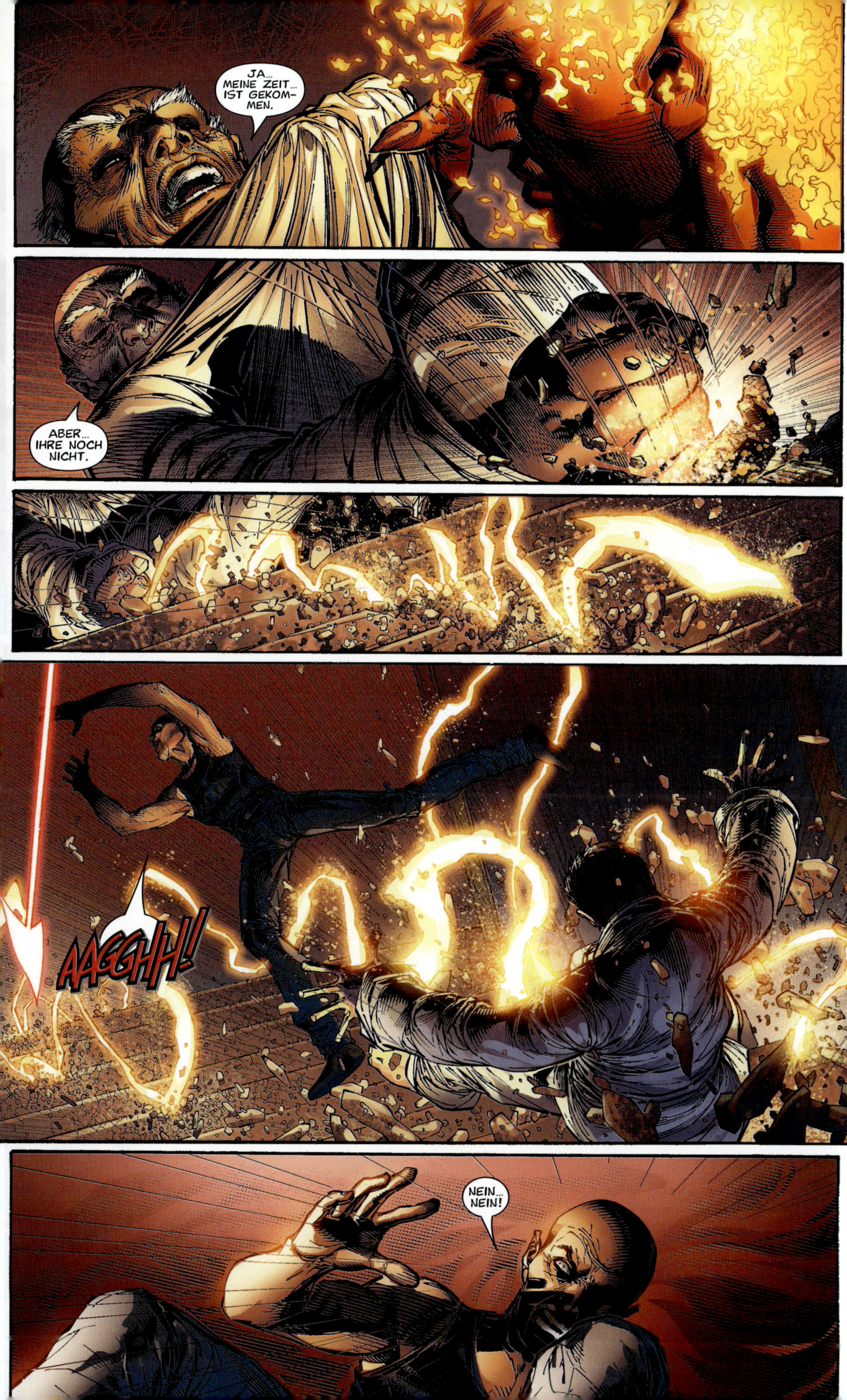

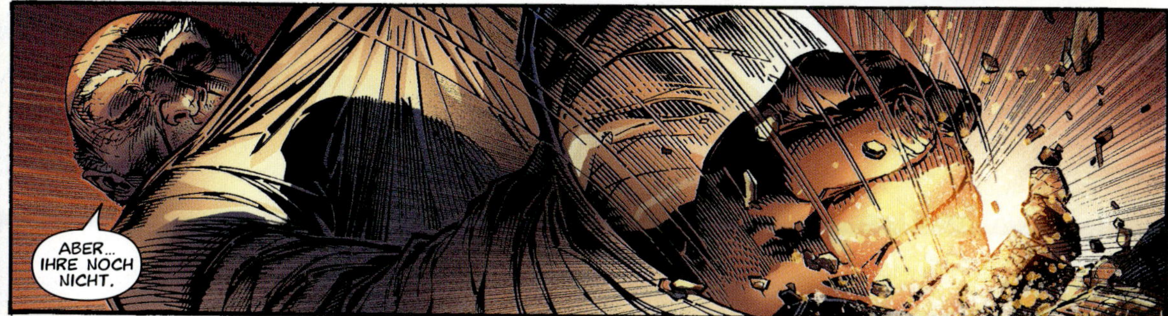
ABER... IHRE NOCH NICHT.

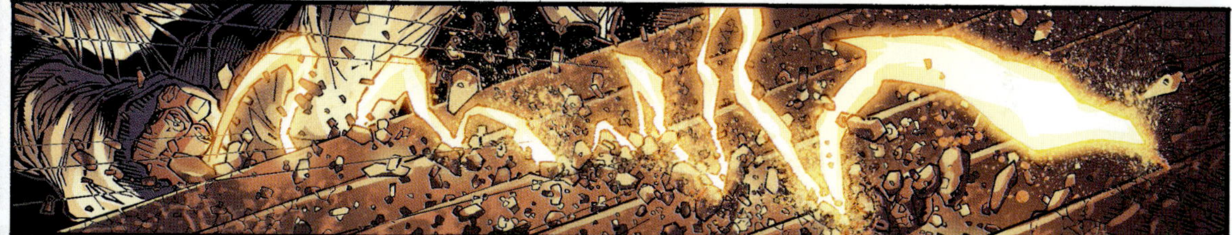

AAGGHH!

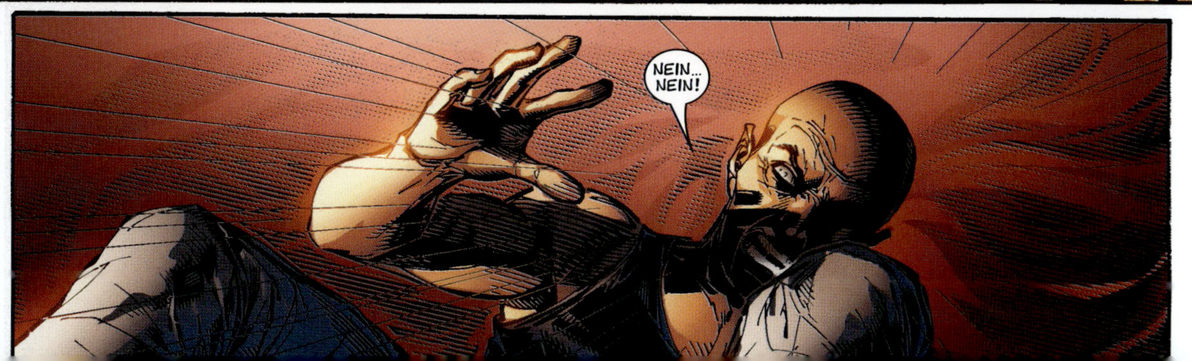
NEIN... NEIN!

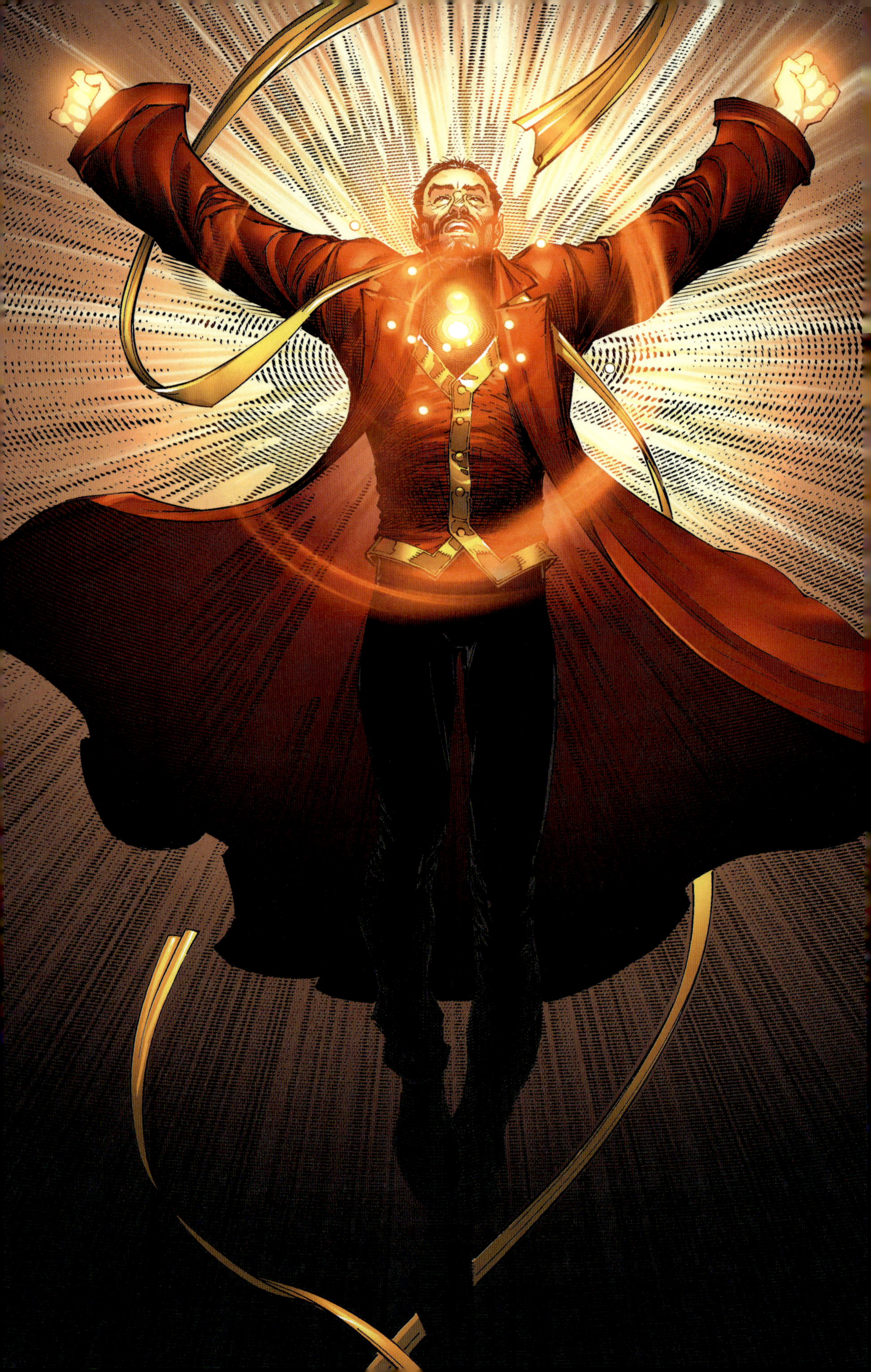

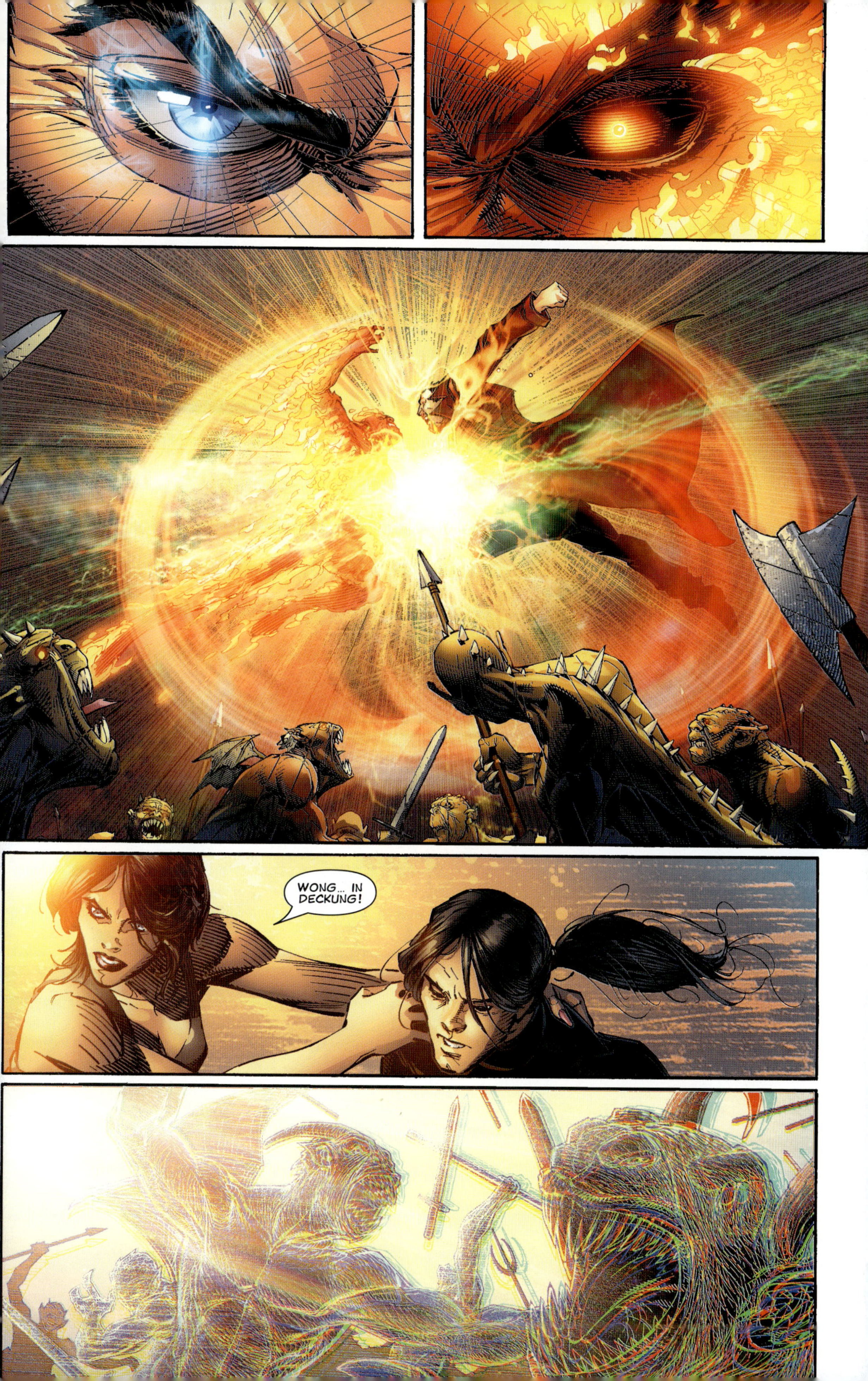

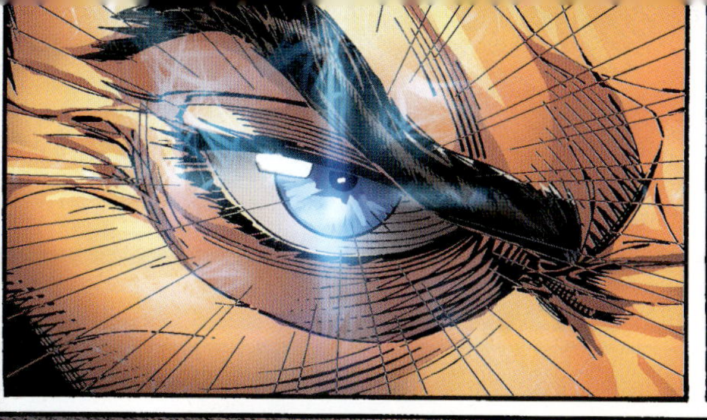

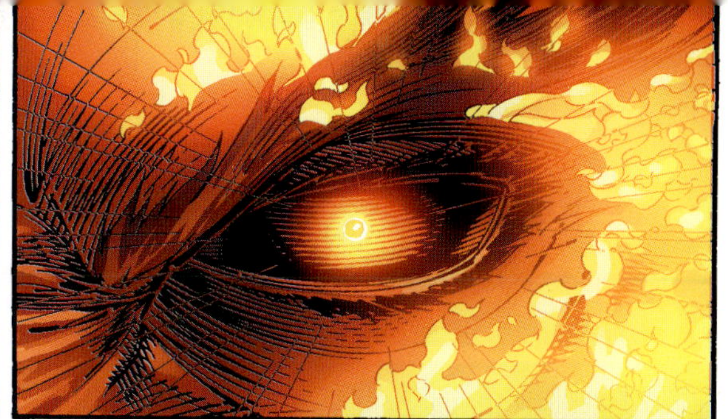

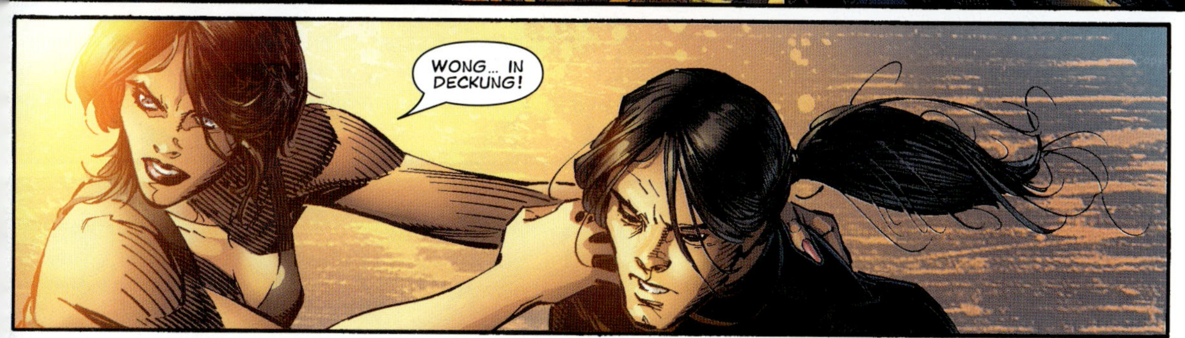
WONG... IN DECKUNG!

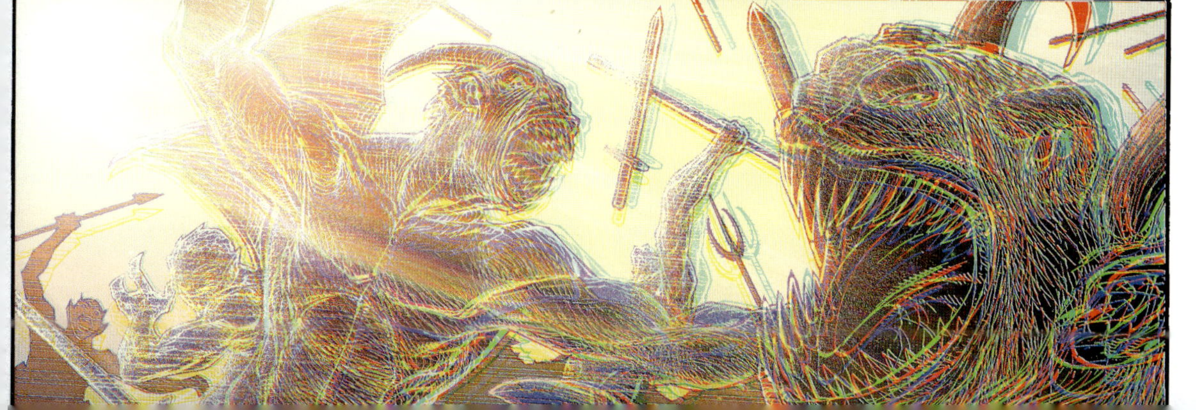

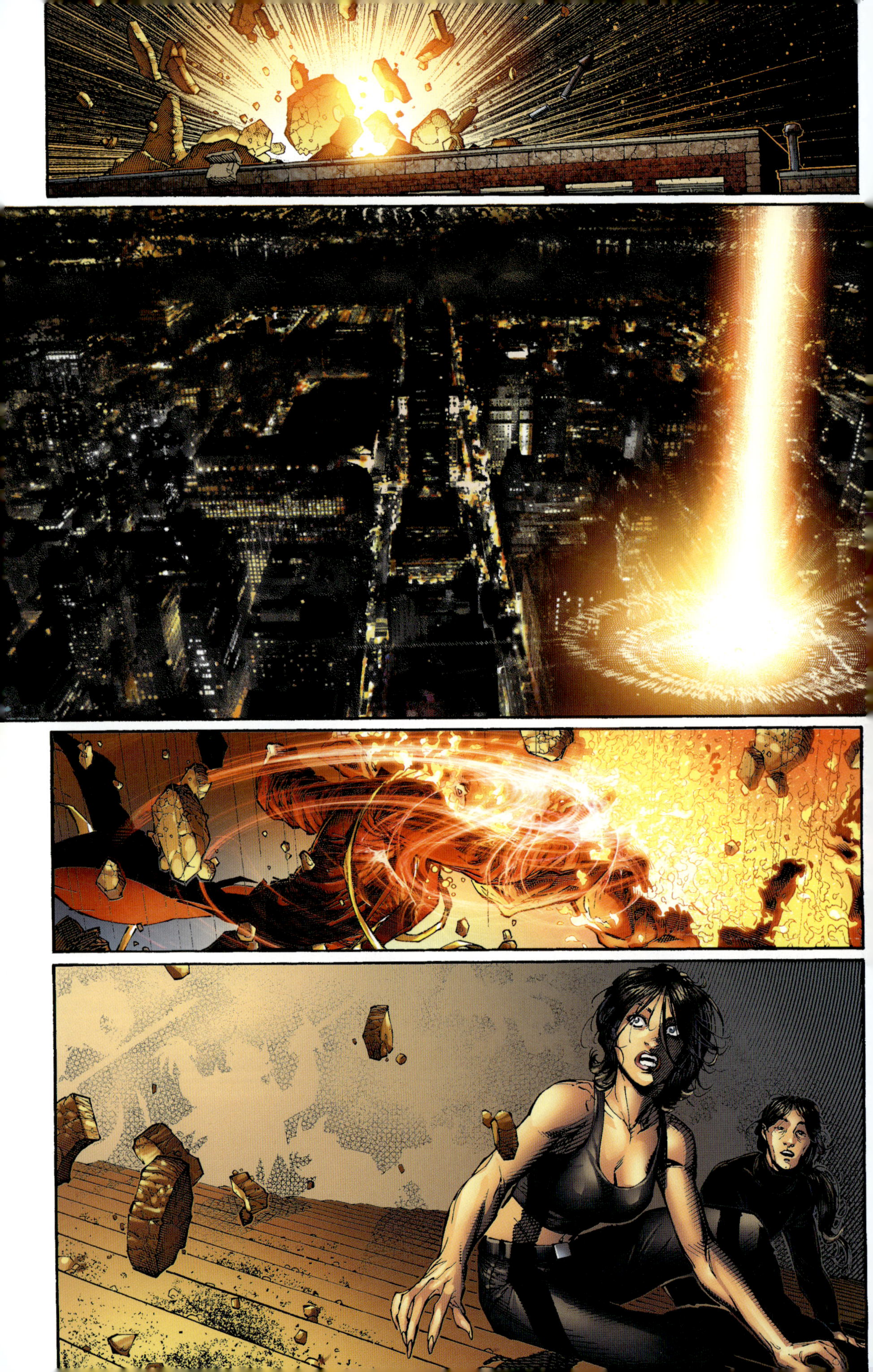

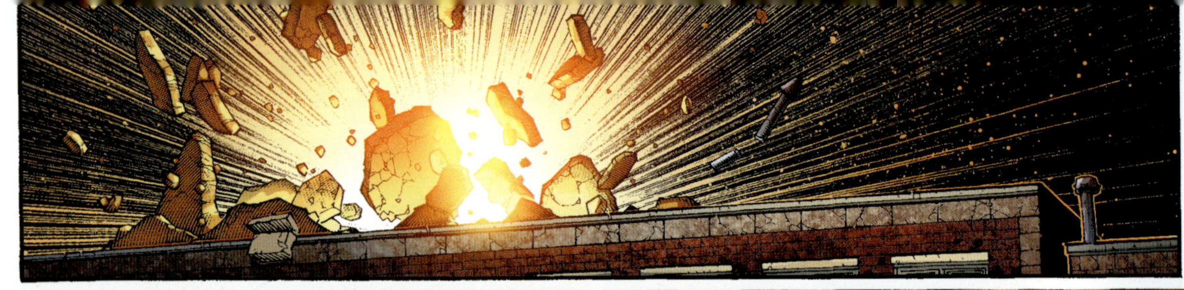

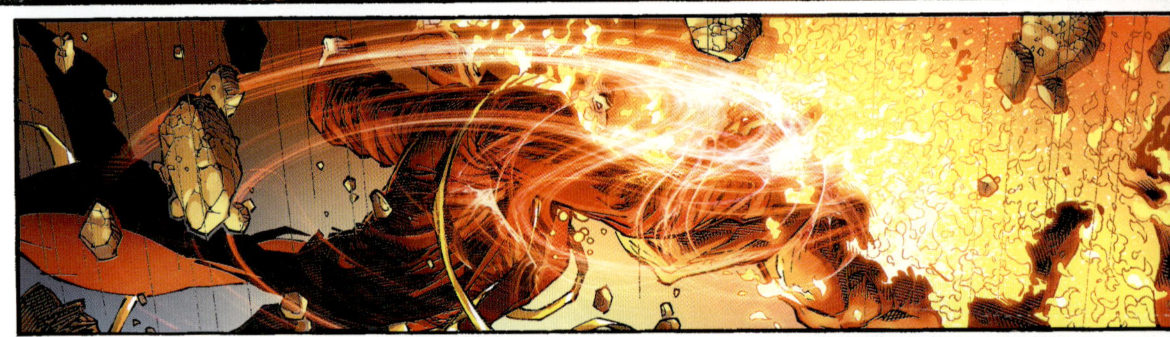

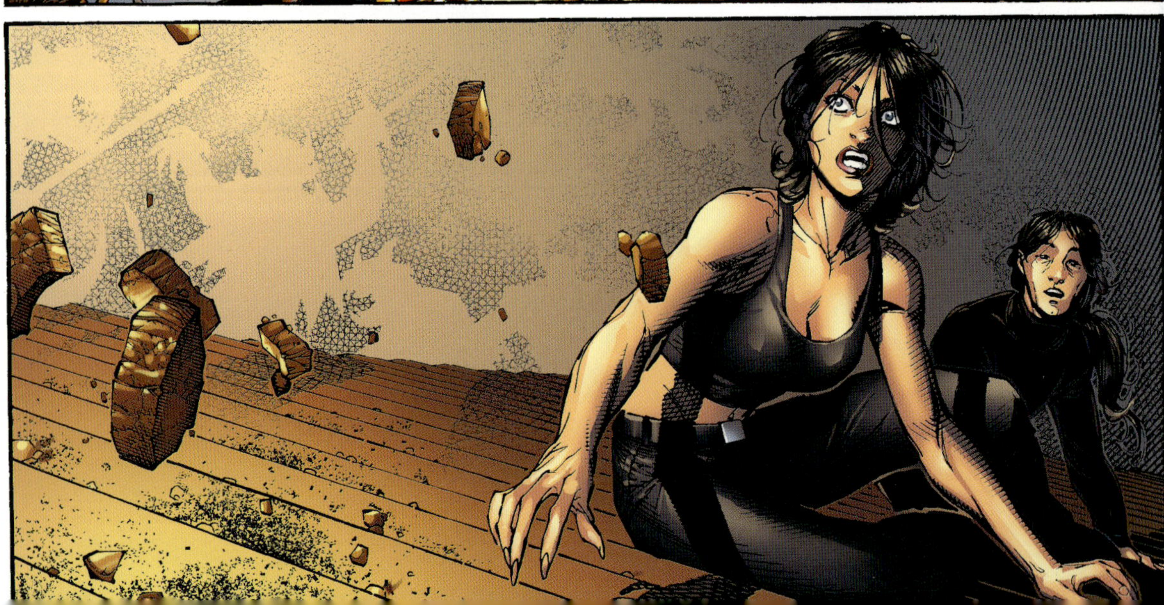

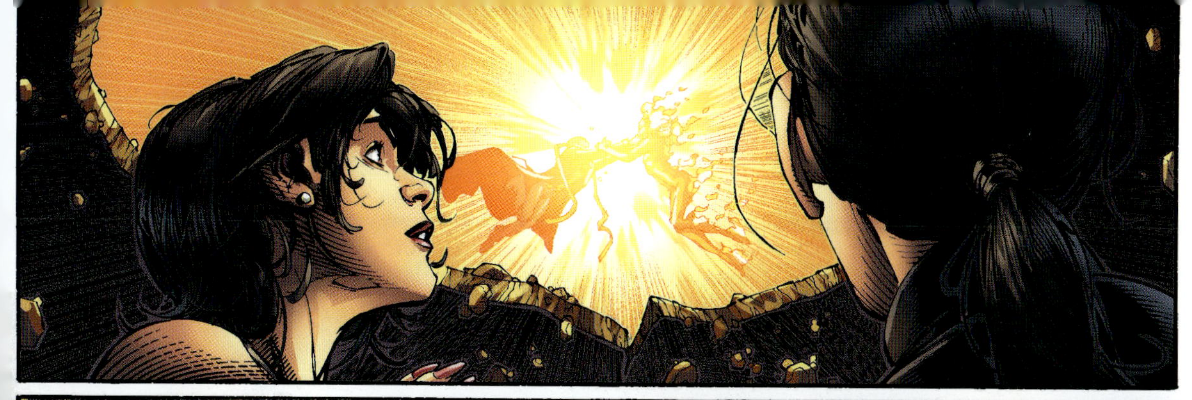

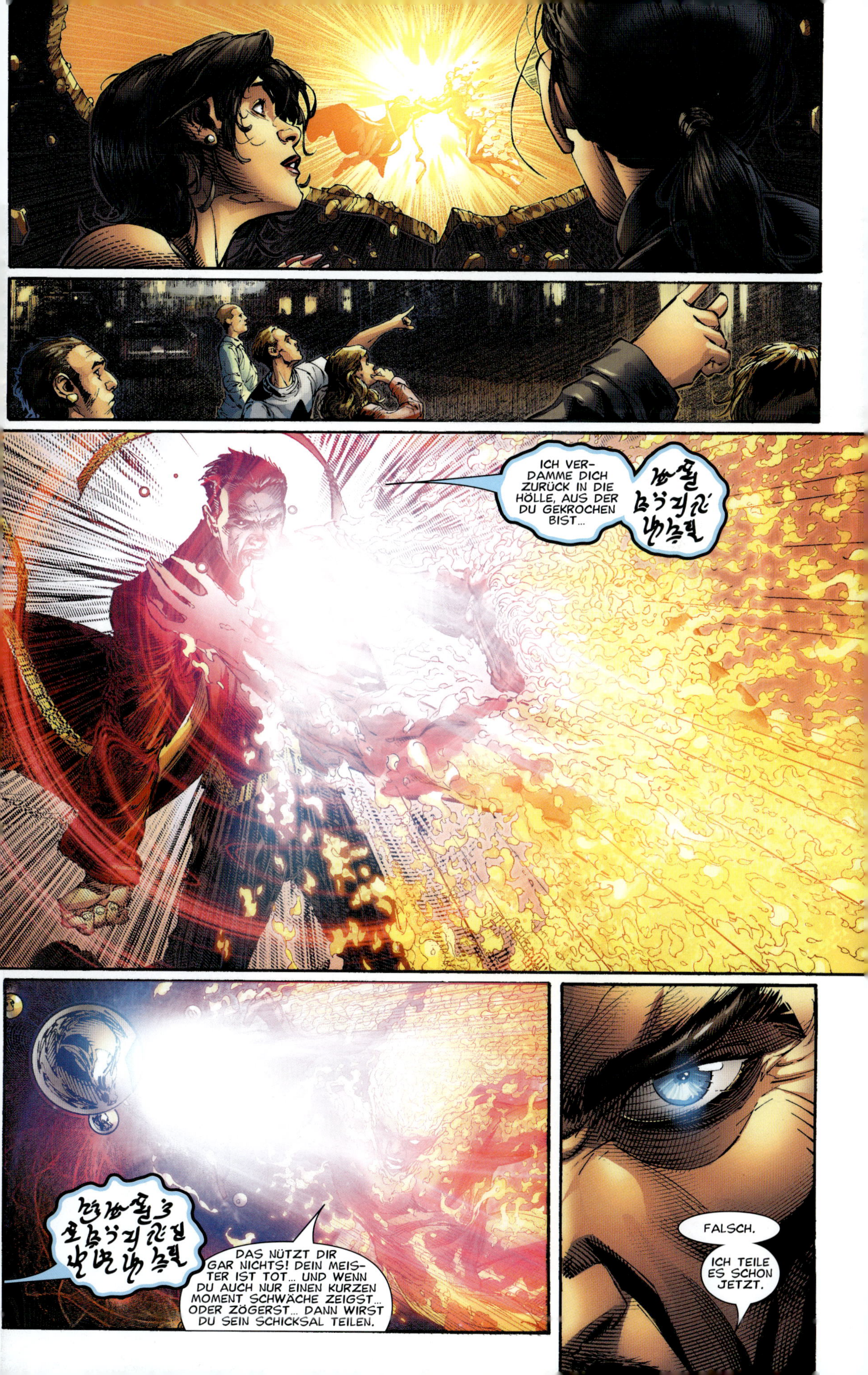

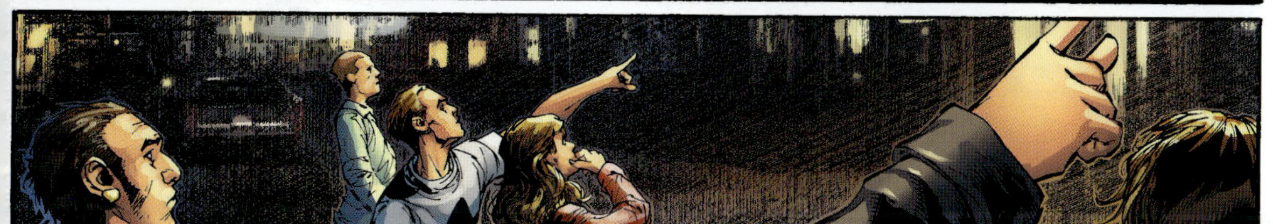

ICH VERDAMME DICH ZURÜCK IN DIE HÖLLE, AUS DER DU GEKROCHEN BIST...

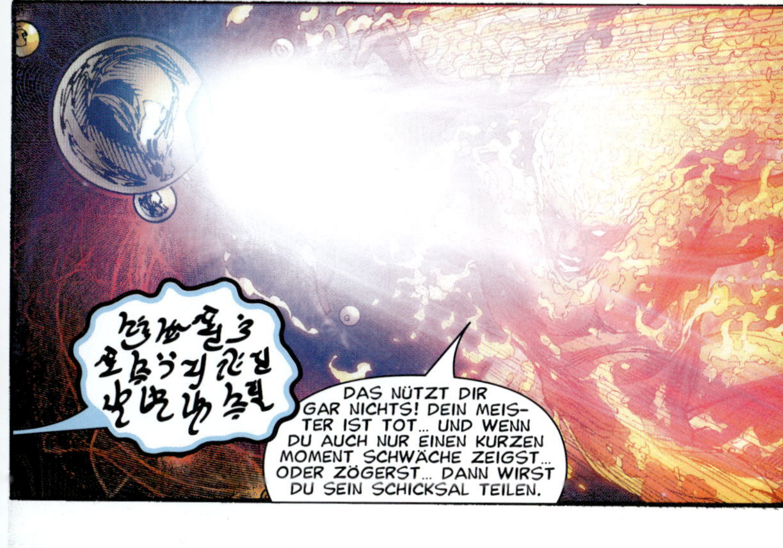

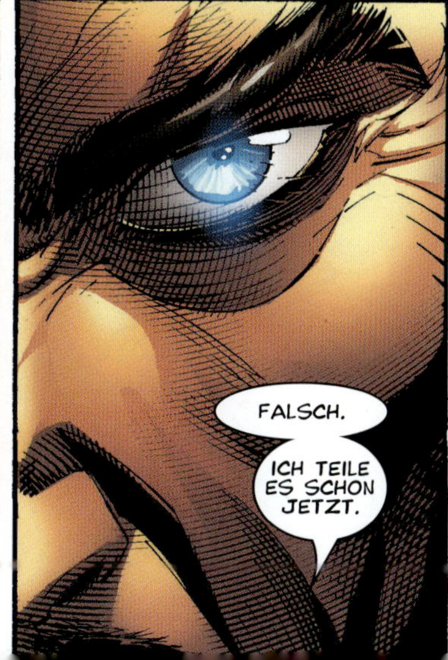

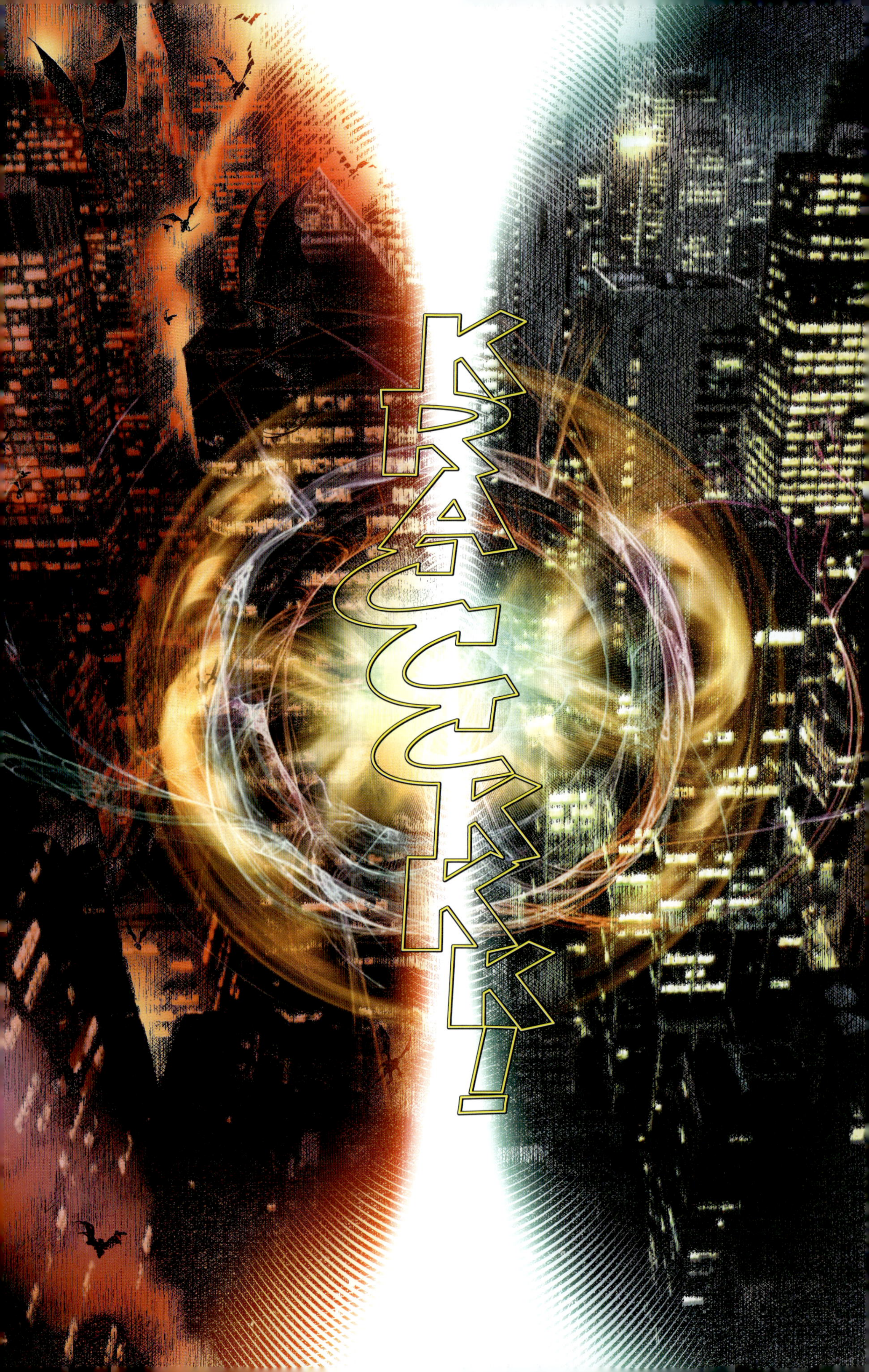
KRACCKK!

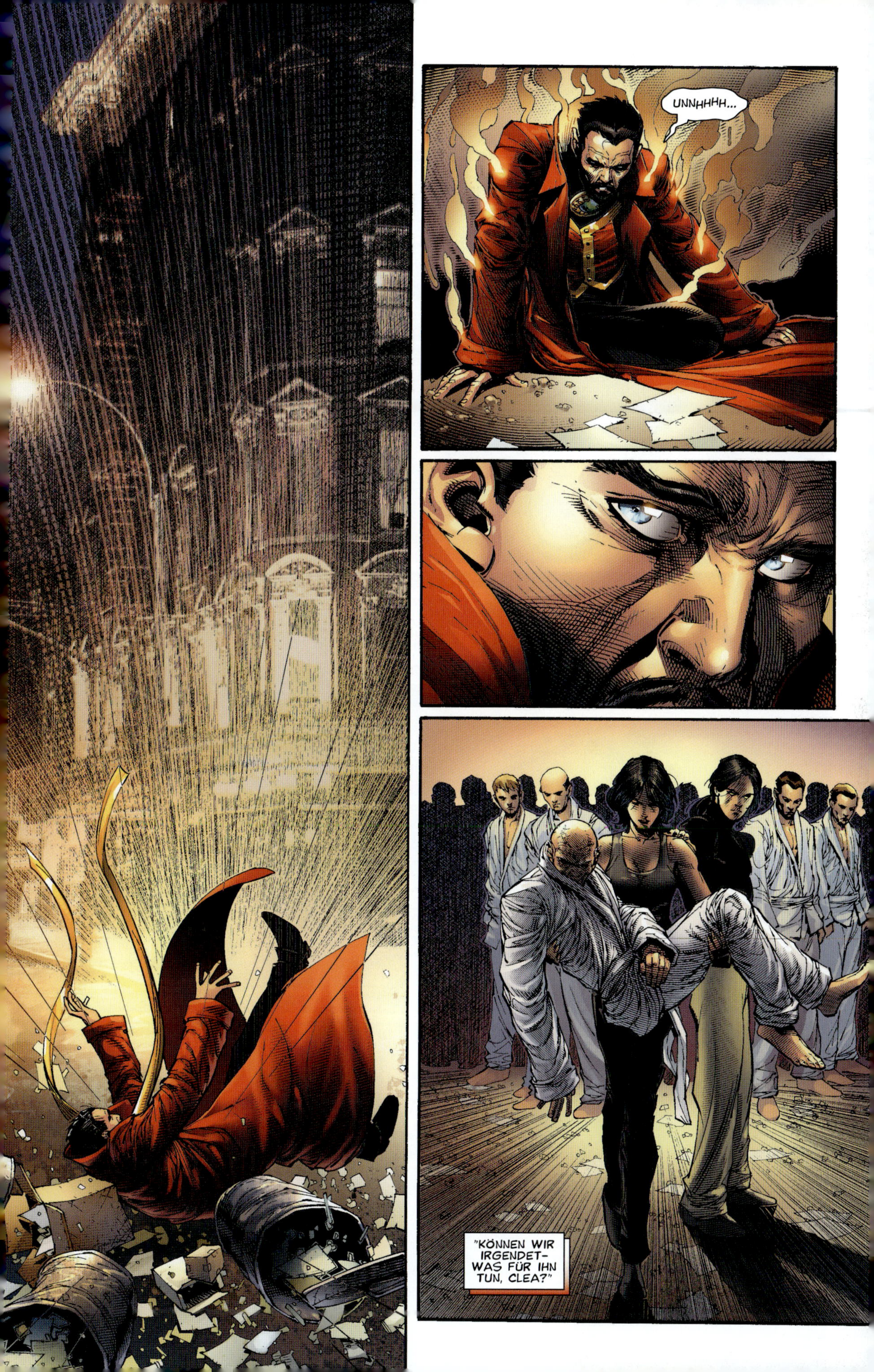

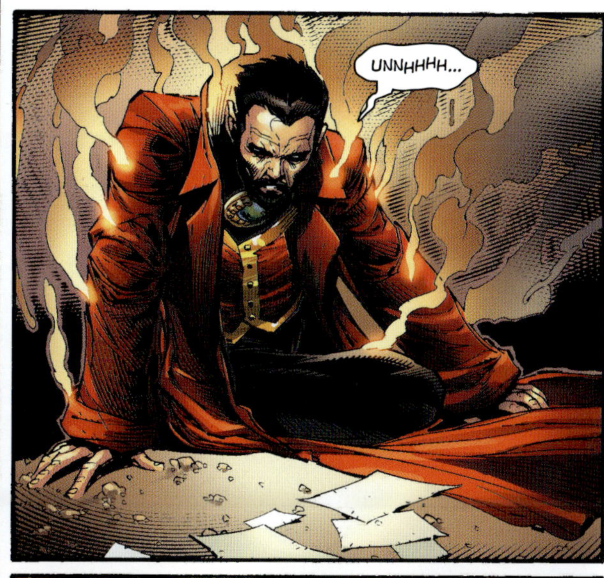
UNNHHHH...

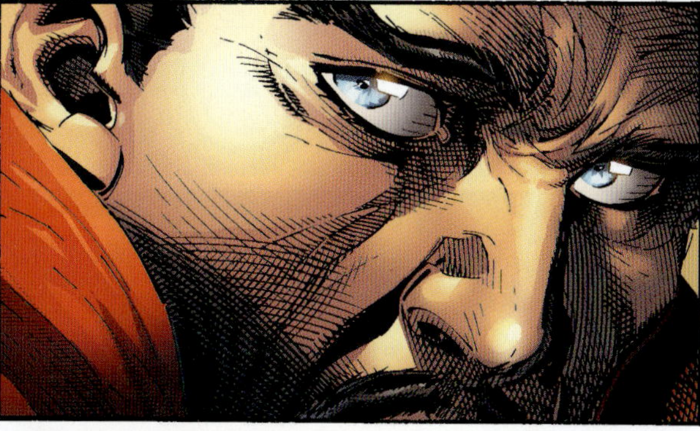

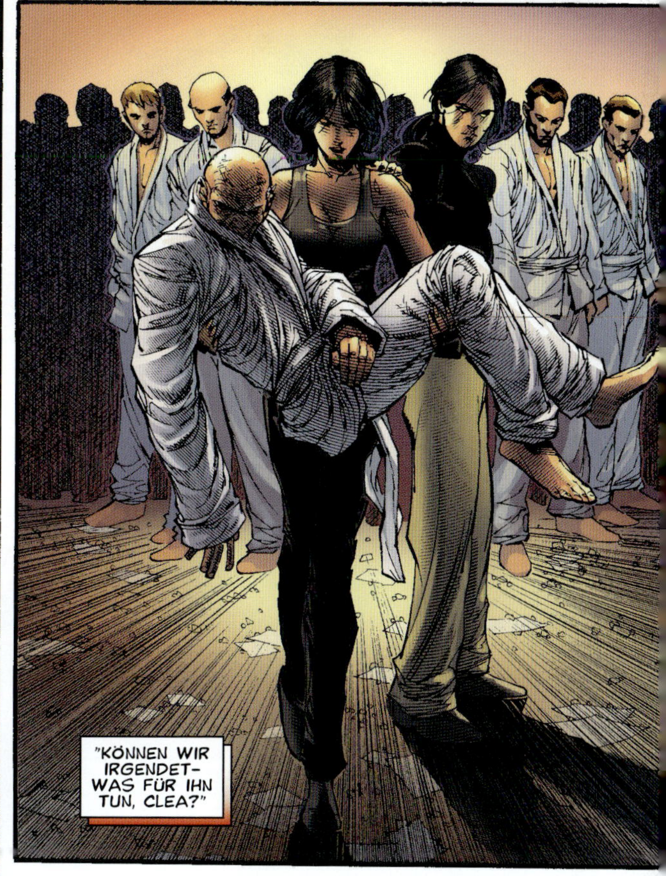
"KÖNNEN WIR IRGENDET-WAS FÜR IHN TUN, CLEA?"

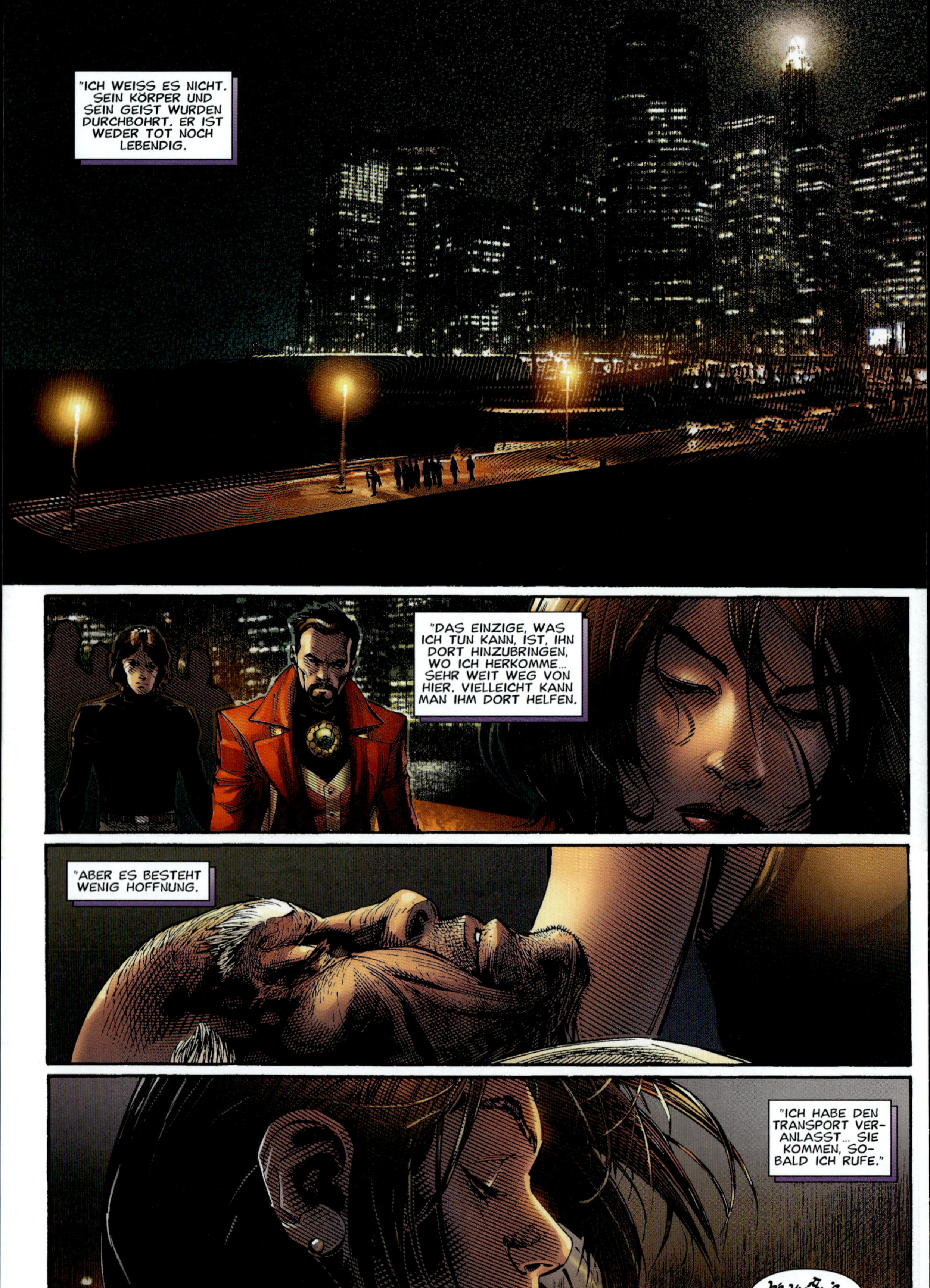
"ICH WEISS ES NICHT. SEIN KÖRPER UND SEIN GEIST WURDEN DURCHBOHRT. ER IST WEDER TOT NOCH LEBENDIG.
"DAS EINZIGE, WAS ICH TUN KANN, IST, IHN DORT HINZUBRINGEN, WO ICH HERKOMME... SEHR WEIT WEG VON HIER. VIELLEICHT KANN MAN IHM DORT HELFEN.
"ABER ES BESTEHT WENIG HOFFNUNG.
"ICH HABE DEN TRANSPORT VERANLASST... SIE KOMMEN, SOBALD ICH RUFE."

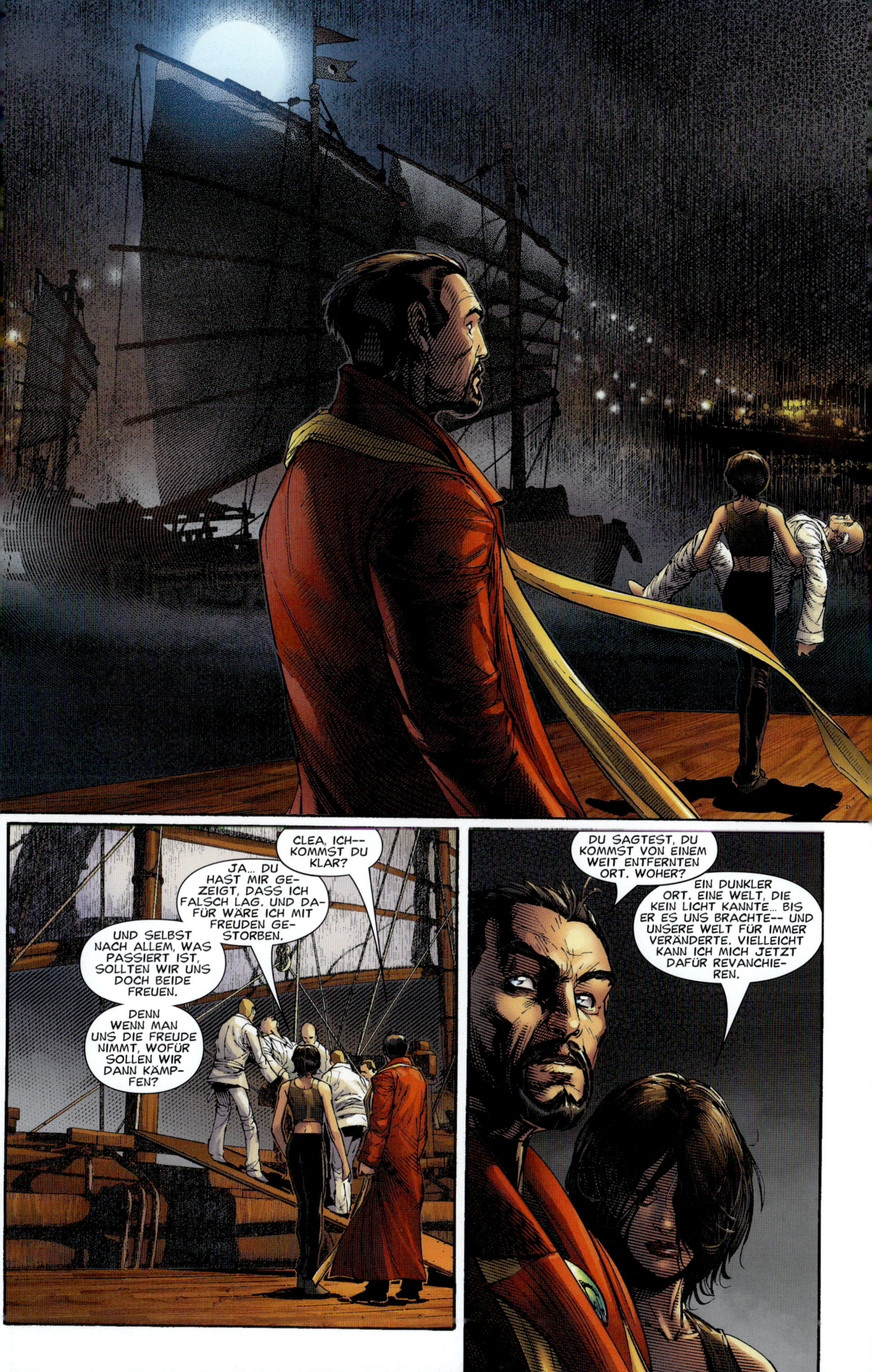

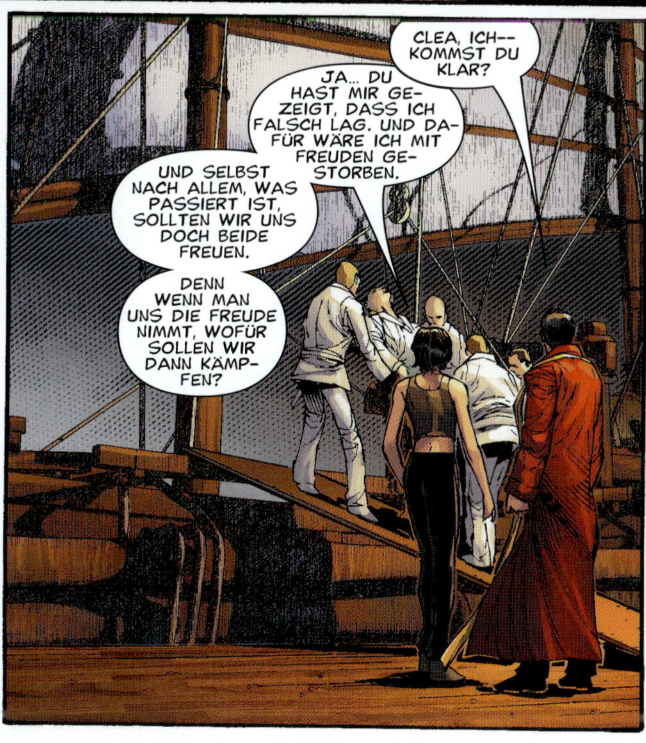

CLEA, ICH-- KOMMST DU KLAR?
JA... DU HAST MIR GEZEIGT, DASS ICH FALSCH LAG. UND DAFÜR WÄRE ICH MIT FREUDEN GESTORBEN.
UND SELBST NACH ALLEM, WAS PASSIERT IST, SOLLTEN WIR UNS DOCH BEIDE FREUEN.
DENN WENN MAN UNS DIE FREUDE NIMMT, WOFÜR SOLLEN WIR DANN KÄMPFEN?

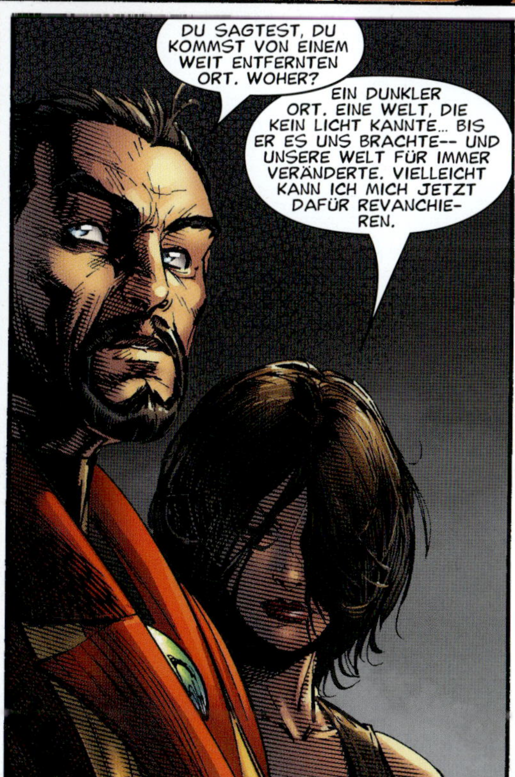

DU SAGTEST, DU KOMMST VON EINEM WEIT ENTFERNTEN ORT. WOHER?
EIN DUNKLER ORT. EINE WELT, DIE KEIN LICHT KANNTE... BIS ER ES UNS BRACHTE-- UND UNSERE WELT FÜR IMMER VERÄNDERTE. VIELLEICHT KANN ICH MICH JETZT DAFÜR REVANCHIEREN.

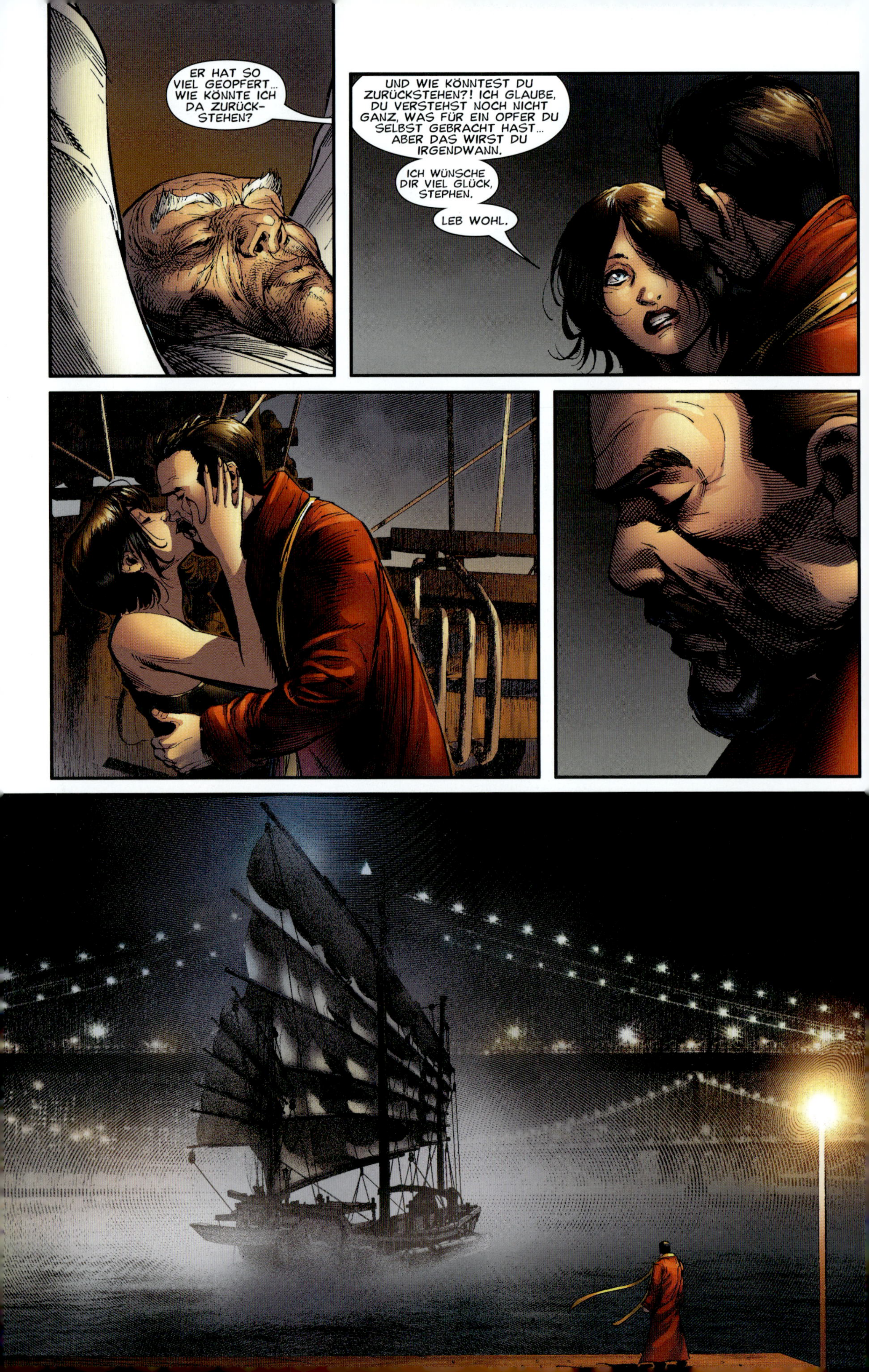

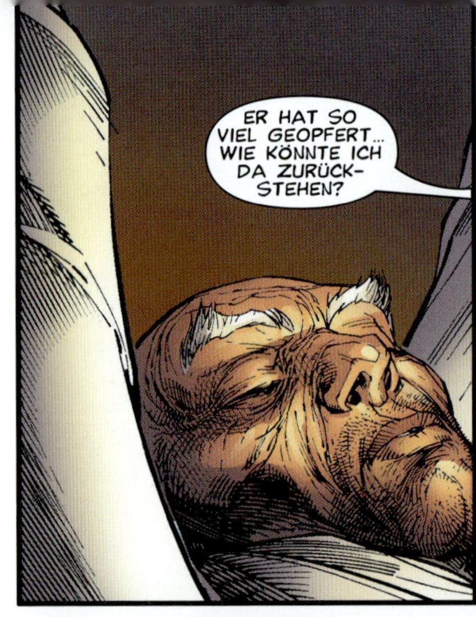
ER HAT SO VIEL GEOPFERT... WIE KÖNNTE ICH DA ZURÜCK-STEHEN?

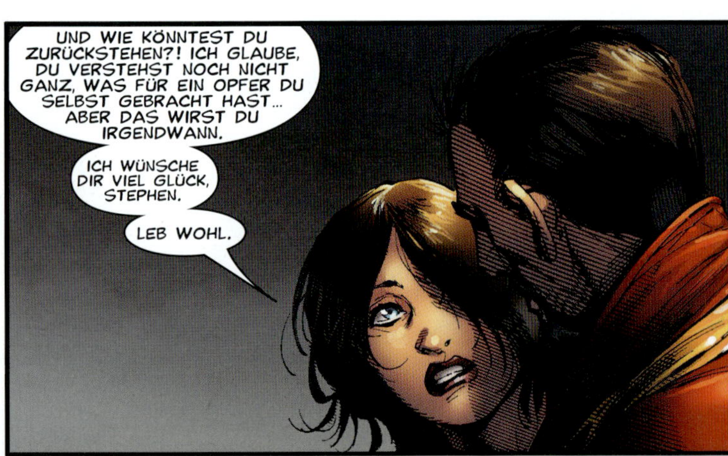
UND WIE KÖNNTEST DU ZURÜCKSTEHEN?! ICH GLAUBE, DU VERSTEHST NOCH NICHT GANZ, WAS FÜR EIN OPFER DU SELBST GEBRACHT HAST... ABER DAS WIRST DU IRGENDWANN.
ICH WÜNSCHE DIR VIEL GLÜCK, STEPHEN.
LEB WOHL.

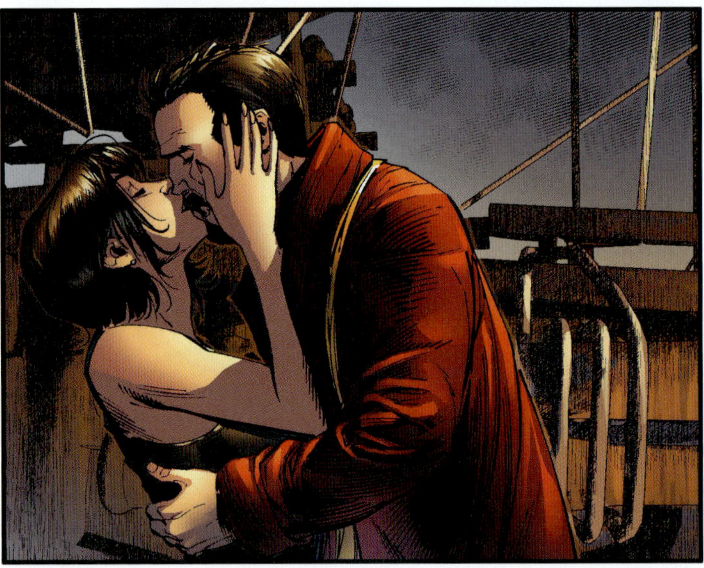

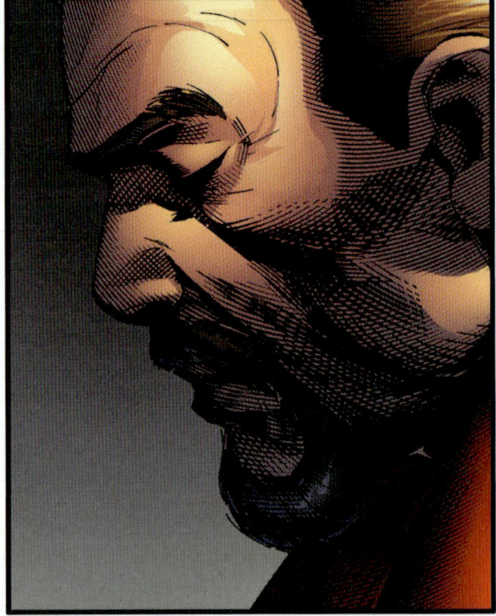

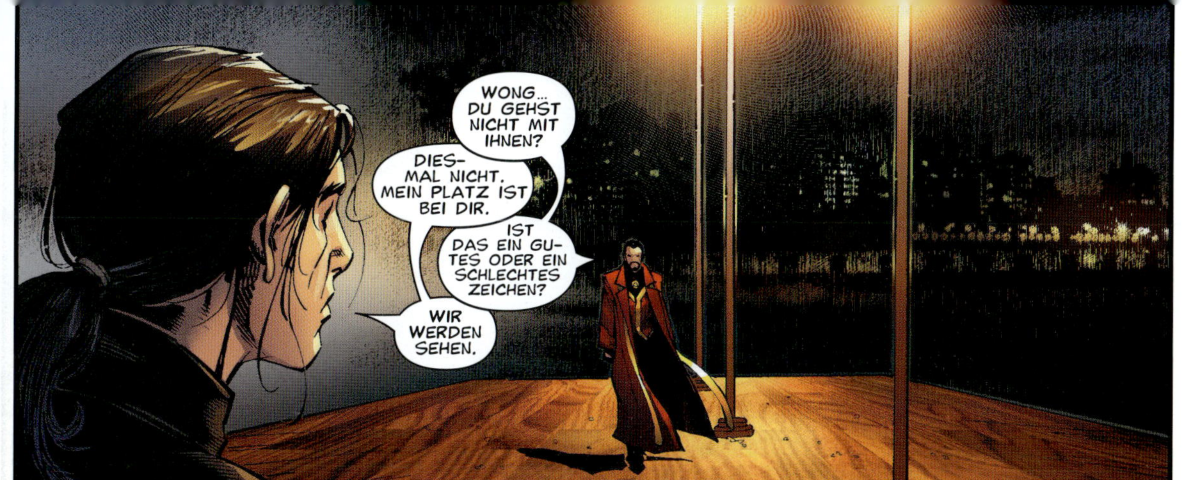
WONG... DU GEHST NICHT MIT IHNEN?
DIES-MAL NICHT. MEIN PLATZ IST BEI DIR.
IST DAS EIN GUTES ODER EIN SCHLECHTES ZEICHEN?
WIR WERDEN SEHEN.

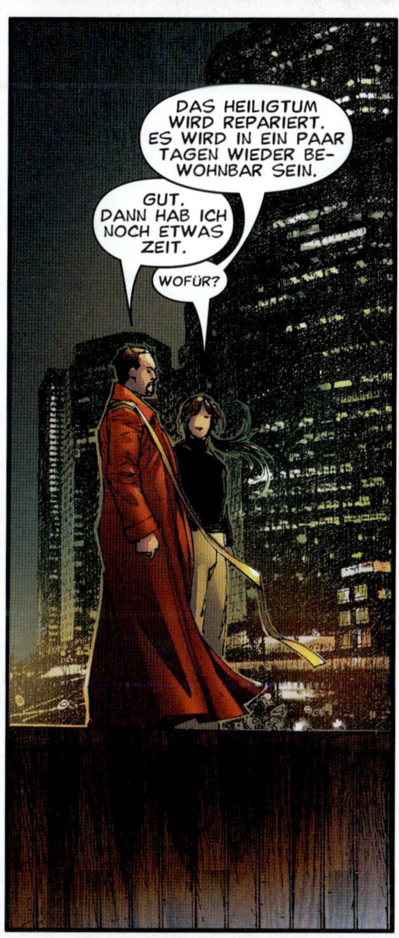
DAS HEILIGTUM WIRD REPARIERT. ES WIRD IN EIN PAAR TAGEN WIEDER BEWOHNBAR SEIN.
GUT. DANN HAB ICH NOCH ETWAS ZEIT.
WOFÜR?

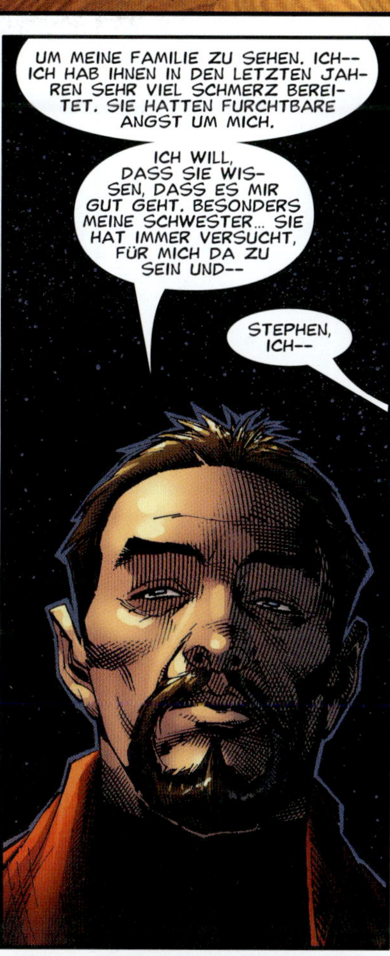
UM MEINE FAMILIE ZU SEHEN. ICH-- ICH HAB IHNEN IN DEN LETZTEN JAHREN SEHR VIEL SCHMERZ BEREITET. SIE HATTEN FURCHTBARE ANGST UM MICH.
ICH WILL, DASS SIE WISSEN, DASS ES MIR GUT GEHT. BESONDERS MEINE SCHWESTER... SIE HAT IMMER VERSUCHT, FÜR MICH DA ZU SEIN UND--
STEPHEN, ICH--

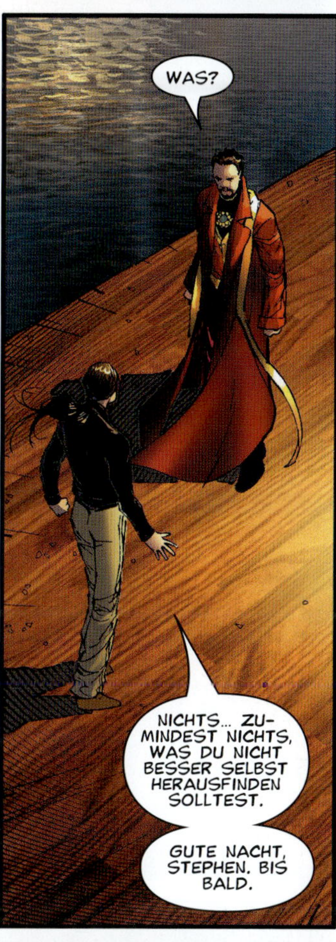
WAS?
NICHTS... ZUMINDEST NICHTS, WAS DU NICHT BESSER SELBST HERAUSFINDEN SOLLTEST.
GUTE NACHT, STEPHEN. BIS BALD.

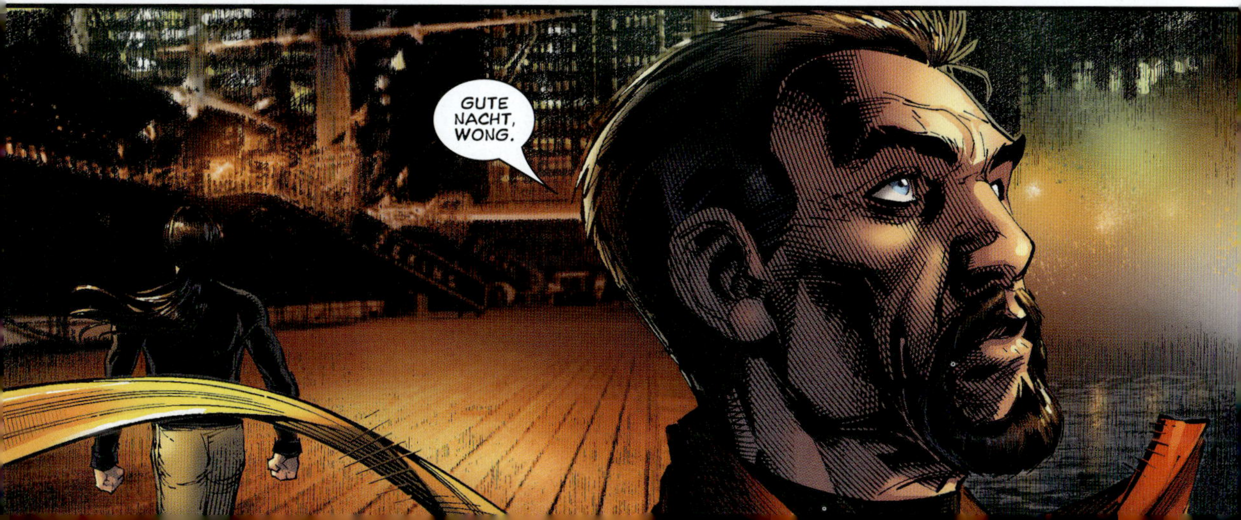
GUTE NACHT, WONG.

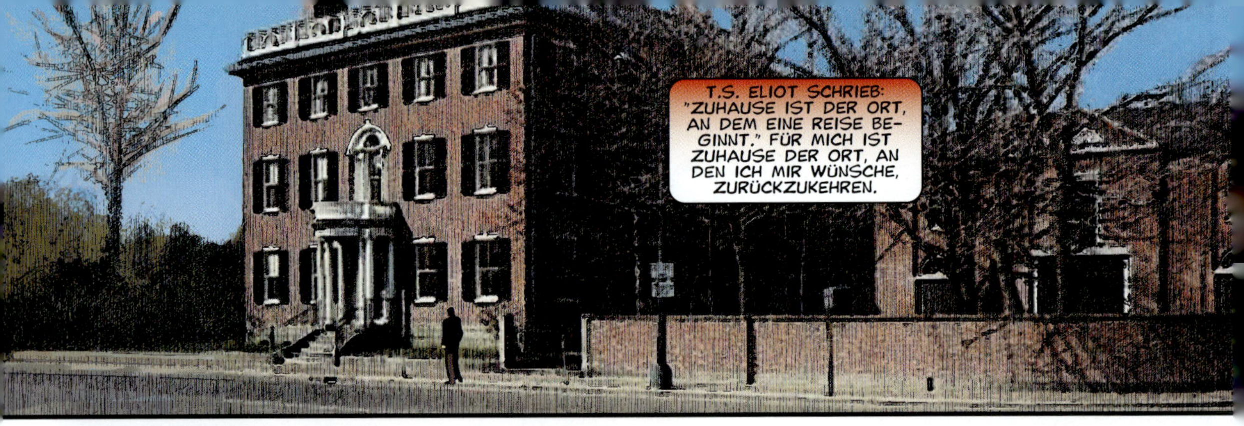
T.S. ELIOT SCHRIEB: "ZUHAUSE IST DER ORT, AN DEM EINE REISE BEGINNT." FÜR MICH IST ZUHAUSE DER ORT, AN DEN ICH MIR WÜNSCHE, ZURÜCKZUKEHREN.

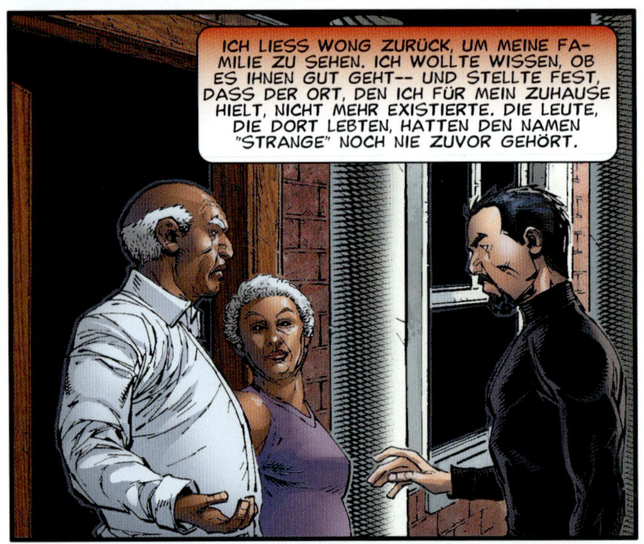
ICH LIESS WONG ZURÜCK, UM MEINE FAMILIE ZU SEHEN. ICH WOLLTE WISSEN, OB ES IHNEN GUT GEHT-- UND STELLTE FEST, DASS DER ORT, DEN ICH FÜR MEIN ZUHAUSE HIELT, NICHT MEHR EXISTIERTE. DIE LEUTE, DIE DORT LEBTEN, HATTEN DEN NAMEN "STRANGE" NOCH NIE ZUVOR GEHÖRT.

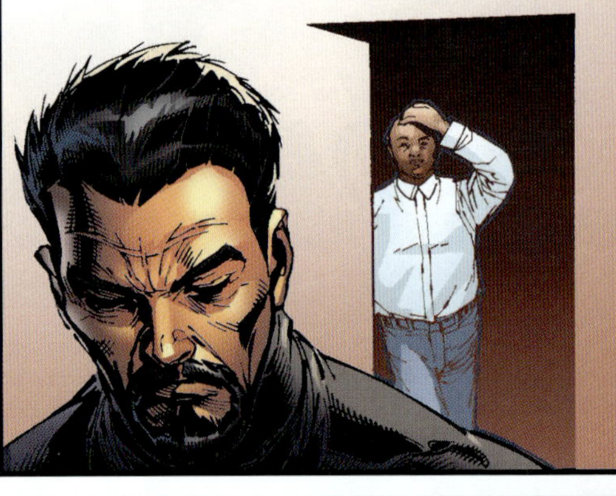
IRGENDWAS IN UNSERER WELT HAT SICH VERÄNDERT-- UND NACH ALLEM, WAS ICH ERLEBT HABE, WUNDERT ES MICH FAST, DASS ICH ÜBERRASCHT BIN.

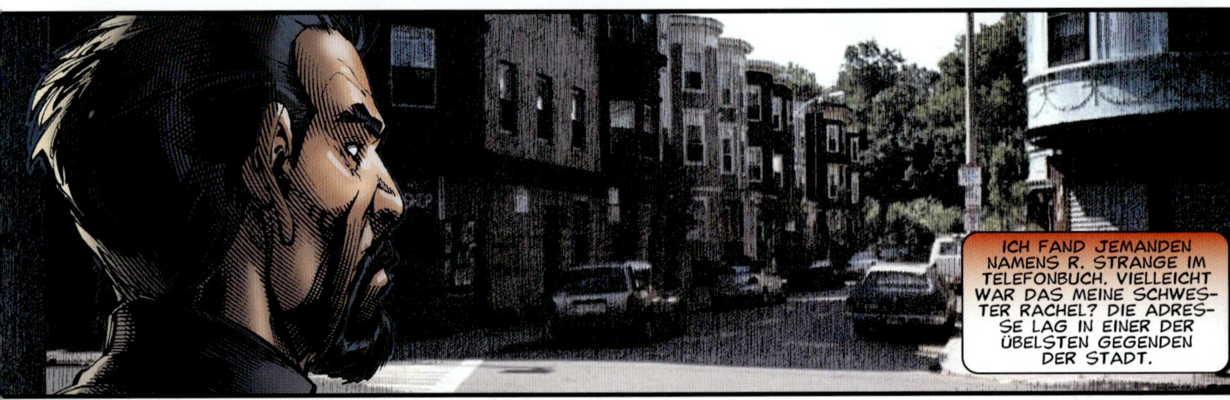
ICH FAND JEMANDEN NAMENS R. STRANGE IM TELEFONBUCH. VIELLEICHT WAR DAS MEINE SCHWESTER RACHEL? DIE ADRESSE LAG IN EINER DER ÜBELSTEN GEGENDEN DER STADT.

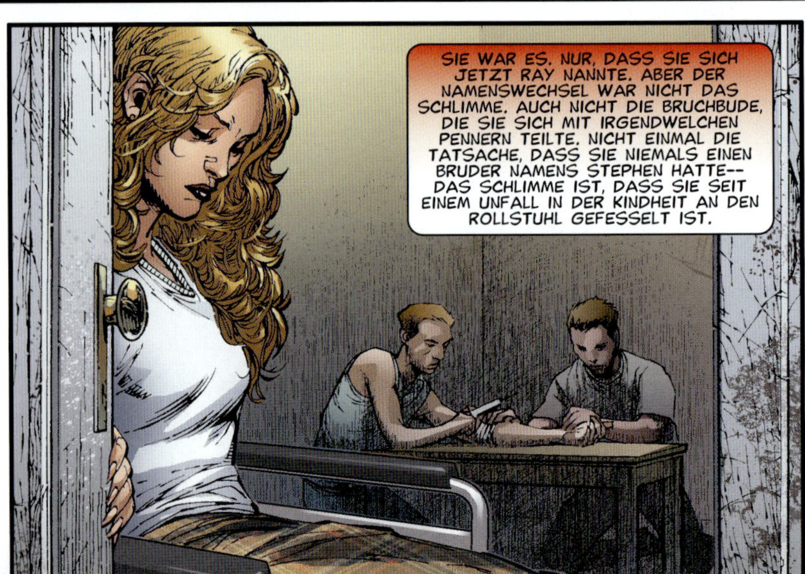
SIE WAR ES. NUR, DASS SIE SICH JETZT RAY NANNTE. ABER DER NAMENSWECHSEL WAR NICHT DAS SCHLIMME. AUCH NICHT DIE BRUCHBUDE, DIE SIE SICH MIT IRGENDWELCHEN PENNERN TEILTE. NICHT EINMAL DIE TATSACHE, DASS SIE NIEMALS EINEN BRUDER NAMENS STEPHEN HATTE-- DAS SCHLIMME IST, DASS SIE SEIT EINEM UNFALL IN DER KINDHEIT AN DEN ROLLSTUHL GEFESSELT IST.

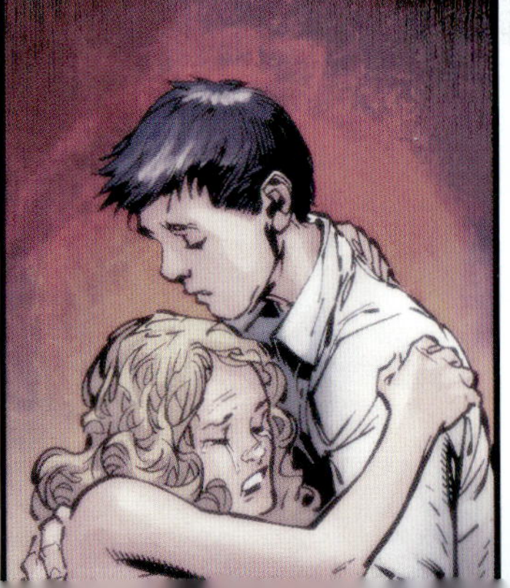
IN MEINER VERGANGENHEIT WAR ICH AN DIESEM TAG BEI IHR. SIE STÜRZTE EINEN ABHANG HINUNTER UND ICH HALF IHR. AN DIESEM TAG VERSPRACH ICH RACHEL, ARZT ZU WERDEN. ABER IN DIESER VERGANGENHEIT WAR ICH NICHT FÜR SIE DA... HIER KONNTE ICH IHR NICHT HELFEN.

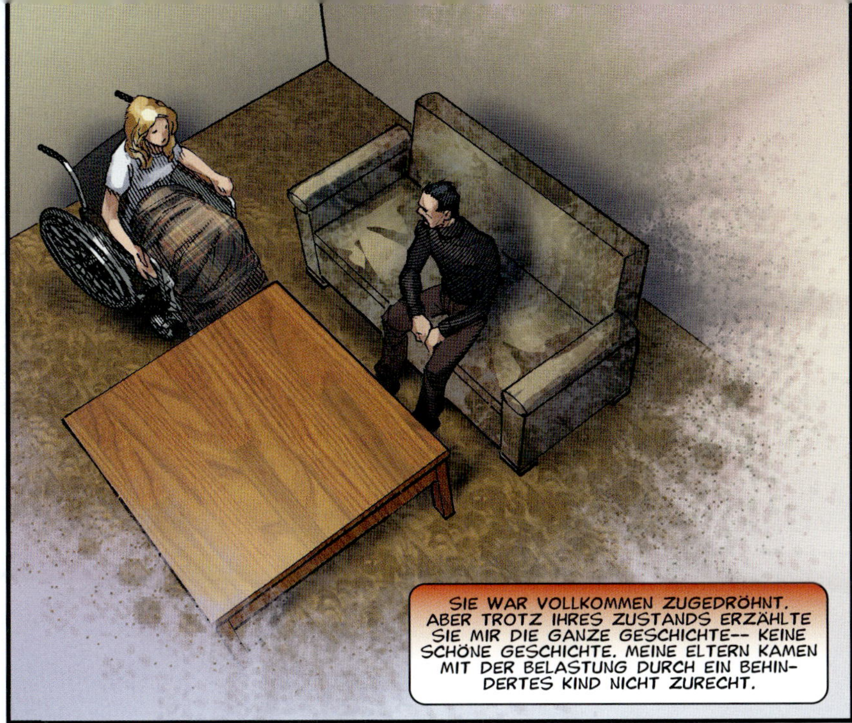
SIE WAR VOLLKOMMEN ZUGEDRÖHNT. ABER TROTZ IHRES ZUSTANDS ERZÄHLTE SIE MIR DIE GANZE GESCHICHTE-- KEINE SCHÖNE GESCHICHTE. MEINE ELTERN KAMEN MIT DER BELASTUNG DURCH EIN BEHINDERTES KIND NICHT ZURECHT.

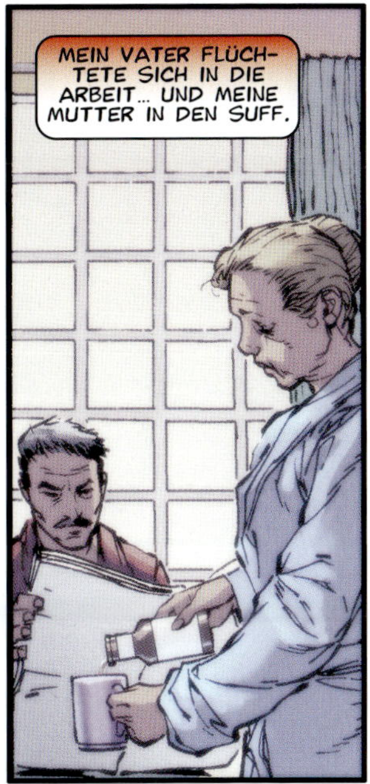
MEIN VATER FLÜCHTETE SICH IN DIE ARBEIT... UND MEINE MUTTER IN DEN SUFF.

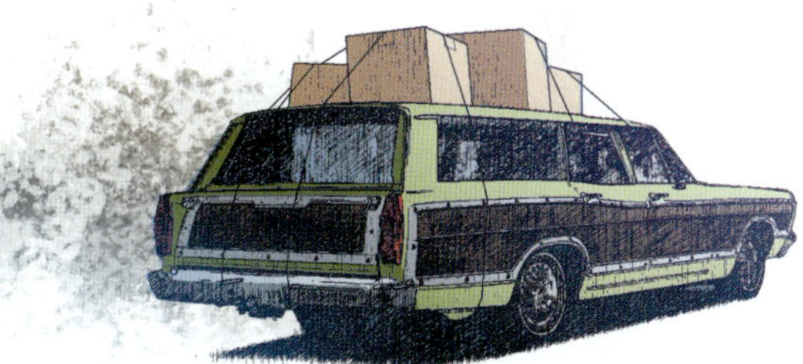
ALS SIE SICH TRENNTEN, WAR RACHEL 5 UND DAVID 7. MEINE MUTTER ZOG IN EINE EINZIMMERWOHNUNG NACH JERSEY UND MEIN VATER ZU SEINER NEUEN FAMILIE NACH MINNESOTA.

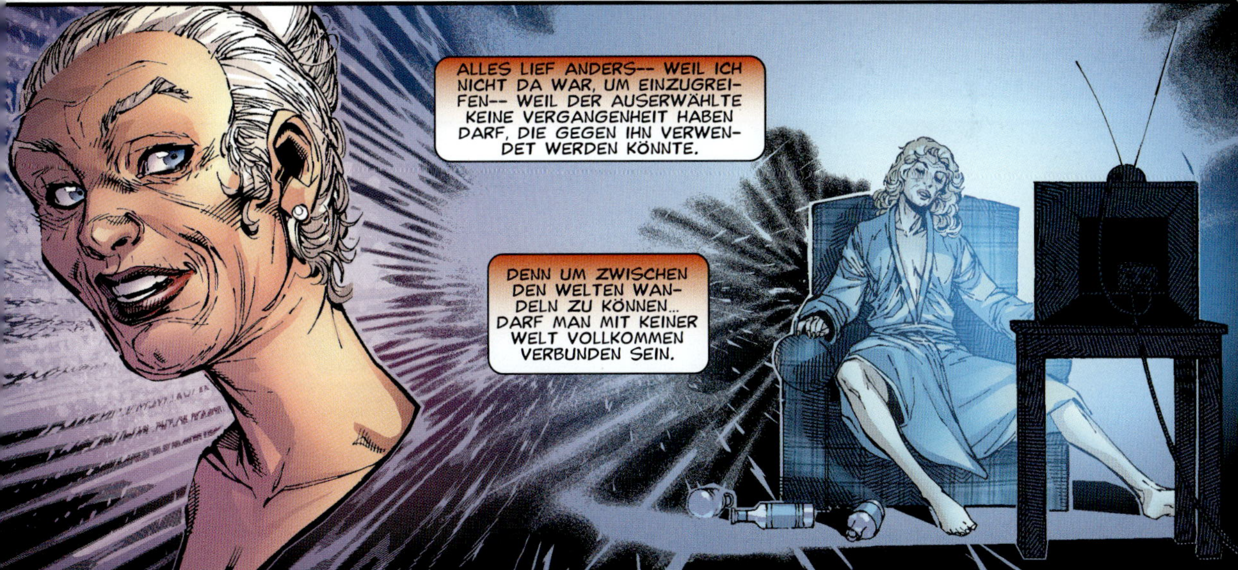
ALLES LIEF ANDERS-- WEIL ICH NICHT DA WAR, UM EINZUGREIFEN-- WEIL DER AUSERWÄHLTE KEINE VERGANGENHEIT HABEN DARF, DIE GEGEN IHN VERWENDET WERDEN KÖNNTE.
DENN UM ZWISCHEN DEN WELTEN WANDELN ZU KÖNNEN... DARF MAN MIT KEINER WELT VOLLKOMMEN VERBUNDEN SEIN.

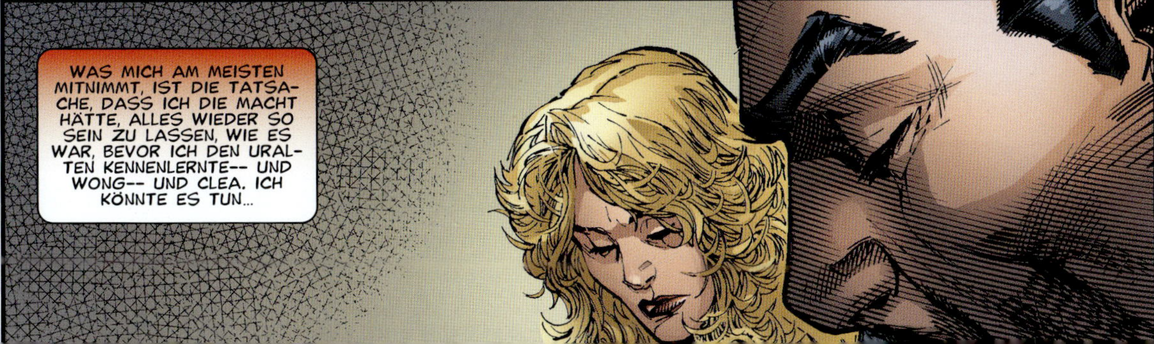
WAS MICH AM MEISTEN MITNIMMT, IST DIE TATSACHE, DASS ICH DIE MACHT HÄTTE, ALLES WIEDER SO SEIN ZU LASSEN, WIE ES WAR, BEVOR ICH DEN URALTEN KENNENLERNTE-- UND WONG-- UND CLEA. ICH KÖNNTE ES TUN...

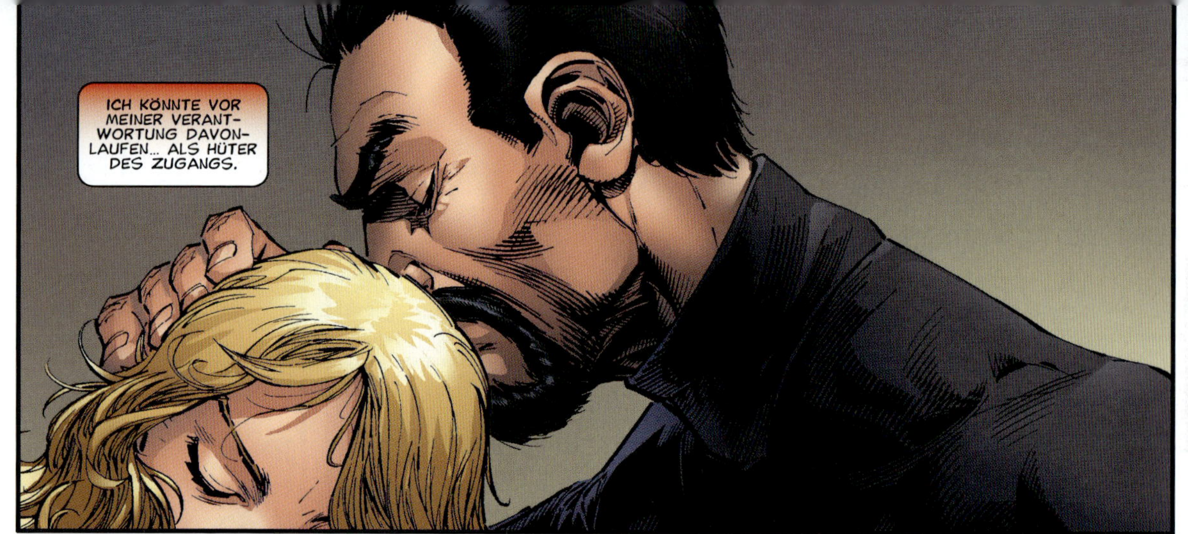
ICH KÖNNTE VOR MEINER VERANT-WORTUNG DAVON-LAUFEN... ALS HÜTER DES ZUGANGS.

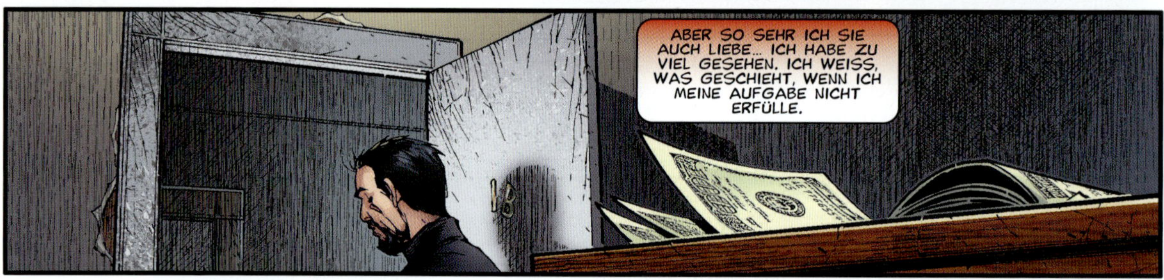
ABER SO SEHR ICH SIE AUCH LIEBE... ICH HABE ZU VIEL GESEHEN. ICH WEISS, WAS GESCHIEHT, WENN ICH MEINE AUFGABE NICHT ERFÜLLE.

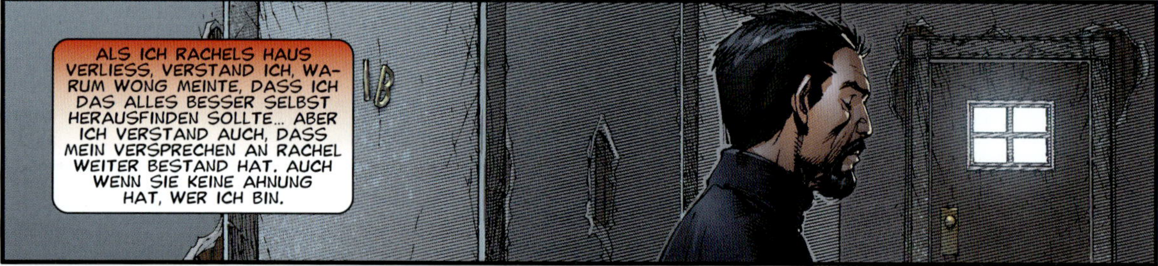
ALS ICH RACHELS HAUS VERLIESS, VERSTAND ICH, WARUM WONG MEINTE, DASS ICH DAS ALLES BESSER SELBST HERAUSFINDEN SOLLTE... ABER ICH VERSTAND AUCH, DASS MEIN VERSPRECHEN AN RACHEL WEITER BESTAND HAT. AUCH WENN SIE KEINE AHNUNG HAT, WER ICH BIN.

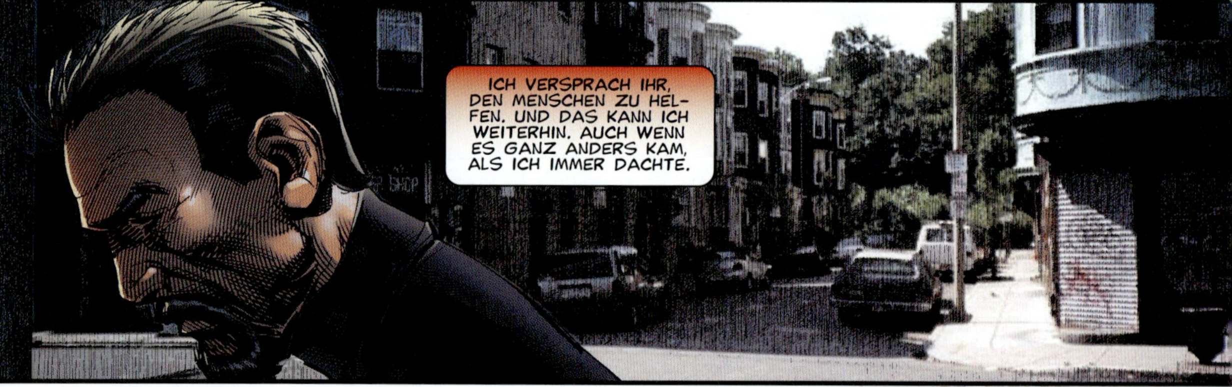
ICH VERSPRACH IHR, DEN MENSCHEN ZU HELFEN. UND DAS KANN ICH WEITERHIN. AUCH WENN ES GANZ ANDERS KAM, ALS ICH IMMER DACHTE.

MEINE WELT EXISTIERT NICHT MEHR. ABER MEIN VERSPRECHEN BLEIBT.
ES IST DAS EINZIGE, WAS MIR VON MEINER WELT GEBLIEBEN IST.

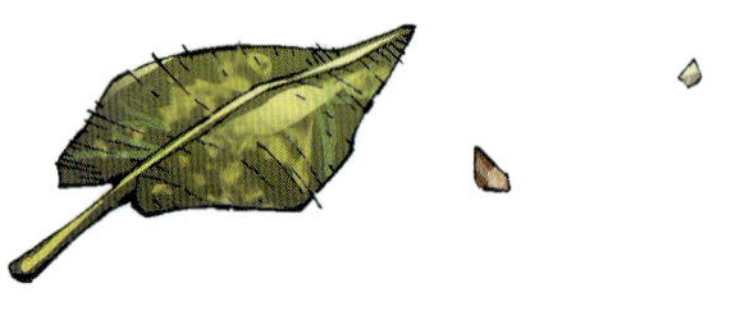

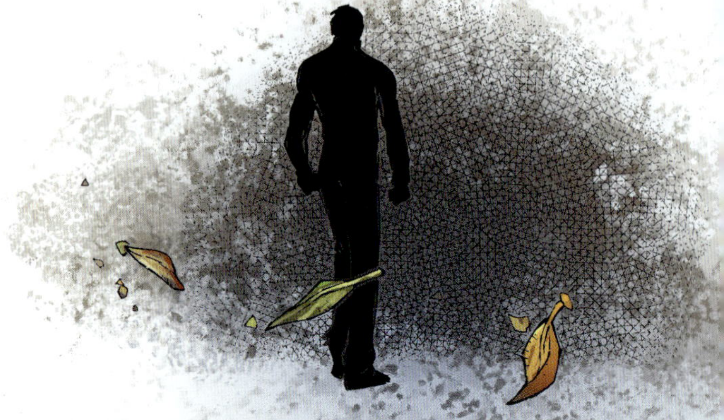

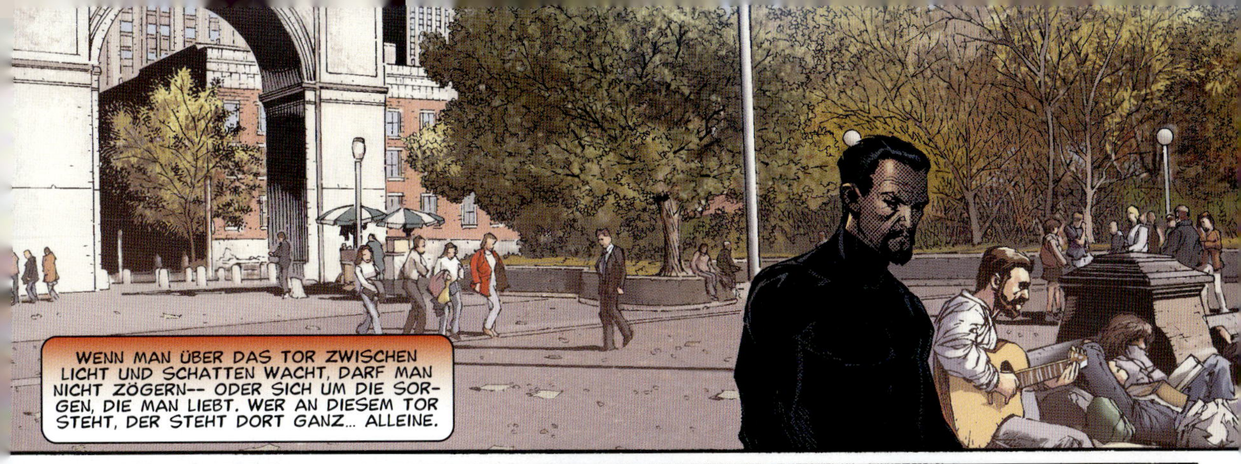
WENN MAN ÜBER DAS TOR ZWISCHEN LICHT UND SCHATTEN WACHT, DARF MAN NICHT ZÖGERN-- ODER SICH UM DIE SORGEN, DIE MAN LIEBT. WER AN DIESEM TOR STEHT, DER STEHT DORT GANZ... ALLEINE.

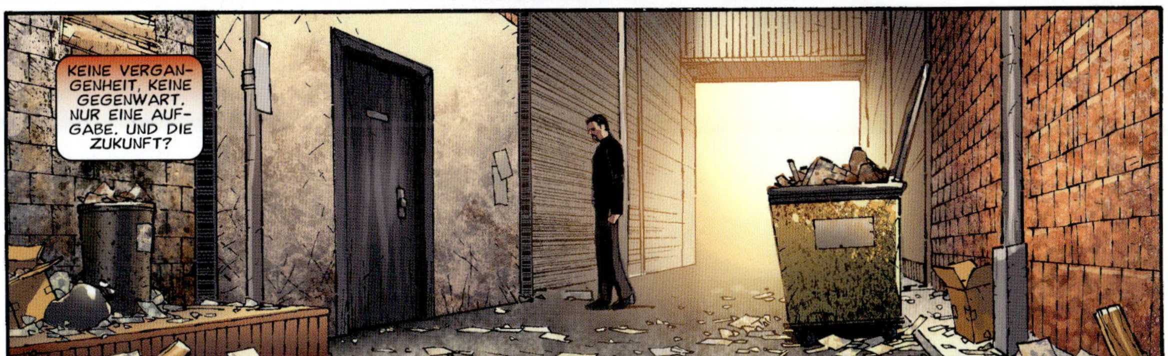
KEINE VERGANGENHEIT, KEINE GEGENWART. NUR EINE AUFGABE. UND DIE ZUKUNFT?

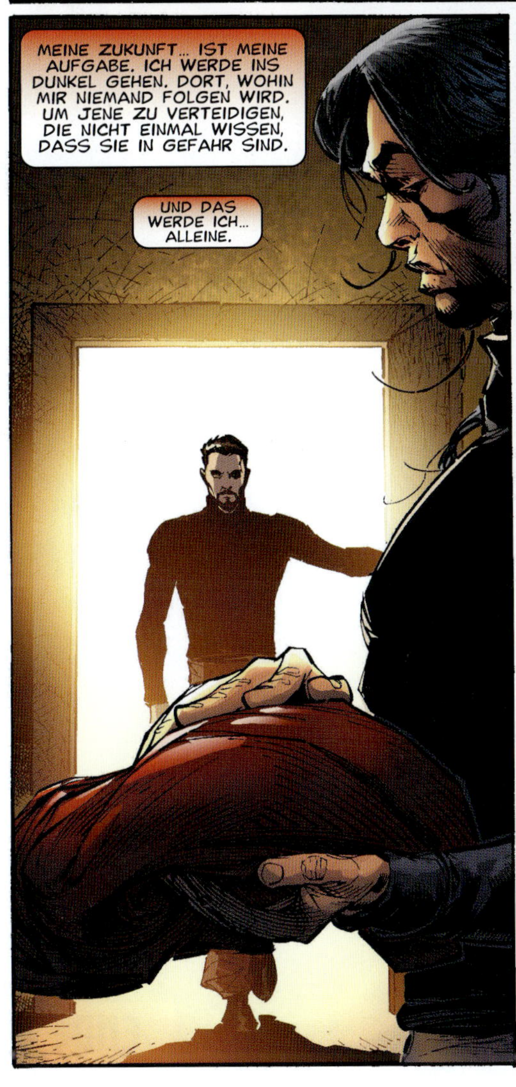
MEINE ZUKUNFT... IST MEINE AUFGABE. ICH WERDE INS DUNKEL GEHEN. DORT, WOHIN MIR NIEMAND FOLGEN WIRD. UM JENE ZU VERTEIDIGEN, DIE NICHT EINMAL WISSEN, DASS SIE IN GEFAHR SIND.
UND DAS WERDE ICH... ALLEINE.

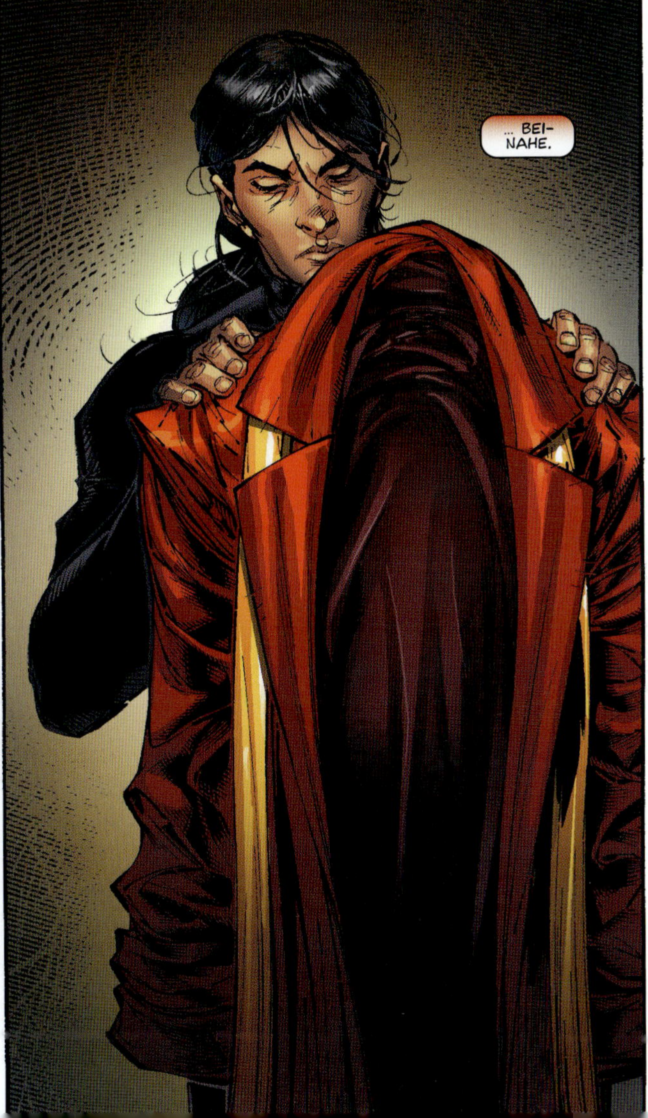
... BEINAHE.

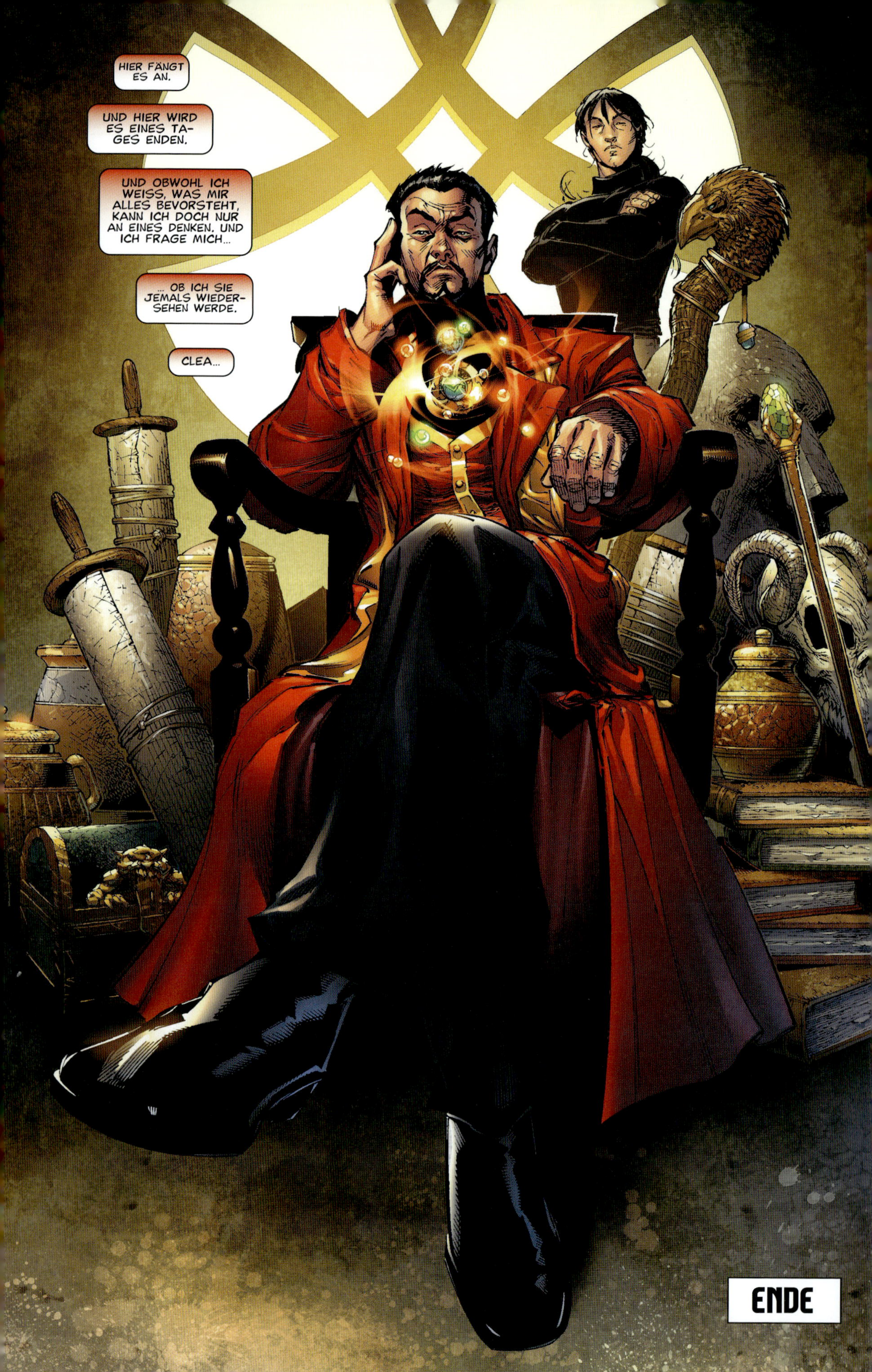
HIER FÄNGT ES AN.
UND HIER WIRD ES EINES TAGES ENDEN.
UND OBWOHL ICH WEISS, WAS MIR ALLES BEVORSTEHT, KANN ICH DOCH NUR AN EINES DENKEN. UND ICH FRAGE MICH...
... OB ICH SIE JEMALS WIEDERSEHEN WERDE.
CLEA...
ENDE

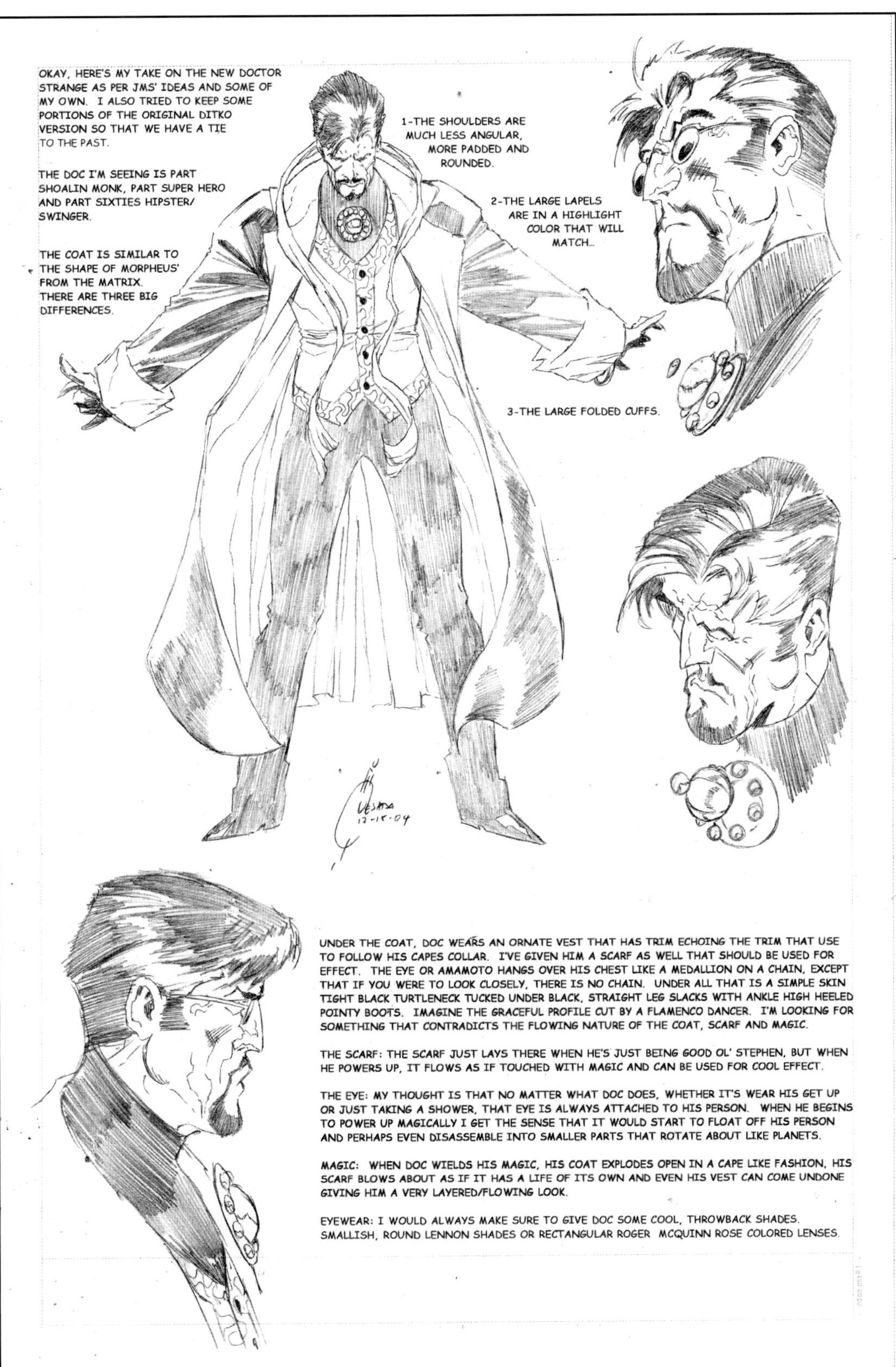

Charakterstudien zu Dr. Strange von **JOE QUESADA**

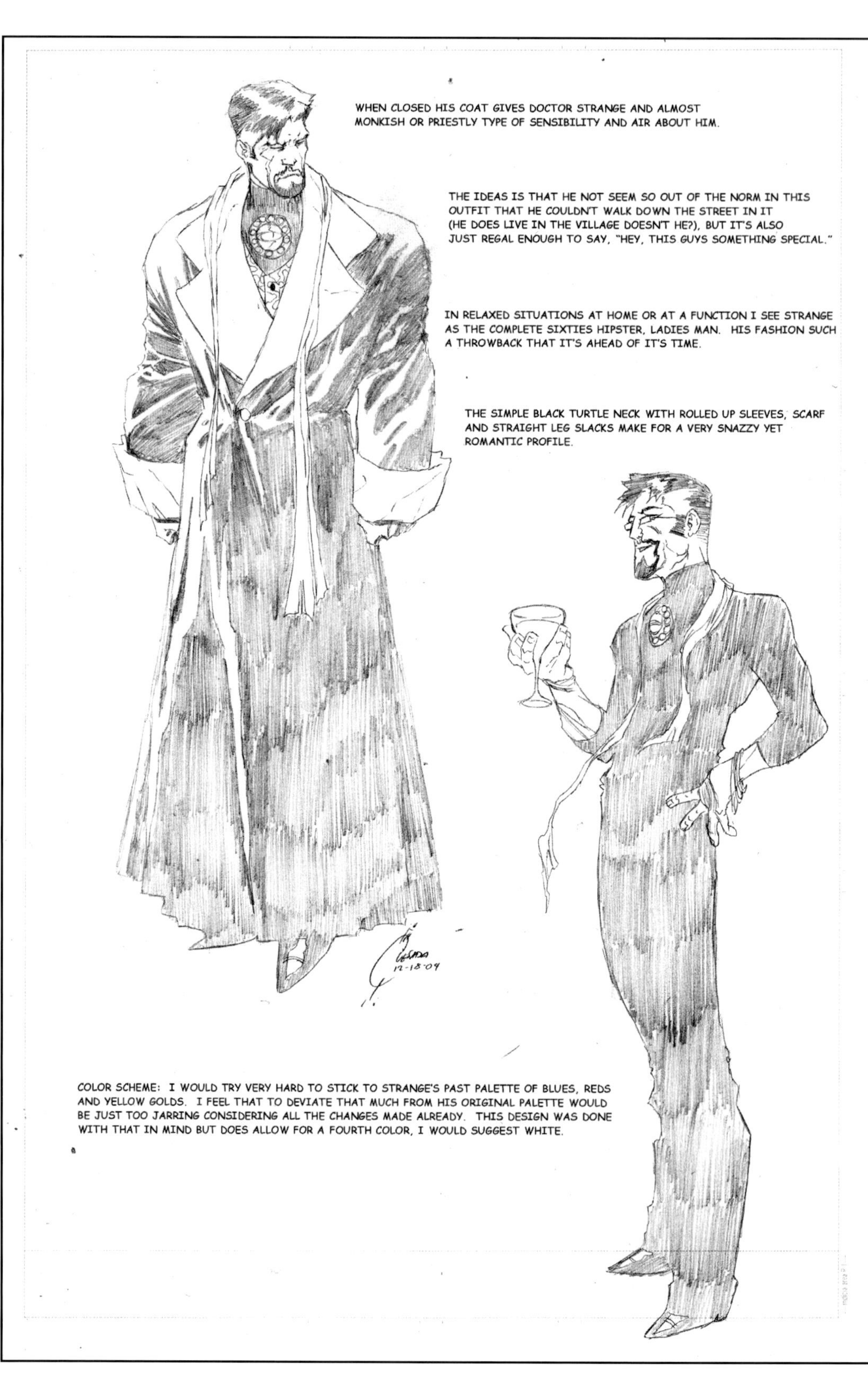
WHEN CLOSED HIS COAT GIVES DOCTOR STRANGE AND ALMOST MONKISH OR PRIESTLY TYPE OF SENSIBILITY AND AIR ABOUT HIM.
THE IDEAS IS THAT HE NOT SEEM SO OUT OF THE NORM IN THIS OUTFIT THAT HE COULDN'T WALK DOWN THE STREET IN IT (HE DOES LIVE IN THE VILLAGE DOESN'T HE?), BUT IT'S ALSO JUST REGAL ENOUGH TO SAY, "HEY, THIS GUYS SOMETHING SPECIAL."
IN RELAXED SITUATIONS AT HOME OR AT A FUNCTION I SEE STRANGE AS THE COMPLETE SIXTIES HIPSTER, LADIES MAN. HIS FASHION SUCH A THROWBACK THAT IT'S AHEAD OF IT'S TIME.
THE SIMPLE BLACK TURTLE NECK WITH ROLLED UP SLEEVES, SCARF AND STRAIGHT LEG SLACKS MAKE FOR A VERY SNAZZY YET ROMANTIC PROFILE.
12-18-04
COLOR SCHEME: I WOULD TRY VERY HARD TO STICK TO STRANGE'S PAST PALETTE OF BLUES, REDS AND YELLOW GOLDS. I FEEL THAT TO DEVIATE THAT MUCH FROM HIS ORIGINAL PALETTE WOULD BE JUST TOO JARRING CONSIDERING ALL THE CHANGES MADE ALREADY. THIS DESIGN WAS DONE WITH THAT IN MIND BUT DOES ALLOW FOR A FOURTH COLOR, I WOULD SUGGEST WHITE.

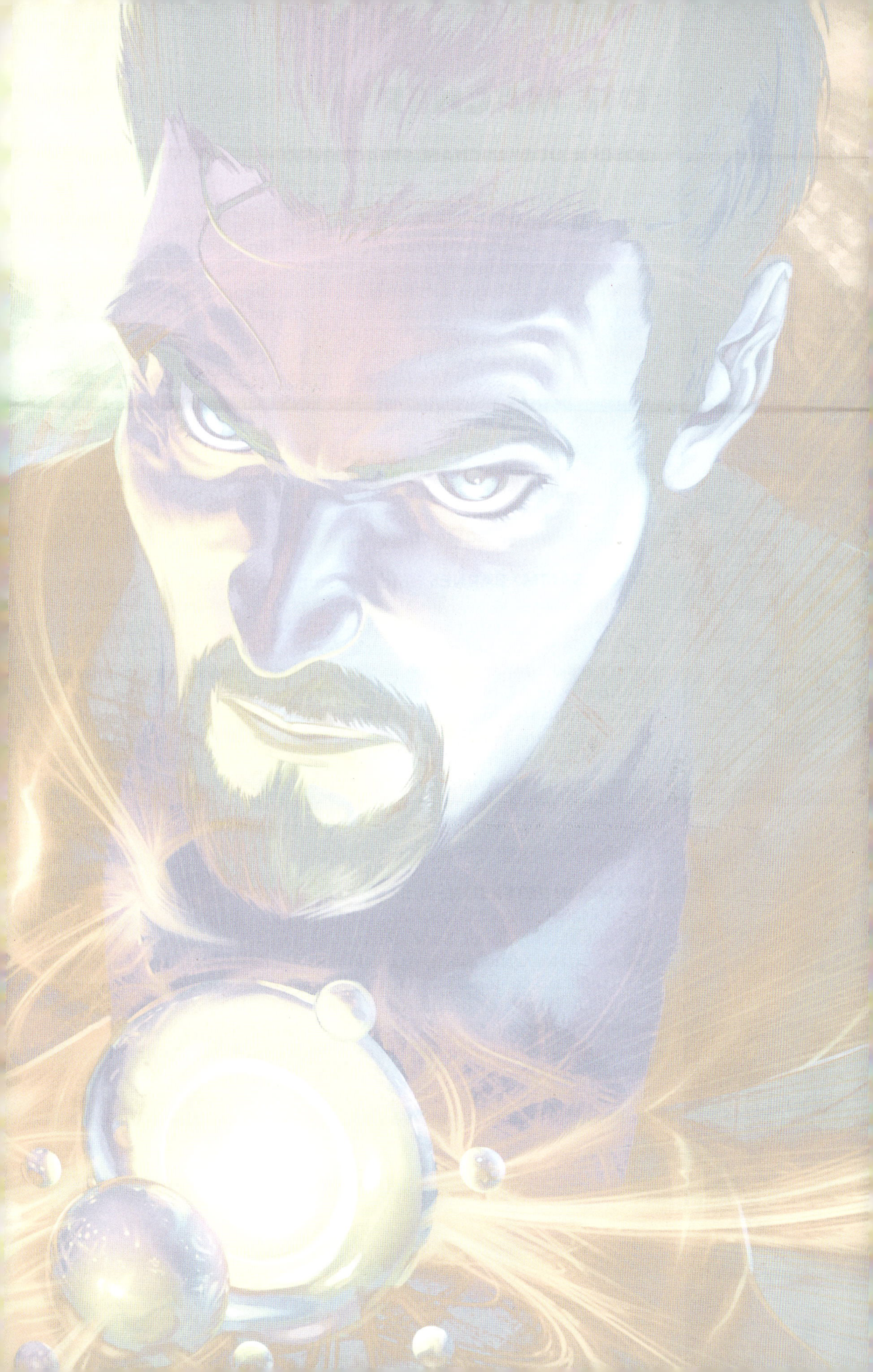

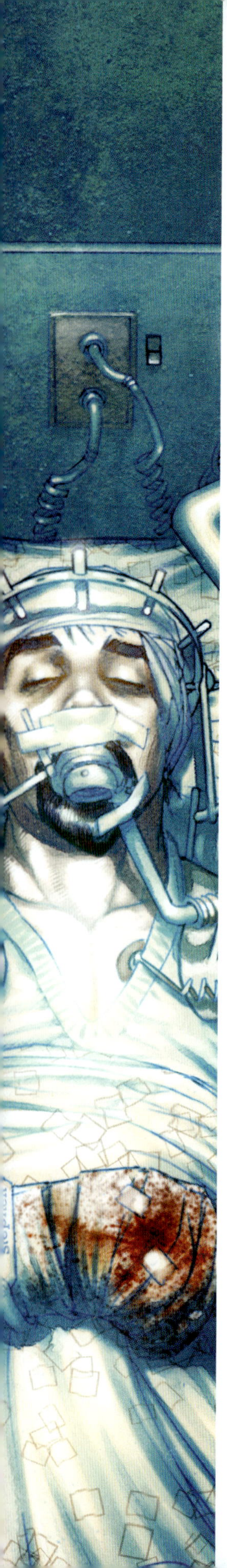

DIE MACHER

JOSEPH „JOE" MICHAEL STRACZYNSKI schrieb viele Drehbücher fürs Fernsehen, etwa zu den Zeichentrickserien *He-Man and the Masters of the Universe* und *The Real Ghostbusters* sowie zum Live-Action-Mystery-Klassiker *The Twilight Zone*. In den 1990ern schuf der 1954 geborene US-Amerikaner *Babylon 5*, eine langlebige TV-Serie, die zum multimedialen Science-Fiction-Franchise wurde. Zu seinen ersten Comic-Erfolgen zählten die unabhängigen Serien *Rising Stars* und *Midnight Nation*. Für Marvel revolutionierte er in den 2000ern dann die Traditionsserien SPIDER-MAN und THOR, jedoch schrieb er auch FANTASTIC FOUR, SILVER SURFER: REQUIEM und andere. Für DC Comics textete der Amerikaner SUPERMAN, BEFORE WATCHMEN und den Bestseller SUPERMAN: ERDE EINS. Darüber hinaus verfasste er THE RESISTANCE und weitere unabhängige, von ihm erschaffene Titel. Abseits der Comic-Welt schrieb er Romane, Theaterstücke, die Netflix-Serie *Sense8*, die von ihm kreierte TV-Serie *Jeremiah* und das Drehbuch zu Filmen wie Clint Eastwoods *Der fremde Sohn*. Straczynski wurde mit dem Eisner Award, dem Hugo Award, dem Emmy und dem Bradbury Award ausgezeichnet.

SARA „SAMM" BARNES wurde in Großbritannien geboren, wuchs jedoch in Kanada auf. Sie arbeitete als Crewmitglied für Film und Fernsehen u. a. an den Streifen *Mission to Mars, Das Versprechen* und *Cats & Dogs*. Am Set der TV-Serie *Jeremiah* lernte sie Joe Michael Straczynski kennen, der sie in die Kunst des grafischen Erzählens einführte und sie zur Co-Autorin dieses Bandes über Marvels Meisterzauberer machte. Danach schrieb Barnes für das Haus der Ideen noch eine Geschichte in DER SPEKTAKULÄRE SPIDER-MAN, die einen Faden aus Straczynskis Zeit als Spidey-Autor aufgriff, und die mit dem Joe Shuster Award ausgezeichnete Miniserie *Doctor Spectrum: Full Spectrum*. Zusammen mit ihrem Mentor verantwortete Barnes überdies die Rückkehr auf dessen berühmte Raumstation in *Babylon 5: Vergessene Legenden*.

BRANDON PETERSON zeichnete Anfang der 1990er erste Storys mit den X-Men und der Mannschaft vom berühmten Raumschiff Enterprise. Die fantastische Comic-Serie *Arcanum* schrieb und bebilderte er sogar selbst. Später visualisierte er die Fantasy-Serie *Mystic* für den heute nicht mehr existenten US-Verlag CrossGen, wo Peterson zudem längere Zeit als Art Director fungierte. Für Marvel brachte der Amerikaner außerdem Blockbuster-Titel wie DIE ULTIMATIVEN X-MEN, AVENGERS, AVENGERS VS. X-MEN, AVENGERS: AGE OF ULTRON, DIE NEUEN X-MEN und UNCANNY INHUMANS zu Papier, für andere Verlage illustrierte er SUPERMAN, FLASH, *Codename: Strykeforce* und einige mehr. Des Weiteren ist Peterson ein sehr gefragter Cover-Künstler.

DOCTOR STRANGE

ANFANG UND ENDE

- **HINTER DEN KULISSEN**
- **TIMELINE**
- **WEITERE LEKTÜRE**
- **ANMERKUNGEN**
- **WEITERE MUST-HAVE-TITEL**

Dr. Strange ist einer der Gründungshelden des Marvel-Universums und nimmt eine einzigartige Stellung ein: Während die anderen Helden der Erde die physischen Bedrohungen der Welt bekämpfen, schützt er die Seelen der Menschheit vor zahllosen unsichtbaren mystischen Feinden. 2004 präsentierten **J. Michael Straczynski** und **Brandon Peterson** eine verblüffend andere Nacherzählung von **Stephen Stranges** Herkunftsgeschichte …

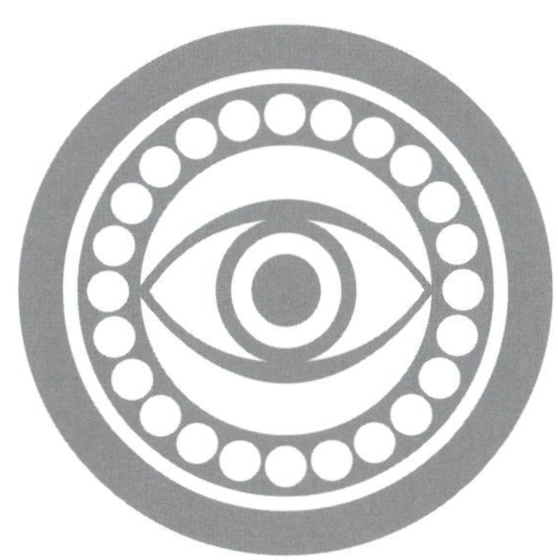

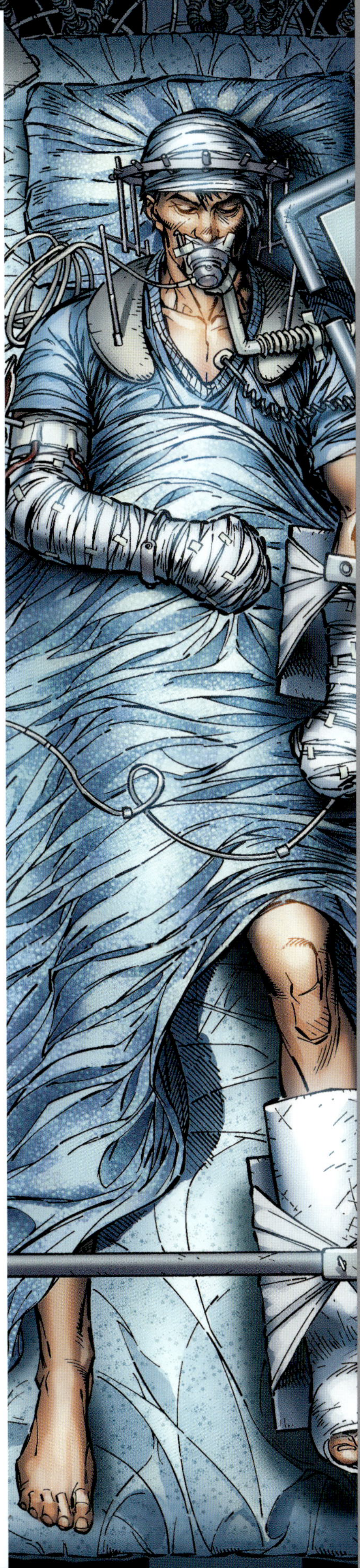

BONUSTEIL

Der Geburtstag des Magiers

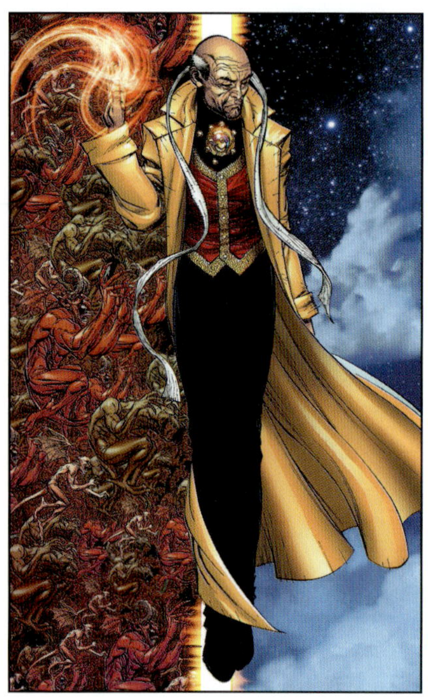

Der Uralte hat in dieser neuen Origin-Version ein extravaganteres Gewand. Zeichnung von Brandon Peterson und **Justin Ponsor**.

J. Michael Straczynski war in Science-Fiction-Kreisen ein bekannter Name, lange bevor er seine Comic-Karriere begann. Er startete 1984 mit Drehbüchern für Zeichentrickfilme, bevor er an zahlreichen Live-Action-Serien wie *Captain Power and the Soldiers of the Future, The Twilight Zone* und *Jeremiah* arbeitete. Er schuf die kultige Sci-Fi-Fernsehserie *Babylon 5*, die 1993 erstmals ausgestrahlt wurde. Doch trotz seines großen Erfolgs in der Fernsehbranche hegte Straczynski immer den Wunsch, im Comic-Bereich zu arbeiten.

„Als kleines Kind sah ich Comics, hatte aber kein Geld, um sie zu kaufen und zu lesen", erinnert er sich. „Einmal fuhren wir quer durchs Land und hielten an einer Tankstelle mitten in der Wüste von Nevada. Der Tankstellenbesitzer sah drei gelangweilte, angenervte Kinder, hatte Mitleid mit uns und gab uns ein paar Comics. Mein erster Comic aus seiner Tüte war eine Ausgabe von *Jughead*.

„Comics sind Futter für den Geek in mir. Ich bin mit Comics aufgewachsen. Sie haben mir quasi Lesen beigebracht. Und einen Sinn für Moral, den ich bis heute beibehalten habe. Es gibt keine Budgetbeschränkungen. Man kann einen Planeten in die Luft jagen und so viele Statisten haben, wie der Zeichner zeichnen kann, und hat alle kreative Freiheit, die man will. Man muss sich auch keine Gedanken über Werbepausen machen." Straczynski schrieb in den 1990ern einige Comics, die von Top Cow/Image Comics veröffentlicht wurden, und unterschrieb dann 2001 einen Exklusivvertrag mit Marvel Comics. Straczynski und **John Romita Jr.** starteten eine neue *Amazing Spider-Man*-Serie, in der er die Origin der Figur erneut unter die Lupe nahm und ein mystisches Element andeutete. *Supreme Power* mit dem Zeichner **Gary Frank** folgte 2003: eine dramatische Neufassung der frühen Tage der Squadron Supreme.

Im selben Jahr besuchte der Chefredakteur von Marvel, **Joe Quesada**, die Wizard-World-Convention in Philadelphia. Er kündig-

▶ **Brandon Petersons** frühe Arbeit als Zeichner für Marvel umfasste *New Warriors Annual* 2 und *X-Factor* 78 im Jahr 1992. Im selben Jahr hatte er einen kurzen Auftritt bei *Uncanny X-Men*, wo er die Kapitel des Events *The X-Cutioner's Song* schuf. Danach teilte er seine Zeit zwischen Marvel und Top Cow Comics auf und arbeitete an mehreren X-Men-Miniserien. Er zeichnete auch *Ultimate X-Men* sowie die Miniserie *Ultimate Vision*, für die **Mike Carey** die Geschichten schrieb.

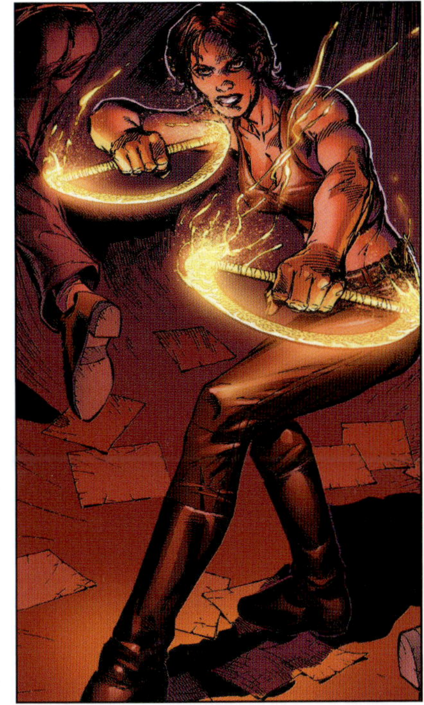

Clea wurde jetzt eher als Kriegerin denn als Mystikerin konzipiert. Zeichnung von Brandon Peterson und Justin Ponsor.

te an, dass Straczynski an einer **Dr. Strange**-Miniserie arbeiten würde. „Es ist eine Art ‚Doctor Strange: Year One'", sagte Quesada. „Es ist eine eher bodenständige Betrachtung der Figur und ein guter, ruhiger Blick auf ihre Herkunft."

Straczynski stand häufig in direktem Kontakt zu seinen Fans. Auf seinem Message Board erklärte er: „Ich habe Marvel ein erweitertes, 35-seitiges Exposé für eine Dr. Strange-Miniserie vorgelegt. Und ich schreibe das Skript, sobald ich wieder etwas Land sehe (denn im Wasser schreibt es sich schlecht). Ich wollte den Doc ins 21. Jahrhundert bringen und bestimmte Aspekte seines Charakters und seiner Geschichte neu beleuchten. Es soll nicht so tiefgründig oder potenziell kontrovers sein wie *Supreme Power*, sondern einfach nur Spaß machen, weil ich ein langjähriger Fan von Doc Strange bin und etwas Gescheites mit der Figur machen möchte."

Straczynski hatte eine klare Vorstellung von der Figur: „Dr. Strange geht nicht auf Patrouille und verhaftet Leute, er bewacht das Tor zwischen den Welten. Er ist ein Held und sehr mächtig, aber er ist kein Polizistentyp im traditionellen Sinne."

Das Projekt begann ursprünglich als Drehbuch, das Straczynski einige Jahre zuvor für einen nicht realisierten Dr. Strange-Film geschrieben hatte. **Sara (Samm) Barnes**, die bei *Jeremiah* als Co-Produzentin fungierte, arbeitete mit ihm an der Comic-Adaption. Die Geschichte war eine Neuinterpretation der Entstehungsgeschichte der Figur und wich in vielerlei Hinsicht von der traditionellen Origin von Dr. Strange im Marvel-Universum ab. In dieser Version reiste ein junger **Stephen Strange** nach Tibet und traf **Wong**, als er noch ein Jugendlicher war (im Gegensatz zur Originalgeschichte, in der Strange Wong erst nach seiner Rückkehr nach New York kennenlernte, nachdem er seine Ausbildung als Mystiker bereits abgeschlossen hatte). Eine neue Figur, Stranges Studienfreund **Devon Malby**, wurde eingeführt. **Clea** war nicht mehr eine von **Dormammus** Untertanen, sondern gehörte stattdessen zum Team der Geheimagenten des **Uralten**. Es war ein faszinierender alternativer Blick auf die Anfänge des Helden.

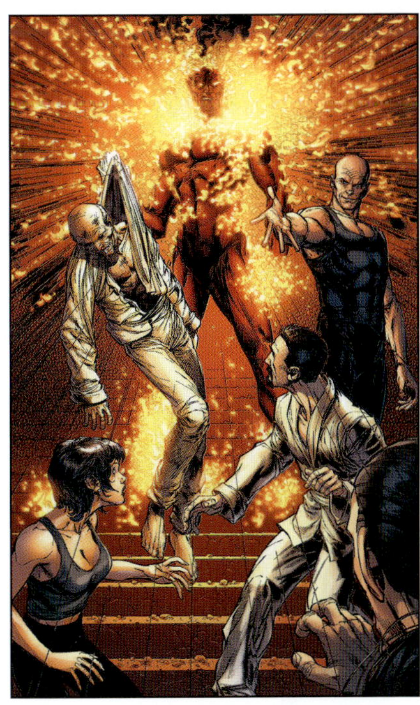

Dormammu wurde zu einem eher humanoiden Wesen umgestaltet. Zeichnung von Brandon Peterson und Justin Ponsor.

TIMELINE

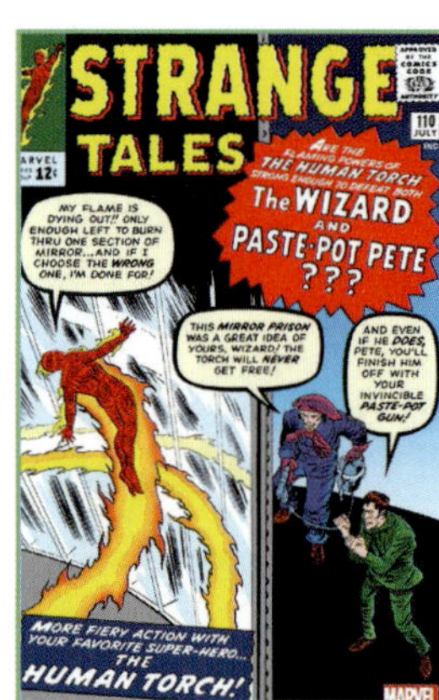

***Strange Tales* 110**
(1963)
STAN LEE
STEVE DITKO
*Das erste Abenteuer von **Dr. Strange** wird als Zweitgeschichte im Comic **der Fackel** veröffentlicht. Strange kämpft gegen einen Dämon namens **Nightmare**.*

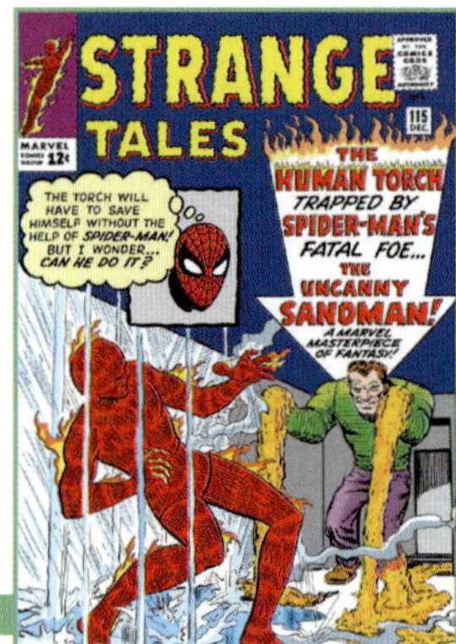

***Strange Tales* 115**
(1963)
STAN LEE
STEVE DITKO
Die Origin von Dr. Strange wird enthüllt, als wir von Stephen Stranges Vergangenheit als arroganter Chirurg erfahren.

DOCTOR STRANGE
ANFANG UND ENDE

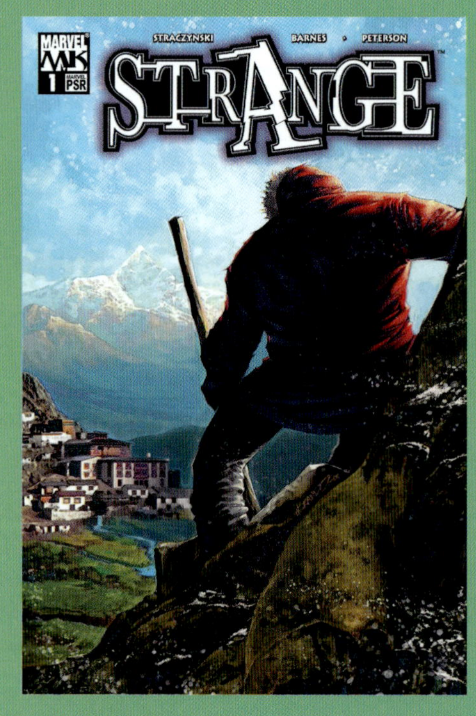

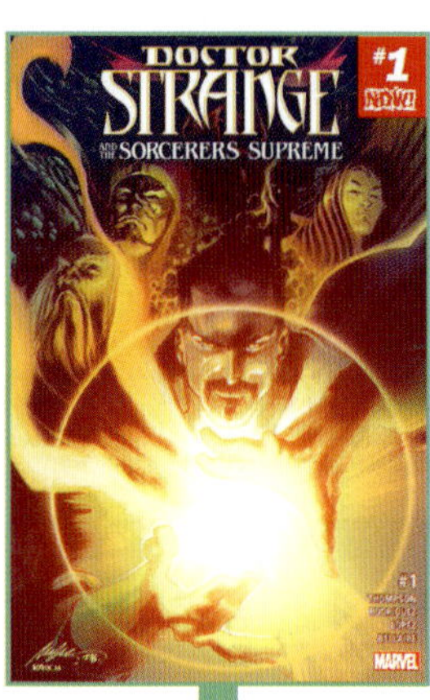

***Doctor Strange and the Sorcerers Supreme* 1**
(2016)
ROBBIE THOMPSON
JAVIER RODRIGUEZ
*Stephen Strange wird von **Merlin** rekrutiert, um einem Team von Meistern der Magie aus der Geschichte der Erde beizutreten.*

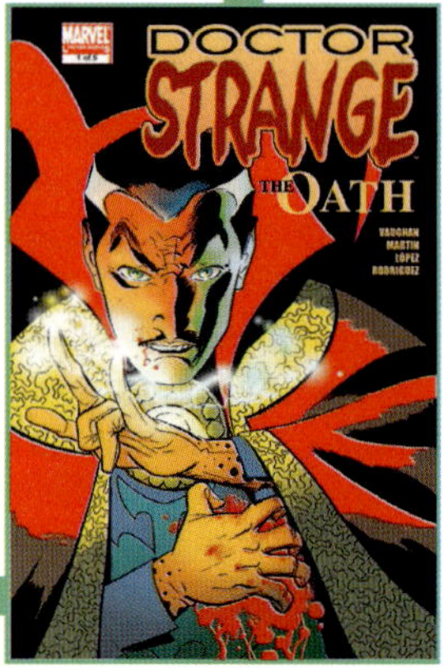

***Doctor Strange: The Oath* 1**
(2006)
BRIAN K. VAUGHAN
MARCOS MARTÍN
*Dr. Strange sucht nach einem Heilmittel für **Wongs** tödliche Krankheit und stößt dabei auf einen Mystiker, der für einen skrupellosen Konzern arbeitet.*

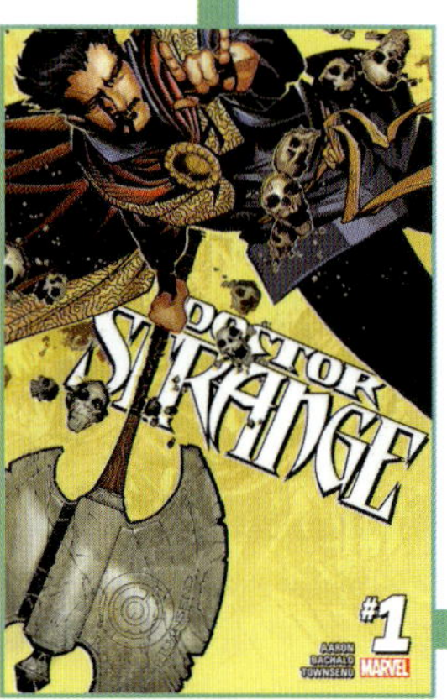

***Doctor Strange* 1**
(2015)
JASON AARON
CHRIS BACHALO
*Alle Mystiker der Erde werden angegriffen, als die außerirdischen **Empirikul** zur Invasion blasen und schwören, alle Magie zu zerstören.*

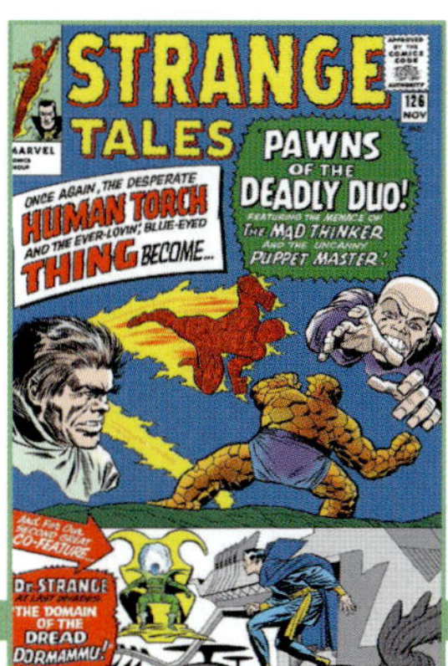

***Strange Tales* 126 (1964)**
STAN LEE
STEVE DITKO
***Dormammu** und **Clea** geben ihr Debüt. Strange betritt die Dunkle Dimension, um zum ersten Mal gegen seinen mächtigsten Feind zu kämpfen.*

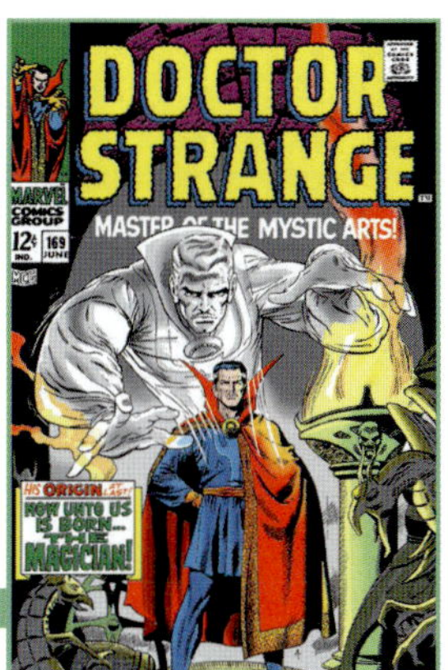

***Doctor Strange* 169 (1968)**
ROY THOMAS
DAN ADKINS
Dr. Strange bekommt seinen ersten Solo-Comic (der die Nummerierung von Strange Tales *fortsetzt). Seine Herkunft wird neu erzählt.*

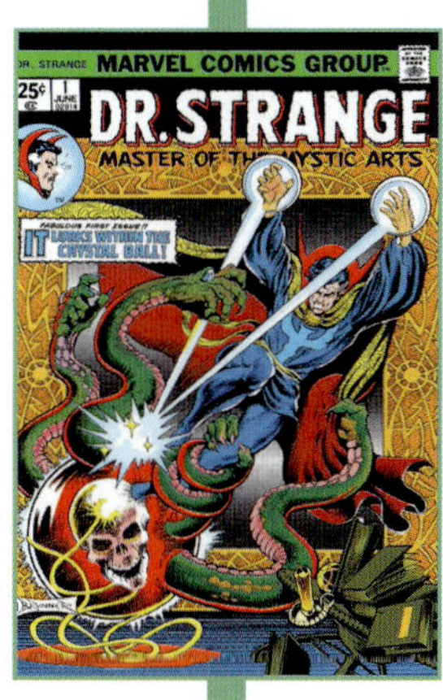

***Dr. Strange* 1 (1974)**
STEVE ENGLEHART
FRANK BRUNNER
*Eine neue Solo-Serie beginnt. Dr. Strange wird von **Silver Dagger** ermordet, und seine Astralform ist gezwungen, das Reich von **Death** zu betreten.*

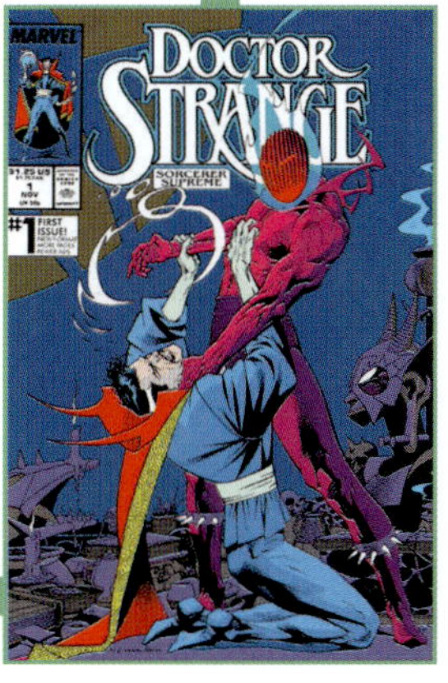

***Doctor Strange, Sorcerer Supreme* 1 (1988)**
PETER B. GILLIS
RICHARD CASE
In einer neuen Serie nimmt Dormammu den Körper von Dr. Strange in Besitz und hält ihn in Gestalt einer Ratte gefangen.

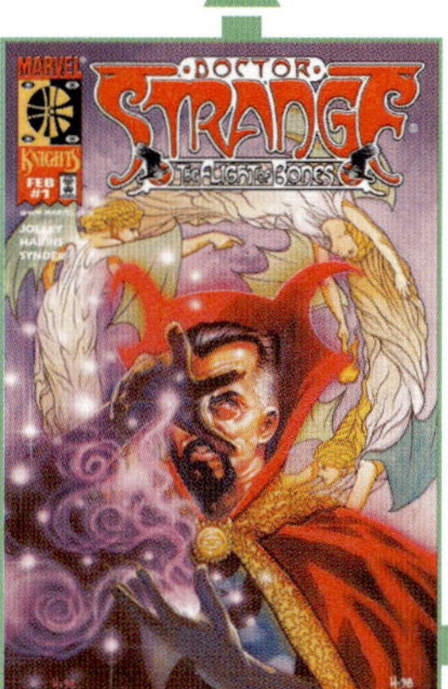

***Doctor Strange* 1 (1999)**
DAN JOLLEY
TONY HARRIS
RAY SNYDER
Strange bittet einen Chirurgen, ihm bei der Wiederherstellung seiner Hände zu helfen, was zu einer gefährlichen Begegnung mit einer mystischen Sekte führt.

Stephen Strange war in dem von ihm gewählten Fachgebiet immer sehr erfolgreich, zunächst als weltberühmter Chirurg, dann als Oberster Zauberer der mystischen Künste. Doch mit dem Erfolg kommt der Hochmut und die Gefahr, dass man glaubt, wichtiger zu sein als die Menschen, denen man helfen will. *Beginnings and Endings* erzählt diese Geschichte neu, bleibt aber dem ursprünglichen Thema treu: Bevor Strange zum Meister werden kann, muss er erst zum Diener werden.

Die Obersten Zauberer

Der Beziehung zwischen **Stephen Strange** und **Wong** wird in *Doctor Strange: The Oath* (2006) nachgespürt, einer fünfteiligen Miniserie von **Brian K. Vaughan** und **Marcos Martín**. Strange findet heraus, dass Wong an einem tödlichen Hirntumor leidet, der mit einer herkömmlichen Operation nicht entfernt werden kann. Strange macht sich auf die Suche nach einem uralten magischen Heilmittel, das jede Krankheit heilen kann: das Elixier des **Otkid**. Kurz nachdem er eine Probe erhalten hat, wird Strange im Sanctum Sanctorum von einem Attentäter namens **Brigand** angegriffen, der eine Pistole hat, die mit Silberkugeln geladen ist. Brigand stiehlt das Elixier. Wong bringt Strange in eine geheime Klinik für Superwesen, die von **Linda Carter**, auch bekannt als **Night Nurse**, geleitet wird, und sie rettet Strange das Leben. Brigand wurde von **Dr. Nicodemus West** engagiert, einem Chirurgen, der einst vom **Uralten** ausgebildet wurde, sich aber langweilte und abreiste, bevor er seine Studien abschließen konnte. West arbeitet für Timely Pharmaceuticals, einen mächtigen Konzern, der versucht, alle Formen von mystischen Heilmitteln zu unterdrücken und seine Gewinne zu sichern. Strange und West kämpfen um das Elixier. Strange besiegt West, aber am Ende des Kampfes ist nur noch ein einziger Tropfen des Elixiers übrig. Strange erkennt, dass er sich entscheiden muss, ob er den Tropfen zum Wohle der gesamten Menschheit replizieren oder ihn verwenden will, um Wong zu helfen. Er entscheidet sich für die Rettung seines Freundes.

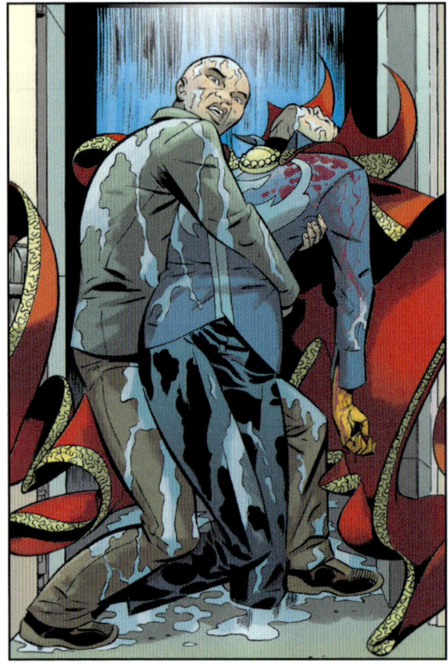

Wong rettet Dr. Strange in *The Oath*. Zeichnung von Marcos Martín, **Alvaro López** und Javier Rodriguez.

Doctor Strange 1 (2015) war der Beginn einer großen Geschichte von **Jason Aaron** und **Chris Bachalo**. Strange und alle anderen Zauberer der Erde werden vom **Imperator** und seiner Armee, den **Empirikul**, angegriffen. Die Empirikul sind eine außerirdische Macht, die es sich zur Aufgabe gemacht hat, alle Formen der Magie im Universum auszulöschen. Mystische Artefakte werden ihrer Kraft beraubt, als die Empirikul-Soldaten vorrücken. Strange besiegt den Imperator mithilfe einer aus dunkler Magie bestehenden Kreatur, die seit Jahren in seinem Keller lauert.

▶ *Doctor Strange and the Sorcerers Supreme* war eine Serie, die 2016 von **Robbie Thompson** und **Javier Rodriguez** ins Leben gerufen wurde. Strange wird von **Merlin** zurück in die Vergangenheit geholt, um ein Wesen namens „Der Vergessene" zu bekämpfen. Strange wird von anderen Meistern der Magie aus verschiedenen Zeiten begleitet, darunter **Isaac Newton** und **Wiccan**. Er trifft auch auf seinen eigenen Mentor, den Uralten, als er noch ein frecher Teenager war. Die Mystiker schließen sich zusammen, werden aber von Newton verraten.

Der Uralte

Yao wurde in den 1430er-Jahren in Tibet geboren. Als junger Mann heiratete er eine Frau namens **Leung** und arbeitete in seinem Dorf **Lang Kah** als Arztlehrling. Er beschützte die Dorfbewohner inkognito vor verschiedenen Bedrohungen und nannte sich Geisterleopard. Später reiste Yao in das Dorf Kamar-Taj im Himalaja, wo er bei seinem Dorfgenossen **Kaluu** Zauberei studierte in der Hoffnung, mystische Kräfte zu erlangen, um die Menschen in der Region besser schützen zu können. Kaluu wurde jedoch von seinem Machtstreben verdorben und zu einem Diktator. Yao besiegte ihn, doch der Konflikt forderte viele Opfer. Yao beschloss, sein Leben dem Kampf gegen böse Zauberer zu widmen.

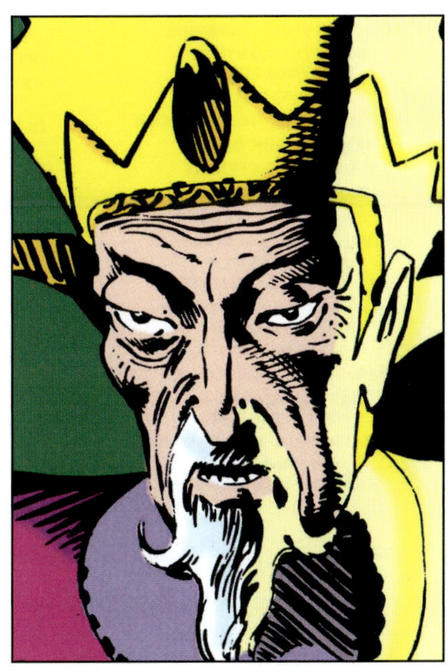

Der Uralte gilt als der mächtigste aller Obersten Zauberer. Zeichnung von **Steve Ditko**.

Yaos körperlicher Alterungsprozess verlangsamte sich, während er immer mehr mystisches Wissen erlangte. Er war der erste Mensch, der **Eternity** begegnete, der Verkörperung der Lebenskraft des Universums. Eternity überreichte ihm das Auge von Agamotto, eines der drei mystischen Amulette, die ursprünglich von **Agamotto** von den Vishanti angefertigt worden waren, dem unermesslich mächtigen Wesen, das als erster Oberster Zauberer der Erddimension fungiert hatte.

Jahrhunderte vergingen, während Yao die Erde vor zahllosen mystischen Bedrohungen schützte. Nun als **„Der Uralte"** bekannt, nahm er **Stephen Strange** auf, einen ehemaligen Chirurgen, der seine Hände nicht mehr benutzen konnte, und bildete ihn in den mystischen Künsten aus. Strange kämpfte häufig gegen **Baron Mordo**, einen anderen ehemaligen Schüler von Yao, der sich dem Bösen zugewandt hatte.

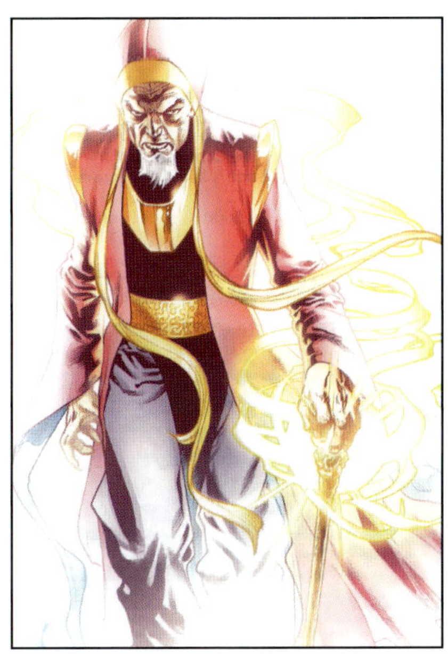

Der Uralte ist gelegentlich auf die physische Ebene zurückgekehrt. Zeichnung von **Stuart Immonen**, **Wade von Grawbadger** und **Laura Martin**.

Als der Dämon **Shuma-Gorath** versuchte, über den Geist des Uralten in die Erde einzudringen, wurde Strange von seinem älteren Mentor gedrängt, lieber seinen Körper zu zerstören als der Kreatur den Erfolg zu ermöglichen. Nach dem Tod seines Lehrers übernahm Strange die Rolle des Obersten Zauberers. Obwohl er physisch tot war, überlebte das Bewusstsein des Uralten und verschmolz mit der Ewigkeit. Der Uralte hat sich seitdem in der Gegenwart und in der Vergangenheit zu verschiedenen Zwecken in Astralform manifestiert.

WEITERE MUST-HAVE-TITEL

BEREITS ERHÄLTLICH

CIVIL WAR
AVENGERS: HELDENFALL
SPIDER-MAN: SPIDER-VERSE
WOLVERINE: OLD MAN LOGAN
DEADPOOL KILLT DAS MARVEL-UNIVERSUM
THANOS: DIE GEBURT EINES MONSTERS
DAREDEVIL: DER MANN OHNE FURCHT
MILES MORALES: ULTIMATE SPIDER-MAN
MS. MARVEL: META-MORPHOSE
DER TOD VON WOLVERINE
INFINITY GAUNTLET: DIE EWIGE FEHDE
PLANET HULK
X-MEN: DIE DARK PHOENIX SAGA
VENOM: DARK ORIGIN
IRON MAN: EXTREMIS
FANTASTIC FOUR - 4
PUNISHER: FRANK IST ZURÜCK!
MARVEL KNIGHTS SPIDER-MAN
BLACK PANTHER: WER IST BLACK PANTHER?
X-MEN: EIN NEUER ANFANG
FANTASTIC FOUR: ALLES GELÖST?!
SPIDER-MAN: HEIMKEHR
CAPTAIN AMERICA: WINTER SOLDIER
ASTONISHING X-MEN: BEGABT
SPIDER-MAN: KRAVENS LETZTE JAGD

HOUSE OF M
DEADPOOL: WEIBER, WUMMEN UND WADE WILSON
AVENGERS: AUSBRUCH
ULTIMATE SPIDER-MAN: LEKTIONEN FÜRS LEBEN
DER TOD VON CAPTAIN AMERICA
ANNIHILATION
MARVELS
DAREDEVIL: AUFERSTEHUNG
GUARDIANS OF THE GALAXY: SPACE-AVENGERS
AVENGERS PRIME
WOLVERINE: STAATSFEIND
THE SIEGE - DIE BELAGERUNG
SPIDER-MAN/BLACK CAT
DAREDEVIL: IN DEN ARMEN DES TEUFELS
THOR: DIE RÜCKKEHR DES DONNERS
SECRET INVASION
UNCANNY AVENGERS: DER ROTE SCHATTEN
WOLVERINE: WAFFE X
MARVEL ZOMBIES
DOCTOR STRANGE: DER EID
SILVER SURFER: REQUIEM
X-MEN: BEDROHTE SPEZIES
FEAR ITSELF - NACKTE ANGST
THOR: AUF DER SUCHE NACH GÖTTERN
WORLD WAR HULK
SPIDER-MAN: QUALEN

WOLVERINE
NEW AVENGERS: ILLUMINATI
SECRET WAR
THANOS KEHRT ZURÜCK
GHOST RIDER: STRASSE ZUR VERDAMMNIS
AVENGERS: ULTRONS RACHE
DEADPOOL: DREI GLORREICHE HALUNKEN
SPIDER-MAN: ERSTAUNLICHER NEUSTART
AVENGERS FOREVER
X-MEN: SCHISMA - GETRENNTE WEGE
SUB-MARINER: DIE TIEFE
AGE OF ULTRON
SECRET WARS
HULK: GRAU
NEW MUTANTS: HÖLLENBIEST
X-MEN: MAGNETO - TESTAMENT
SILVER SURFER: PARABEL
IRON MAN: DIE FÜNF ALBTRÄUME
CAPTAIN AMERICA: NEUE GEGNER
THOR: GOTT DES DONNERS - GÖTTERSCHLÄCHTER
MARVEL SUPER HEROES SECRET WARS
GUARDIANS OF THE GALAXY: KRIEGER DES ALLS
HULK: DYSTOPIA
SPIDER-MAN NOIR
DEADPOOL: DIE WETTE

JETZT ERHÄLTLICH

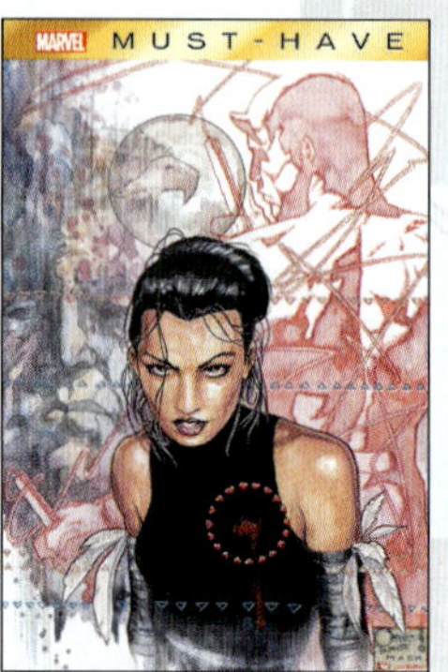

DAREDEVIL & ECHO: TEILE DER LEERE

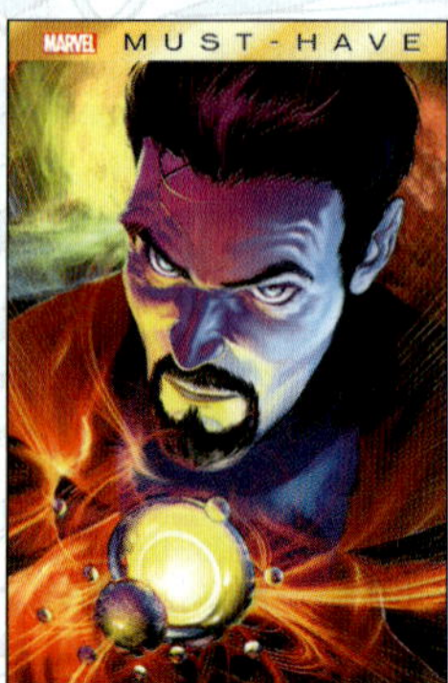

DOCTOR STRANGE: ANFANG UND ENDE

DEMNÄCHST

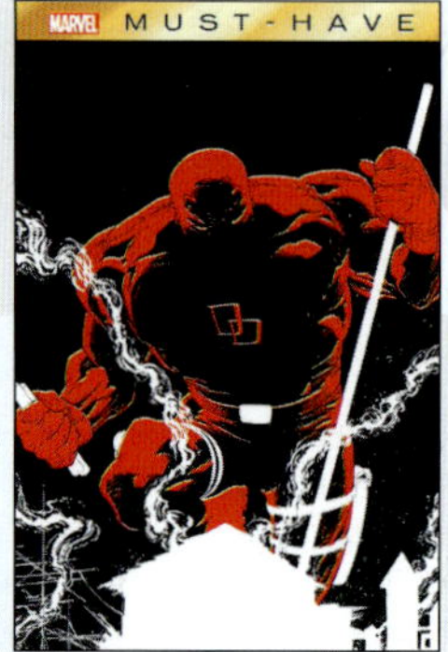

DAREDEVIL: FATHER

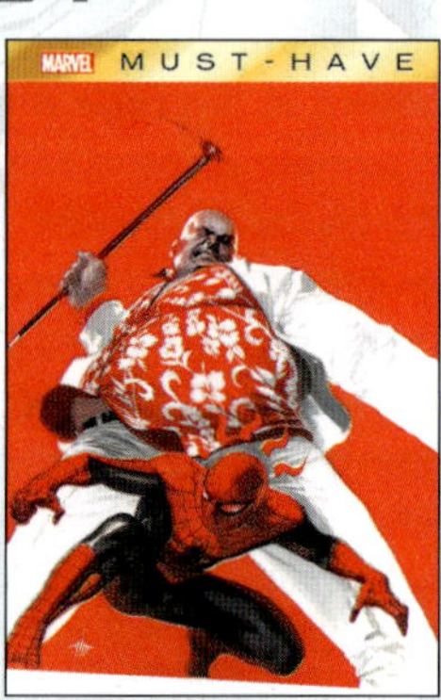

SPIDER-MAN: FAMILIENTRADITION